21世纪高等院校财经管理系列实用规划教材

# 统计学

主　编　邓正林
副主编　何永达　胡书林　姚晓东

北京大学出版社
PEKING UNIVERSITY PRESS

## 内 容 简 介

本书较为系统地阐述了统计学的基本理论、方法和技能。按照统计工作程序将全书分为 10 章，包括绪论、统计数据搜集、统计数据整理与显示、统计度量指标、统计指数、抽样与参数估计、假设检验、方差分析、相关与回归分析、时间序列分析。在内容安排上，突出对统计思想的介绍，在每章前列出了该章应掌握的知识要点和技能要点，并配有导入案例。为了便于读者掌握和理解本书内容，章末有本章小结和配套习题，以便读者掌握和巩固有关知识，提高分析问题、解决问题的能力，也为教师教学提供方便。

本书适用于高等院校经济类、管理类本科各专业作为统计学教学用书，同时可作为从事相关工作的人员的参考用书。

### 图书在版编目(CIP)数据

统计学/邓正林主编. —北京：北京大学出版社，2015.1
(21 世纪高等院校财经管理系列实用规划教材)
ISBN 978-7-301-25180-5

Ⅰ.①统… Ⅱ.①邓… Ⅲ.①统计学—高等学校—教材 Ⅳ.①C8

中国版本图书馆 CIP 数据核字 (2014) 第 282002 号

| | |
|---|---|
| 书　　名 | 统计学 |
| 著作责任者 | 邓正林　主编 |
| 策划编辑 | 王显超 |
| 责任编辑 | 葛方 |
| 标准书号 | ISBN 978-7-301-25180-5 |
| 出版发行 | 北京大学出版社 |
| 地　　址 | 北京市海淀区成府路 205 号　100871 |
| 网　　址 | http://www.pup.cn　　新浪微博：@北京大学出版社 |
| 电子信箱 | pup_6@163.com |
| 电　　话 | 邮购部 010-62752015　发行部 010-62750672　编辑部 010-62750667 |
| 印刷者 | 北京虎彩文化传播有限公司 |
| 经销者 | 新华书店 |
| | 787 毫米×1092 毫米　16 开本　20.25 印张　474 千字 |
| | 2015 年 1 月第 1 版　2022 年 8 月第 5 次印刷 |
| 定　　价 | 42.00 元 |

未经许可，不得以任何方式复制或抄袭本书之部分或全部内容。
**版权所有，侵权必究**
举报电话：010-62752024　电子信箱：fd@pup.pku.edu.cn
图书如有印装质量问题，请与出版部联系，电话：010-62756370

# 前　　言

现代著名经济学家萨缪尔森在其经典的教科书《经济学》第 12 版中特别提到："在许多与经济学有关的学科中，统计学是特别重要的。"统计学是一门搜集、整理和分析统计数据的方法论科学，它是通过对数据内在规律性的探索，以达到对客观现象总体数量特点和数量关系的科学认识，为宏观和微观管理决策提供参考依据。

"统计学"是国家教育部规定的高等院校经济类和管理类的专业基础课程之一。为了适应应用型人才培养的教学要求，在调研实际工作需要和总结教学实践经验的基础上编写了本书。本书在内容上突出了统计学作为方法论的特点，系统地阐述了统计资料搜集、整理及分析的基本理论和基本方法。

本书主要特点如下。

(1) 与时俱进，注重实践。根据我国经济管理工作中需要大批应用型人才的要求，以提高读者运用统计方法分析和解决实际问题的能力为目的，以"大数据""大统计"为背景，在总结教学经验的基础上，尽量吸收本学科国内外新的研究成果。

(2) 培养能力，注重应用。以培养读者知识应用能力和操作能力为目标，在介绍统计思想的同时，着重介绍统计基本方法，适当减少较为复杂的理论推导，增加解决实际问题的案例。在每章章末，配有一定数量的习题，同时要求运用 Excel 软件来实现计算结果，还要求读者结合自身实际情况选择一些研究课题，开展统计实践活动。

在使用本书时，各学校可以根据各专业的教学大纲要求、课时安排等因素，对本书教学内容作适当调整。另外本书有配套齐全的教学辅助资料，方便教师教学。

本书由邓正林任主编，何永达、胡书林、姚晓东任副主编。具体分工为：第 1、4、5、9 章由邓正林编写，第 2、3 章由姚晓东编写，第 6、7、8 章由胡书林编写，第 10 章及习题由何永达编写，邓正林负责全书总纂。安徽财经大学余华银教授、淮阴师范学院刘辉教授对本书提出了宝贵的修改意见，在此深表感谢！本书在编写过程中广泛地参阅了国内外专家的教材或文献，在此，谨向各位专家致以诚挚的谢意！

由于编者的水平有限，书中难免有不足之处，敬请广大读者不吝批评指正。

编　者
2014 年 10 月

# 目　　录

第1章　绪论 …………………… 1
　1.1　统计的基本问题 …………………… 2
　　1.1.1　统计的含义 …………………… 2
　　1.1.2　统计学的性质和研究对象 …… 3
　　1.1.3　统计的基本作用和职能 ……… 4
　　1.1.4　统计研究基本方法 …………… 4
　　1.1.5　统计活动过程 ………………… 5
　1.2　统计学的基本概念 …………………… 6
　　1.2.1　统计总体和总体单位 ………… 6
　　1.2.2　标志 …………………………… 7
　　1.2.3　统计指标 ……………………… 8
　　1.2.4　变量 …………………………… 10
　1.3　统计的产生与发展 …………………… 10
　　1.3.1　统计活动的产生与发展 ……… 10
　　1.3.2　统计学的产生与发展 ………… 11
　　1.3.3　统计学的基本分科 …………… 13
　　1.3.4　常用统计工具软件简介 ……… 14
　本章小结 …………………………………… 15
　习题 ………………………………………… 16

第2章　统计数据搜集 ………………… 18
　2.1　统计数据搜集概述 …………………… 19
　　2.1.1　统计数据搜集的含义和
　　　　　　要求 …………………………… 19
　　2.1.2　统计数据的类型 ……………… 19
　　2.1.3　统计数据搜集方法 …………… 21
　　2.1.4　统计数据搜集组织方式 ……… 22
　2.2　统计调查设计 ………………………… 25
　　2.2.1　统计调查方案设计 …………… 25
　　2.2.2　调查问卷的设计 ……………… 27
　2.3　统计调查实施 ………………………… 33
　　2.3.1　建立调查组织 ………………… 33
　　2.3.2　调查的实施与监控 …………… 33
　本章小结 …………………………………… 34

　习题 ………………………………………… 35

第3章　统计数据整理与显示 ………… 37
　3.1　统计数据整理概述 …………………… 38
　　3.1.1　统计数据整理的含义与
　　　　　　要求 …………………………… 38
　　3.1.2　统计数据整理的步骤 ………… 38
　　3.1.3　统计调查数据资料的预
　　　　　　处理 …………………………… 38
　3.2　统计分组与频数分布数列 …………… 39
　　3.2.1　统计分组 ……………………… 39
　　3.2.2　频数分布数列 ………………… 42
　3.3　统计数据的显示 ……………………… 47
　　3.3.1　统计表 ………………………… 48
　　3.3.2　统计图 ………………………… 49
　3.4　Excel在统计整理中的应用示例 …… 50
　　3.4.1　数据的预处理 ………………… 50
　　3.4.2　品质型数据的整理与显示 …… 54
　　3.4.3　数值型数据的整理与显示 …… 56
　本章小结 …………………………………… 57
　习题 ………………………………………… 58

第4章　统计度量指标 ………………… 61
　4.1　总体规模与相对关系度量 …………… 62
　　4.1.1　总量指标 ……………………… 62
　　4.1.2　相对指标 ……………………… 63
　4.2　数据分布集中趋势度量 ……………… 67
　　4.2.1　集中趋势与平均指标 ………… 67
　　4.2.2　数值平均数 …………………… 68
　　4.2.3　位置平均数 …………………… 76
　　4.2.4　运用平均指标注意的问题 …… 81
　4.3　数据分布离中趋势度量 ……………… 82
　　4.3.1　离中趋势与变异指标 ………… 82
　　4.3.2　标志变异指标的种类及
　　　　　　计算 …………………………… 83

    4.4 数据分布形态度量 ………………… 90
        4.4.1 偏度及其度量指标 ………… 91
        4.4.2 峰度及其度量指标 ………… 93
    4.5 运用 Excel 计算统计指标示例 …… 94
        4.5.1 利用计算函数，逐个求出指标
              数值 ………………………… 95
        4.5.2 利用"工具→数据分析"，
              同时求出各个指标数值 …… 96
    本章小结 …………………………………… 98
    习题 ………………………………………… 98

第 5 章　统计指数 ……………………………… 103
    5.1 统计指数概述 …………………………… 104
        5.1.1 统计指数的概念 ……………… 104
        5.1.2 统计指数的作用 ……………… 104
        5.1.3 统计指数的种类 ……………… 105
        5.1.4 统计指数的性质 ……………… 106
    5.2 综合指数 ………………………………… 106
        5.2.1 综合指数编制的基本
              原理 ……………………………… 107
        5.2.2 综合指数的类型 ……………… 108
    5.3 平均指数 ………………………………… 114
        5.3.1 平均指数编制的基本
              原理 ……………………………… 114
        5.3.2 平均指数的类型 ……………… 114
    5.4 统计指数体系和因素分析 …………… 118
        5.4.1 统计指数体系 ………………… 118
        5.4.2 因素分析 ……………………… 120
    5.5 几种重要的经济指数简介 …………… 126
        5.5.1 工业生产指数（IPI） ……… 126
        5.5.2 生产者价格指数（PPI） …… 127
        5.5.3 消费者价格指数（CPI） …… 127
        5.5.4 货币购买力指数 ……………… 129
        5.5.5 股票价格指数 ………………… 130
        5.5.6 农副产品收购价格指数 …… 130
    本章小结 …………………………………… 130
    习题 ………………………………………… 131

第 6 章　抽样与参数估计 ……………………… 134
    6.1 抽样推断的基本问题 ………………… 135
        6.1.1 抽样推断的概念及特点 …… 135
        6.1.2 抽样推断的作用 ……………… 135
        6.1.3 抽样推断中的基本概念 …… 136
        6.1.4 抽样组织方式 ………………… 137
    6.2 抽样推断的数理基础 ………………… 139
        6.2.1 正态分布 ……………………… 139
        6.2.2 大数定律 ……………………… 142
        6.2.3 中心极限定理 ………………… 143
        6.2.4 抽样分布 ……………………… 144
    6.3 抽样误差 ………………………………… 149
        6.3.1 抽样误差概述 ………………… 149
        6.3.2 抽样平均误差的计算 ……… 150
    6.4 参数估计 ………………………………… 153
        6.4.1 点估计 ………………………… 153
        6.4.2 区间估计的基本原理 ……… 154
        6.4.3 一个总体参数的区间
              估计 ……………………………… 158
        6.4.4 两个总体参数的区间
              估计 ……………………………… 163
    6.5 样本容量的确定 ………………………… 167
        6.5.1 影响样本容量的因素 ……… 167
        6.5.2 样本容量的确定 ……………… 167
    6.6 Excel 在参数估计中运用示例 …… 169
        6.6.1 用 Excel 进行随机抽样 …… 169
        6.6.2 按区间估计步骤确定总体均值
              置信区间 ……………………… 171
        6.6.3 运用 CONFIDENCE 函数确定
              总体比率置信区间 …………… 172
    本章小结 …………………………………… 173
    习题 ………………………………………… 174

第 7 章　假设检验 ……………………………… 178
    7.1 假设检验概述 …………………………… 179
        7.1.1 假设检验的基本思想 ……… 179
        7.1.2 假设检验的步骤 ……………… 180
        7.1.3 假设检验的两类错误 ……… 184
        7.1.4 P 值检验 ……………………… 186
    7.2 一个总体参数的假设检验 …………… 187
        7.2.1 总体均值的检验 ……………… 187
        7.2.2 总体比率的假设检验 ……… 190
        7.2.3 总体方差的假设检验 ……… 190
    7.3 两个总体参数的假设检验 …………… 191

# 目　录

　　7.3.1　两个总体均值之差的假设检验 …………………………… 191
　　7.3.2　两个总体比率之差的假设检验 …………………………… 193
　　7.3.3　两个总体方差比的假设检验 …………………………… 194
7.4　Excel在假设检验中运用示例 ……… 195
　　7.4.1　对总体均值的假设检验（n≥30） ………………………… 195
　　7.4.2　对正态总体均值的假设检验（n＜30、总体方差未知） … 196
本章小结 …………………………………… 198
习题 ………………………………………… 198

## 第8章　方差分析 …………………… 201

8.1　方差分析的基本问题 ……………… 202
　　8.1.1　方差分析的含义 …………… 202
　　8.1.2　方差分析中的常用术语 …… 202
　　8.1.3　方差分析的基本思想 ……… 203
8.2　单因素方差分析 …………………… 204
　　8.2.1　单因素方差分析的应用条件 ………………………… 204
　　8.2.2　单因素方差分析的基本步骤 ………………………… 204
　　8.2.3　方差分析的多重比较 ……… 207
8.3　双因素方差分析 …………………… 208
　　8.3.1　无交互作用的双因素方差分析 ………………………… 209
　　8.3.2　有交互作用的双因素方差分析 ………………………… 213
本章小结 …………………………………… 215
习题 ………………………………………… 216

## 第9章　相关与回归分析 …………… 219

9.1　相关分析 …………………………… 220
　　9.1.1　相关关系的概念和种类 …… 220
　　9.1.2　简单线性相关关系的测定 ………………………………… 221
　　9.1.3　相关分析注意的问题 ……… 229
9.2　一元线性回归分析 ………………… 229
　　9.2.1　回归分析概述 ……………… 230
　　9.2.2　一元线性回归模型 ………… 231
　　9.2.3　一元线性回归模型参数的估计 ……………………………… 233
　　9.2.4　一元线性回归模型的检验 ………………………………… 238
　　9.2.5　一元线性回归模型的估计与预测 …………………………… 240
9.3　多元线性回归分析 ………………… 243
　　9.3.1　多元线性回归模型的构建 ………………………………… 243
　　9.3.2　多元线性回归模型的统计检验 ……………………………… 245
　　9.3.3　多元线性回归方程的运用 ………………………………… 248
9.4　Excel在相关与回归分析中运用示例 …………………………………… 248
　　9.4.1　Excel在一元线性回归分析中的运用 ……………………… 248
　　9.4.2　Excel在多元线性回归分析中的运用 ……………………… 251
本章小结 …………………………………… 254
习题 ………………………………………… 254

## 第10章　时间序列分析 …………… 260

10.1　时间序列概述 ……………………… 261
　　10.1.1　时间序列的概念 …………… 261
　　10.1.2　时间序列的种类 …………… 261
　　10.1.3　编制时间序列的原则 ……… 262
　　10.1.4　时间序列分析的内容 ……… 263
10.2　时间序列分析指标 ………………… 264
　　10.2.1　时间序列水平分析指标 …… 264
　　10.2.2　时间序列速度分析指标 …… 272
　　10.2.3　运用分析指标应注意的问题 ………………………………… 275
10.3　长期趋势的测定 …………………… 276
　　10.3.1　时间序列构成因素及组合模型 …………………………… 276
　　10.3.2　时距扩大法 ………………… 277
　　10.3.3　移动平均法 ………………… 277

10.3.4 指数平滑法 ……………… 279
　　10.3.5 最小平方法 ……………… 280
10.4 季节变动与循环变动的测定 …… 285
　　10.4.1 季节变动的测定 ………… 285
　　10.4.2 循环变动的测定 ………… 289
10.5 Excel在时间序列分析中运用
　　 示例 ………………………………… 291
　　10.5.1 长期趋势的测定 ………… 291
　　10.5.2 季节变动、长期趋势与
　　　　　 循环变动的测定 ………… 294
本章小结 …………………………………… 299
习题 ………………………………………… 299

**附录** …………………………………………… 304

**参考文献** ……………………………………… 315

# 第 1 章 绪 论

## 本章教学要点

| 知识要点 | 掌握程度 | 相关知识 |
| --- | --- | --- |
| 统计的基本问题 | 掌握 | 统计的含义、统计学的性质和研究对象、统计研究基本方法、统计的职能、统计活动过程 |
| 统计学的基本概念 | 重点掌握 | 统计总体、总体单位、标志、统计指标、变量 |
| 统计的产生与发展过程 | 了解 | 统计的产生与发展、统计学的基本分科 |

## 本章技能要点

| 技能要点 | 掌握程度 | 应用方向 |
| --- | --- | --- |
| 统计的含义 | 了解 | 统计活动、统计资料、统计学之间的联系 |
| 统计研究基本方法 | 熟悉 | 统计基本方法在经济管理工作中的应用 |
| 统计的职能 | 掌握 | 统计的应用领域 |
| 统计学的基本分科 | 了解 | 描述统计和推断统计的基本内容 |

 导入案例

### 哪种包装方式效果最好?

某公司为了研究产品包装方式对商品销售量的影响,开展了试验。试验的形式是在同一时间内分别用 4 种包装形式在 3 个地区进行销售试验。试验前该类商品销售量在 3 个地区基本处于同一水平。试验结果见下表。

不同包装方式销售量试验结果    单位:件

| 销售地区 | 包装方式 | | | |
| --- | --- | --- | --- | --- |
| | $A_1$ | $A_2$ | $A_3$ | $A_4$ |
| $B_1$ | 125 | 133 | 145 | 137 |
| $B_2$ | 139 | 147 | 139 | 136 |
| $B_3$ | 134 | 142 | 138 | 148 |

该公司营销管理部门希望得到的结果有以下几个方面。

第一，商品不同包装和不同地区销售数量之间有无显著差异？

第二，是否任意两种包装方式的销售量之间都存在显著差异？

（提示：要解决这个问题，需要用到统计中的方差分析方法才能得到结论）

曾经有人做过统计，在诺贝尔经济学获奖者中，2/3 以上的研究成果与统计和定量分析有关。当前，人们的生活已步入大数据时代，大众传播媒体报道中每一天都有许多统计数据和统计研究结论，一个部门、一个企业在经营管理中也会产生大量的统计数据。这些数据是如何取得的？它们有什么用？如何得到有用的数据？如何处理和分析这些数据？等等。人们需要通过统计知识解决这些问题，运用数据所显示的规律性为生产和消费活动服务。因此，作为经济管理人员，学习和掌握统计学知识是非常有必要的。

## 1.1　统计的基本问题

### 1.1.1　统计的含义

统计是人们认识客观事物总体数量变动关系和变动规律活动的总称。统计一词来源已久，其含义屡有变化，汉语中统计一词原意为合计或总括计算。英语中的统计最早出自于拉丁语的"Stutus"，指的是各种现象的状态和状况，后来演变为"Statistics"，它有两种含义：当它以单数名词出现时，表示为统计学；当它以复数名词出现时，表示为统计数据或统计资料。现在统计一词已被人们赋予多种含义，主要有 3 种，即统计活动、统计数据和统计学。

统计活动是人们根据某种目的，运用一定的方法，对客观事物数量进行搜集、整理和分析的活动过程，也称为统计工作。例如，要研究某地区居民生活消费品价格的变动情况，就要先搜集不同时期各种商品价格水平的数据，再对其加以整理、计算，就得到反映该地区居民消费品价格变化程度的各类数据及总体数据，也就是得到反映物价水平变动的各种指标，进而可以分析该地区居民消费品价格的变动程度和特点。可见，统计活动是人们对客观事物的一种有目的、有计划的认识活动。

统计数据是统计活动中所取得的各项数据资料以及与之相关的信息资料的总称，也称为统计资料。人们运用统计数据来说明客观事物发展变化的水平、速度、比例，揭示事物发展变化的规律和特点。在报刊、杂志和互联网等媒体上经常见到统计数据和统计分析报告，用数据反映某种现象的现状和特征。目前许多部门和企业建立了信息管理系统，提供了部门和企业经营情况的统计数据。国家或有关部门每年都将反映社会经济发展情况的统计数据编撰成统计年鉴，定期公开出版，或在网站上公布，供人们查询。

统计学是一门收集、整理、显示和分析统计数据的科学，其目的是探索数据内在的数量规律性。不列颠百科全书将统计学定义为一种方法论科学，是搜集、处理、分析和解释数据并从数据当中得出结论的科学。《初级统计学》（Mario F. Triola）将统计定义为"统计指的是一组方法，用来设计实验、获得数据，然后在这些数据的基础上组织、概括、演示、分析、解释和得出结论。"

统计活动、统计数据和统计学3种概念之间有着密切联系。统计数据是统计活动的成果，统计学是统计活动的理论概括和科学总结，能系统地指导人们的统计实践活动。在统计工作中，人们把积累的实践经验加以概括和总结，又使统计学理论得到发展。

## 1.1.2 统计学的性质和研究对象

明确统计学性质对于确定统计学内容、方法等方面有重要的意义。关于统计学的性质，在国内主要有3种观点：第一种是规律派，认为统计学是研究事物发展规律的，即通过研究在一定时间地点条件下事物的数量表现，揭示事物发展规律的独立的社会科学，属于一门实质性科学；第二种是数理统计学派，认为统计学的研究对象是随机现象，是以概率论为基础的应用数学，是一门通用的数理方法学科，并不存在独立的事物统计学，它只不过是数理统计方法在研究现象时的应用；第三种是方法论派，该观点认为统计学研究的是统计活动的规律和方法，即统计工作的方法论。认为统计工作和统计学是有区别的，统计工作是认识客观事物数量方面的具体工作过程，在这个过程中要按统计学所提供的方法去做。大多数人倾向于第三种观点，即统计学是属于认识事物总体现象数量方面的方法论科学。

统计学研究对象主要可从两个方面来体现，一是统计认识对象，二是统计学性质。

(1) 从统计认识对象看，统计学研究对象是客观事物总体的数量方面

从哲学意义出发，任何事物都存在质和量两个方面，统计是从量的方面对客观事物进行观察研究的。统计在认识客观事物数量时，具有以下几个方面的特点。

第一，数量性。统计是在质与量的密切联系中研究事物数量方面的。如果离开了事物的质的方面规定性，那就无法研究事物的量。统计研究事物数量方面的目的，在于通过对事物量的方面观察和量变规律的研究，逐步把握事物的质，达到对事物质的方面的认识。因此，统计对客观事物数量方面的认识包括量的水平多少、现象之间的数量联系、数量变化规律、质与量互变的数量界限等。

第二，总体性。总体性是指统计的目的是要认识客观事物整体的特征，而非对个体现象的认识。只有通过对总体数量方面的观察，才能发现现象存在的共性和规律性。要强调的是，总体性并不排斥统计对客观事物个体的观察研究。事实上，统计研究正是从对个体认识开始的，然后才逐步过渡到对总体的认识。例如，要研究一个国家或地区的工业生产情况时，首先要选择许多个有代表性的工业企业，一个个地进行观察了解，然后将观察到的情况和数据加以汇总和分析，进而就能对该国或该地区工业的生产能力、生产规模、产品结构和工业品满足社会需要程度等方面的情况进行评价。但如果只对该国或该地区的个别工业企业进行观察，则无论的工作做得多么细致，也只能是个体企业的情况，不可能得到整个工业生产方面的信息，因为它不具备代表性。

第三，变异性。变异就是事物的变化或不同。统计中的变异性是指总体研究对象中各单位特征的具体表现存在着差异。变异是统计研究的前提。如要研究一个地区的工业企业的经济效益情况，正因为这些企业的经济效益是各不相同的，形成效益不同的原因也是多样的，要掌握其共性，就要对其开展研究。如果各个企业的经济效益都相同，也就不需要进行专门研究，只需要找其中一个企业了解一下，就能掌握全部企业的效益情况。

第四，社会性。统计认识的社会性可以从3个方面进行考察：一是统计认识主体是社

会的人，人的社会性决定了认识立场和研究结论上的社会性；二是人们总是在一定目的之下开展统计活动，为一定的社会集团服务，统计活动与部分人或所有人的利益有关，它必然反映在统计结果中。三是统计的认识对象包括自然现象和社会现象，认识自然现象的目的也是为人类社会服务。因此，统计具有社会性。

（2）从统计学性质来看，统计学研究对象是统计认识活动的特征、方法和规律

如前所述，统计学是统计实践活动的理论概括和总结，因此，统计学研究对象就是统计认识活动的特征、方法和规律。其内容包括如何去搜集资料，如何对搜集的资料加以整理、概括和表示，以及如何对取得的数据进行分析和推断总体特征等一系列方法。这些方法和原理构成了统计学的基本内容。简而言之，统计学是关于如何认识总体现象数量特征及其规律性的方法论科学。

### 1.1.3 统计的基本作用和职能

统计的基本作用是认识作用。我国已故的著名经济学家、人口学家马寅初先生对统计的重要性是这样评价的："学者不能离开统计而研究，政治家不能离开统计而施政，事业家不能离开统计而执业。"在一个管理系统中有决策、执行、信息、咨询、监督5个环节，统计在信息、咨询、监督3个环节中具有重要的作用，因而往往将信息职能、咨询职能、监督职能称为统计的三大职能，统计的具体作用都是在统计信息职能的基础上派生出来的。信息职能是统计的最基本职能，它是根据自己的研究对象，运用科学的方法，灵敏、系统地采集、处理、传递、存储和提供大量的以数量描述为基本特征的各种各样的信息，从而为公共部门和社会大众的决策提供服务。咨询职能是统计信息职能的延续和深化，它是利用已经掌握的丰富的统计信息资源，运用科学的分析方法和先进的技术手段，深入开展综合分析和专题研究，为社会经济管理活动的科学决策提供各种可供选择的咨询建议与对策方案。监督职能是指运用统计手段对社会、经济、科技各方面的运行情况进行检查、监督和预警。它是根据统计调查和统计分析资料，及时、准确地从总体上反映事物的运行状态，并对其实行全面、系统的定量检查、监督和预警，通过信息反馈来评判、检验和调整决策方案。

在我国，统计的这一整体功能以法律形式在《中华人民共和国统计法》中得到了明确规定："统计的基本任务是对国民经济和社会发展情况进行统计调查、统计分析，提供统计资料和咨询意见，实行统计监督。"

### 1.1.4 统计研究基本方法

统计学根据其性质和研究对象的特点，形成了专门的研究方法，主要包括大量观察法、统计分组法、综合指标法、抽样推断法和数学模型法等。

#### 1. 大量观察法

大量观察法是指统计在研究事物数量方面时，必须对总体现象中的全部或足够多数的个体进行观察，以达到对现象总体数量特征及其规律性的认识。总体现象是复杂的，它在各种错综复杂的因素影响下形成数量上的差异，在统计时如果仅对少数个体进行观察，就会受到偶然因素的影响，得不到符合实际情况的结论。如果进行大量观察，可以抵消各个个别现象数量受偶然性因素的影响，反映出总体数量表现的规律性。只有被观察的个体达

到一定数量或足够多的时候,才能消除因偶然因素影响造成的误差,样本对总体才有代表性,用样本指标推断总体指标时,才具有较好的可靠性。

2. 统计分组法

统计分组法是指根据统计研究问题的目的不同,选择某一分组标志对总体进行分组,把总体分成不同的部分或组,以反映总体构成情况,也便于分析现象之间的相互关系。它是统计资料整理的重要方法,也是统计分析的基本方法之一。例如:要研究我国企业的有关情况,以企业规模为标志进行分组,结果可以反映大、中、小型各类企业的数量及其比例关系;以盈利状况为标志进行分组,可以观察企业的盈利结构,探讨其特征,与有关因素之间的联系等。

3. 综合指标法

综合指标法是根据大量观察所获得的数据资料进行计算,得到反映总体现象的综合情况的统计指标,来反映总体数量特征的统计分析方法。通常使用的综合指标主要有总量指标、相对指标、平均指标、变异指标等。这些指标各自从不同的角度对总体的特征进行描述和度量,将其结合运用,可以更加全面、深入地分析事物总体现象的数量方面,可进一步探求现象数量变动规律性。统计指标和由统计指标结合而成的统计指标体系,是统计描述和度量总体情况的基本工具。

4. 抽样推断法

抽样推断法是指按照随机原则从总体中选择一部分单位进行调查,并根据调查结果对总体数量特征作出具有一定把握性推断的统计方法。抽样推断法在各种非全面统计调查方法中居于主导地位,它所依据的虽然是部分单位的数据资料,但只要保证这些单位的代表性较好,就能通过推断获得对总体数量特征的认识。目前,抽样推断方法在经济、社会、医疗卫生、体育、科研等众多的领域都得到了广泛的应用。

5. 数学模型法

数学模型法是将客观现象的统计数据资料拟合为适当的数学模型,用以反映客观现象之间的数量关系,揭示数量变化规律性的一种统计方法。随着统计理论的不断发展,利用数学模型进行统计数量研究越来越受到人们的重视。运用数学模型对实际统计数据进行加工、模拟经济运行过程,使人们在定性认识的基础上对事物量的认识更加深化和精确。在许多统计分析中,运用数学模型可以做定量预测,可以寻找现象之间的数量关系,甚至可以发现客观现象存在的规律,预测事物未来的发展趋势。如运用数学模型反映某种农作物亩产量和施肥量之间的关系,以确定合理的施肥量。随着计算机技术的广泛运用,统计数据的处理速度和精度得到大幅提高,数学模型已成为经济分析中极有应用价值的工具。

### 1.1.5 统计活动过程

统计活动从认识过程来看,一般是由统计设计、统计数据搜集、统计数据整理和统计数据分析4个环节组成的。

1. 统计设计

统计设计是指根据统计研究对象的性质和研究目的,对统计活动各个方面和各环节所作的通盘考虑和安排。它的结果表现为各种标准、规定、制度、方案和办法等。统计设计的主要内容有：统计指标和指标体系的设计、统计分类和统计分组的设计、统计表的设计、统计资料搜集方法的设计、统计活动各个部门和各个阶段的协调与联系、统计力量的组织与安排。有了科学的统计设计，就能使整个统计活动有序、协调地进行，从根本上保证统计活动的顺利开展，使统计资料质量达到规定的要求。因此，统计设计是统计活动的先导。

2. 统计数据搜集

统计数据搜集也称为统计调查，它是根据统计研究目的和统计设计的要求，采用一定的调查组织形式和调查方法，有组织、有计划地搜集统计数据资料的过程。统计数据搜集是统计认识活动由定性认识过渡到定量认识的基础阶段，这个阶段所搜集的数据资料是否客观、全面、系统、及时，直接影响到统计整理的好坏，关系到统计分析结论的正确性，决定着整个统计活动的质量。所以，统计数据搜集是整个统计活动的基础。

3. 统计数据整理

统计数据整理，也称为统计整理，它是根据统计研究目的和任务，对已搜集到的统计数据进行审核、分组和汇总，将分散的、零星的反映总体单位特征的资料转化为反映总体数量特征的综合资料的过程。统计数据整理是对各个总体单位特征的认识过渡到对总体数量特征认识的桥梁和纽带。因此，统计整理在统计活动中起着承上启下的作用。

4. 统计数据分析

统计数据分析也称为统计分析，它是用科学的分析方法，对统计整理的数据进行数量分析，描述和度量研究对象的特征，揭示事物之间的联系或数量规律性的过程。统计分析的结果是有关单位和部门作出管理决策或提出咨询意见的参考依据。统计分析是统计活动的最后阶段，也是统计发挥信息、咨询和监督职能的关键阶段。

一般来说，统计活动过程的 4 个阶段是依次进行的，各有自己的特定内容。从认识论的角度来说，统计设计属于对客观现象进行的定性认识的范畴，统计数据搜集和统计数据整理属于定量认识的范畴，统计数据分析则是运用统计方法对资料进行比较、判断、推理和评价，揭示总体现象的本质和规律性的阶段，又属于定性认识阶段。因此，统计活动是统计设计（定性），到统计资料搜集和整理（定量），再通过分析而达到对事物本质和规律性的认识（定性）的过程。这种"质—量—质"的认识过程是统计认识的一个主要特点，体现了统计要在质与量的密切联系中研究事物总体数量方面的原则要求。

## 1.2 统计学的基本概念

### 1.2.1 统计总体和总体单位

1. 统计总体和总体单位的概念

统计总体就是根据一定研究目的确定的统计所要研究事物的全体。它是由客观存在的具有某种共同性质的许多个别事物构成的整体。

统计总体简称总体。构成统计总体的个别单位称为总体单位，也称为个体。例如，要研究某市工业企业的经济效益情况，这时该市所有的工业企业就构成了一个总体，该市的每一个工业企业就是总体单位。再如，要研究某校学生的身体素质情况，这时该校的所有学生就构成了一个总体，该校的每一位学生就是总体单位。可见，总体和总体单位是由研究目的确定的，不是固定不变的。如果研究目的发生变化，则总体和总体单位也要作相应的变化。在统计研究过程中，明确了统计总体以后，后续的统计设计、统计资料搜集和整理和统计分析等具体工作，就都要围绕这一总体来进行。

总体按总体中包含的单位数是否全部可以计数，可分为有限总体和无限总体。有限总体是指总体中包括的总体单位是能够全部计数的总体。例如一个企业的全体职工、一个国家的全部人口等现象可以形成有限总体。无限总体是指一个总体中包括的总体单位是难以全部计数的总体。例如，研究某条连续生产的生产线上产品质量情况，这时全部总体单位数，即全部产品数量就难以全部计数。再如，要研究某区域海洋中某种鱼类资源的情况，这时所研究的总体单位数，即全部鱼的数量也是难以全部计数的。对于有限总体可以进行全面调查，也可以进行非全面调查，而对于无限总体只能进行非全面调查，然后根据调查结果估计或推断总体。

2. 统计总体的特点

统计总体具有同质性、大量性和变异性3方面特点。同质性是指构成总体的各个单位至少在某一个方面具备相同的性质或表现。同质性是构成总体的前提，如果各个单位找不出一个相同的性质表现，则这些单位就不能构成总体。大量性是指总体是由许多个总体单位组成的。研究目的不同，构成总体的单位就不同，总体中所包含的总体单位数量也会不同，一个总体究竟包含多少总体单位，取决于统计研究的目的。只有一个或极少量单位的总体是不存在的。变异性是指构成总体的各个单位之间某种特征的具体表现存在的差别。例如，某地区各个工业企业的产值、利润、规模等具体表现不相同或不全相同，这种差别就是变异。这里需要特别说明的是，总体的同质性是研究问题的前提条件，而总体的变异性则是研究问题本身。统计就是研究总体变异，没有变异就不需要统计。

3. 抽样总体

抽样总体是根据一定的方法从总体中抽取出来的，作为这一总体代表的那部分总体单位所组成的集合体，也称为样本。例如，某厂生产一批灯泡10000只，要检测这批灯泡的平均使用寿命，从这批灯泡中随机抽取20只进行测验。这时，被抽取出来的20只灯泡就是样本。检测样本中每只灯泡的使用时间，计算得到它们的平均使用时间，由此推断这10000只灯泡的平均使用时间。有关样本的概念将在第6章中作详细说明。

## 1.2.2 标志

标志是总体单位特征或属性的名称。例如，工业企业的所有制类型、职工人数、资产总额，职工的性别、民族、工龄、技术职称等都是标志。特征或属性是人们研究和认识事物的出发点。

标志表现是某个标志在某个总体单位中的具体表现。例如，研究某单位职工情况时，每个职工是总体单位，性别、年龄、民族等是标志，其具体表现为女、32岁、汉族等。

研究总体情况时，首先是从观察各个单位特征的具体表现开始的，然后逐步过渡到对总体数量特征的认识。例如，如果研究目的是了解某国的人口特征，这时该国所有人构成了总体，每个人是总体单位，人的性别、年龄、民族等是每个人所具有的标志。要认识人口总体的特征，首先要对每一个人的特征进行调查了解，得到全国所有人或者作为样本人口中的每个人的标志的具体表现，然后汇总各个标志的具体表现，就能得到反映人口总体情况的数据或指标，进而进行分析，就能得出关于该国人口总体特征的资料。

标志按其性质可以分为品质标志和数量标志。品质标志是表示事物属性、说明事物的类别的，具体表现只能用文字表示，如职工的性别、民族、工种等，品质标志的具体表现一般不能用数值表示。数量标志是表示事物的量的特性的，它的具体表现是能够用数值表示的，称为标志值，如职工年龄、工资、工龄等，学生的学习成绩等。有时数量标志的具体表现也可以用文字表示，如学生的学习成绩可以分为优秀、良好、中等、及格和不及格。

标志按其具体表现在各单位中有无差异分，可分为不变标志和变异标志。当某个标志在各个单位的具体表现都相同时，这个标志称为不变标志；当某个标志在各个单位的具体表现不同或不全相同时，这个标志称为可变标志或变异标志。如要研究某中学高二年级学生的学习情况，这时总体是该校高二年级的全体学生，总体单位是每个学生，这时年级就是不变标志，文化成绩、性别、性格、爱好就是变异标志。

### 1.2.3 统计指标

#### 1. 统计指标的概念

统计指标也称为指标。统计指标的含义有两种，一是统计指标是指反映总体现象数量特征的概念。例如，"某地区某年按不变价格计算的国内生产总值"为统计指标，这是统计指标的设计形态。二是统计指标是反映总体现象数量特征的概念和具体数值。例如，"某地区某年按不变价格计算的国内生产总值为5000亿元"也是统计指标，这是统计指标的完成形态。两种含义的区别在于指标中有没有具体数值。在进行统计设计时，只能设计统计指标的名称、内容、口径、计量单位和方法，这时还没有指标数值。经过搜集资料、汇总整理、加工计算后就得到统计指标的具体数值，形成了统计指标的完成形态。完成形态的统计指标一般包括指标所属时间、空间、指标名称、指标数值、计量单位和计算方法这6个要素。

#### 2. 参数与统计量

在推断统计中，人们通常把研究总体的指标统称为参数，样本指标统称为统计量。如前述例子中的20只灯泡的平均使用时间就是一种统计量，10 000只灯泡的平均使用时间就是一种参数。总体参数通常是未知的，统计量是人们对样本进行调查、整理以后得到的，参数是可以根据样本统计量加以估计和推断得到。

#### 3. 统计指标的特点

统计指标的特点包括以下几个方面。

（1）数量性。统计指标就是反映总体数量特征的，所有的统计指标都是可以用数值来表现的，这是统计指标最基本的特点。

(2) 综合性。统计指标是许多总体单位数量综合或计算的结果，是综合说明总体特征的。

(3) 具体性。具体性有两个方面含义：一是统计指标是反映某一现象在一定时间、地点条件下的数量表现；二是统计指标说明的是客观存在的、已经发生的事实，它不是抽象的概念和数字。

4．统计指标的种类

统计指标按其说明总体内容特点的不同分为数量指标和质量指标。数量指标是说明总体外延或规模大小的统计指标。数量指标也称为绝对数，具有实物的或货币的计量单位，其数值大小随着总体范围的变化而变化，它是人们认识总体现象的基础指标。质量指标是说明总体内部数量关系和总体单位平均水平的指标，通常表现为相对数或平均数形式，其数值大小与总体范围的变化没有直接关系。

统计指标按其作用和表现形式的不同，可分为总量指标、相对指标和平均指标。总量指标又分为实物指标、劳动指标和价值指标3种。（具体内容将在第4章中介绍）

统计指标按管理功能作用不同，可分为描述指标、评价指标和预警指标。描述指标主要反映客观事物运行的状况、过程和结果，提供对客观总体现象的基本认识，是统计信息的主体。评价指标用于对客观现象总体运行的结果进行比较、评估和考核，以检查工作质量，如政府系统的绩效考核指标和企业经济效益评价指标。预警指标一般用于对客观现象运行过程进行监测，对客观现象运行中即将发生的失衡、失控等进行预报和警示。在反映国民经济运行状况时，通常选择国民经济运行中的关键性、敏感性经济现象，建立相应的监测指标体系，如失业率、居民消费价格指数是政府非常关注的两个指标。

5．统计指标体系

一个统计指标只能从一个方面反映和说明总体。由于总体现象的复杂性，要全面认识总体，就需要运用多种指标从不同的角度来描述。统计指标体系就是由若干个统计指标结合起来的、从不同方面说明总体特征的许多统计指标所构成的整体。统计指标体系根据所研究问题的范围大小，可以建立宏观统计指标体系和微观统计指标体系。宏观统计指标体系就是反映整个现象的统计指标体系，如：反映整个国民经济和社会发展的统计指标体系。微观统计指标体系就是反映现象较小范围的统计指标体系。统计指标体系根据所反映现象的范围内容不同，可以分为综合性统计指标体系和专题性统计指标体系。综合性统计指标体系是较全面地反映总系统及其各个子系统的综合情况的统计指标体系，如：国民经济和社会发展统计指标体系。专题性统计指标体系则是反映某一个方面或问题的统计指标体系，如工业企业经济效益指标体系主要由产品销售率、劳动生产率、净产值率、资金利润率、负债率、流动资金周转速度等指标构成。

6．标志与指标的区别和联系

它们的主要区别是：第一，说明对象不同，标志是说明总体单位特征的，指标是说明总体特征的。第二，具体表现不完全相同，品质标志的具体表现只能用文字表示而不能用数值表示，数量标志的具体表现能用数值表示，而所有的指标都能用数值表示，没有不能用数值表示的统计指标。

它们的主要联系是：第一，有许多统计指标的数值是由总体各单位数量标志值汇总计算得到的；第二，标志与指标之间存在着变换关系。如果统计研究目的有所变化，则原来的统计总体与总体单位会发生相应变化，则统计指标与数量标志也会随之对应变化。

### 1.2.4 变量

在数学中，变量是指可以取不同数值的量。在统计中，变量是指变异标志和统计指标，也就是变异标志或指标的名称。这些变异标志或统计指标在不同总体单位或总体中的具体取值或表现是不同的，因此称为变量。变量的具体表现则称为变量值。

变量按其数据计量尺度不同，可以分为定性变量和定量变量两种。反映变异的品质标志属于定性变量，如人的性别为变量，变量值表现为男或女。反映变异的数量标志属于定量变量，如人的年龄是数量标志，是一个变量，其标志值可以是20岁、30岁、40岁等。某地区职工工资总额是一个统计指标，也是一个变量，其指标数值就是变量值。

变量按其取值是否连续，可分为连续变量与离散变量两种。连续变量是在一定区间内可任意取值的变量，可以用数轴上的某一区间表示其取值范围。其取值是连续不断的，相邻两个数值之间可作无限分割，即可取无限个数值，例如，生产零件的规格尺寸、测量人体的身高、体重、胸围等为连续变量，其数值是用测量或计量的方法取得的。离散变量是可按一定顺序一一列举其数值的变量。例如，企业个数、职工人数、设备台数、学校数、医院数等，其数值一般是用计数方法取得的。

变量按影响因素的不同，可以分为确定性变量和随机性变量。确定性变量是指受确定性因素影响的量，影响变量值变化的因素是明确的、可解释的或可人为控制的，因而变量的变化方向和变动程度是可确定的。例如，企业职工工资总额不外乎受职工人数和平均工资两个因素影响，这两个因素都是可人为控制的，对工资总额影响的大小和方向是确定的。随机性变量是指受随机因素影响的量，即影响变量值变化的因素是不确定的、偶然的，变量受随机因素影响的大小和方向是不确定的。例如农作物产量的高低受土壤、水分、气温、光照、施肥、管理等多种因素影响，而水分、光照、气温等的变化是非确定的或非人所能控制的，因而农作物产量是随机性变量。这里要说明的是有些随机性变量也蕴藏着一定的规律性，通过大量观测和分析研究可以揭示其变动的规律性。例如通过大量观测发现，随着施肥量的适当增加和管理水平的提高，农产量会呈上升趋势。研究和发现随机变量的变动规律，也是统计学研究的主要任务之一。通常，自然现象的变量大多属于随机性变量，而社会经济现象的变量既有确定性变量，也有随机性变量。其中许多社会经济现象中的变量既受确定性因素影响，也受随机因素影响，要根据具体情况加以认定。

## 1.3 统计的产生与发展

### 1.3.1 统计活动的产生与发展

统计活动产生的历史可追溯到远古的原始社会，最初它是随着人们在生产和生活中计数的需要而产生的。后来，国家产生了，统计是适应国家管理的需要和社会经济发展的需要而逐步发展起来的，距今已有四五千年的历史。据考证，在国外，古罗马、古希腊和古埃及等文明古国都做过有关国情国力方面的调查。在我国原始社会末期及奴隶社会形成过程中，已经出现了统计的萌芽，"结绳记事"是最早的统计活动，并将所记之事分为"大事"和"小事"，以"结"的大小来表示。奴隶制社会统计活动的主要内容是"丁口"和"田亩"，即人口和耕地的数量统计，其目的主要是满足战争和贡赋的需要。在我国夏朝（约公元前21世纪～公元前16世纪）时就已经有了人口和田亩统计。随着社会分工的不断发展，在西周已经出现了人们的职业分类。经过漫长的封建社会，统计活动的范围逐渐拓宽，内容也逐渐丰富，除了人口和耕地统计之外，财产统计、产量统计、仓储统计、交通运输统计、矿冶统计、物价统计、军费统计、驿传统计、财政统计、海关统计等也慢慢产生和发展，并在漫长的岁月里积累了一定的统计资料。民国时期的统计已经逐步按行业进行，具备了一定规模。新中国成立以来，我国的统计活动也得到了极大的发展。在现代，各国都设立专门的统计机构，配备了相应的统计人员和设备，统计思想、统计内容、统计方法和手段等方面都已发展到一个新阶段，基本能适应社会经济发展的需要。

### 1.3.2 统计学的产生与发展

虽然统计实践活动起源很早，但人们将统计实践经验上升到理论予以总结和概括成为一门系统的科学即统计学，距今只有300多年的历史。从统计学的产生和发展过程来看，大致可以划分为3个时期：统计学的萌芽期、统计学的近代期和统计学的现代期。

**1. 统计学的萌芽期**

统计学初创于17世纪中叶至18世纪，当时主要有国势学派和政治算术学派。国势学派产生于17世纪的德国，代表人物是康令（H. Conring）、阿坎瓦尔（G. Achenwall），代表作品是《近代欧洲各国国情学概论》，他们在大学中开设了一门新课程，最初叫做"国势学"。他们所做的工作主要是对国家重要事项的记录，因此又被称为记述学派。这些记录记载着关于国家、人口、军队、领土、居民职业以及资源财产等事项，偏重于事件的叙述，而忽视量的分析。政治算术学派起源于17世纪的英国，主要代表人物是威廉·配第（W. Petty 1623～1687年）和约翰·格朗特（J. Graunt 1620～1674年）。17世纪的英国学者威廉·配第（W. Petty）在他所著的《政治算术》（1676年）一书中，对当时的英国、荷兰、法国之间的"国富和力量"进行数量上的计算和比较，做了前人没有做过的从数量方面来研究社会经济现象的工作。正是在这个意义上，马克思称配第是"政治经济学之父，在某种程度上也可以说是统计学的创始人"。配第的朋友约翰·格朗特（J. Graunt）通过对伦敦市50多年的人口出生和死亡资料的计算，写出了第一本关于人口统计的著作《对死亡表的自然观察和政治观察》（1662年）。从此，统计的含义从记述转变为专指在"量"的方面来说明国家的重要事项。这就为统计学作为一种从数量方面认识事物的科学方法，开辟了广阔的发展前景。

**2. 统计学的近代期**

统计学的近代期是在18世纪末至19世纪末，主要有数理统计学派和社会统计学派。最初把古典概率论引进统计学领域的是法国天文学家、数学家、统计学家拉普拉斯（P. Laplace）。他发展了对概率论的研究，阐明了统计学的大数法则，并进行了大样本推断的尝试。随着资本主义经济的发展，统计被应用于社会经济的各个方面，统计学逐步走向昌盛。比利时统计学家、数学家、天文学家凯特勒（A. Quetelet）完成了统计学和概率论的结合。从此，统计学开始进入更为丰富发展的新阶段。国际统计学界有人称凯特勒为"统计学之父"，就在于他发现了大量现象的统计规律性和开创性地应用了许多统计方法。凯特勒把统计学发展中的3个主要源泉，即德国的国势学派、英国的政治算术派和意大利、法国的古典概率派加以统一、改造并融合成具有近代意义的统计学，促使统计学向新的境界发展。可以说，凯特勒是古典统计学的完成者，又是近代统计学的先驱者，在统计发展史上具有承上启下、继往开来的地位。同时，凯特勒也是数理统计学派的奠基人，因为数理统计就是在概率论的基础上发展起来的。社会统计学派由德国大学教授尼斯（K. G. A. Knies）首创，主要代表人物为恩格尔（C. L. E. Engel）和梅尔（G. V. Mayr）。他们认为，统计学的研究对象是社会现象，目的在于明确社会现象内部的联系和相互关系；统计应当包括资料的搜集、整理，以及对其分析研究。他们认为，在社会统计中，全面调查，包括人口普查和工农业调查，居于重要地位；以概率论为理论基础的抽样调查，在一定的范围内具有实际意义和作用。社会统计学派由于在理论上比政治算术学派更加完善，在时间上比数理统计学派提前成熟，因此它很快占领了"市场"，对国际统计学界影响较大，流传较广。

3. 统计学的现代期

统计学的现代期是自20世纪初到现在的时期。20世纪20年代以来，数理统计学发展的主流从描述统计学转向推断统计学。19世纪末和20世纪初的统计学主要是关于描述统计学中的一些基本概念、资料的搜集、整理、图示和分析等，后来逐步增加概率论和推断统计的内容。到了20世纪30年代，英国统计学家费希尔（Ronald Aylmer Fisher）的推断统计学才促使数理统计进入现代范畴。现在，数理统计学的丰富程度完全可以独立成为一门学科，但它也不可能完全代替一般统计方法论。传统的统计方法虽然比较简单，但在实际统计工作中运用仍然极广，正如四则运算与高等数学的关系一样。不仅如此，数理统计学主要涉及资料的分析和推断方面，而统计学还包括各种统计调查、统计工作制度和核算体系的方法理论、统计学与各专业相结合的一般方法理论等。由于统计学比数理统计在内容上更为广泛，数理统计学相对于统计学来说不是一门并列的学科，而是统计学的重要组成部分。

从世界范围看，自20世纪60年代以来，统计学的发展呈现出以下几个趋势。

（1）由描述统计向推断统计发展。描述统计是对所搜集的大量数据资料进行加工整理、综合概括，通过图示、列表和数字，如编制次数分布表、绘制直方图、计算各种特征数等，对资料进行分析和描述。而推断统计则是在搜集、整理观测样本数据的基础上对总体作出推断。目前，西方国家所指的科学统计方法，主要就是指推断统计。

（2）由社会、经济统计向多分支学科发展。在20世纪以前，统计学的领域主要是人口统计、生命统计、社会统计和经济统计。随着社会、经济和科学技术的发展，今天统计的范畴已覆盖了社会生活的一切领域，几乎无所不包，成为通用的方法论科学。它被广泛用于研究社会和自然界的各个方面，并发展成为有着许多分支学科的科学。

（3）统计预测和决策科学的发展。传统的统计是对已经发生和正在发生的事物进行统计，提供统计资料和数据。20世纪30年代以来，特别是第二次世界大战以来，由于经济、社会、军事等方面的客观需要，统计预测和统计决策科学有了很大发展。

（4）统计学与信息论、控制论、系统论等学科的相互渗透和结合。信息论、控制论、系统论在许多基本概念、基本思想、基本方法等方面有着共同之处，三者从不同角度、侧面提出了解决共同问题的方法和原则。三论的创立和发展，彻底改变了世界的科学图景和科学家的思维方式，使统计科学和统计工作丰富了内容，出现了新的发展趋势。

（5）计算机及统计软件的运用提高了统计计算能力。近几十年间，计算机技术不断发展，专业软件的开发和使用，使统计数据的处理、分析、存储、传递、印制等过程日益现代化，提高了统计工作的效能。计算机技术的发展日益扩大了传统的和先进的统计技术的应用领域，促使统计科学和统计工作发生了革命性的变化。

（6）统计在现代管理和社会生活中的地位日益重要。英国统计学家哈斯利特说："统计方法的应用是这样普遍，在我们的生活和习惯中，统计的影响是这样巨大，以致统计的重要性无论怎样强调也不过分。"甚至有的科学还把现在称为"统计时代"。显然，统计科学的发展及其未来，已经被赋予了划时代的意义。

### 1.3.3 统计学的基本分科

从统计方法的构成来看，统计学可以分为描述统计学和推断统计学；从统计方法研究和统计方法的应用角度来看，统计学可以分为理论统计学和应用统计学。

#### 1. 描述统计学和推断统计学

描述统计学(Descriptive Statistics)研究如何取得反映客观现象的数据，并通过图表形式对所收集的数据进行加工处理和显示，进而通过综合概括与分析得出反映客观现象的规律性数量特征。内容包括统计数据的收集方法、数据的加工处理方法、数据的显示方法、数据分布特征的概括与分析方法等。推断统计学(Inferential Statistics)则是研究如何根据样本数据去推断总体数量特征的方法，它是在对样本数据进行描述的基础上，对统计总体的未知数量特征做出以概率形式表述的推断。

描述统计学和推断统计学的划分，一方面反映了统计方法发展的前后两个阶段，同时也反映了应用统计方法探索客观事物数量规律性的不同过程，如图1-1所示。从图1-1可以看出描述统计学和推断统计学在统计方法探索客观现象数量规律性中的地位。描述统计是整个统计学的基础，推断统计则是现代统计学的主要内容。由于在对现实问题的研究中，所获得的数据主要是样本数据，因此，推断统计在现代统计学中地位和作用越来越重要，已成为统计学的核心内容。从描述统计学发展到推断统计学，既反映了统计学发展的巨大成就，也是统计学发展成熟的重要标志。

#### 2. 理论统计学和应用统计学

理论统计学(Theoretical Statistics)即数理统计学(Mathematical Statistics)主要探讨统计学的数学原理和统计公式的来源。由于现代统计学几乎用到了所有方面的数学知识，从事统计理论和方法研究的人员需要有坚实的数学基础。而且，由于概率论是统计推断的数学和理论基础，所以广义的统计学亦应包括概率论在内。理论统计学是统计方法的理论基础，理论统计学包括的主要内容有：概率理论、抽样理论、实验设计、估计理论、假设检验理论、决策理论、非参数统计、序列分析、随机过程等。

应用统计学(Applied Statistics)探讨如何运用统计方法去解决实际问题。其实，将理

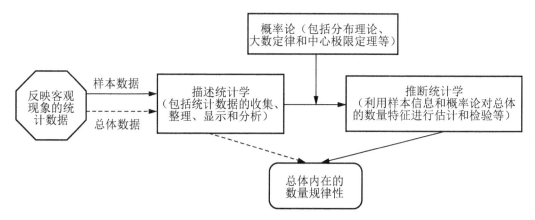

图 1-1 统计学探索客观现象数量规律性的过程

论统计学的原理应用于各个学科领域，就形成了各种各样的应用统计学。例如，统计方法在生物学中的应用形成了生物统计学，在农业试验、育种等方面的应用形成了农业统计学。统计方法在经济和社会科学领域的应用也形成了若干分支学科。例如，统计方法在经济领域的应用形成了经济统计学及其若干分支，在管理领域的应用形成了管理统计学，在社会学研究和社会管理中的应用形成了社会统计学，在人口学中的应用形成了人口统计学，等等。应用统计学除了包括各领域通用的方法，如参数估计、假设检验、方差分析等之外，还包括某领域所特有的方法，如经济统计学中的指数法、现代管理决策法等。应用统计学着重阐明这些方法的统计思想和具体应用，而不是统计方法数学原理的推导和证明。

### 1.3.4 常用统计工具软件简介

近年来随着计算机技术不断发展，许多统计软件也随之被开发和应用。目前主要有 Excel、SAS、SPSS、Eviews、TSP、STATISTICA、MINITAB 等专业软件。这些统计软件的运用，使统计数据的处理、分析、存储、传递、印制等过程变得非常方便快捷，提高了统计工作的效能。日益扩大了传统的和先进的统计技术的应用领域，促使统计科学和统计工作发生了革命性的变化。这里主要介绍两种常用的统计软件。

1. Excel

Excel 是一个设计精良、功能齐全的办公软件。它除了具有常用的办公功能，如通过电子表格的形式对数字数据进行组织和计算；将数字数据转化为可视化的图表和数据库管理功能外，还是一个十分强大而且非常易用的数据统计和预测工具。Excel 的统计功能分为基本描述统计和预测两部分。描述性统计可通过 Excel 提供的统计函数或加载宏来完成。

2. SPSS

SPSS 的全称是 Statistical Program for Social Sciences，即社会科学统计程序。该软件是公认的最优秀的统计分析软件包之一。SPSS 原是为大型计算机开发的，其版本为 SPSSx，20 世纪 80 年代初，微机开始普及以后，它率先推出了微机版本（版本为 SPSS/

PC+x.x），占领了微机市场，大大地扩大了自己的用户量，我国目前最新版本是 SPSS 22.0。它与以往的 SPSS 版本相比，显得更加直观易用。它采用现今广为流行的电子表格形式作数据管理器，使用户变量命名、定义数据格式、数据输入与修改等过程一气呵成；采用菜单方式选择统计分析命令；采用对话框方式选择子命令，简明快捷，无需死记大量繁冗的语法语句；采用对象连接和嵌入技术，使计算结果可方便地被其他软件调用，实现数据共享，提高工作效率。作为统计分析工具，SPSS 理论严谨、内容丰富，实现数据管理、统计分析、趋势研究、制表绘图、文字处理等功能。

## 本 章 小 结

1. 统计是人们认识客观世界总体数量变动关系和变动规律的活动的总称。统计一词包含 3 个含义，即统计活动、统计数据和统计学。

2. 统计学是认识事物总体现象数量方面的方法论科学。统计学的特点有数量性、总体性、变异性和社会性。统计学的研究对象就是统计认识活动的特征、方法和规律。

3. 统计具有信息职能、咨询职能、监督职能。统计研究基本方法包括大量观察法、统计分组法、综合指标法、抽样推断法和数学模型法。

4. 统计活动从具体的统计认识过程来看，一般是由统计设计、统计数据搜集、统计数据整理和统计数据分析 4 个阶段组成的。

5. 总体是根据一定目的确定的所要研究事物的全体。它是由客观存在的具有某种共同性质的许多个别事物构成的整体。

构成统计总体的个别单位称为总体单位，也称为个体。总体和总体单位是由研究目的确定的。统计总体具有同质性、大量性和变异性 3 方面的特点。

6. 总体按总体单位数是否全部可以计数，可分为有限总体和无限总体。无限总体是指一个总体中包括的总体单位是难以全部计数的总体。

7. 样本是根据一定的方法从总体中抽取出来的，作为这一总体代表的一部分总体单位所组成的集合体。样本单位是构成样本的每一个总体单位。

8. 标志是说明总体单位特征或属性的名称。标志表现就是某个标志在某单位中的具体表现。标志按其性质可以分为品质标志和数量标志。品质标志具体表现为属性，数量标志具体表现为标志值。标志按其具体表现在各单位中有无差异分，分为不变标志和变异标志。

9. 统计指标是指反映总体现象数量特征的概念及其具体数值。完成形态的统计指标一般包括指标的所属时间、空间、指标名称、指标数值、计量单位和计算方法这 6 个要素。

10. 统计指标的特点包括：数量性、综合性、具体性。

11. 统计指标的分类：统计指标按其说明总体内容的不同分为数量指标和质量指标，按其作用和表现形式的不同，可分为总量指标、相对指标和平均指标，统计指标按管理功能作用不同，可分为描述指标、评价指标和预警指标。

12. 统计指标体系就是各种相互联系的统计指标所构成的一个有联系的整体，用来说明所研究现象各个方面相互依存和相互制约的关系。

13. 变量是指变异标志和统计指标。变量的具体表现称为变量值。变量按其取值是否连续分为连续变量与离散变量两种。变量按影响因素的不同分为确定性变量和随机性变量。

14. 统计活动是适应社会经济发展的需要和国家管理的需要而逐步发展起来的，距今已有四五千年的历史。统计学产生距今只有300多年的历史。从统计方法的构成来看，分为描述统计学和推断统计学；从统计方法研究和统计方法的应用角度来看，分为理论统计学和应用统计学。

# 习　题

## 一．简答题

1. "统计"一词的含义有哪几种？各种含义之间有何关系？
2. 统计学的性质和研究对象分别是什么？
3. 试举出日常生活或工作中统计数据及其规律性的例子。
4. 统计研究的基本方法有哪些？
5. 统计的职能有哪些？
6. 统计活动过程是什么？
7. 什么是描述统计学和推断统计学？它们之间有何区别和联系？

## 二、单项选择题

1. 某公司要调查了解本地区居民家庭的消费支出情况，这项研究的总体是(　　)。
   A. 本地区居民家庭消费支出情况　　B. 本地区所有居民家庭
   C. 某一居民家庭的消费支出情况　　D. 本地某一居民家庭
2. 在研究我国工业企业的经济效益情况时，总体单位是(　　)。
   A. 我国每一家工业企业　　B. 我国所有工业企业
   C. 我国工业企业总数　　D. 我国工业企业的利润总额
3. 某研究部门准备在全市80万个家庭中抽取100个家庭，据此推断该城市所有职工家庭的年人均收入，这项研究的统计量是(　　)。
   A. 100个家庭　　B. 80万个家庭
   C. 100个家庭的人均收入　　D. 80万个家庭的人均收入
4. 统计研究的基本特点是(　　)。
   A. 从数量上认识个体的特征和规律　　B. 从数量上认识总体的特征和规律
   C. 从性质上认识个体的特征和规律　　D. 从性质上认识总体的特征和规律
5. 一项调查表明，在所抽取的1 000个消费者中，他们每月在网上购物的平均消费是200元，他们选择在网上购物的主要原因是"价格便宜"。这里的参数是(　　)。
   A. 1 000个消费者　　B. 所有在网上购物的消费者
   C. 所有在网上购物的消费者的平均消费额　　D. 1 000个消费者的平均消费额
6. 统计认识过程是(　　)。
   A. 从质到量　　B. 从量到质
   C. 从质到量，再到质和量的结合　　D. 从总体到个体
7. 构成统计总体的基础和前提是(　　)。
   A. 综合性　　B. 同质性　　C. 大量性　　D. 变异性
8. 一个统计总体(　　)。
   A. 只能有一个标志　　B. 只能有一个指标

C. 可以有多个标志  D. 可以有多个指标

9. 变量是变异的(　　)。
   A. 品质标志  B. 数量标志
   C. 标志和指标  D. 质量指标

10. 最近互联网上的一份报告称"由 200 辆新车组成的一个样本表明，外国新车的价格明显高于本国生产的新车"。这一结论属于(　　)。
    A. 对样本的描述  B. 对样本的推断
    C. 对总体的描述  D. 对总体的推断

### 三、多项选择题

1. 在第六次全国人口普查中，(　　)。
   A. 全国人口数是统计总体  B. 总体单位是每一个人
   C. 全部男性人口数是统计指标  D. 人口的性别比是品质标志
   E. 人的年龄是变量

2. 总体、总体单位、标志、指标之间的相互关系表现为(　　)。
   A. 没有总体单位也就没有总体，总体单位不能离开总体而存在
   B. 总体单位是标志的承担者
   C. 统计指标的数值来源于标志
   D. 指标是说明总体特征的，标志是说明总体单位特征的
   E. 指标和标志都能用数值表示

3. 某家庭的 3 位成员的某月工资额分别为 1 500 元、1 800 元和 3 000 元，这里(　　)。
   A. 有 3 个变量  B. 只有 1 个变量
   C. 有 3 个变量值  D. 有 1 个变量值
   E. 既有变量、也有变量值

4. 统计指标的构成要素有(　　)。
   A. 指标名称  B. 计量单位
   C. 计算方法  D. 指标数值
   E. 时间和空间范围

5. 下列叙述中，属于采用推断统计方法的是(　　)。
   A. 用指标描述某个企业职工的学历构成
   B. 从全部零件中抽出部分零件测量其重量，再估计全部零件的重量
   C. 一个城市某月份某商品的平均价格
   D. 反映学生身高分布情况的统计图
   E. 根据某城市中部分家庭收入水平推断该城市全部家庭的收入情况

### 四、案例分析题

1. 某地区统计部门提供一份统计报告显示："该地区某年末有商业零售企业 5000 个，就业人数 60 万人，该年实现销售利润 300 亿元，人均实现销售额 5 万元。"为了检验上述数据的可靠性，随机抽取了 90 个零售企业进行调查。问：这项调查的总体、总体单位、样本分别是什么？参数和统计量是什么？

2. 一个公司测试一种新的电视广告的效果。作为测试的一部分，广告在某市的本地时间下午 7:00 的新闻节目中播出。3 天以后市场调查公司通过电话采访形式获取记忆率信息(观众记得看过广告的百分比)和对广告的印象。问：这一研究的总体、个体、样本分别是什么？这种情况下为什么使用样本进行调查？

# 第 2 章　统计数据搜集

**本章教学要点**

| 知 识 要 点 | 掌握程度 | 相 关 知 识 |
|---|---|---|
| 统计数据搜集概述 | 掌握 | 数据搜集的含义和要求、数据的类型、数据搜集方法、数据收集组织方式 |
| 统计调查设计 | 重点掌握 | 统计调查方案设计、调查问卷设计 |
| 统计调查实施 | 了解 | 建立调查组织、调查实施与监控、误差控制 |

**本章技能要点**

| 技 能 要 点 | 掌握程度 | 应 用 方 向 |
|---|---|---|
| 数据搜集方法 | 掌握 | 根据实际需要，选择合适的数据搜集方法 |
| 数据收集组织方式 | 熟悉 | 根据实际需要，选择合适的数据搜集组织方式 |
| 统计调查方案设计 | 重点掌握 | 结合具体课题，制定出切实可行的方案 |
| 调查实施与监控 | 了解 | 调查组织实施，控制调查误差 |

**导入案例**

### 肯德基与"神秘顾客"

　　肯德基是世界著名的快餐公司，它的连锁店几乎遍布世界各地。为了保证这些连锁店的服务质量，它在世界快餐业首创使用"神秘顾客"。肯德基快餐公司中的"神秘顾客"，很类似中国的质量检查员。之所以被称为"神秘顾客"，是因为他们在工作时，以一般顾客的身份出现，检查监督时不动声色，不会让人察觉，带有一定的神秘色彩。这种"神秘顾客"是肯德基快餐公司的特殊工作人员和特殊的消费者。他们年龄一般在 20～40 岁之间，每月一次或两次到各连锁店秘密用餐。不管营业员或服务员态度有多差，他们决不计较，更不会与营业员争吵。他们对每个连锁店都看得很仔细，从店堂的招贴画到灯光的亮度，从食品的品质、口味到服务的快捷、周到等，都按公司对各连锁店的统一要求，客观公正地进行打分，打分的内容繁杂精细，如产品质量方面就包括对不同食品温度等细致要求。该公司为了保证"神秘顾客"能随时随地对连锁店服务质量进行全面评估，他们对"神秘顾客"的身份进行严格的保密。在公司内部，除了总经理和品质控制人员以外，其他任何人无权知道或打听"神秘顾客"的身份，"神秘顾客"自己也不得对外宣传,泄露自己的身份。因此,连锁店里的工作人员,根本就无法知道谁是"神秘顾客","他们会在什么时间来",无法抱侥幸心理,而必须时时脚踏实地履行每一项职责,不能出一点差错。

思考:这种调查属于什么调查方法?有什么优点和缺点?

人们要认识客观事物的特征,分析客观事物之间的联系,前提是要具备大量的统计数据。在统计活动中,统计数据资料是统计数据整理与统计分析的基础。人们要根据研究目的搜集到有用的数据资料,首先要了解统计数据的类型、统计数据的搜集方式和方法,这样才可能取得全面、准确的数据资料。

## 2.1 统计数据搜集概述

### 2.1.1 统计数据搜集的含义和要求

统计数据搜集就是按照统计研究的目的和任务,运用各种科学有效的方式和方法,有针对性地搜集反映客观事物特征表现的活动过程。统计数据搜集也称为统计调查,它是统计活动过程的基础阶段。统计数据搜集的基本要求是准确性、及时性和完整性。其中准确性是统计数据搜集的核心,及时性是统计数据信息价值的体现,完整性则是统计指标计算和统计分析的需要。

### 2.1.2 统计数据的类型

统计数据是由多个数据构成的数据集,按照不同标志进行分类,可以分为多种类型。

1) 按照采用的计量尺度不同,可以分为定性数据与定量数据

统计数据是对客观现象进行计量的结果,测量的前提是事物数量表现的差异性。美国社会学家、统计学家史蒂文斯(S. S. Stevens,1906～1973)在1968年按照变量的性质和数学运算的功能特点,将计量尺度由低级到高级、由粗略到精确分为4个层次,即定类尺度、定序尺度、定距尺度和定比尺度,将数据相应地分为4种类型。

定性数据是指只能用文字或数字代码来表现事物的品质特征或属性特征的数据是,又称品质型数据。它分为定类数据与定序数据两种。定类数据是对事物进行分类的结果,数据表现为类别。例如,人口按照性别分为男、女,人的消费按照用途分为衣、食、住、行、烧、用、医、文、娱、健等。为了便于计算机处理,常用数字代码来表示各个类别,例如分别用1、0表示男性与女性,分别用1、2、3、4、5、6、7、8、9、10表示衣、食、住、行、烧、用、医、文、娱、健。要注意的是,这时的数字没有任何程度上的差别或大小多少之分,只是符号而已。定序数据是对事物按照一定排序进行分类的结果,数据表现有顺序的类别。例如,学生的考试成绩可表示为:优、良、中、及格、不及格,消费者对某产品的满意程度表示为:很满意、满意、一般、不满意、很不满意。定序数据也可以用数字代码来表示,例如学生的考试成绩可以分别用5、4、3、2、1来表示优、良、中、及格、不及格。这时数字代码能体现一种顺序或程度的不同,但还不能体现事物之间或不同结果之间的具体数量差别。定序数据所包含的信息量大于定类数据。

定量数据是指用数值来表现事物数量特征的数据，又称为数值型数据。它分为定距数据与定比数据两种。定距数据表现为数值，它不仅能反映事物所属的类别和顺序，还能反映事物类别或顺序之间数量差距。例如，某日甲、乙两地的最高气温分别为30℃和10℃，这属于定距数据。它不仅能说明气温的类型、差别顺序，还能说明两者的具体差别大小。要注意的是，定距数据只适合进行加减计算而不适合于乘除运算，例如气温30℃与10℃相比，并不能说前者的暖和程度是后者的3倍。还有，定距数据没有绝对的零点，即0就代表没有。如某地气温为0℃，这不表示该地没有温度。定比数据也表现为数值，它不仅能反映事物之间数量差距，还能进行对比运算。例如，某企业销售收入3亿元，某地水稻平均亩产量600公斤，某地区的人均国内生产总值25亿元，这些属于定比数据。定比数据中包括绝对零点，它是包含信息量最多的数据。

定性数据在一定条件下可以转化为定量数据。可以通过计数的方法可以汇总出各类别的频数，再计算出频率；也可以对各个类别数据用一定的代码表示，对这些数字代码计算平均数和标准差等指标，计算结果在假设范围内有意义。此外，对同一事物可以根据研究的需要，选用上述某一种计量尺度中进行计量。不同的计量尺度所得到数据的信息量是不同的。

2）按照获取途径不同，可以分为原始数据与次级数据

原始数据是指直接向调查对象搜集的、尚待加工整理、反映总体单位特征的数据。原始数据也称为第一手数据。次级数据是指已经经过加工整理、能反映总体特征或总体单位情况的各种数据。它也称为加工数据或二手数据，包括直接根据原始数据整理而来的汇总数据和根据各种已有数据进行推算而来的推算数据。次级数据广泛地存在于各种统计年鉴、有关期刊和有关网站等各种媒介中。

3）按照获取方法不同，可以分为观测数据与实验数据

观测数据是通过统计调查或观测的方式获取的，反映研究现象数量特征的数据，这类数据通常是在没有人为控制条件下获得的。有关社会经济现象的统计数据大多数是观测数据。实验数据是通过实验的方式获得的，反映实验对象的数据，通常是在人为控制条件下获得的。自然科学研究中的数据大都属于实验数据。用实验获得有关数据的方法，近年来，在社会经济领域得到了广泛的应用，运用这些数据作为决策的依据。

4）按照说明时间或空间状态不同，可以分为时序数据与截面数据

时序数据是时间序列数据的简称，它将某一总体在不同时间上的指标数值按时间先后顺序排列而形成的，描述总体某一方面的数量随时间变化而变化的情况。例如，将我国1980年以来的各年的国内生产总值数据排列在一起，就是时序数据。截面数据是将许多同类现象在相同或近似相同的时间上的数据加以排列而形成，描述不同总体或各个总体单位数量的差异情况。例如，将我国某一年的各省、市、区的国内生产总值数据排列在一起，就是截面数据。

5）按照其表现形式不同，可以分为绝对数、相对数和平均数

绝对数是用以反映现象或事物绝对数量特征的数据，它是以最直观、最基本的形式说明总体规模大小或水平多少的。相对数是用以反映现象或事物相对数量特征的数据，它是通过另外两个相关统计数据的对比得到的，可以描述总体内部各部分或现象之间的联系关系。平均数是用以反映现象或事物平均数量特征的数据，反映总体某一方面的一般数量水

平。通过各种尺度计量而得到的统计数据，最终都可以归纳为绝对数、相对数和平均数这3种形式。

### 2.1.3 统计数据搜集方法

统计数据搜集方法是指获取被调查对象数据的具体方法，可以分为原始数据搜集方法和次级数据搜集方法两大类。

1. 原始数据搜集方法

原始数据搜集常用的方法有直接观察法、报告法、访问法、登记法等几种。

直接观察法是指由调查者到调查地点对被调查对象进行观察、计量和登记，而得到原始数据的方法。如本章开始案例中的"神秘顾客"，就是采用直接观察法来搜集员工服务状况的原始数据。它基本上是调查者单方面的认识活动，被调查者处于被动地位。直接观察法通常是调查者有目的、有计划的进行的，因此得到的数据准确性较好，可靠性较高。直接观察法缺点是需要花费较多的人力、物力和时间，调查成本高，它要求调查人员具备一定的实践经验和观察技能，有时在对人的行为观察时，也只能观察到表面现象，并不能反映人的真实思想。

报告法是指调查者要求被调查者通过一定的方式报告自身情况而得到原始数据的方法，也称为通讯法。它通常为调查组织者把调查表通过某种方式传送给被调查者，由被调查者按要求填写后，返回给调查组织者。报告法的优点主要有：一是便于组织，调查过程中不受空间区域限制；二是调查成本较低，调查表式统一便于统计整理等。报告法一般在行政部门对下级调查时，实施效果较好，因为这时具有强制性和约束性。如果在非行政部门实施时，如果没有利益关系，会出现回收数据速度慢、回收率较低等情况，有时要采取一定的措施提高调查表的回收率。

访问法是由调查人员对被调查者进行访问，根据被调查者的回答情况来收集数据的方法。访问法又可分为面访式、电话式和自填式等几种。面访式是由调查人员根据调查提纲或调查表，当面向被调查者提出问题，并对被调查者的回答结果进行记录或填写。具体又有个别访谈和集体访谈两种形式。面访式的优点是回答率较高，调查人员在采访调查过程中可根据需要灵活掌握调查过程，对被访者的文化程度要求不高等等，主要缺点是耗时费力、成本高，调查质量有时难以控制，敏感性问题较难获得真实回答，等等。电话式是由调查人员根据调查提纲或调查表，通过电话问答的形式来获取被调查者的信息。其主要优点是调查成本低，调查范围广，对访问过程的控制比较容易，借助计算机辅助系统可自动选样、自动拨号并及时得到调查结果，主要缺点是调查对象只限定在有电话的被访者，拒访率可能比较高，因语言语音因素可能影响交流，问卷及备选答案不能过于复杂。自填式是由调查人员把调查表当面交给被调查者，被调查者填写完毕后当面交还给调查人员的一种数据收集方法。主要优点是调查表回收率高，统一的调查表便于统计整理，主要缺点是调查表内容不宜过多，结构不能复杂，要求被访者文化程度较高，耗时费力。

登记法是指当事人根据有关法律法规规定，在开展某些活动或发生某事时，主动到有关机构进行登记，填写有关表格，提供有关统计信息。例如，工商注册登记、税务登记、户籍登记、人口普查登记等。

随着现代信息技术的不断发展，计算机、网络、光电技术、卫星遥感、地理信息系统等新技术不断被引入到统计数据的收集中来，进一步拓展了统计数据收集的功能。例如运用网络技术发展而成的网络统计调查，利用卫星遥感技术而进行的农产量调查，等等。

2. 次级数据搜集方法

1）次级数据的基本来源

次级数据的来源主要是两个方面，即内部来源和外部来源。

次级数据内部来源是从被调查单位内部获取的有关信息数据资料。如各种统计台帐、会计报表和统计报表等。随着计算机网络的普及，一些部门和企业已经或正在着手建立管理信息系统，建立信息数据库，研究人员根据管理权限搜集相关的数据资料。

次级数据外部来源是从被调查单位外部获取的有关信息数据资料。可分为两方面来源，一是各级政府、非营利机构、贸易组织和行业机构、商业性的出版物等，其中政府机构所编辑出版的统计资料是宏观、微观信息数据的主要来源。在我国，国家统计局系统出版各种统计年鉴资料，如《中国统计年鉴》、《世界经济年鉴》等。另一是依据互联网建立的在线信息数据库，调研人员根据授权许可取得有关单位的内部资料，也可运用 Baidu、Google 等搜索引擎搜集、查找公开的外部数据资料。

2）次级数据搜集主要方法

次数数据的搜集主要方法有查找法、咨询法、交换法、购买法等。查找法就是从现有资料中进行查阅和搜集，也称为文案调查法。可以从以往的纸质出版物中查找，也可用搜索引擎在互联网上查找。咨询法就是向有关单位和部门进行询问以获得资料，如投资者向某个地方行政部门，了解投资环境状况。交换法就是与外地或本地的有关同行签订协议，定期或不定期的交换数据资料。购买法就是向专业的调查公司或机构购买数据资料，这种情况目前也比较普遍。搜集次级数据在统计研究中应优先考虑，因为资料来源途径多，搜集成本低。

3）次级数据的评价

对搜集到的次级数据，调研人员应对这些资料的权威性、目的性、适用性、时效性等方面进行评估。权威性主要考察资料是谁收集的，信息数据的来源是关系到信息数据准确程度的关键因素。一般来说政府、著名的调查机构等权威性较高的部门提供的数据资料较为值得信赖。目的性是指次级资料当时的研究的目的是什么，弄清当时的研究动机，有助于判断信息数据的质量。有时某一团体为了自身的利益而收集的信息数据是令人怀疑的，如企业自身所作的媒体调查、广告公司对广告效果的自我测量等。适用性是指要辨明信息数据的内容是否符合本次调查研究目的的需要。因为任何次级资料是按当时收集的目的而得到的，其他单位的过去的研究目的不一定和本次研究目的相同。要分析所取得的次级资料对本次调查有多大的参考价值，能否适应本次调研的需要。时效性主要是考察已收集到的次级资料是何时收集的。过时的信息数据是没有什么用处的，在收集二手信息数据时，一方面注意其发表的时间，另一方面要注意其实施调查时间，因为调查结果发表和信息数据收集的时间常常是相隔很长的。

### 2.1.4 统计数据搜集组织方式

搜集统计数据必须按照一定的组织方式进行。这里主要介绍搜集原始数据的方式，其组织方式有两种：统计调查和实验调查。

1. 统计调查

所谓统计调查，就是通过对调查对象全部单位或部分单位的有关标志特征进行调查或观测的方式来获取统计数据。统计调查按调查的范围不同，分为全面调查和非全面调查；按调查登记时间是否连续，分为经常性调查和一次性调查；按组织方式的不同，分为统计报表和专门调查两大类。

1）统计报表

统计报表是一种以全面调查为主的调查方式，它是由政府主管部门根据统计法规，以统计表格形式和行政手段自上而下布置，由各级基层单位自下而上逐级提供基本统计数据的一种调查方式。统计报表能定期地搜集反映国民经济和社会发展基本情况的资料，满足各级部门的有关需要。统计报表具有统一性、全面性、定期性等特点。

统计报表按报表内容和实施范围不同，分为国家统计报表、部门统计报表和地方统计报表。国家统计报表是国民经济基本统计报表，由国家统计部门统一制发，用以搜集全国性的经济和社会基本情况资料。部门统计报表是为了适应各部门业务管理需要而制定的专业技术报表。地方统计报表是针对地区特点而补充制定的地区性统计报表，是为本地区的计划和管理服务的。统计报表按填报单位不同，分为基层统计报表和综合统计报表。基层统计报表是由基层企、事业单位填报的报表，综合统计报表是由主管部门或部门根据基层报表逐级汇总填报的报表。

统计报表目前的报送形式有：纸质报表一般通过邮政部门寄报，电子表格通过网上的电子邮件报送，网上直报是由调查单位直接登录数据录入系统，填入数据资料。如我国现行的规模以上的企业的统计报表就是采取网上直接报送的形式，将信息资料直接报给国家统计局或指定的部门。

2）普查

普查是根据特定研究目的专门组织的一次性全面调查，用以收集所研究现象总体的全面资料。一般而言，普查所要收集的资料大多属于处于一定时点上的客观现象的总量及分类数据。有时普查也可用来反映一定时期现象的总量，如某年的出生人口总数及性别分类数等。普查是一个国家或地区用于定期掌握国情国力的统计调查方式，能为政府制定社会经济发展战略和方针政策提供依据。此外，普查所取得的资料，还可为经常性的抽样调查提供抽样框和各种辅助资料，提高抽样调查的效果。

普查的组织方式一般有两种，一是建立专门的普查机构，配备一定数量的普查人员，对调查单位直接进行登记，如我国历次的人口普查等。二是利用观测单位的原始记录和核算资料，颁发调查表，由观测单位按要求填报。如物资库存普查等。这种方式也需要有专门的机构和专门的人员来组织领导。有时，为了满足国家的迫切需要，还可以采用快速普查的形式，即改变一般普查"逐级布置、逐级汇总"的做法，直接由最高普查机构把任务布置到基层单位，基层单位直接把资料报送给最高普查机构，越过中间环节，实行越级汇总、集中汇总。由于普查一般在全国范围内进行，涉及面广，工作量大，需要动员大量的人力、物力和财力，对数据的准确性、时效性和完整性要求高，因此必须统一领导、统一要求和统一行动。必须遵循以下几项原则：一是要确定标准时点，统一规定数据所属的时间；二是要统一行动，各地在方法、步调上保持一致，并力求在最短的期限内完成登记工作；三是要统一规定调查项目，同一种普查的各次普查项目要力求保持一致和稳定，以便对比分析;四是要选择合适的普查工作时间,尽量减少乃至避免普查对其他各项正常工作的影响;五是要按固定的周期进行,例如我国的人口普查每10年进行一次。

3) 抽样调查

抽样调查是一种非全面调查,它是按照一定的原则从总体中抽取总体单位组成样本,然后对样本中的每个单位进行调查,得到样本指标,再用样本指标对总体有关特征作出推断。抽样调查属于非全面调查,是实际工作中应用最为广泛的调查方法。有关抽样调查内容将在第6章中作较为详细的介绍。

4) 重点调查

重点调查也是一种非全面调查,是对数据收集对象总体中的部分重点单位进行调查的方式。所谓重点单位,是就调查标志而言,在总体标志总量中占有绝大比重的少数单位。通过对重点单位的调查,能够从数量上反映总体的基本情况,抓住重点。重点调查具有投入少、速度快的优点,可以调查较多的项目。要注意重点单位与非重点单位在调查标志值方面的差异较大,运用重点调查数值不能推断总体指标。重点调查有两个特点:一是以客观原则来确定调查单位;二是属于范围较小的全面调查,即对所有重点单位都要进行调查。因此,若数据收集的任务只要求掌握现象的基本情况,而总体中又确实存在少数重点单位时,才适合采用重点调查。重点调查的关键是确定重点单位,要依具体问题和数据收集对象来加以确定。

5) 典型调查

典型调查也是专门组织的一种非全面调查,它是根据调查研究的目的和要求,在对总体进行全面分析的基础上,有意识地选择其中有代表性的典型单位进行深入细致的调查,借以认识事物的本质特征、因果关系和发展变化的趋势。所谓有代表性的典型单位,是指那些最充分、最集中地体现总体某方面共性的单位。典型调查的作用主要在于,一是研究尚未充分发展、处于萌芽状况的新生事物或某种倾向性的社会问题。通过对典型单位深入细致的调查,可以及时发现新情况、新问题,探测事物发展变化的趋势,形成科学的预见。二是分析事物的不同类型,研究它们之间的差别和相互关系。例如,通过调查可以区别先进事物与落后事物,分别总结它们的经验教训,进一步进行对策研究,促进事物的转化与发展。三是在总体内部差别不大或分类后各类型内部差别不大的情况下,典型单位的代表性很显著,也可用典型调查资料来补充和验证全面调查的数字。

典型调查的关键是正确选择典型单位。主要有以下3种选择典型单位方法,一是"解剖麻雀"方式。这种选择典型方法适用于总体内各单位差别不太大的情况。通过对个别代表性单位的调查,即可估计总体的一般情况。二是"划类选典"方式。总体内部差异明显,先将总体划分为若干个类型组,再从各类型组中分别选出一些具有代表性的单位进行调查。这种调查既可用于分析总体内部各类型特征,以及它们的差异和联系,也可对总体指标作出估计。三是"抓两头"方式。根据研究目的的需要,可以分别从先进单位和落后单位中选择典型,以便总结经验和教训。

在实际工作中,往往需要多种统计调查方式结合运用。这是因为任何一种统计调查方法,都有它的优越性与局限性,有各自不同的实施条件,而被调查对象的特点是各不相同的。如果只用一种调查方式是不能满足多种研究目的需要的。

2. 实验调查

所谓实验调查就是将自然科学中实验法运用于社会经济现象，来搜集数据资料。调查人员为了了解社会现象中变量的联系情况，将某一自变量或某些自变量加以控制，在实验过程中观察因变量的变动结果。在实验过程中，要把在一定条件试验产生的各种结果并加以记录的方式来获取数据，凭借实验结果来揭示所考察因素与所研究事物之间的数量因果关系。例如，为了了解某产品广告的效果，分别设计出若干不同的广告方案，实施一段时间后，比较各种广告方案的效果，从中确定出最佳的方案。在实验中，所考察因素的各种不同表现称为各种状态。对于非考察因素要加以控制，使之保持不变的状态，因此，实验方式是一种有控制的观测。

运用实验方式需要遵循下列两个原则：均衡分散性原则和整齐可比性原则。均衡分散性原则是指所进行的试验应能把所观测的因素及其状态均衡地分散在因素与状态的所有各种可能的配合之中，以保证试验结果具有较强的代表性。整齐可比性原则是指试验考察某个因素的各个状态对所研究事物影响的效应时，其他因素应保持不变的状态，以便保证在该因素各个状态的效应之中能最大限度地排除其他因素的干扰，从而能对所考察因素不同状态的效应进行比较。常用的实验设计有：完全随机试验、随机区组试验、拉丁方试验和正交试验等。

## 2.2 统计调查设计

统计调查设计就是根据统计研究目的和调查对象的性质，对调查工作的各个方面和各个阶段进行的通盘考虑和安排。一般而言，一个部门或一个单位在作出某项重要决策之前，都要开展调查研究，为决策提供依据。任何调查工作，首先要确定调查研究课题或调查的主题。调查课题有时是由上级部门下达的，有时是根据本部门或本单位经营管理决策的需要而确定的。

### 2.2.1 统计调查方案设计

统计调查方案是一项统计调查工作的详细工作计划。因为统计调查是一项系统性很强的工作，涉及到许多单位和个人，由许多人共同协作才能完成，必须做到统一调查目的、统一调查要求、统一调查步骤，做好各项准备工作。因此，在调查之前设计科学合理的调查方案十分重要。一般而言，一项统计调查方案应包括以下基本内容。

1. 确定调查目的

调查目的就是要说明为什么要调查，要根据研究课题的需要搜集相关数据，要明确搜集的数据用以研究和解决什么问题，对所研究现象需要达到什么样的认识。明确了调查目的，才能确定需搜集哪些数据、向谁搜集和如何搜集等问题。调查目的要用简洁的语言表达清楚。

2. 确定调查对象和调查单位

调查对象就是所要研究现象的总体，调查单位是构成调查对象总体的每一个个体，是所要搜集的调查标志的承担者。也就是确定要向谁作调查,调查标志的具体表现由谁来承担。对于原始数据的搜集,必须明确数据调查对象和调查单位。只有明确调查对象,才能使数据搜集有明确的范围。例如,要研究某地区工业企业的经济效益情况,这时调查对象就是地区范围内的所有工业企业,如采用全面调查的方式,该地区的每个工业企业就是调查单位。如果采用非全面调查,调查单位则是按某种方法抽选到的单位。要注意的是,调查单位与数据提供单位有时一致,有时不一致。如对某地区工业企业普查,每个工业企业既是调查单位又是数据提供单位。如对某地区工业企业生产设备状况的普查,调查单位是工业企业的每台生产设备,数据提供单位则是每个工业企业,调查标志表现结果无法由调查单位提供。统计调查单位与数据提供单位应该加以明确。

3. 确定调查内容、调查标志和调查表

1) 确定调查内容

调查内容就是通过调查想要取得的反映和说明总体特征的指标和指标体系,它是由调查目的确定的,它是确定调查标志的依据。设计调查指标和指标体系是调查方案核心内容之一。指标和指标体系的确定可参考相关的理论成果,结合现实的情况确定。例如,要研究某地区居民家庭生活水平变动情况,就要考虑用什么样的指标和哪些指标来反映居民家庭的生活水平,用什么指标来反映居民家庭生活水平的变化。这些指标的确定要和该地区的经济状况和居民家庭的收入水平相联系。

2) 确定调查标志

明确了要取得的统计指标和指标体系后,就要确定向调查单位调查哪些标志,取得什么样的标志表现。调查过程就是取得调查标志具体表现的过程。例如,要得到该地区居民家庭人均收入指标数值,就要明确对各个居民家庭调查哪些标志和标志表现,才能得到这个指标。所以,要根据各个指标的要求,设计出若干个调查标志。如果调查标志过少,就不能满足调查指标和调查指标体系的需要,也就达不到对总体研究的需要。但如果调查标志过多,也会增加调查工作量,造成浪费。所以,调查标志要与调查指标和指标体系内容要相匹配。

为了便于搜集调查标志的具体表现,对调查标志的设计要求较高。一是用客观存在的具体事物来设计操作标志。如搜集居民家庭收入资料时,可以用工资收入、馈赠收入、实物收入、其他收入等具体内容作为标志。二是将抽象概念具体化。如居民"生活质量"就比较抽象,可用物品支出和文化支出等标志来反映。三是用社会测量的方法来设计调查标志,它主要用来反映人们的认识、看法等主观感觉。例如,对某种商品的使用效果进行调查时,可以采用量表的形式。总之,要便于取得这些标志在各调查单位中的具体表现。

3) 设计调查表

一项研究中,要调查的标志较多,为了便于调查的开展和资料的搜集,就必须将这些调查标志按逻辑顺序列在一定形式的表格内,形成了调查表或调查问卷。在具体应用中,调查表有单一表和一览表两种形式。单一表是指一张调查表只用来填写一个观测单位的标志表现,一览表则是指一张调查表用以同时填写多个观测单位的标志表现。选择单一表还是一览表,应从具体情况出发,根据研究目的、调查对象的特点和调查标志的多少而定。这里需要指出的是,调查问卷作为一种特殊的调查表,在统计调查中具有重要的作用,如何设计一份好的问卷,既是技术性问题也是艺术性问题。

**4. 确定调查的方式与方法**

各种调查方式和调查方法都有其特点，采用什么样的调查方式与方法，直接关系到能否及时、准确、完整地搜集到所需的统计数据，还涉及到所需投入的人力、物力和财力。因此，一定要根据研究目的、调查对象的特点、现有条件和数据搜集的需要，选择最合适的调查方式与方法。例如，某企业要想了解本企业产品的市场占有率和消费者的使用意见，可以采用抽样调查方式和采访法；若想了解不同包装对产品销售的影响，可以采用实验方式和直接观察法、采访法。

**5. 确定调查时间和调查期限**

调查时间是指调查数据资料的所属时间。调查资料所属时间分为两种类型，一是时期数据资料，即数据反映的是调查单位在一定时期内发展结果的总量，如企业的生产量、利润额等。另一是时点数据资料，即数据反映的是调查单位在某一时点上的总量，如企业的期末固定资产总额、职工人数等。事物是发展变化着的，在不同时间有不同的数量表现，因此，在统计数据的搜集过程中，必须明确每一项数据所属的时间，这也是统计指标时间界限的体现。调查期限是指完成数据搜集活动的起止时限。任何调研活动都有时间要求的，因此，必须对其加以明确的规定，这是保证统计数据搜集及时性的需要。

**6. 确定调查的组织实施计划**

任何一项统计调查工作，都需要花费一定的人力、物力和财力。健全的组织是统计数据搜集顺利开展的有力保证，大规模的调查活动必须要建立专门的组织机构来统一安排各项工作，如人员培训、经费预算、活动分工、资料传递、材料印刷等事项都要逐项落实到位。有时还要明确调查地点，也就是观测、记录统计数据的地点。一般情况下，它与观测单位所在的地点是一致的，但有时也会不一致，例如，在人口普查时，规定"常住人口"应在常住地点进行登记，但若某被调查者短期外出工作，则仍应在他的常住地登记而不在现居地登记。一般要求各个被调查者接受调查采访的地点应大致相同，这样便于保证资料搜集的一致性。如对居民家庭生活状况进行调查，数据搜集地点最好是在居民的居住地。

编写好统计调查方案初稿后，还有一项重要工作是对调查方案进行评价和修改。总的来讲，评价方案是否体现调查目的和要求，是否科学、完整和适用。评价的方法主要有：第一，逻辑分析法，即用逻辑学的方法来检验调查设计的可行性，主要对调查项目设计进行可行性研究；第二，经验判断法，方案初步设计出来后，请一些有经验的来审查，让他们根据以往的经验对方案的可行性作一些初步的研究和判断，提出修改意见；第三，试点调查法，即通过小规模的实地调查来检验调查设计的可行性并根据试验调查的结果来修改和完善所设计的方案。对于大规模统计调查来讲尤为重要，试点的目的是使方案更加科学和完善，而不是搜集资料。

## 2.2.2 调查问卷的设计

调查方案中的调查表通常表现为调查表格和调查问卷。调查问卷是调查者准备向被调查者询问内容的书面提纲，在访问方式调查中必须使用调查问卷。问卷设计就是根据调查目的将所需调查观测标志或问题可操作化，便于调查者开展调查，得到必要的数据资料的过程。作为调查者与被调查者之间中介的调查问卷，问卷设计是否科学合理，将会直接影响问卷的回收率，影响资料的真实性、实用性。

1. 调查问卷的概念与结构

1）调查问卷的概念

调查问卷是依据统计研究目的和要求，按照一定的统计指标和指标体系设计出来的、由一系列问题、项目、备选答案及说明所组成的、向被调查者了解各种观测标志表现的一种工具。通过调查问卷来搜集统计数据，可以使调查内容标准化和系统化，便于统计处理和分析。调查问卷按是否由被调查者自己填写可分为自填式问卷和代填式问卷两种。自填式问卷由被调查者自己填答，代填式问卷是由调查人员根据被调查者的口头回答来填写。这两种调查问卷的适用对象通常不同，因而在问卷的具体形式、设计要求和填写说明等方面也有所不同。

2）调查问卷的结构

调查问卷一般由引言、被调查者基本情况、问题和答案、结语4个部分组成。引言一般在调查问卷的开头，或作为问卷的说明信，用以表明调查的目的与意义、调查组织者的身份和调查的主要内容等，力求引起被调查者的重视与兴趣，取得支持与合作，并要对被调查者表示真诚的感谢。有时还要向被调查者说明问卷填写的方法和要求，以及需要注意的有关事项。被调查者基本情况用以了解个人或企事业单位的有关基本特征，如个人的性别、年龄、婚姻、文化程度、职业、工作单位、职务或技术职称、民族等，企事业单位的行业类别、经济类型、单位规模、所在地区等。掌握这些基本情况，便于进行各种构成分析。问题和答案是问卷的主要组成部分，包括所要了解的各个问题和相对应的备选答案。这一部分设计得是否恰当，直接关系到本次问卷调查能否取得有价值的资料。结语是在问卷末尾对被调查者再次表示感谢，或用以征询其对问卷设计和问卷调查的意见和感受。有的问卷也可以不要结语。此外，问卷上还应有便于计算机处理的编码。若是访问问卷，还应有作业证明的记载，即填写访问人员姓名、访问日期和被调查者合作情况等。

2. 调查问卷设计的程序

1）确定资料主题和范围

根据调查目的的要求，研究调查内容、所需收集的资料及资料来源、调查范围等，酝酿问卷的整体结构，将所需要的资料一一列出，分析哪些是主要资料，哪些是次要资料，哪些是可要可不要的资料，淘汰那些不需要的资料，再分析哪些资料需要通过问卷取得、需要向谁调查等，并考虑到调查地点、时间及对象等因素。

2）分析调查对象特征

分析调查对象特征的目的是根据调查对象的特征来拟订和编排询问的问题。这些特征主要有3方面：一是社会特征，所处的社会阶层、社会环境、行为规范、观念习俗等；二是心理特征，如需求动机、潜在欲望等；三是学识特征，如文化程度、知识水平、对问题的理解能力等。

3）拟定并编排问题

设计调查问卷初稿，首先要尽量详尽地列出准备提问的问题，构想每项资料需要用什么样的形式进行提问，然后对各个问题进行检查、筛选、编排，看看有无多余的问题，有无遗漏的问题，有无不适当的问题，以便进行删、补、换。问卷调查得到的数据结果是否能满足数据搜集目的的需要，能否提供必要的参考信息，问题设计以适度够用为原则。对提出的每个问题，都要充分考虑是否有必要，能否得到答案。同时，要考虑问卷是否需要编码，或需要向被调查者说明调查目的、要求、基本注意事项等。这是设计调查问卷时十分重要的工作，必须精心研究，反复推敲。

4) 试答和修改

一般说来，问卷初稿都会存在着一些问题，因此有必要将问卷在小范围内进行试验性调查，以便弄清问卷初稿中存在的问题。可以站在调查者的立场上试行提问，看看问题是否清楚明白，是否便于资料的记录、整理；也可站在应答者的立场上试行回答，看看是否能回答问题，问题的顺序是否符合思维逻辑，估计回答时间是否合乎要求。发现提出的问题不妥或不确切，就要作修改。

5) 定稿和付印

一般情况下，问卷要进行修改，从是否符合调查目的、是否便于实施和是否便于整理汇总等方面进行评价，反复修改以后才能定稿。按照调查工作的需要印制足够数量的问卷，在正式调查过程中使用。

3. 调查问题的设计

调查问题即向被调查者询问的问题，是调查者与被调查者沟通信息的直接渠道，调查问题设计是否准确科学、易懂，会直接影响数据搜集的质量，因此调查问题设计是否科学合理是问卷设计的关键。

1) 调查问题的种类

(1) 根据调查内容不同，问题可分为事实性问题、意见性问题和解释性问题。事实性问题要求被调查者依据现有事实来做出回答。如"您使用什么品牌的牙膏?"、"您的职业是什么?"等。意见性问题用于了解被调查者的意见、看法、评价、态度、要求和打算等。如"您喜欢××牌的牙膏吗?"、"您对您目前的职业是否满意?"等。解释性问题用于了解被调查者行为、意见、看法等产生的原因，了解个人内心深层的动机。如"你为什么要购买××牌的牙膏?"、"您为什么要从事××职业?"等。事实性问题回答比较简单，统计处理比较容易，但搜集到的资料不够深入；意见性问题和解释性问题则在回答难度和统计处理难度上逐步加重，但所搜集的资料能比较深入地说明所研究的问题。

(2) 根据回答方式不同，问题可分为开放式问题和封闭式问题。开放式问题也称为自由回答式问题，是指不提供备选答案而需要被调查者自由做出回答的问题。例如，"您对我国目前高校招生政策有什么看法?"等。这类问题适用于事先无法列出或不能知道所有可能答案的情况，有利于被调查者给出不受限制或富有启发性的回答，增大回答的信息量。但这类问题回答结果的统计处理比较难，并可能掺杂不太有价值的信息，若被调查者的文化程度偏低就会难以做出回答。

封闭式问题是指已列出所有可能答案以供选择的问题。例如，"您家现住房的面积(平方米)是多少? ①50以下, ②50~80, ③80~100, ④100以上"等。这类问题适用于能一一罗列全部可能答案且答案个数不是很多的情况，回答简单，统计处理和分析比较容易。但这类问题使回答带有一定的强迫性，得出的信息有时比较粗糙。有时，在问卷中还设计半封闭半开放式的问题，以取得更多的信息。例如，"您家有照相机吗? □有, □无; 若有, 是什么牌子? (　　)"，"您的职业是＿＿＿＿。①教师, ②公务员, ③军人, ④企业管理人员，⑤职工，⑥个体户，⑦其他（　　　）"等。

2) 调查问题设计的原则

(1) 所列问题必须符合客观实际情况。即问题符合当前社会经济发展状况和科学发展水平，符合大多数人的思想意识、文化素质、语言习惯、生活水平和生活方式等。例如，我国城镇居民家庭耐用消费品，20世纪70年代以手表、自行车、缝纫机为代表，20世纪80年代以电视机、冰箱、洗衣机为代表，20世纪90年代则以空调、照相机、音响设备、电脑等为代表，现在则以各种数码产品、家用轿车等产品为代表，并且不同的年代对耐用消费品的理解也不一样。如果不考虑经济发展的客观实际情况，现在仍以手表、自行车等为内容来设计问题，显然不切实际。

(2) 一份问卷中的问题不宜太多。一份问卷包括多少问题，应根据调查目的、调查对象特点、人财物力量及时间要求等来考虑。在满足需求的情况下，问题的多少以够用适用为原则，最大限度减轻被调查者的负担，避免其产生厌烦情绪，提高问卷的有效应答率。

(3) 调查问题要考虑被调查者的回答能力。在设计问题时必须考虑被调查者的回答能力，凡是不太可能或不太容易被理解和回答的问题，应该避免出现，尤其是要避免出现理论性或专业性很强的问题。例如，向普通居民提"加强国际合作有何重要意义？"、"我国物价指数编制方法是否科学？"等问题，就有可能超出被调查者回答能力的范围。此外，向未使用家用轿车者询问"每月私车汽油消费量多少"、向未婚者询问"您有几个子女"等问题，以及需要回忆很长时间才能勉强回答的问题，都会使被调查者感到手足无措。

(4) 避免直接提禁忌的和敏感性的问题。由于风俗或民族习惯的不同，有些问题可能会引起误会，甚至产生民族纠纷，因此要加以避免。而涉及到个人利益和声誉的一些问题，则具有很强的敏感性和隐私性，如"您有多少储蓄存款？"、"您是否曾在考试中作弊？"等，可能会由于被调查者的自我防卫心理而拒绝回答。

如果确实需要了解一些敏感性问题，就要用一些特殊的技巧方法来处理。一是释疑法，即在问题前面写上一段消除疑虑的文字，并承诺绝对保密。二是假定法，即用一个假定性条件题作为问题的前提，例如"假定允许人员自由流动，您是否也想试一试？"比直接问"您想调离现在工作的单位吗？"要好得多。三是转移法，即把本应由被调查者自己根据实际情况回答的问题转移到根据他人情况来回答的问题，例如"对于学校的早读规定，有的同学认为合理，有的同学认为不合理，您同意哪一种看法？"比直接问"您是否愿意参加早读？"要好得多。四是模糊法，即用一个答案适当模糊的问题来代替追求精确答案的问题，例如，"您每个月的收入属于下列哪一档？①800元以下，②800～1 200，③1 200～1 600，④1 600～2 000元，⑤2 000～3 000元，⑥3 000～5 000元，⑦5 000元以上"，与问句"您每个月的收入是多少？"相比，回答效果要好一些。

(5) 问题提问要保持中立。即问题不能带有诱导性和倾向性，不能流露出调查者或问卷设计者自己的倾向或暗示，以免左右被调查者的回答。例如"××牌啤酒泡沫丰富、口味清纯，您的印象如何？"就带有明显的倾向性。在问题中应避免出现"多数人认为"、"某权威机构认为"、"某有名人物认为"等词语。

(6) 问题的内容要单一。一个问题只能包含一个询问内容，否则就会使被调查者难以回答。例如，"您的父母是教师吗？"这一问题就有缺陷，因为父和母是两个人，可能其中一位是教师而另一位不是教师，这就使被调查者不知该回答"是"还是回答"否"。因此，对于比较复杂的问题,要按询问内容进行分解。

(7) 问题的语言要清晰易懂。每一个问题对每个被调查者而言都只能有一种解释,问题中用语的定义必须清楚明确。例如,"您上个星期总共看了几小时书?"这一问题中,书是否包括报刊、杂志?"您是否经常看电视?"这一问题中,"经常"的标准是什么?等等,都可能引起歧义。因此,问题中要避免涵义不明确、概念不清楚、容易引起不同理解、过于抽象的词语,也不能用缩略语。

(8) 问题的排列要讲究逻辑性。一般地,问题的排列应该是先比较容易回答的问题,再比较难回答的问题;先事实性问题,再意见性问题和解释性问题;先封闭式问题,再开放式问题。在调查内容的时间上,则应指过去、现在、未来的顺序排列。问题与问题之间要注意内在联系,要有严密的逻辑性。

4. 调查问题答案的设计

1) 调查问题答案的设计形式

调查问题答案的设计是针对封闭式问题而言的,是问卷设计的另一主要内容。问题答案的形式有很多,常用的有以下几种。

(1) 是非式。即问题只有两个相对立的答案可供选择,如"是"与"否"、"有"与"无"、"赞成"与"否定"等,被调查者只须从中选择其一即可。例如:

您家有电脑吗?□ 有,□ 无

这种设计回答容易,统计处理方便,但不能表达出被调查者行为或意见的程度差别。例如对于回答有电脑的家庭,有的有一台,有的则可能有两台或更多台,电脑的品牌、规格、型号等也不一样,这些差异在是非式设计中是难以体现的。有时,由于被调查者处于"未定"状态而可能放弃回答。这种设计只适合于询问简单的事实或意见。

(2) 多项式。即问题有3个及3个以上的答案可供选择,由被调查者从中选择一个或几个作为回答。例如:

您夏天喜欢喝什么饮料?
①开水　②矿泉水　③纯净水　④可乐　⑤雪碧　⑥芬达　⑦果汁　⑧其他

备选答案有8个,由被调查者从中选择一个或多个。多项式设计的回答和统计处理都比较容易,但要列出所有可能的备选答案往往有一定困难,故常用"其他"来处理。

(3) 顺位式。即要求被调查者对问题的备选答案,按照重要性程度或喜爱程度定出先后顺序,做出比较性的回答。例如:

请您对下列不正之风按您痛恨的程度以1,2,3…的顺序加以排列:
□用公款送礼　　□公款消费　　□拉帮结派　　□用公款旅游
□任人唯亲　　　□官僚主义　　□滥发文凭　　□其他

这种设计便于被调查者去衡量比较,比多项式了解更多的信息,适用于要求区分答案的缓急轻重或先后顺序的问题。但它难以体现答案之间的差异大小,当备选答案较多时,各答案在问卷中的位置也会对被调查者选择答案产生一定影响。

(4) 程度评价式(量表形式)。这是一种对被调查者主观认识的计量,所得结果即为定类数据。一般地,对问题列出几个不同程度的答案,并对每一个答案事先按顺序给分,相邻答案的分差相等,由被调查者从中选择一个答案来表达他对事物的感受程度。可以指通过表格形式将对某个问题答案进行排列,让被调查者从中选择答案。量表有多种形式。如其中的定距量表是对事物类别或次序之间间距的计量，如在市场调查中可用得分表示出态度数据、满意程度数据等。例如：

您对某品牌的产品的满意程度如何，请在相应的方框内打勾。

| 满意 | 1 | 2 | 3 | 4 | 5 | 6 | 7 | 8 | 9 | 不满意 |
|---|---|---|---|---|---|---|---|---|---|---|

这种设计能从计分的角度进行统计处理，有利于综合了解被调查者的总体态度和程度。但计分本身是非客观的，只是一种人为规定。有时，也可以把答案按程度分为 3 档、7 档或 9 档，档数越多，了解的信息就越细，但相邻答案之间的区别就越微小。

（5）比较式。即把若干可比较的事物整理成两两对比的形式，由应答者进行比较。这种方式比将许多事物放在一起让应答者作比较要简便容易一些，并可获得针对性明显的具体结果。例如：

请您比较下列每一对不同的广告，哪一种更吸引人？（在方框中打√号）
①□甲广告和□乙广告　　　　②□丙广告和□丁广告
③□甲广告和□丁广告　　　　④□乙广告和□丙广告

（6）自由回答式。问卷中只提出问题，然后由回答者自由发表意见，并无已经拟定好的答案。它属于前面指出的开放性问题。这种方法的优点是涉及面广，灵活性大，回答者可充分发表意见，可为调查者搜集到某种意料之外的资料，缩短问者和答者之间的距离，迅速营造一个调查气氛。缺点是由于回答者提供答案的想法和角度不同，因此在答案分类时往往会出现困难，资料较难整理，还可能因回答者表达能力的差异形成调查偏差。

2）调查问题答案的设计原则

（1）穷尽原则。只有将全部可能的答案列出，才能使每个应答者都有答案可选，不至于无合适答案而放弃回答。为防止答案遗漏，可用"其他"来弥补。

（2）互斥原则。一个问题所列出的各个答案必须互不相容，互不重叠，否则应答者可能作出有重复内容的双重选择，影响调查效果。例如："您喜欢阅读哪类图书？①文学艺术类②自然科学类③社会科学类④经济管理类⑤会计类⑥统计类"。这一设计中，有的答案之间就相互包容，如会计类属于经济管理类或社会科学类。这样就不便于汇总和分析。

（3）通俗易懂。一是要尽可能简单明确，有些如"普通"、"经常"、"一些"、"美丽"等形容词，各人理解往往不同，在问卷设计中应避免或减少使用。例如："你是否经常购买洗发液？"回答者不知经常是指一周、一个月还是一年，可以改问"你上月共购买了几瓶洗发液？"二是要用标准规范的语言，不使用晦涩难懂的词语；三是分类要符合通用标准的分类，符合惯例。对于年龄、家庭人口、经济收入等调查项目，通常会产生歧义的理解，如年龄有虚岁、实岁，家庭人口有常住人口和生活费开支在一起的人口，收入是仅指工资，还是包括奖金、其他收入、实物折款收入等。如果调查问卷对这些方面没有明确的界定，调查结果就难以达到预期要求。

（4）中性提问。例如，"你一天抽多少支烟？"这种问题即为断定性问题，被调查者如果根本不抽烟，就会造成无法回答。正确的处理办法是此问题可加一条"过滤"性问题。即"你抽烟吗？"如果回答者回答"是"，可继续提问，否则就可终止提问。

（5）版面清楚。答案的填答标记有字母或符号，答案与答案之间要留下足够的空格。

## 2.3 统计调查实施

### 2.3.1 建立调查组织

正确实施统计调查方案，达到搜集数据的目的，就需要建立一支素质较高的调查队伍。一是要认真选聘调查人员，另一是对人员进行业务培训。

**1. 组建调查队伍**

调查人员的个人素质，是调查队伍整体素质的基础，是设计调查方案、培训和组织调查人员、安排和指导调查工作的重要依据。一般地说，一个合格的调查人员应该具备以下一些基本素质，一是要具有较强烈的事业心，工作认真细致，具有创新精神；谦虚谨慎、平易近人。二是要有客观、公正的态度，要有较广博的理论知识和较强的业务能力。三是要有一定的社会经验和实际工作经验，具有对调查环境较强的适应能力，主要是实地观察的经验、人际交往的经验和灵活处理问题的经验。在观察调查时要做到全面、深入、细致，要善于发现问题和提出问题，还必须有一定的组织能力和管理经验。

建立调查队伍时，不仅要考虑调查人员的个人素质，而且要考虑调查人员的整体结构。选择一批具有各种不同知识、能力和特长的人，组成一支比较理想的调查队伍。这里的关键是要使调查队伍的各种人员形成一个合理的结构。从职能结构、知识结构、能力结构、年龄结构等方面综合考虑。

**2. 培训调查人员**

一般地说，培训调查人员应该包括以下几个方面的内容。一是要进行思想教育，要组织调查人员学习调查的一般理论，认识调查的重要性，明确市场调查的指导思想。二是要做好知识准备，要组织调查人员学习有关的理论知识。三是要进行方法训练，应该根据调查方案的设计要求，有选择、有重点的进行。如果调查方案要求采用实地观察法进行调查，那么方法训练的具体内容就应该围绕着实地观察法的有关问题进行；如果调查方案要求采用访问调查法、问卷调查法或集体访谈法进行调查，那么就应组织调查人员着重学习访谈的技巧、问卷的送发、填答方式、回收程序、组织调查座谈会等内容。

### 2.3.2 调查的实施与监控

统计调查是一项较为复杂细致的工作，调查人员面对的调查对象是分散的，调查工作通常是分头进行的，需要调查组织成员共同努力才能达到目的。在调查实施过程中是要加强人员管理与监控，目的是减少调查误差，要将调查误差控制在允许范围内。

**1. 调查误差的产生原因**

统计调查误差是调查结果数据与实际数据之间的差值。产生调查误差的原因是多方面的。按产生统计误差的性质来分有：空间误差、时间误差、方法误差和人为误差。空间误差是指统计调查范围所产生的误差，包括重复或漏计调查单位，跨区域统计等。时间误差是指统计调查对象因时期或时点界定不准确所产生的误差，如企业核算时间不能满足统计部门的报表制度要求而估报所产生的误差、延长或缩短时期所产生的误差、时期错位产生的误差等。方法误差是因使用特定的统计调查方法所产生的误差，如抽样调查中的代表性误差，可以根据组织方法和抽取样本的容量，一般可以计算其平均误差，而且通过扩大样本量或优化调查的组织方法来缩小。人为误差是指在统计设计、调查、整理汇总和推算等过程中因人为过错产生的误差，它是统计误差中产生因素最多的一类，它又分为度量性误差、知识性误差、态度性误差和干扰性误差。度量性误差是指统计指标因计量或者从生产量到价值量换算所产生的误差，知识性误差是指统计人员因统计知识不够，对统计指标的涵义不理解或错误理解所产生的误差，态度性误差是指统计人员因对统计工作不负责而随意填报统计数据而产生的误差，包括乱报、漏填或不按规定的计量单位填报等，干扰性误差是指统计对象或统计部门受某种利益驱动而虚报、漏报或者捏造统计数据所形成的误差。

2. 调查误差的控制

在调查结束后，要评价调查资料的信度和效度。调查资料的信度主要是说明资料的准确性，效度是说明资料对分析说明问题的有效性。调查资料的信度和效度是根据研究目的而定的，它是和调查误差大小相联系的，也是和人们的预定的要求相联系的。调查误差的大小和调查资料的信度和效度成反比的。不同的调查对调查资料的准确性要求是不同的，如重点调查的目的是了解总体的基本情况，抽样调查是推断总体的指标。

研究调查误差的目的不是如何去定义和测量它，而是分析其产生的原因，进而在统计调查工作中尽量避免或减少误差。宏观统计的误差是客观存在的，不以人们意志为转移的，在统计调查过程中，应从调查的队伍组织、人员培训、制度建设、调查方法的选择、调查工具的准备等各个方面全盘考虑，采取各种相应措施，尽量减少误差的产生。

# 本 章 小 结

1. 统计数据搜集就是按照统计研究的目的和任务，运用各种科学有效的方式和方法，有针对性地搜集反映客观现实的统计数据的活动过程。统计数据搜集的基本要求是准确性、及时性和完整性。

2. 统计数据按照所采用的计量尺度不同，分为定性数据与定量数据；按照获取途径不同，分为原始数据与次级数据；按照其来源不同，分为观测数据与实验数据；按照其时间或空间状态不同，分为时序数据与截面数据；按照其表现形式不同，分为绝对数、相对数和平均数。

3. 搜集原始数据的方法主要有直接观察法、通讯法、采访法、登记法等。搜集次级数据的方法主要有查找法、咨询法、交换法、购买法等。次级数据的评价内容有权威性、目的性、适用性、时效性等方面。

4. 搜集原始数据的组织方式有两种：统计调查和统计实验。统计调查方式主要有统计报表、普查、抽样调查、重点调查、典型调查等。

5. 统计调查方案基本内容包括：确定研究课题和调查目的，确定调查对象和调查单位，确定调查指标、调查标志和调查表(问卷)，确定调查方式与方法，确定调查时间和调查期限，确定调查地点，确定调查组织计划。

6. 调查问卷一般由引言、被调查者基本情况、问题和答案、结语4个部分组成。

7. 调查问卷中的问题根据调查内容不同，问题可分为事实性问题、意见性问题和解释性问题；根据回答方式不同，问题可分为开放式问题和封闭式问题。

8. 调查问题答案形式主要有是非式、多项式、顺位式、量表式、比较式、自由回答式。

9. 问卷设计的程序包括确定调查主题和资料范围、分析调查对象特征、拟定并编排问题、试答和修改、定稿和付印。

10. 调查误差产生原因按产生误差的性质分有：空间误差、时间误差、方法误差和人为误差。人为误差是其中最多的一类，它又分为度量性误差、知识性误差、态度性误差和干扰性误差。

# 习 题

## 一、简答题

1. 统计数据是怎样进行分类的？
2. 搜集原始数据和次级数据常用的方法分别有哪些？
3. 统计调查方案基本内容包括哪些方面？
4. 什么是调查问卷？其基本内容有哪些方面？
5. 在数据搜集时，控制数据误差的措施主要有哪些？

## 二、单项选择题

1. 某学生开展某项调研活动，在《统计年鉴》上查找到某年某市城镇居民家庭人均收入数据。这种数据属于(　　)。
   A. 定类数据　　　B. 定序数据　　　C. 截面数据　　　D. 时序数据
2. 消费者对某产品的满意程度表示为"很满意、满意、一般、不满意、很不满意"这种数据属于(　　)。
   A. 定类数据　　　B. 定序数据　　　C. 定距数据　　　C. 定比数据
3. 在全国人口普查中，调查单位是(　　)。
   A. 全国的人口　　B. 全国的每一个人　　C. 全国的居民户　　D. 每一户
4. 抽样调查与典型调查的最主要区别是(　　)。
   A. 灵活机动程度不同　　　　　　B. 涉及的调查范围不同
   C. 对所研究总体推算方法不同　　D. 确定所要调查单位的方法不同
5. 调查某种产品的使用寿命，最合适的调查方式是(　　)。
   A. 普查　　　　　B. 抽样调查　　　C. 重点调查　　　D. 典型调查
6. 统计调查中的调查项目是指(　　)。
   A. 统计指标　　　　　　　　　　B. 统计分组
   C. 调查单位的标志　　　　　　　D. 调查单位的标志表现
7. 在原始数据资料搜集工作完成后，这些数据资料表现为(　　)。
   A. 反映调查对象的指标　　　　　B. 反映调查对象的指标数值
   C. 反映各调查单位的标志　　　　D. 反映各调查单位的标志表现
8. 次级数据资料反映的是(　　)。
   A. 调查对象的指标

B. 调查对象的指标数值
C. 各调查单位的标志
D. 调查对象的指标数值或各调查单位的标志表现

9. 一家公司的人力资源部主管需要研究公司雇员的饮食习惯，改善公司餐厅的现状。他注意到，雇员要么从家里带饭，要么在公司餐厅就餐，要么在外面的餐馆就餐。他收集数据的方法属于（　　）。
A. 访问调查　　　B. 邮寄调查　　　C. 个别深度访问　　　D. 观察调查

10. 如果一个样本因人为故意操纵而出现差错，按误差产生的性质来分，这种误差属于（　　）。
A. 抽样误差　　　B. 人为误差　　　C. 设计误差　　　D. 实验误差

三、多项选择题

1. 统计数据搜集的基本要求是（　　）。
A. 准确性　　　B. 及时性　　　C. 完整性
D. 经济性　　　E. 效益性

2. 全国工业企业普查中（　　）。
A. 所有工业企业是调查对象　　　B. 每一个工业企业是调查单位
C. 每一个工业企业是报告单位　　　D. 每个工业企业的总产值是统计指标
E. 全部国有工业企业数是统计指标

3. 普查的特点有（　　）。
A. 专门调查　　　B. 一次性调查
C. 非全面调查　　　D. 全面调查
E. 经常性调查

4. 按照数据的计量尺度不同，可以将数据分为（　　）。
A. 分类数据　　　B. 顺序数据　　　C. 数值型数据
D. 时间序列数据　　E. 截面数据

5. 在资料搜集中，人为误差是统计误差中产生因素最多的一类，它又分为（　　）。
A. 度量性误差　　　B. 知识性误差
C. 态度性误差　　　D. 干扰性误差
E. 方法误差

6. 对次级资料的评价应从（　　）这几方面进行。
A. 权威性　　　B. 目的性　　　C. 适用性
D. 时效性　　　E. 经济性

【实际操作训练】

1. 进入国家统计局网站，搜集最近 3 年我国和各省的生产总值、居民生活消费品价格指数等方面的数据资料，了解经济发展的基本情况。

2. 上网查找我国第六次全国人口普查方案资料，明确统计数据搜集方案基本内容。

3. 结合所学专业内容，选择感兴趣的问题，确定调查背景和调查课题，制定数据搜集方案（包括调查问卷），并在课余时间进行资料搜集。

# 第 3 章　统计数据整理与显示

### 本章教学要点

| 知识要点 | 掌握程度 | 相关知识 |
|---|---|---|
| 统计数据整理的步骤 | 熟悉 | 数据整理步骤、整理方案内容 |
| 数据资料的预处理 | 掌握 | 数据审核、筛选、排序 |
| 频数分布数列 | 重点掌握 | 统计分组、频数分布数列 |
| 统计数据的显示 | 熟悉 | 统计表、统计图 |

### 本章技能要点

| 技能要点 | 掌握程度 | 应用方向 |
|---|---|---|
| 数据资料的预处理 | 掌握 | 数据资料的审核、筛选、排序 |
| 编制频数分布数列 | 重点掌握 | 编制频数分布数列，反映分布特征 |
| 制作统计表和统计图 | 熟悉 | 绘制统计表和统计图 |
| 运用 Excel 进行统计整理 | 掌握 | 数据的预处理、数据的整理与显示 |

 导入案例

**如何进行有针对性的训练，减少操作失误？**

飞机驾驶员进行飞行模拟训练，用计算机测定并打印出飞行过程中操作错误情况，从两方面进行测定：一是错误发生时的飞行状态，分为起飞（T）、巡航（C）和着陆（L）3 种；二是错误发生的原因，分为规范理解错误（R）、仪表读数错误（M）和其他错误（O）3 种。

现测定的 45 次操作错误记录如下。

**飞行操作错误记录表**

| TM | CO | LM | TM | CM | TR | TM |
|---|---|---|---|---|---|---|
| TO | LO | TR | CO | TM | CM | TO |
| LM | LM | TR | LR | TR | TM | TM |
| LO | TM | LO | CM | LR | TR | LM |
| CO | TO | CR | LO | LR | LO | CR |
| TR | TO | LO | TR | TR | TM | LO |
| CM | LM | LM | | | | |

试问：这位飞机驾驶员操作错误的主要类型是什么？在哪些情况下最容易发生错误？

（提示：对上表中操作错误记录的原始资料进行整理，就可以发现发生操作错误的特点，这样可以通过有针对性地开展训练来减少操作错误）

在数据搜集阶段，取得了大量的数据资料，其中有原始资料，也有次级资料。原始资料是反映各个调查单位标志表现的，它们是分散的、不系统的，不能反映所要研究总体的特征。而次级资料是人们以往根据一定研究目的搜集的，要使之满足本次调研分析的需要，就必须要对搜集到的次级数据资料，进行重新整理。这里着重说明原始资料的整理内容。

## 3.1 统计数据整理概述

### 3.1.1 统计数据整理的含义与要求

统计数据整理是指根据统计研究的目的，对搜集到的原始统计数据进行科学的加工处理，使之系统化、条理化，成为能反映总体特征的综合指标的工作过程。统计数据整理在统计工作过程中起着承上启下的作用，它是统计数据搜集的继续，也是统计数据分析的开始。在统计数据整理中，要求做到科学性、条理性和充分性。所谓科学性就是数据整理过程中所用的各种方法和技术必须科学合理，符合统计分析的要求；所谓条理性就是数据整理过程要层次分明，条理清楚，逻辑关系严密；所谓充分性就是要通过多角度、多方位的加工处理，使整理的结果尽量充分地体现出数据中包含的有用信息，满足统计分析的需要。

### 3.1.2 统计数据整理的步骤

统计数据整理包括的步骤有：制订数据整理方案、数据预处理、统计分组和汇总、数据显示和数据的公布与保存。

制订数据整理方案要以数据搜集方案为基础，围绕统计研究目的确定统计分组和分组体系，确定通过汇总得到哪些统计指标、确定数据处理方法与手段，以及统计数据的显示形式等内容。数据预处理是在统计分组和汇总前对原始数据所做的前期整理，包括数据审核、数据筛选和数据排序等。统计分组和汇总是根据统计研究目的和研究对象特点，通过选择分组标志和确定分组界限，将总体单位及其原始数据进行归类，汇总计算出有关统计指标。统计分组和汇总是统计整理中的关键步骤，其中编制频数分布数列是其主要内容。数据显示就是要将统计分组和汇总后的数据用适当形式表现出来。通常是用统计表、统计图显示统计资料，直观、准确、清楚地表现出总体的有关数量特征，为开展统计分析做好准备。数据的公布与保存是统计整理的最后一个步骤，就是将统计整理的结果用适当形式在一定范围内加以公布，并用一定的手段将资料储存起来，以供今后查询使用。

### 3.1.3 统计调查数据资料的预处理

为了方便地将数据资料进行分组和汇总，先要对原始数据进行初步整理，也称为统计数据资料预处理。其内容包括数据审核、数据筛选和数据排序这3项工作。

对原始数据来说,数据审核的内容主要是检查其完整性和准确性。其中,完整性审核包括两方面内容,一是检查所调查的总体单位资料是否齐全。二是检查每个总体单位的调查项目是否回答齐全,也就是所要调查的标志表现是否都有。准确性审核是检查所收集的数据是否存在差错,是否符合客观实际。审核数据完整性的方法是观察法,就是对已搜集到的各个调查单位的数据资料进行观察,看其是否有缺少或遗漏;审核数据准确性的方法有逻辑检查、计算检查和抽样复查等。逻辑检查就是根据理论知识和常识来判断数据资料是否准确;计算检查就是对存在计算关系的各项数据重新计算一下,看其是否正确;抽样复查就是在已经调查的调查单位中随机地抽取一定比例的单位再次进行调查,将复查的数据与已搜集的数据进行比较,看其数据是否基本一致。对于次级数据来说,数据审查内容除了检查其完整性和准确性外,还包括适用性和时效性。适用性检查就是要弄清次级数据的来源、计算口径和取得方式等,判断其是否符合本次研究的需要,是否需要再加工;时效性检查就是分析次级资料是何时产生的,说明问题的效果如何,等等。要强调的是,在审核过程中如果发现资料有差错,就要采取相应的措施加以纠正或补全。

数据筛选是将原始数据中符合分析需要的数据筛选出来。有时也可以剔除那些明显不符合要求或存在明显错误而又难以弥补、纠正的数据。

数据排序则是将原始数据按一定的顺序加以排列,使之条理化。通过数据排序可以发现数据中的某些特征或规律,提供有用的分析线索,也可以检查纠正原始数据中的差错。对定性数据可以按英文字母顺序、汉语拼音字母顺序,对定量数据可按数值大小顺序排列等,包括升序和降序两种。

## 3.2 统计分组与频数分布数列

### 3.2.1 统计分组

1. 统计分组的含义

统计分组就是根据研究的目的,选择一定的标志,将研究现象总体划分为若干性质不同的部分或组的一种研究方法。统计分组是在总体内部进行的一种定性分类,是在总体同质性的基础上研究内在差异性,把总体划分为一个个性质不同、范围更小的总体。

统计分组兼有分和合的双重含义。对于总体而言是分,即把总体分为性质不同的若干部分;而对于总体单位而言又是合,即把性质相同的许多单位结合为一组。它对于某一分组标志而言是分,即根据分组标志具体表现的不同分为若干个组;而对于其他标志而言是合,即在一个组内的各个单位即使其他标志表现不相同也只能结合在一组。

2. 统计分组的作用

统计分组是统计研究的基本方法之一,是对总体认识深化的手段,是统计研究的基础,应用于统计工作的全过程。在统计研究中,统计分组的作用表现为以下3个方面。

1)划分客观现象的类型

客观现象总体是复杂的,可以从不同角度去认识和研究。人们在研究某一总体特征时，必须先要找到研究的立足点，这就要选择某一个标志，从某个侧面出发去研究。在统计研究中，面对大量数据资料时，运用统计分组法将所研究的现象总体划分为类型不同的若干部分，就可以开展进一步研究。例如，在本章开始的导入案例中，要研究该飞行员的发生操作错误所处的飞行状态，可以按飞行状态分组，具体分为起飞（T）、巡航（C）和着陆（L）3 种类型，见表 3-1。

表 3-1 飞行员操作失误的状态分类统计

| 飞行状态 | 错误次数（次） | 频率（%） |
| --- | --- | --- |
| 起飞（T） | 20 | 44.4 |
| 巡航（C） | 9 | 20.0 |
| 着陆（L） | 16 | 35.6 |
| 合计 | 45 | 100.0 |

在此基础上还可以进一步开展分析和研究，反映在不同类型情况下的具体特征，如可结合错误发生的原因进行分析，如规范理解错误、仪表读数错误在哪种飞行状态下发生的次数较多，等等。

2）表明总体的内部结构

在对总体划分类型的基础上，可以计算出各类型的频数或标志值占总体总数值的频率或比重，从而表明总体的内部结构，反映出总体构成特征，也可说明总体的性质或结构类型。从表 3-1 中，可知该飞行员在起飞时发生错误操作的频率最高，其次为着陆时发生错误操作。

3）分析现象之间的数量依存关系

许多客观现象之间存在着相互联系和制约关系，但现象之间发生联系的方向和程度各不相同。要研究现象之间依存关系，往往是先对某一客观现象按某个标志进行分组，再计算各个组的指标数值，然后再分析现象之间是否存在着一定的数量依存关系。表 3-2 是某年某地区 40 户居民家庭按人均月收入分组的资料整理表。

表 3-2 40 户居民家庭人均月收入及支出情况表

| 家庭人均月收入（元） | 家庭户数（户） | 家庭月人均支出（元） |
| --- | --- | --- |
| 1 600 以下 | 4 | 1 000 |
| 1 600~1 700 | 7 | 1 090 |
| 1 700~1 800 | 2 | 1 200 |
| 1 800~1 900 | 9 | 1 570 |
| 1 900~2 000 | 7 | 1 660 |
| 2 000 及以上 | 11 | 1 690 |

表中数据显示了这个地区居民家庭人均收入水平和支出水平之间的存在着相关关系。可以发现，随着居民家庭人均月收入的增加，其人均月支出也在增加，两者呈现正相关关系。

统计分组的上述3方面作用并不是相互孤立的，而是存在着密切的联系，如表3-2既能区分现象的类型，又能表现现象之间的依存关系，还可以计算各种收入家庭户数的比重，反映各类收入的构成状况。如果不通过统计分组，就不能反映出上述3个方面的作用，也难以对现象进行深入的分析研究。

3. 统计分组的要求

统计分组要求是选择合适的分组标志、正确划分分组界限。统计分组的关键是要做好这两项工作。如果分组标志选择不当或分组界限不合理，就会混淆事物的性质，难以客观反映现象总体的特征。选择分组标志的原则包括：一是要根据研究目的选择分组标志；二是要选择能够反映现象本质特征的分组标志；三是要结合具体的环境背景选择分组标志。例如，在研究企业规模大小与企业经济效益的关系时，就要考虑选择什么标志来反映企业规模比较合适，可以选择的标志有很多，如生产成果、资产总额、职工人数等都可以作为分组标志。究竟选择哪一种标志进行分组，就要结合确定分组标志的原则来选择标志。如对于劳动密集型企业可以选择职工人数作为分组标志，对于资本密集型企业可以选择资产总额作为分组标志，对于技术密集型企业可以选择劳动成果作为分组标志，对于农业企业可以选择种植面积作为分组标志。总之，分组标志的选择需要研究者对研究目的、研究对象的特征有比较好的了解和把握，在综合考虑多方面因素的基础上加以确定。

4. 统计分组的种类

（1）按照分组标志的多少不同，分为简单分组与复合分组。简单分组是指对总体只按一个标志进行的分组，它能反映总体某一方面的情况。例如，表3-2居民家庭按人均月收入分组就属于简单分组。另外，对人口总体按性别标志分组、对职工按工龄分组等，也属于简单分组。

如果对某一总体同时按多个标志分别进行简单分组，并将其排列在一起，就形成平行分组体系。利用平均分组体系可以从不同方面反映某一总体的情况，如图3-1所示。

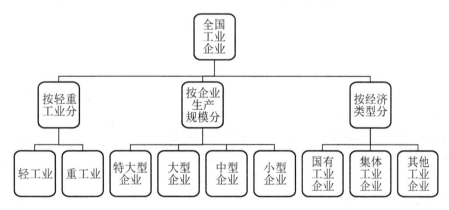

图3-1 全国工业企业平行分组体系

复合分组是指对某一总体同时按两个或两个以上的标志层叠起来进行的分组，即先按第一个标志进行分组，然后各组再按第二个标志进行分组，各小组再按第三个标志分成更小的组，如此下去，直至完成所有标志的分组。例如，对货运量按运输方式和隶属关系这两个标志进行层叠分组就属于复合分组，状如树形，如图3-2所示。

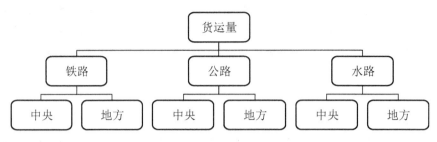

图3-2 货运量的复合分组

复合分组比简单分组能更深入、更具体地分析现象总体的内在关系。对同一总体分别进行多种复合分组，就形成复合分组体系，有时也把某一个复合分组称为复合分组体系。在复合分组时，通常选择的分组标志不宜过多，如果分组标志过多，各个标志层叠的层次就比较复杂，有时反而不利于开展分析。

(2) 按分组标志性质不同，分为品质标志分组和数量标志分组。品质标志分组也称为属性分组，是指对总体按某一个或几个品质标志进行的分组。根据品质标志分组，可形成不同性质的组。有时按品质标志分组比较简单，分组标志一经确定，各组的名称、界限和组数也就随之确定。例如，对职工按性别分组、对教师按职称分组等就比较简单。但有时按品质标志分组会比较复杂，组的界限难以确定，例如，对国民经济按部门（或行业）分组、对劳动力按职业分组、对商品进行分类等，就比较复杂。对于这种比较复杂的品质标志分组，各个地方的分组不尽相同，这样就不便于不同地区的比较分析或综合汇总。为了保持统一性，国家有关部门制定并公布统计分类标准，要求各部门或各地区参照执行。

数量标志分组是指对总体按一个或几个数量标志进行分组。如表3-2对40户居民家庭按人均月收入分组，就属于按数量标志分组。在按数量标志分组时，重点是要划定各组的数量界限，区分出各组性质的差异性。

### 3.2.2 频数分布数列

**1. 频数分布数列的概念与种类**

在统计分组的基础上，将总体中各个单位按组归类到各组中，就形成频数分布数列。也称为频数分布、次数分布或分配数列。频数分布数列反映了所有总体单位在各组分布状况。总体单位数也称为频数、次数，各组频数与总频数之比称为频率、比重。编制频数分布数列是统计数据整理的重要内容之一，也是进行统计分析的基本数据形式。频数分布数列由两个要素构成：各组的名称或变量值和各组的频数或频率。

频数分布数列按分组标志的不同可以分为变量数列和品质数列两种。变量数列就是按数量标志分组形成的各组变量值与各组单位数组成的数列。如表3-2中的人均月收入和家庭户数这两栏资料就构成一个变量数列，它反映了40户家庭在各组的分布状况。品质数列就是按品质标志分组形成的各组名称与各组单位数组成的数列。各组的名称是用定类数据和定序数据表现的，表现为文字，也就是用文字来表现各组的性质差异。如表3-3是职工按性别分组形成的频数分布数列。

表 3-3　某企业职工按性别分组表

| 按性别分 | 人数(人) | 频率(%) |
| --- | --- | --- |
| 男 | 20 | 33.3 |
| 女 | 40 | 66.7 |
| 合计 | 60 | 100.0 |

一般来说品质数列较容易编制，通常分为两个步骤：一是选择分组标志，确定各组的名称；二是汇总出各组的频数或单位数。汇总各组单位数形式分为两种，一是在总体单位数不太多，数据量比较少的情况下，可以用手工计数、点数等形式汇总。如表 3-4 的资料就可以用手工计数的方法分别汇总各组的人数。二是在总体单位数很多，数据量较大的情况下，一般是运用计算机根据统计程序软件来实现分类和汇总。

编制分布数列时要遵循科学性原则、穷尽原则和互斥原则。科学性原则指统计分组首先要根据统计研究的目的，突出反映客观现象存在的差异。穷尽原则要求总体中的每一个单位都应有组可归，或者说各分组的空间要包括总体的所有单位。互斥原则要求在某一特定的分组标志下，总体中的任何一个单位的只能归属于某一组，而不能同时归属于两个或两个以上的组。在统计数据整理中，变量数列是主要形式，它是用数值来表示各个组在性质上的差异。根据各组中变量值的确定方法不同，又分为单项式数列和组距式数列两种。

2. 变量数列的编制

1）单项式变量数列的编制

单项式变量数列是以一种变量值表示一个组编制的变量数列，简称单项数列。例如，某城市家庭按生育子女数分组，其变量值共有 6 种，再分别汇总出各组的家庭户数，就形成单项式数列，见表 3-4。

表 3-4　某城市家庭按生育子女数分组表

| 家庭生育子女数(个) | 户数(户) | 频率(%) |
| --- | --- | --- |
| 0 | 20 | 5.6 |
| 1 | 90 | 25.0 |
| 2 | 120 | 33.3 |
| 3 | 60 | 16.7 |
| 4 | 40 | 11.1 |
| 5 | 30 | 8.3 |
| 合计 | 360 | 100.0 |

单项式数列适合表现变量值变动范围不大的离散型变量的分布特征。对于某些取整数的连续型变量，如果变量值的种数不多，如某学校某年组学生的年龄，也可编制单项数列。

2）组距式变量数列的编制

组距式变量数列是用两个变量值确定一个区间表示一个组编制的变量数列，简称组距数列。变量值处于同一个区间范围的总体单位都属于同一个组，区间的长度称为组距。组距数列适合于表现连续型变量和变量值变动范围较大的离散型变量的分布特征。因为当变量数值种类较多时,如果将每一种变量值设为一组,组数就会很多,各组的总体单位数会过于分散,难以反映出总体分布特征。

**【例 3.1】** 某年某连锁超市 36 个销售网点的销售额(单位:万元)数据资料如下:
41.2　25.5　29.5　47.1　8.8　34.4　30.6　53.5　40.0　46.2　57.0　49.0
36.9　65.3　37.8　57.3　53.6　45.1　33.0　44.7　25.0　28.8　39.6　42.0
94.6　34.0　30.1　23.7　44.0　78.2　54.5　42.4　36.0　37.6　36.0　55.3

要反映 36 个销售网点的销售额的分布情况,就要通过分布数列来反映。本例资料中,销售额属于连续型变量,且不同变量值种类较多,相同的变量值少,不适合编制单项数列,而适合编制组距数列。编制组距数列的主要步骤如下。

首先,将所有变量值排序。一般是将数值由小到大排列,确定最大值和最小值,计算全距。全距是所有变量值中的最大值与最小值之差,用 $R$ 表示。

全距 $R=94.6-8.8=85.8$

其次,确定组数与组距。在组距数列中,某一区间组中的最大值称为上限,最小值称为下限,上限与下限之差就是组距,用 $d$ 表示。所划分的区间数就是组数,用 $K$ 表示。在全距一定的情况下,组数的多少与组距的大小成反比。当组数确定了,组距也就容易确定了。确定组数和组距原则主要有:一是要根据研究现象的性质和特点确定;二是要根据原数据的分布特征确定;三是要以体现组间差异与反映总体分布特征为标准,注意组数既不能太多,也不能太少。一般来说,组数不应少于 5 或大于 10,这里没有绝对的标准。组数的多少也可以根据美国学者斯特杰斯(H. A. Sturges)提出的一个经验公式来确定,即如果总体大致呈正态分布,那么确定组数 $K$ 的公式为:

$$K = 1 + \frac{\lg n}{\lg 2} \text{ 或 } = 1 + 3.322 \lg n \tag{3.1}$$

式中:$K$ 为组数;$n$ 为数据个数(单位数)。根据这一公式,可以得出表 3-5 所示的组数参考标准。

表 3-5　分组组数参考表

| $n$ | 15～24 | 25～44 | 45～89 | 90～179 | 180～359 |
|---|---|---|---|---|---|
| $K$ | 5 | 6 | 7 | 8 | 9 |

确定了组数的数量后,组距 $d$ 则可以用式(3.2)确定:

$$d = \frac{R}{K} \tag{3.2}$$

将 $n=36$ 代入式(3.1),得到:$K=6.17$,即组数可以确定为 6,即为 6 个组。注意组数必须用整数表示。再将组数 6 代入到式(3.2)的分母中,则组距 $d=85.8/6=14.3$。

在组距式数列中,如果各组的组距相等,称为等距数列;如果各组的组距不相等,则称为异距数列。一般地,当变量分布比较均匀时,可采用等距数列,因为等距数列简单明了,便于计算分析,也便于绘制统计图。当变量分布很不均匀,或者变量分布具有某种自身特殊规律时,应该采用异距数列形式,以便客观反映总体分布特征。例如,人在一生中的生理特征对于成年人与未成年人、青年人与老年人有很大差别。因此,在研究人的某种疾病或死亡率时，年龄分组就要采用异距分组。如，1岁以下的人按月分组；1~10岁之间的人按年分组；11~20岁的人按5年分组；21~60岁的人按10年分组；60岁以上人按5年分组。

再次，确定组限。在组距数列中，必须确定各组的数量界限，即组限。组限的确定除了要求能区分事物的性质和体现总体分布特征外，还需要注意以下几点：一是最小组的下限应略低于总体的最小变量值，最大组的上限应略高于总体的最大变量值。二是连续型变量的各组组限必须重叠，以防汇总时出现遗漏某些总体单位的现象。为了明确变量值正好等于组限的总体单位的归属问题，通常的做法是采用"上限不在内"原则，即各组包含下限变量值的总体单位，而不包含上限变量值的总体单位。如学生按考试分数分组，如60分以下、60~70分、70~80分等，某个学生考试成绩为60分，应把这个学生统计在第二组的人数中，即60~70分这组内，而不统计在60分以下这组中。对于离散型变量的相邻组限可以采用间断组限的形式，实际中多种采用重叠组限的形式。三是组限的数值习惯上采用5或10的整数倍。有时最小组只有上限而没有明确的下限，最大组只有下限而没有明确的上限，这样的组称为开口组。开口组的组距一般是参照相邻组的组距加以确定，进而确定开口组的下限或上限。当然，如果中间的非开口组的组距呈现某种规律，如各组组距相等、呈等差变化、呈等比变化时，则应该按规律来确定开口组的组距与组限。

在一组中，上、下限之间的中点数值称为组中值。组中值是代表各组变量值一般水平的数值，是各组上限与下限的简单算术平均数。组中值的计算公式为：

$$组中值 = \frac{上限 + 下限}{2} \tag{3.3}$$

要注意的是，组中值就是在假定变量值在各组内均匀分布时的一个近似值。开口组的组距一般是参考相邻组的组距确定，在确定组限后计算开口组的组中值。

在确定组数、组距和组限时要综合考虑，要以能区分各组的性质差异和能反映总体数据的分布特征为原则。在本例中，由于20万元以下销售额只有一个销售网点，60~100万元销售额只有3个销售网点，绝大多数销售网点的销售额集中在20~60万元之间。因此，以10万元作为组距，采用开口组的形式，分为6个组，这样就比较合适。

最后，汇总出各组的频数、频率和计算总频数。见表3-6。

表3-6 某年某连锁超市36个销售网点销售额频数分布表

| 销售额(万元) | 销售点(个数) | 频率(%) |
| --- | --- | --- |
| 20以下 | 1 | 2.8 |
| 20~30 | 5 | 13.9 |
| 30~40 | 11 | 30.6 |
| 40~50 | 10 | 27.8 |
| 50~60 | 6 | 16.6 |
| 60以上 | 3 | 8.3 |
| 合计 | 36 | 100.0 |

## 3. 频率分布

### 1）频率分布的概念和性质

频率是各组频数与总体单位数之比，也就是某组单位数占全部单位数的比重。按顺序列出各组的组别及相应的频率，就形成频率分布表。频率分布可以比频数分布更好地体现出总体分布特征。在异距数列中，为消除各组组距不同所造成的影响，需要计算频数密度或频率密度。频数密度是频数与组距之比，频率密度是频率与组距之比。各组频数或频率不能直接比较，而各组的频数密度和频率密度可以进行比较。

频率分布具有两个性质：一是频率数值介于0和1之间，一般用百分比表示；各组频率之和为1或100%。

### 2）累计频率分布

在频数分布的基础上，将各组频数依次累计，就形成了累计频数分布。各组累计频数与总频数之比就形成了累计频率分布。

累计分布有向上累计分布与向下累计分布两种。向上累计分布是将各组的频数或频率由变量值小的组向变量值大的组逐组进行累计，累计结果分别说明各组上限以下的累计频数或累计频率的分布状况。当累计到最后一组时，其累计频数或累计频率等于总频数或100%。向下累计分布是将各组的频数或频率由变量值大的组向变量值小的组逐组进行累计，累计结果分别说明各组下限以上的累计频数或累计频率的分布状况。当累计到最后一组时，其累计频数或累计频率等于总频数或100%。

【例3.2】 根据表3-6资料计算得到该连锁超市36个销售网点销售额累计频数及累计频率分布表，见表3-7。

表3-7 某年某连锁超市36个销售网点销售额累计频数及累计频率分布表

| 按销售额分组（万元） | 频数（个数） | 频率(%) | 向上累计 | | 向下累计 | |
|---|---|---|---|---|---|---|
| | | | 频数 | 频率 | 频数 | 频率 |
| 20以下 | 1 | 2.8 | 1 | 2.8 | 36 | 100 |
| 20～30 | 5 | 13.9 | 6 | 16.7 | 35 | 97.2 |
| 30～40 | 11 | 30.6 | 17 | 47.3 | 30 | 83.3 |
| 40～50 | 10 | 27.8 | 27 | 75.1 | 19 | 52.7 |
| 50～60 | 6 | 16.6 | 33 | 91.7 | 9 | 24.9 |
| 60以上 | 3 | 8.3 | 36 | 100 | 3 | 8.3 |
| 合计 | 36 | 100.0 | — | — | — | — |

表中40～50万元这一组，向上累计说明销售额在50万元以下的网点共有27个，占75.1%；向下累计说明销售额在40万元以上的网点共有19个，占52.7%。其他各组向上累计或向下累计的含义可作同样的说明。

4. 频数分布的基本形态

根据频数分布数列资料，将坐标系中的横轴表示变量值，纵轴表示各变量值出现的频数，然后在坐标系中找出相应的点，并观察各个点所形成的形状，并对这些形状进行分类，就构成了频数分布的形态。其形态类型主要有钟形分布、U形分布和J形分布，如图3-3所示，其中钟形分布形式最为常见，是次数分布的基本形态。钟形分布的数据分布曲线形态如一口古钟，"中间多，两头少"，即中间的变量值分布频数多，靠近两边的较小变量值和较大的变量值分布的频数少。

图3-3中的(a)、(b)、(c)图是客观事物数量特征表现最多的一种频数分布曲线，例如，人的身高、体重、智商、考试成绩、农作物产量等。图3-3中的(a)图形为左右对称，属于正态分布的基本形态。在实际中，有时一些现象的分布属于近似的正态分布形式，表现为偏态曲线，如图3-3(b)和图3-3(c)所示。根据偏态尾部拖向哪一方又可分为右偏和左偏两种曲线，图3-3(b)为右偏分布，图3-3(c)为左偏分布。

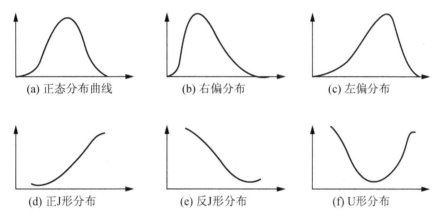

图3-3 几种常见的频数分布

J形曲线包括正J形和反J形分布，比较常见的例子是西方经济学中的供给曲线和需求曲线。供给曲线如图3-3(d)所示，随着价格的增加，供给量在不断增加；需求曲线如图3-3(e)所示，随着价格的增加，需求量在不断减少。

U形曲线又称生命曲线或浴盆曲线，人和动物的死亡率、人一生中的闲暇时间等现象，近似服从U形曲线分布。婴儿和少儿时期，人们的闲暇时间最多；随着年龄的增长，开始上学、就业，闲暇时间逐渐减少；人到中年事业达到最高峰同时家庭的负担也最重，上有老下有小，工作和家庭的双重压力使得中年人的闲暇时间最少；随着中年步入老年，逐渐退出工作岗位，人的闲暇时间又逐渐增加。

## 3.3 统计数据的显示

经过整理的统计数据要用适当的形式将其展示出来，主要有统计表和统计图两种形式。

## 3.3.1 统计表

**1. 统计表的概念**

统计表是用纵横交叉的线条绘制成的、用来表现统计数据的表格。统计表有两种含义,广义统计表包括统计工作各阶段中所用的一切表格,如调查表、数据整理表、数据分析表。狭义统计表是指表现统计整理汇总结果数据的表格。

统计表的作用主要有:第一,能使大量的统计数据系统化、条理化,更清晰地表述统计资料的内容;第二,利用统计表便于比较各项目和计算各项指标,便于分析各指标之间的联系;第三,利用统计表便于检查数据的完整性和正确性。

**2. 统计表的结构**

统计表的结构可以从表格形式和内容两个方面来认识。从表格形式上看,统计表是由纵横交错的线条所构成的一种表格,包括总标题、横行标题、纵栏标题和指标数值4个部分。总标题是统计表的名称,概括地说明统计表的内容、时间和空间,写在统计表的上方中央。横行标题是表示横行内容的名称,通常是所要说明的对象,可以是总体、总体单位,也可以是组,或者是时间,一般写在表的左方。纵栏标题是纵栏的名称,即用以说明横行标题的指标名称,一般写在表的右上方。指标数值列在横行标题与纵栏标题的交叉处,是用以表明横行标题数量特征的具体数值,列在表的右下方,是统计表的核心部分。有时还包括表外的补充资料、资料来源、注释、填表单位、填表人和填表日期等内容。统计表的表式结构见表3-8。

表3-8 我国某年规模以上工业增加值及其增长速度

| 所有制 | 增加值(亿元) | 比上年增长(%) |
| --- | --- | --- |
| 规模以上工业 | 79 752 | 16.6 |
| 其中:国有及国有控股企业 | 28 396 | 12.6 |
| 其中:集体企业 | 2 558 | 11.6 |
| 股份制企业 | 39 918 | 17.8 |
| 外商及港澳台投资企业 | 22 502 | 16.9 |
| 其中:私营企业 | 15 547 | 24.4 |
| 其中:轻工业 | 24 314 | 13.8 |
| 重工业 | 55 438 | 17.9 |

资料来源:《中华人民共和国××年国民经济和社会发展统计公报》

从表反映的内容上看,统计表由两部分组成:主词和宾词。主词是统计表所要说明的总体、总体单位或各组的名称,一般排列在表的左方,即横行位置。宾词是用以说明总体及其组成部分数量特征的各种统计指标,一般排列在表的右方,即纵栏标题和指标数值的位置。如表3-8中所有制这一栏为主词栏,说明总体中的各个组,增加值和比上年增长这两个栏目为宾词栏,它们是说明主词的指标及其数值。有时主词与宾词的位置可以互换。

3. 统计表的种类

统计表按主词排列内容和形式不同分为简单表、简单分组表和复合表。简单表是表的主词未经任何分组的统计表，主词一般按时间顺序排列，或按总体各单位名称排列。简单分组表是表的主词按照某一标志进行分组的统计表。复合表是表的主词按照两个或两个以上标志进行复合分组的统计表。统计表按用途分，可以分为调查表、资料整理表和资料分析表。

4. 统计表的设计要求

统计表的设计应符合科学、实用、简练、美观的要求。具体来说，要注意以下几点。

(1) 要合理安排统计表的结构。行标题、列标题、数字资料的位置应排列合理。统计表的长宽比例适当，避免出现过高或过长的表格形式。表头部分一般应包括表号、总标题和表中数据的单位等内容。

(2) 总标题应简明确切地概括出统计表的内容。总标题一般需要表明统计数据的时间(When)、地点(Where)以及何种数据(What)，即标题内容应满足 3W 要求。

(3) 计算单位和栏目编号要明确。如果表中的全部数据都是同一计量单位，可放在表的右上角标明，若各指标的计量单位不同，则应放在每个指标后或单列出一列标明。如果表的栏数较多，通常要加编号。主词栏和计量单位栏可用甲、乙、丙等文字表示，宾词栏可用(1)、(2)、(3)等数码编号表示。必要时，应标明各栏目之间的计算关系。

(4) 表中其他格式要符合习惯做法。如表中的上下两条线一般用粗线，中间的其他线要用细线，这样比较清楚、醒目。通常情况下，统计表的左右两边不封口，列标题之间一般用竖线隔开，而行标题之间通常不必用横线隔开。总之，表中尽量少用横竖线。在使用统计表时，必要时可在表的下方加上注释，特别要注意注明资料来源，以表示对他人劳动成果的尊重，方便读者查阅使用、考查。表中的数据一般是右对齐，有小数点时应以小数点对齐，而且小数点的位数应统一。数字为 0 时要写上，无数字或不用填写数字的要在格内填上"—"，缺数据的格内要填上"…"。

## 3.3.2 统计图

统计图是用点、线条、面积等方法来描述、显示统计数据的一种几何图形。

统计图可以用简洁直观的图形来表现枯燥的数据，也便于发现数据中隐藏的规律，有时可以更迅速、更有效地传递信息，形象、生动、易于理解，给人明确和深刻的印象。

1. 统计图基本构成要素

(1) 标题。标题包括图表标题、数值轴(横、纵轴)标题。图表标题是统计图的名称，它简明扼要地说明全图的基本内容，一般置于统计图的上方中央。

(2) 绘图区。绘图区是将统计表中的数据或原始数据绘制出图形的区域。

(3) 图例。图例用来表明图中的数据系列，一般至于图表的右方或底部。如果只有一个数据系列则不需要图例。

2. 统计图的种类及绘制要求

统计图的类型很多，一般可以分为条形图、饼图(圆形图)、曲线图、直方图、散点图、统计地图、线箱图、茎叶图、雷达图、气泡图等。各种图形的特点不同，必须根据资料的类型和表现资料的目的来选择适合的图形。有些图形比较适合表现原始数据资料，如线箱图、茎叶图等，有些图形能用来研究现象之间的相关关系，如曲线图、散点图等，有些图形用来反映事物的构成情况，如条形结构图、饼图等。

统计图是根据实际统计数据按比例绘制的，它不同于示意图。统计图的绘制以往是人们手工绘制的，现在人们多数是利用计算机软件来绘制，不管是手工绘制还是利用计算软件绘制，都要求数据题材和图形要有较好的适应性，符合统计研究目的需要，还要注意在文字的颜色、字体、大小和背景图案等方面搭配合理，达到赏心悦目的效果。

绝大多数统计软件中都有绘图功能，如 Excel、SPSS 等统计软件中都有较为详细的介绍。读者可选择一种统计软件，按其操作提示绘制有关的统计图。

## 3.4  Excel 在统计整理中的应用示例

### 3.4.1  数据的预处理

数据的预处理主要是对数据进行审核、筛选和排序。这里主要是用 Excel，结合实例介绍数据的筛选和排序。

【例 3.3】 某企业 10 名职工工资额资料见表 3-9。

表 3-9  某企业 10 名职工工资数据　　　　　　　　单位：元

| 工号 | 岗位工资 | 薪级工资 | 其他 | 应发数 | 税金 | 实发工资 |
|---|---|---|---|---|---|---|
| ZG001 | 770.00 | 472.00 | 60.00 | 1302.00 | 101.19 | 1200.81 |
| ZG002 | 850.00 | 613.00 | 150.00 | 1613.00 | 309.94 | 1303.06 |
| ZG003 | 930.00 | 643.00 | 60.00 | 1633.00 | 265.33 | 1367.67 |
| ZG004 | 590.00 | 253.00 | 60.00 | 903.00 | 59.15 | 843.85 |
| ZG005 | 1045.00 | 869.00 | 0.00 | 1914.00 | 395.32 | 1518.68 |
| ZG006 | 850.00 | 527.00 | 60.00 | 1437.00 | 184.78 | 1252.22 |
| ZG007 | 770.00 | 472.00 | 60.00 | 1302.00 | 48.99 | 1253.01 |
| ZG008 | 930.00 | 703.00 | 0.00 | 1633.00 | 412.02 | 1220.98 |
| ZG009 | 680.00 | 417.00 | 60.00 | 1157.00 | 94.38 | 1062.62 |
| ZG010 | 680.00 | 273.00 | 60.00 | 1013.00 | 74.71 | 938.29 |

在 Excel 中操作，达到如下要求。

（1）筛选出岗位工资最多的前 3 名的职工，标题为"岗位工资最多的前 3 名职工工资"。

（2）筛选出岗位工资为 850 元的职工，标题为"岗位工资为 850 元的职工工资"。

（3）筛选出岗位工资在 600~800 元之间的职工，标题为"岗位工资在 600－800 元职工工资”。

（4）筛选出岗位工资在800元以上与薪级工资在700元以上，或实发工资在1300元以上的职工，标题为“岗位工资在800元以上与薪级工资在700元以上，或实发工资在1300元以上职工工资”。

（5）按实发工资额由低到高(升序)将全部职工进行排列，标题为“实发工资额排序”。

各部分的操作步骤如下。（注意：要将资料录入或复制到新建立的Excel表中进行操作，如图3－4所示然后再加入标题等）

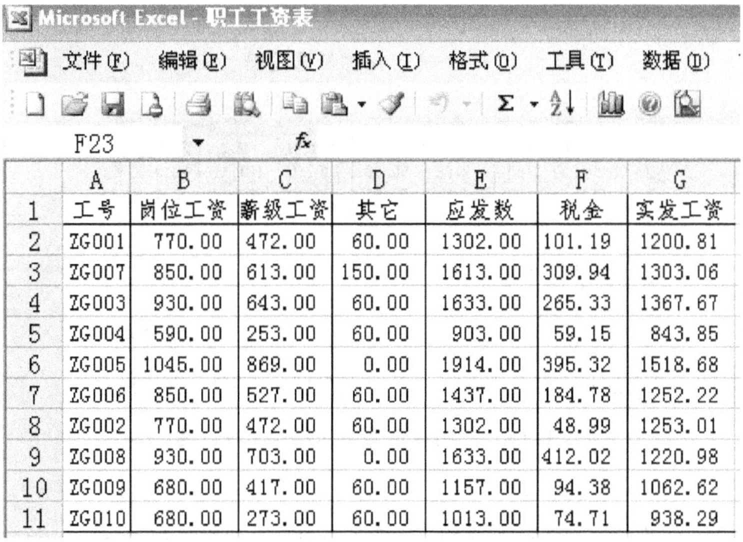


| | A | B | C | D | E | F | G |
|---|---|---|---|---|---|---|---|
| 1 | 工号 | 岗位工资 | 薪级工资 | 其它 | 应发数 | 税金 | 实发工资 |
| 2 | ZG001 | 770.00 | 472.00 | 60.00 | 1302.00 | 101.19 | 1200.81 |
| 3 | ZG007 | 850.00 | 613.00 | 150.00 | 1613.00 | 309.94 | 1303.06 |
| 4 | ZG003 | 930.00 | 643.00 | 60.00 | 1633.00 | 265.33 | 1367.67 |
| 5 | ZG004 | 590.00 | 253.00 | 60.00 | 903.00 | 59.15 | 843.85 |
| 6 | ZG005 | 1045.00 | 869.00 | 0.00 | 1914.00 | 395.32 | 1518.68 |
| 7 | ZG006 | 850.00 | 527.00 | 60.00 | 1437.00 | 184.78 | 1252.22 |
| 8 | ZG002 | 770.00 | 472.00 | 60.00 | 1302.00 | 48.99 | 1253.01 |
| 9 | ZG008 | 930.00 | 703.00 | 0.00 | 1633.00 | 412.02 | 1220.98 |
| 10 | ZG009 | 680.00 | 417.00 | 60.00 | 1157.00 | 94.38 | 1062.62 |
| 11 | ZG010 | 680.00 | 273.00 | 60.00 | 1013.00 | 74.71 | 938.29 |

**图3－4　10名工人工资原始数据清单**

（1）筛选出岗位工资最多的前3名的职工。操作步骤：先选中数据区域，包括标题行，然后选择“数据”→“筛选”→“自动筛选”命令，找到“岗位工资”字段，单击其右侧的下三角按钮，可根据要求筛选出基本工资为某一指定数额或筛选出基本工资最高(低)的前10个记录(该数值可调整，将中间10调整为3)，如图3－5、图3－6、图3－7、图3－8所示。

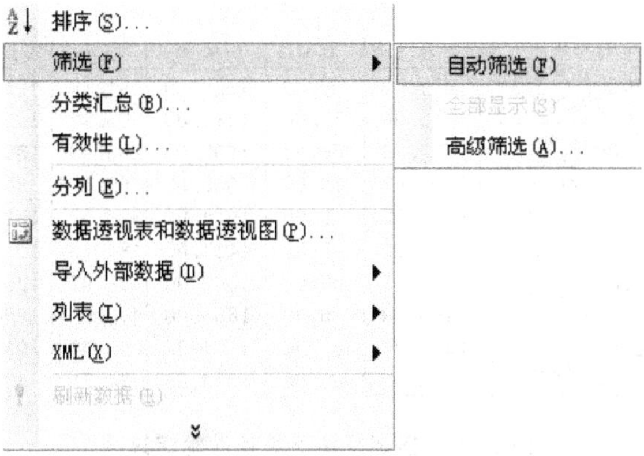


**图3－5　数据筛选命令**

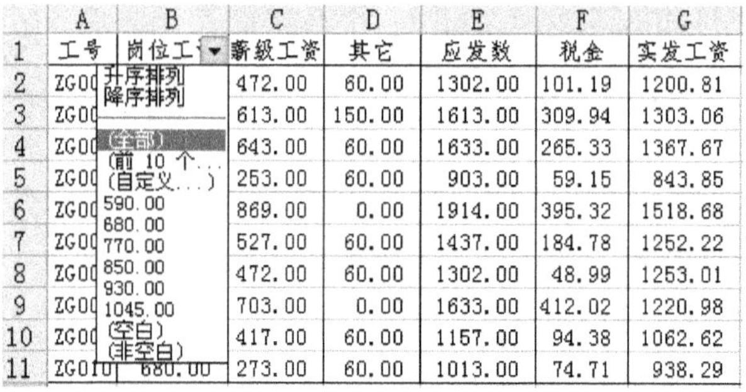

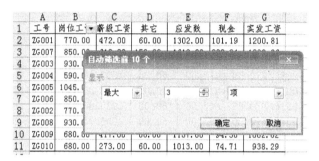

图3-6 数据筛选过程

图3-7 指定条件下的自动筛选过程

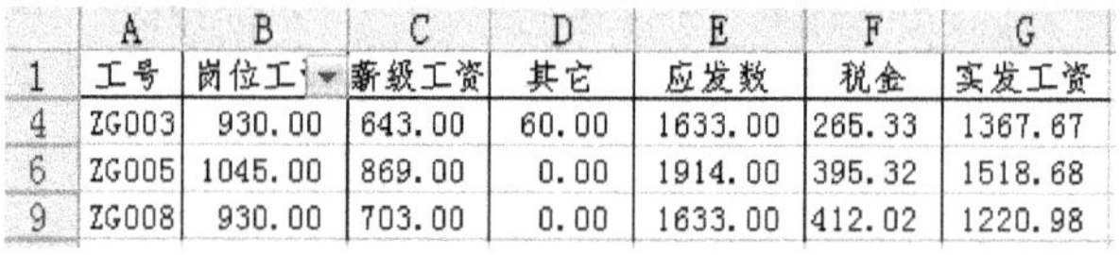

图3-8 自动筛选结果

(2) 筛选出岗位工资为850元的职工。操作步骤：在图3-6所示数据筛选过程中，选择岗位工资为850.00，如图3-9所示，选择850.00元，可以得到图3-10所示的结果。

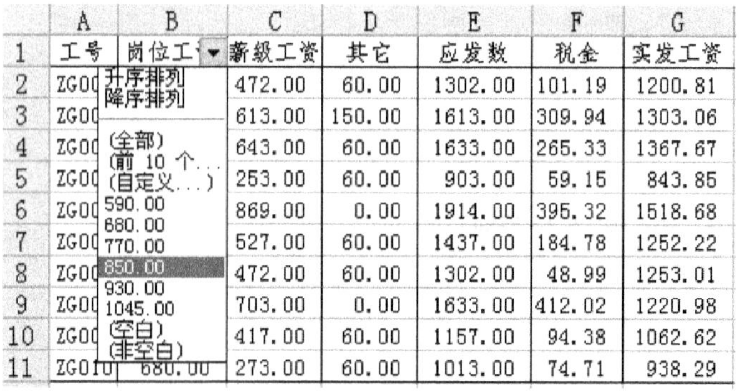

图3-9 指定条件下的自动筛选过程

(3) 筛选出岗位工资在600~800元之间的职工。操作步骤：在图3-6基础上，选择

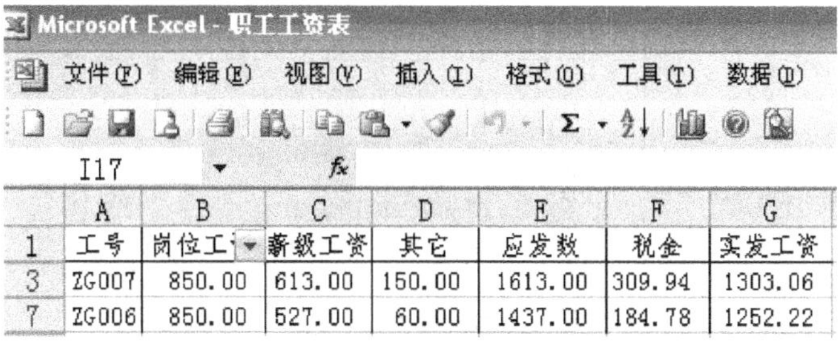

# 第3章 统计数据整理与显示

图 3-10 指定条件下的自动筛选结果

"自定义"选项,如图 3-11 所示,根据给定条件筛选岗位工资大于 600 且小于 800 的记录。然后单击"确定"按钮,就得到需要的结果,见表 3-10。

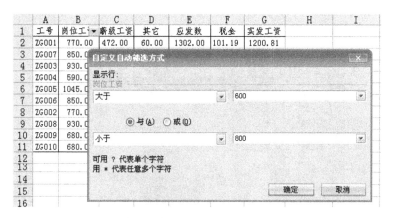

图 3-11 岗位工资在 600~800 元之间的筛选过程

表 3-10 岗位工资在 600~800 元之间的职工　　　　　　　　　　单位:元

| 工号 | 岗位工资 | 薪级工资 | 其他 | 应发数 | 税金 | 实发工资 |
|---|---|---|---|---|---|---|
| ZG001 | 770 | 472 | 60 | 1302 | 101.19 | 1200.81 |
| ZG007 | 770 | 472 | 60 | 1302 | 48.99 | 1253.01 |
| ZG009 | 680 | 417 | 60 | 1157 | 94.38 | 1062.62 |
| ZG010 | 680 | 273 | 60 | 1013 | 74.71 | 938.29 |

(4) 筛选出岗位工资在 800 元以上与薪级工资在 700 元以上,或实发工资在 1300 元以上的职工。操作步骤:如图 3-12 所示,将"岗位工资"、"薪级工资"和"实发工资"3 字段的字段名称复制到表格中其他空白位置,如图中所示位置输入条件。(条件放在同一行表示"与"的关系,条件不在同一行表示"或"的关系)。在图 3-5 基础上,选择"高级筛选"命令,出现图 3-12 所示的对话框,选择"在原有区域显示筛选结果"单选按钮,选择列表区域和条件区域,然后单击"确定"按钮,就得到需要的结果。

(5) 按实发工资额由低到高(升序)将全部职工进行排列。操作步骤:先选中数据区域,包括标题行,然后选择"数据"→"排序"命令,出现对话框,在"主要关键字"下拉列表框中单击下三角按钮,选择"实发工资",再选择"升序"单选按钮,如图 3-13

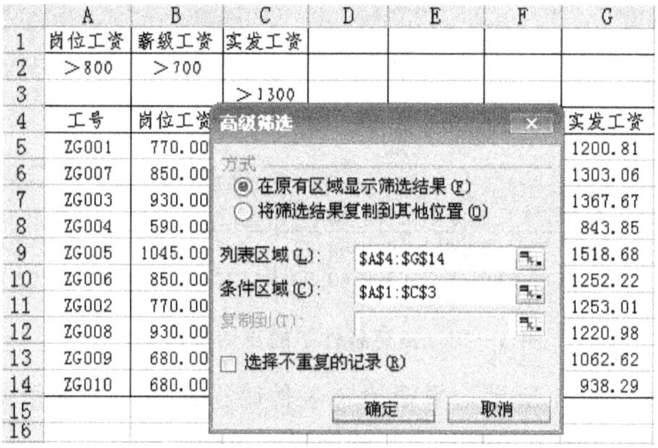

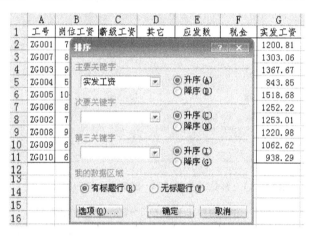

图 3-12　数据的高级筛选过程

所示，然后单击"确定"按钮，就得到需要的结果，如图 3-14 所示。

图 3-13　数据排序过程

| | A | B | C | D | E | F | G |
|---|---|---|---|---|---|---|---|
| 1 | 工号 | 岗位工资 | 薪级工资 | 其它 | 应发数 | 税金 | 实发工资 |
| 2 | ZG004 | 590.00 | 253.00 | 60.00 | 903.00 | 59.15 | 843.85 |
| 3 | ZG010 | 680.00 | 273.00 | 60.00 | 1013.00 | 74.71 | 938.29 |
| 4 | ZG009 | 680.00 | 417.00 | 60.00 | 1157.00 | 94.38 | 1062.62 |
| 5 | ZG001 | 770.00 | 472.00 | 60.00 | 1302.00 | 101.19 | 1200.81 |
| 6 | ZG008 | 930.00 | 703.00 | 0.00 | 1633.00 | 412.02 | 1220.98 |
| 7 | ZG006 | 850.00 | 527.00 | 60.00 | 1437.00 | 184.78 | 1252.22 |
| 8 | ZG002 | 770.00 | 472.00 | 60.00 | 1302.00 | 48.99 | 1253.01 |
| 9 | ZG007 | 850.00 | 613.00 | 150.00 | 1613.00 | 309.94 | 1303.06 |
| 10 | ZG003 | 930.00 | 643.00 | 60.00 | 1633.00 | 265.33 | 1367.67 |
| 11 | ZG005 | 1045.00 | 869.00 | 0.00 | 1914.00 | 395.32 | 1518.68 |

图 3-14　数据排序结果

### 3.4.2　品质型数据的整理与显示

【例 3.4】　一家市场调查公司在某一天随机调查 50 名顾客购买饮料的品牌，统计资料见表 3-11。

表 3-11  顾客购买饮料品牌情况

| 健力宝 | 可口可乐 | 健力宝 | 芬达 | 雪碧 |
|---|---|---|---|---|
| 雪碧 | 健力宝 | 可口可乐 | 雪碧 | 可口可乐 |
| 健力宝 | 可口可乐 | 可口可乐 | 百事可乐 | 健力宝 |
| 可口可乐 | 百事可乐 | 健力宝 | 可口可乐 | 百事可乐 |
| 百事可乐 | 雪碧 | 雪碧 | 百事可乐 | 雪碧 |
| 可口可乐 | 健力宝 | 健力宝 | 芬达 | 芬达 |
| 芬达 | 健力宝 | 可口可乐 | 可口可乐 | 可口可乐 |
| 可口可乐 | 百事可乐 | 雪碧 | 芬达 | 百事可乐 |
| 雪碧 | 可口可乐 | 百事可乐 | 芬达 | 雪碧 |
| 可口可乐 | 健力宝 | 百事可乐 | 芬达 | 健力宝 |

要求：用 Excel 作品质型数据的频数分布表和直方图。（在新建的 Excel 表中操作）

具体操作步骤如下。

步骤一：数据输入。①在 A2：A51 中输入 50 个饮料品牌名称（观测值）。②为不同品牌的饮料指定一个数字代码，代码编排如下：1 可口可乐；2 健力宝；3 百事可乐；4 芬达；5 雪碧。③在 B2：B51 中输入相应的代码。

步骤二：指定上限。Excel 现在把代码视为数值型数据。为建立频数分布表和直方图，必须对每一个品牌代码指定一个上限。本例中，只需将代码 1、2、3、4 和 5 依次输入到工作表的 C4：C8 中。Excel 对数值小于或等于每一品牌代码的项数计数。

步骤三：生成频数分布表和直方图。

（1）选择"工具"→"数据分析"命令，出现该对话框。（提示：如果"数据分析"工具不在"工具"菜单中，可采用以下方法装入：选择"工具"→"加载宏"命令，出现"加载宏"对话框。在"当前加载宏"下拉列表中，找到"分析数据库"选项。单击它前面的复选框，出现对号"√"，单击"确定"按钮即可。）

（2）在"数据分析"对话框中选择"直方图"选项。

（3）出现"直方图"对话框时，在"输入区域"方框中输入数据所在单元格区域 B2：B51；在"接受区域"文本框中输入分组数据上限所在单元格区域 C4：C8；在"输出区域"文本框中输入 E3，表示"输出区域"的起点；在"输出选项"选项区域中，选择"输出区域"单选按钮、"累计百分率"和"图表输出"复选框，单击"确定"按钮。

（4）为了便于阅读，单击频数分布表中的有"接受"字样的单元格，输入"饮料品牌"代替；同样，把数值代码 1、2、3、4 和 5 分别用它们对应的品牌名称替换。例如，"1"替换为"可口可乐"、"2"替换为"健力宝"等。如果想修改图表格式，可直接双击该处，在出现的对话框中作相应的修改。

（5）删除频数分布表中的"其他"所在行右边 3 个单元格的内容。输出结果如表 3-12 和图 3-15 所示。（注意表和图的编号和标题是另加上的。表中频率也就是频数，累积为累积频率，可将其改成频数即可。）

表 3-12  顾客购买饮料品牌频数分布

| 饮料名称 | 频率 | 累积% | 饮料名称 | 频率 | 累积% |
|---|---|---|---|---|---|
| 可口可乐 | 15 | 30.00% | 芬达 | 6 | 82.00% |
| 健力宝 | 11 | 52.00% | 雪碧 | 9 | 100.00% |
| 百事可乐 | 9 | 70.00% | | | |

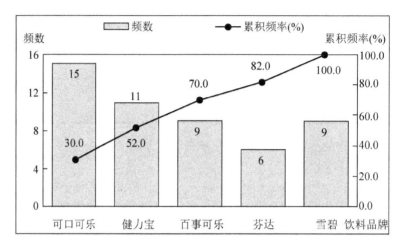

图 3-15  顾客购买饮料品牌直方图

### 3.4.3 数值型数据的整理与显示

【例 3.5】 某班 50 名学生的统计学原理考试成绩数据见表 3-13。

表 3-13  某班 50 名学生统计学考试成绩数据

| 79 | 88 | 78 | 50 | 70 | 90 | 54 | 72 | 58 | 71 | 75 | 80 | 91 | 95 | 91 | 81 | 72 |
| 61 | 73 | 82 | 97 | 83 | 74 | 61 | 62 | 63 | 74 | 74 | 99 | 84 | 84 | 64 | 75 | 65 |
| 75 | 66 | 75 | 85 | 67 | 68 | 69 | 75 | 86 | 59 | 76 | 88 | 69 | 77 | 87 | 51 | |

要求：用 Excel 作数值型数据的频数分布表和直方图（在新建的 Excel 表中操作）。

具体操作步骤如下。

步骤一：输入数据并排序。

（1）打开 Excel 工作簿，把本例中的数据输入到 A1：50 单元格中。

（2）对上述数据排序，结果放到 B1：B50。具体如下：拖曳鼠标选中 A1：A50 单元格区域；在该处单击鼠标右键，选中"复制"命令；拖曳鼠标选中 B1：B50 单元格区域；在该处单击鼠标右键，选中"粘贴"命令；再次选中 B1：B50，选择"数据"→"排序"命令；出现对话框，选择"升序"单选按钮，即可；单击"确定"按钮。

步骤二：指定上限。在 C3：C7 单元格中输入分组数据的上限 59、69、79、89、100。（提示：Excel 在作频数分布表时，每一组的频数包括一个组的上限值。这与统计学上的"上限不在组"做法不一致。因此 50～60 这一组的上限为 59，依次类推。）

步骤三：生成频数分布表和直方图。

(1) 选择"工具"→"数据分析"命令,出现该对话框。

(2) 在"数据分析"对话框中选择"直方图"选项。

(3) 当出现"直方图"对话框时,在"输入区域"文本框中输入数据所在单元格区域B1:B50;在"接受区域"文本框中输入分组数据上限所在单元格区域C3:C7;在"输出区域"文本框中输入D3,表示"输出区域"的起点;在"输出选项"选项区域中,选择"输出区域"单选按钮、"累计百分率"复选框和"图表输出"复选框;单击"确定"按钮。

(4) 为了便于阅读,单击频数分布表中的有"接受"字样的单元格,输入"考试成绩";同样,用50~60代替频数分布表中的第一个上限值59,60~70代替第二个上限值69,以此类推,最后,用90~100代替频数分布表中最后一个上限值100。如果想修改某处的图表格式,可直接双击该处,在出现的对话框中作相应的修改。

(5) 删除频数分布表中的"其他"所在行右边3个单元格的内容。输出结果如图3-16所示。

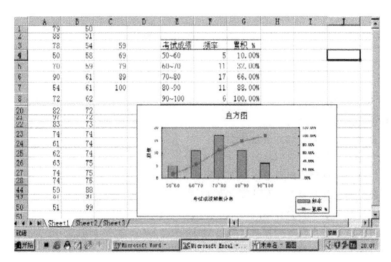

图3-16  50名学生统计学考试成绩数据处理结果

根据需要,对图表进行加工处理。

# 本 章 小 结

1. 统计数据整理是指根据统计研究的目的,对搜集到的原始统计数据进行科学的加工处理,使之系统化、条理化,成为能反映总体特征的综合指标的过程,包括对原始数据和对次级数据的整理。统计数据整理的要求是科学性、条理性和充分性。

2. 统计数据整理的步骤包括:制订数据整理方案、数据预处理、统计分组和汇总、数据的显示和数据的保存与公布。统计数据资料预处理是正式整理之前的准备工作,包括数据审核、数据筛选和数据排序。

3. 统计分组是根据统计研究的目的和事物本身的特点,选择一定的标志,将研究现象总体划分为若干性质不同的部分或组的一种统计研究方法。统计分组按照分组标志的多少不同,可分为简单分组与复合分组；按分组标志的性质不同，可分为品质分组和数量分组。

4. 在统计分组的基础上，将总体中的各个总体单位按组归类到各组中，形成频数分布数列。分布数列构成要素：各组的名称或变量值和各组的单位数或频率。编制分布数列遵循的原则有，科学性原则、穷尽原则和互斥原则。分布数列可分为品质数列和变量数列两类，变量数列又分为单项数列和组距数列。组距式变量数列编制步骤是：首先，将所有变量值排序；其次，确定组数与组距；再次，确定组限；最后，汇总出各组次数或频数。频数分布的基本形态有钟形分布、J 形分布和 U 形分布。

5. 统计表是用纵横交叉的线条绘制成的、用来表现统计数据的表格。统计表从表式上看，包括总标题、横行标题、纵栏标题和指标数值 4 个部分。从内容上看是由主词和宾词两部分构成的。统计图是用点、线组成的图形来表现统计数据的一种形式。统计图是根据实际数据按比例绘制而成的。统计图由标题、绘图区、图例等要素构成。

# 习 题

## 一、简答题

1. 统计数据整理的步骤包括哪些？
2. 统计数据资料审核的内容和方法是什么？
3. 什么是统计分组？其作用有哪些？
4. 什么是分组标志？选择分组标志的原则有哪些？
5. 什么是频数分布？其构成要素和种类分别是什么？
6. 组距式变量数列编制步骤是什么？
7. 什么是统计表？其构成要素和编制要求分别有哪些？
8. 什么是统计图？其基本构成要素有哪些？

## 二、单项选择题

1. 统计整理所涉及的资料为（　　）。
   A. 原始数据
   B. 次级数据
   C. 原始数据和次级数据
   D. 统计分析后的数据
2. 按某一标志分组的结果，表现出（　　）。
   A. 组内同质性和组间差异性
   B. 组内差异性和组间差异性
   C. 组内同质性和组间同质性
   D. 组内差异性和组间同质性
3. 统计分组的关键问题是（　　）。
   A. 确定分组标志和划分各组界限
   B. 确定组距和组数
   C. 确定组距和组中值
   D. 确定全距和组距
4. 频数分布数列是用来说明（　　）。
   A. 总体单位在各组的分布情况
   B. 各组变量值的构成情况
   C. 各组标志值的分布情况
   D. 各组变量值的变动程度
5. 根据资料编制变量数列，在全距一定的情况下，组距和组数的关系是，（　　）。
   A. 组距大小与组数多少成反比
   B. 组距大小与组数多少成正比
   C. 组距大小与组数多少无关
   D. 组数越多，组距越大

6. 某连续变量数列,其末组为开口组,下限为 500,又知其邻组组中值为 480,则末组的组中值为（　　）。

　　A. 490　　　　　B. 500　　　　　C. 510　　　　　D. 520

7. 如果一组数据的分布很不均匀,则应编制(　　)。

　　A. 开口组　　　B. 闭口组　　　C. 等距数列　　　D. 不等距数列

8. 用组中值代表各组内的一般水平的假定条件是(　　)。

　　A. 各组的次数均相等　　　　　　B. 各组的组距均相等
　　C. 各组的变量值均相等　　　　　D. 各组次数在本组内呈均匀分布

9. 客观现象中最常见或最多的分布类型是(　　)。

　　A. 连续型变量分布　　　　　　　B. 离散型变量分布
　　C. 正态分布　　　　　　　　　　D. 其他类型分布

10. 在累计次数分布中,某一组的向下累计次数表明(　　)。

　　A. 大于该组上限的次数是多少　　B. 大于该组下限的次数是多少
　　C. 小于该组上限的次数是多少　　D. 小于该组下限的次数是多少

### 三、多项选择题

1. 下列属于统计数据整理阶段的内容有(　　)。

　　A. 对原始资料进行预处理　　　　B. 对统计资料进行分组
　　C. 对统计资料进行汇总　　　　　D. 对统计资料进行分析
　　E. 编制统计表,绘制统计图

2. 统计分组能用来(　　)。

　　A. 反映总体的规模　　　　　　　B. 说明总体单位的特征
　　C. 划分客观现象的类型　　　　　D. 研究总体的组成结构
　　E. 分析现象间的依存关系

3. 在确定分组的组数和组距时,需考虑(　　)。

　　A. 将总体单位的分布特征反映出来
　　B. 将总体规模的大小反映出来
　　C. 各组内的同质性和组与组之间的差异性
　　D. 各组之间在特征上要尽可能一致
　　E. 各组之间在组限上要尽可能一致

4. 某单位 100 名职工按奖金额多少分组为"300 以下、300～400、400～600、600～800、800 以上"这 5 个组。这一分组(　　)。

　　A. 是等距数列　　　　　　　　　B. 分组标志是连续型变量
　　C. 末组组中值为 800　　　　　　D. 相邻组的组限是重叠的
　　E. 某职工奖金 600 元,应统计在 "600～800" 这一组内

5. 在次数分布数列中,(　　)。

　　A. 各组的频数之和等于 100%
　　B. 各组频率大于 0
　　C. 频数越小,则该组的标志值所起的作用越小
　　D. 总次数一定,频数和频率成反比
　　E. 频率表明各组标志值对总体的相对作用程度

6. 统计表从形式上看,其组成是由(　　)要素所构成的。

　　A. 总标题　　　B. 横行标题　　　C. 纵栏标题
　　D. 数字资料　　E. 附注说明

## 四、实务题

某工业局所属30个企业职工人数如下。

555　506　220　735　338　420　332　369　416　548　422　547　567　288　447
484　417　731　483　560　343　312　623　798　631　621　587　294　489　445

试根据上述数据资料。

（1）编制频数分布数列，并计算各组的频率%。

（2）根据等距数列编制向上和向下累计频数及累计频率。

## 【实际操作训练】

根据教材"3.4　Excel在统计整理中的应用示例"内容，在计算机上进行模拟操作。

# 第 4 章　统计度量指标

### 本章教学要点

| 知 识 要 点 | 掌握程度 | 相 关 知 识 |
| --- | --- | --- |
| 总体规模与相对关系度量 | 熟悉 | 总量指标、相对指标 |
| 数据分布集中趋势度量 | 重点掌握 | 集中趋势、平均指标 |
| 数据分布离中趋势度量 | 重点掌握 | 离中趋势、标志变异指标 |
| 数据分布形态度量 | 了解 | 偏度、峰度 |

### 本章技能要点

| 技 能 要 点 | 掌握程度 | 应 用 方 向 |
| --- | --- | --- |
| 总量指标、相对指标应用 | 熟悉 | 度量或描述总体规模和相对数量关系 |
| 度量数据分布集中趋势 | 重点掌握 | 运用平均指标度量数据分布集中趋势 |
| 度量数据分布离中趋势 | 重点掌握 | 运用变异指标度量数据分布离中趋势 |
| 运用 Excel 计算统计指标 | 掌握 | 运用计算函数和"工具——数据分析"计算指标 |

导入案例

**奥运会奖牌数如何排名比较合理?**

每届奥运会的奖牌排名总是存在争议。有些国家是按照金牌数的多少来排名的,如中国,也有很多国家是根据奖牌数的多少来排名的,如美国。这两种排名方法都不尽合理。因为,根据金牌数多少进行排名的方法完全忽视了银牌和铜牌获得者做出的贡献,要知道银牌和铜牌一样来之不易,这样显然缺乏科学性。而根据奖牌总数进行排名这种方法也存在一定问题,尽管它考虑了银牌和铜牌的重要性,但将金、银、铜牌置于同等地位显然是不公平的。并且用两种方法排名不便于直接比较各国运动员的总成绩。

你认为应该如何进行排名才比较合理?

在统计数据搜集阶段得到的统计资料,经过统计整理,形成了能初步反映总体基本的数据资料,如次数分布数列和统计图表。在此基础上,还可以计算反映总体特征的统计综合指标,为进一步开展统计分析、揭示总体数量规律性提供基础。统计分析中就是运用统计指标对客观现象的数量方面进行描述和度量。本章主要介绍统计中常用的统计指标，说明这些指标的计算方法、性质和特点，它们是如何对客观现象总体的数量方面进行描述和度量的，以便人们正确理解和运用这些指标。

## 4.1 总体规模与相对关系度量

### 4.1.1 总量指标

**1. 总量指标的概念和作用**

总量指标是反映客观现象总体在一定时间、地点、条件下总规模或总水平的统计指标。总量指标也称为数量指标或绝对数。例如，我国 2010 年国内生产总值 397 983 亿元，钢产量 6.29 亿吨，年末全国人口总数 13.41 亿人，年末全国居民存款余额 71.3 万亿元，等等，这些都是总量指标。

总量指标是统计研究的最基本指标，其作用主要有：第一，总量指标能反映总体规模和水平的指标，客观现象的基本情况首先表现为总量或绝对数；第二，总量指标是政府部门和企业编制计划以及进行管理的主要形式；第三，总量指标是计算相对指标、平均指标和其他各种分析指标的基础。相对指标和平均指标一般都是由两个相关的总量指标对比得到的，它们属于总量指标的派生指标。

**2. 总量指标的分类**

（1）按其说明总体的内容不同，分为总体单位总量和总体标志总量

总体单位总量是说明总体中包含的总体单位数量。例如，研究某市的工业发展状况，统计总体是该市所有工业企业，总体单位是该市的每一个工业企业。若该市现有工业企业为 20 000 个，则企业数 20 000 个即为总体单位总量。总体标志总量是总体中各个单位某一数量标志值的总和。该市的每个工业企业是总体单位，则工业企业的职工人数是一项数量标志，每个企业的具体职工人数就是数量标志值。如果将 20 00 个工业企业的职工人数相加，就得到了则该市工业企业职工总人数，就是总体标志总量。另外还可以将该市某年所有工业企业的工业增加值、利税额分别相加，就得到某年该市工业增加值总额、利税总额，这些也都是总体标志总量。对于一个已经确定的总体而言，其总体单位总量指标只有一个，而总体标志总量指标可以有许多个。

总体单位总量和标志总量不是固定不变的，而是随着统计总体的变化而作相应变化的。如上例中的全市工业职工人数是总体标志总量，若研究目的改变为研究该市工业企业职工的生活水平时，统计总体是全市的所有工业企业职工，全市工业企业职工人数就变为总体单位总量了。

（2）按其反映总体的时间状况不同，分为时期指标和时点指标

时期指标是反映客观现象在一段时间内发展变化结果的总量。例如，前述的 2010 我国国内生产总值、钢产量为时期指标。时点指标是反映客观现象在某一时刻或某一时点上的总量。如我国 2010 年年末人口数、年末全国居民存款余额为时点指标。

3．总量指标的计量单位

1）实物单位

实物单位是根据事物的外部特征或物理属性而采用的单位。它又分为5种：①自然单位，如鞋以"双"为单位；人口以"人"为单位；汽车以"辆"为单位等。②度量衡单位是以按一定的测量标准来计量实物的重量、长度、面积、容积等的单位。如：千克、千米、平方米、立方米等。③复合单位是两个单位的乘积形式。如货物周转量用"吨千米"计量；某个旅游景点接待游客人数的单位用"人次"计量。④双重单位是用两种或两种以上的单位结合起来进行计量。如起重机的计量单位是"台/吨"；货轮用"艘/马力/吨位"计量。⑤标准实物单位是按照统一的折算标准来计量事物数量的一种实物单位。它主要用于计量存在差异的同一种工业产品或农产品的数量。为了准确地反映其总量，需要把各种产品数量按照一定的标准折合成标准品数量后再相加。如把含氮量不同的化肥数量都折合成含氮100%的标准化肥数量；把各种能源量都折合成热量值为7 000千卡/千克的标准煤的数量。以实物单位计量的总量指标称为实物指标。实物指标的优点是能比较准确反映实物的使用价值量，缺点是不同的实物量不能直接加总。

2）价值单位

价值单位也称为货币单位，它是以货币作为价值尺度来计量社会财产和劳动成果的。常见的货币单位有人民币元、美元、欧元等。例如，国内生产总值、城乡居民储蓄额、商品销售额等都用货币单位来计量。用货币单位计量的总量指标叫做价值指标。价值指标具有广泛的综合能力，在经济管理中起着重要的作用。

3）劳动单位

劳动单位就是劳动时间单位，通常表现为工时和工日。劳动单位主要用于一个企业或一个部门内部安排生产作业计划。根据自身的生产特点，制定出生产单位产品所需的工时定额，再乘以产品的实物量即得到以劳动单位计量的产量指标，称为定额工时产量。不同企业或不同部门中不同工种的人员劳动量一般不具备可比性。

4．总量指标的计算

总量指标数值是通过对总体单位进行全面调查登记，采用直接计数、点数或测量等方法，逐步计算汇总方法得出的，有时也可以通过估算或平衡推算方法取得。

总量指标数值计算方法虽然比较简单，但在确定计算内容时是比较复杂的。必须注意3个方面问题，第一，必须明确总量指标的涵义。只有明确总量指标的涵义，才能科学地确定统计指标的计算范围和计算方法，进而准确地计算指标数值。例如，要计算农户的收入情况，必须先明确收入的概念和构成。如果收入的概念不明确，就无法确定收入的范围，也就无法统计数量。第二，只有同类现象中相同类型的数据才能计算汇总。在某些特殊情况下，对于具体形式不同但使用价值相同的产品，可以先折算为标准数量后再相加汇总。第三，在统计汇总时，必须有统一的计量单位。

## 4.1.2 相对指标

1．相对指标的概念和作用

相对指标是两个有联系的指标数值对比的比值，用来度量客观现象总体数量特征和数量关系。由于相对指标的结果表现为相对性，也称为相对数。相对指标数值有两种表现形式：无名数和复名数。无名数是一种抽象化的数值，常以系数、倍数、成数、百分数或千分数表示。复名数是将对比的分子和分母名数结合在一起来表示现象的特征。例如，人均粮食产量用"千克/人"表示，人口密度用"人/平方千米"表示。

相对指标的作用主要有：第一，相对指标可以表明事物相关程度、发展程度，表明总体的结构；第二，相对指标可以把现象的绝对差异抽象化，使原来无法直接对比的指标变为可比。如要比较两个规模不同工业企业的经济效益，就不能用总量指标来比较，而要运用资金利润率、人均产值等相对指标或平均指标来反映。

2. 相对指标的种类及其计算方法

相对指标按照对比的基础和研究目的的不同，可以分为计划完成程度相对指标、结构相对指标、比例相对指标、比较相对指标、强度相对指标和动态相对指标6种。

1）计划完成程度相对指标

计划完成程度相对指标是将某种现象在一定时期内的实际完成数与计划任务数进行对比得到的相数。计划完成程度相对指标用来说明某项计划任务完成程度，检查、监督计划执行情况，一般以百分数表示。其计算公式为：

$$计划完成程度相对指标 = \frac{实际完成数}{计划任务数} \tag{4.1}$$

计划完成程度相对指标的分子是实际完成数，分母是计划任务数，分子指标和分母指标在指标涵义、计算方法、计量单位以及时间长度等方面应该完全一致。同时，计划任务数是对比的基础，分子数值与分母数值不允许互换计算。在实际工作中，计划任务数可以是总量指标，也可以是相对指标或平均指标。

要注意的是，当计划任务数为相对指标时，当规定本期计划数比上期实际数提高或降低程度时，在计算时要将基期数值考虑在内，将基期数值确定为100%，在此基础上计算出本期的计划数和实际数。

【例4.1】 某公司今年计划劳动生产率要比上年提高4%，今年实际执行结果比上年提高5%，则该企业今年劳动生产率的计划完成程度为：

$$计划完成相对指标 = \frac{实际完成数}{计划任务数} = \frac{100\% + 5\%}{100\% + 4\%} \times 100\% = 100.96\%$$

即：劳动生产率超额0.96%完成计划。

【例4.2】 某企业今年计划单位产品成本比上年降低5%，实际执行结果今年比上年降低6%，则该企业今年单位产品成本计划完成程度为：

$$计划完成相对指标 = \frac{100\% - 6\%}{100\% - 5\%} \times 100\% = 98.95\%$$

即：单位产品成本降低率超额完成1.05%。

需要说明的是，在计划完成程度相对指标中，100%是判断是否完成计划的数量界限。计划完成程度相对指标是评价计划完成情况的标准和依据，计划完成程度相对指标是中性的，本身没有好坏之分，它与计划完成情况是不同的。计划完成情况是指某项计划指标有没有达到计划目标。因此，在利用计划完成程度相对指标进行评价时，要根据指标的性质和要求而定。一是对于数值越多越好的指标，如产值、产量、利润、劳动生产率等，计划任务数是按最低限额规定的,这时计划完成程度要大于100%才算超额完成计划,超过100%的部分为超额完成计划的程度。二是对于数值越小越好的指标,如原材料消耗量、单位产品平均成本、亏损额等,计划任务数是按最高限额规定的,这时计划完成程度要小于100%才算超额完成计划,而超过100%的部分,则表示未完成计划的程度。

另外,当计划任务数用相对数形式规定时,检查计划完成情况时可以用实际完成数减计划任务数的方法,结果称为百分点。百分点的概念在实际工作中常用,但并不是相对数,它相当于百分数的计量单位,一个百分点就指1%。

**【例4.3】** 某企业今年计划规定劳动生产率比上年提高8%,而今年实际比上年提高10%,则计划完成情况为:

$$实际数-计划数=110\%-108\%=2\% \quad 或 \quad 10\%-8\%=2\%$$

则该企业劳动生产率实际比计划规定的任务多完成2个百分点。

2) 结构相对指标

结构相对指标是总体某一部分数值与总体全部数值之比,又称结构相对数,有时也称为频率或比重,一般用百分数表示。它常用来反映总体的构成情况。其计算公式为:

$$结构相对指标=\frac{总体中某一部分或组的数值}{总体全部数值} \tag{4.2}$$

由于结构相对数是总体的某一部分数值与全部数值之比,因此,某一部分或组的结构相对数是一个在0和1之间的数值,总体中各部分结构相对数之和等于100%或1。在计算结构相对指标时,分子与分母数值不能互换计算。

3) 比例相对指标

比例相对指标是总体各组或各部分之间数值对比而得到的相对指标,又称比例相对数,有时也称为比率。用来反映总体内各部分的比例关系。其计算公式为:

$$比例相对指标=\frac{总体中某部分数值}{总体中另一部分数值} \tag{4.3}$$

利用比例相对指标,可以分析总体内各组成部分之间的数量关系是否合理。比例相对数可以用百分数表示,也可以用一比几或几比几的形式表示。比例相对数也必须在统计分组的基础上才可以计算,在计算比例相对数时,分子数值和分母数值可以互换计算。

4) 比较相对指标

比较相对指标是将两个总体的同类指标进行对比得到的相对指标,一般用百分数或倍数表示。比较相对数反映两个地区、部门、单位某种指标数值的差别程度。其计算公式为:

$$比较相对指标=\frac{某总体的某指标数值}{另一总体同类指标数值} \tag{4.4}$$

式中,分子与分母的统计指标的涵义、口径、计算方法和计量单位必须一致。

**【例4.4】** 2010年中国国土面积为960万平方千米,美国为937万平方千米。则:

中国国土面积为美国国土面积的$\%=\frac{960}{937}=102.45\%$或$1.0245$(倍)。

计算比较相对指标时,作为比较基数的分母可取不同的对象。一般有两种情况。

(1) 比较的标准是一般对象。如果把分子与分母概括为甲、乙两个国家、地区、部门或总体,这时对比分子分母的数值可以互换计算。

（2）比较的标准具有权威性。例如，将本单位产品的质量、成本、单耗等各项技术经济指标与国家或部门规定的水平比较，或与同行业或与国外的先进水平比较，这时分子和分母的位置则不能互换计算，将权威性的标准放在分母上，说明差别程度。

5）强度相对指标

强度相对指标是两个性质不同但有联系的两个统计指标数值对比而得到的相对指标。强度相对指标的作用是能反映现象的强度、密度和普通程度。其计算公式为：

$$强度相对指标 = \frac{某一指标数值}{另一有联系的性质不同的指标数值} \tag{4.5}$$

【例4.5】 我国2010年国内生产总值为397 983亿元，年平均人口数为13.38亿人。则2010年：

$$人均国内生产总值 = \frac{397\,983}{13.38} = 29\,744.6\ 元/人$$

强度相对指标数值的表现形式一般是有名数，而且是双重单位，由分子指标和分母指标的计量单位组成。如人均国民生产总值"元/人"，人口密度"人/平方千米"，人均钢产量"吨/百人"，等等。而有的强度相对指标是无名数，用次数、倍数、系数、百分数或千分数表示，如生产设备利用率、资金周转率、流通费用率、人口出生率等。

在强度相对指标计算过程中，有时分子和分母可以互换，形成正指标和逆指标。正指标是指标数值的大小与现象强度或密度呈正方向变化，即指标数值越大，现象强度越强或密度越高，反之就越低；逆指标是指标数值的大小与现象的强度或密度呈反向变化的，即指标数值越大，现象的强度越低或密度越小，反之就越高。

【例4.6】 某地区某年末现有总人口为100万人，医院床位总数为24700张。则该地区：

$$每千人拥有的医院病床数 = \frac{24\,700(张)}{1\,000(千人)} = 24.7(张/千人)$$

$$医院每张病床负担的人口数 = \frac{1\,000(千人)}{24\,700(张)} = 40.5(人/张)$$

上述两个指标中，每千人拥有的病床数24.7张为正指标，而医院每张病床负担的人口数40.5人为逆指标。

计算强度相对指标时，必须注意对比的两种现象之间客观上要存在一定的经济或技术上的联系，这样两个指标对比的结果才有意义。

6）动态相对指标

动态相对指标是指将同类指标在不同时期的数值对比而得到的相对指标，一般用百分数或倍数表示。动态相对指标用来说明某一指标在不同时间上发展变化的速度。来其计算公式为：

$$动态相对指标 = \frac{报告期数值}{基期数值} \tag{4.6}$$

动态相对指标也可称为发展速度，本书在时间序列中将作详细介绍。

3. 计算和运用相对指标注意问题

（1）对比指标之间要有可比性。对比指标的可比性是指对比的指标在含义、内容、范围、时间、空间和计算方法等口径方面相互适应。可以通过定性分析，确定两个指标数值的对比是否合理，是否能说明问题。例如，将不识字人口数与全部人口数对比来计算文盲率，显然是不合理的，因为其中包括未达学龄的人数和未达到接受初中文化教育年龄的人数在内，不能如实反映文盲人数在相应的人口数中所占的比重。计算文盲率的公式为：

$$文盲率 = \frac{15\ 岁以上不识字人口数}{15\ 岁以上全部人口数} \times 100\%$$

（2）要将相对指标和总量指标结合运用。绝大多数相对指标都是两个总量指标数值之比得到的，用抽象化的比值来表明事物之间相对关系，而不能反映事物之间绝对数量差别。有时两个较小的总量指标对比，结果为数值较大的相对指标，而有时两个较大的总量指标对比，结果为数值较小的相对指标。因此，在统计分析必须把相对指标和总量指标结合运用，以便对实际情况作出客观的评价。

（3）要将多种相对指标结合应用。每一种相对指标的具体作用是不同的，分别从不同的侧面来说明所研究的问题。为了全面地说明现象的相互关系，应该根据统计研究的目的，将各种相对指标结合运用，这样有助于剖析事物变动中的相互关系，客观地反映事物特征和它们之间的联系。

## 4.2 数据分布集中趋势度量

### 4.2.1 集中趋势与平均指标

在变量分布数列中，大多数变量值的分布表现为，接近中间水平的变量值分布的个数较多，远离中间水平的变量值分布的个数较少，变量值分布呈现出向中心值靠拢或聚集的态势，这种态势称为变量分布的集中趋势。中心值反映变量分布中心点的位置。对集中趋势的度量，就是要确定变量分布的中心值，以反映各个变量值的一般水平或代表值水平。

变量分布的集中趋势用平均指标来反映。平均指标也称为平均数或均值。平均指标是将变量的各变量值差异抽象化，能反映变量值一般水平或代表水平，也就能反映各变量值次数分布的集中点。平均指标根据计算方法不同可分为数值平均数和位置平均数两大类。数值平均数是指根据变量的所有变量值计算而得到的平均数，具体方法有算术平均法、调和平均法和几何平均法等。位置平均数是指根据变量分布中，将处于特定位置的变量值作为平均数，具体有中位数、分位数和众数等。

平均指标在统计研究中应用很广，其作用主要有以下几个方面。

（1）平均指标可以反映变量分布的集中趋势，说明某种变量值的一般水平或代表水平。可以消除因总体规模不同而不能直接比较的因素，对不同总体水平进行比较。例如，要比较两个企业职工的收入情况，由于这两个企业职工人数不相同，因而就不能用职工工资总额进行比较，这时用平均工资进行比较，就能反映出这两个企业职工收入的差别情况。也可以将某一总体的某种平均指标数值按时间先后进行排列，反映其变动趋势。如将某企业职工历年的平均工资额按时间先后顺序加以排列，就能反映该企业职工工资收入的变化过程和趋势。

（2）利用平均指标可以分析现象之间的依存关系或进行数量上的推算。例如将某城市样本居民按收入分组,计算出各组居民的平均收入与平均消费支出,就可以观察居民消费支出与收入之间的依存关系,还可以以样本居民的平均收入、平均消费支出去推算或估计该城市居民的平均收入、平均消费支出。

(3) 平均指标还可以作为研究和评价事物的一种数量标准或参考。在比较、评价不同总体的水平时,评价个体事物在同类事物中的水平时,不能以各体某一个体的水平为依据,而要以总体平均水平为依据;在各项管理工作中,各种定额多是以实际平均数为基础来制定的。

### 4.2.2 数值平均数

**1. 算术平均数**

算术平均数是某一变量所有取值的总和除以变量值个数。算术平均数是统计中最为常用的统计分析指标,它把总体中各个单位标志值相加形成总体标志总量,再除以总体单位数,可消除各个单位标志值之间的差异而体现出总体各单位某一数量标志值的一般水平。这种方法也称为算术平均法。基本公式为:

$$算术平均数 = \frac{总体标志总量}{总体单位数} \tag{4.7}$$

在计算算术平均数时,要注意公式的分子与分母在数量上存在着直接的对应关系,即其分子的总体标志总量数值是由分子上各个单位的某一数量标志值相加得到的。算术平均数的这一计算要求是它与强度相对数的主要区别之一。强度相对数则是两个有联系的指标数值对比的结果,分子与分母数量上不存在严格的对应关系。

1) 算术平均数的计算

根据已知的资料不同,算术平均数可以分为简单算术平均数和加权算术平均数两种。

(1) 简单算术平均数适用于未分组的资料计算平均数。它是将总体各单位某一标志值简单加总得到的标志总量,再除以总体单位数。计算公式如下:

$$\bar{x} = \frac{x_1 + x_2 + \cdots + x_n}{n} = \frac{\sum_{i=1}^{n} x_i}{n} \tag{4.8}$$

式中,$\bar{x}$ 表示算术平均数;$x_i$ 表示第 $i$ 个变量值($i=1,2,\cdots,n$);$n$ 代表总体单位数。

【例 4.7】 某公司某小组 5 名工人某月奖金额(单位:元)分别是 460、520、600、700、850,根据式(4.8)计算得到 5 名工人平均奖金额为:

$$\bar{x} = \frac{\sum_{i=1}^{n} x_i}{n} = \frac{460 + 520 + 600 + 700 + 850}{5} = \frac{3130}{5} = 626 (元)$$

这里分子 3130 元是 5 个人奖金额总和,为标志总量,总体单位数为 5 人。平均奖金 626 元说明这 5 人奖金额的一般水平或代表水平。

(2) 加权算术平均数适用于频数分布数列资料计算平均数,常见的是变量分布数列资料。计算公式为:

$$\bar{x} = \frac{x_1 f_1 + x_2 f_2 + \cdots + x_n f_n}{f_1 + f_2 + \cdots + f_n} = \frac{\sum_{i=1}^{n} x_i f_i}{\sum_{i=1}^{n} f_i} \quad (4.9)$$

或

$$\bar{x} = x_1 \times \frac{f_1}{\sum_{i=1}^{n} f_i} + x_2 \times \frac{f_2}{\sum_{i=1}^{n} f_i} + \cdots + \frac{f_n}{\sum_{i=1}^{n} f_i} = \sum_{i=1}^{n} x_i \frac{f_i}{\sum_{i=1}^{n} f_i} \quad (4.10)$$

式中，$f_i$ 表示各组标志值出现的频数（次数），$\frac{f_i}{\sum f_i}$ 为频率。

【例 4.8】 某企业 50 名职工某月奖金额（单位：元）的频数分布数列资料如表 4-1 中的第（1）、（2）、（3）列所示，求该企业平均每个职工的奖金额。

表 4-1 50 名职工平均奖金计算表

| 按奖金额分组<br>（元）$x_i$ | 人数（频数）<br>（人）$f_i$ | 频率（%）<br>$\frac{f_i}{\sum f_i}$ | 工资总额<br>（元）$x_i f_i$ | 工资额（元）<br>$x_i \times \frac{f_i}{\sum f_i}$ |
|---|---|---|---|---|
| (1) | (2) | (3) | (4) | (5) |
| 460 | 5 | 10 | 2 300 | 46 |
| 520 | 15 | 30 | 7 800 | 156 |
| 600 | 18 | 36 | 10 800 | 216 |
| 700 | 10 | 20 | 7 000 | 140 |
| 850 | 2 | 4 | 1 700 | 34 |
| 合计 | 50 | 100 | 29 600 | 592 |

**解**：先分别计算各组工资总额，结果见第四列，将合计行的结果代入式（4.9），50 名工人平均奖金额为：

$$\bar{x} = \frac{\sum_{i=1}^{n} x_i f_i}{\sum_{i=1}^{n} f_i} = \frac{29\,600}{50} = 592（元）$$

也可以用式（4.10）计算，将各组工资额与频率相乘，结果见第（5）列，50 名工人平均奖金额为：

$$\bar{x} = \sum_{i=1}^{n} x_i \frac{f_i}{\sum_{i=1}^{n} f_i} = 592（元）$$

对于同一数据资料，式（4.9）和式（4.10）公式两种方法的计算平均数的结果相同。

表 4-1 资料属于单项数列资料。如果是用组距数列资料计算平均数，则要先计算出各组的组中值，用来代表各组的变量值，即公式中的 $x_i$ 表示组中值。

【例 4.9】 某企业 50 名工人某日加工零件数资料见表 4-2 中的第（1）、（2）列所示，计算 50 名工人日平均加工零件数。

表 4-2 某企业 50 名工人加工零件情况

| 按零件数分组(个) | 频数(人) $f_i$ | 组中值 $x_i$ | 零件总数(个) $x_i f_i$ |
| --- | --- | --- | --- |
| (1) | (2) | (3) | (4) |
| 105～110 | 3 | 107.5 | 322.5 |
| 110～115 | 5 | 112.5 | 562.5 |
| 115～120 | 8 | 117.5 | 940 |
| 120～125 | 14 | 122.5 | 1 715 |
| 125～130 | 10 | 127.5 | 1 275 |
| 130～135 | 6 | 132.5 | 795 |
| 135～140 | 4 | 137.5 | 550 |
| 合计 | 50 | — | 6 160 |

**解：** 表 4-2 资料第(1)、(2)列构成组距数列，先分别计算各组的组中值和零件总数，再将有关数据代入公式，计算如下：

$$\bar{x} = \frac{\sum_{i=1}^{n} x_i f_i}{\sum_{i=1}^{n} f_i} = \frac{6160}{50} = 123.2 \text{（件）}$$

2) 计算和运用算术平均数要注意的问题

第一，根据组距数列资料计算平均数时是以组中值来代替各组标志值的平均水平，其前提条件是假定组内各个标志值呈均匀分布。由于组中值具有假定性而使计算得到的平均数是一个近似值，当组距数列存在开口组时，它准确性会更差些，还有当变量数列呈偏态分布时，会引起平均数的代表性降低。所以，对于同一资料，当用简单算术平均数公式和用加权算术平均数公式计算的结果不一致时，要以简单算术平均数公式计算的结果为准。

第二，影响加权算术平均数大小的因素。它的数值大小受两方面因素的影响，一是受各组变量值水平的影响，二是受各组频率(权重)大小的影响。在公式中，各组频数或次数称为权数，用权数乘以各组标志值的过程称为加权，由此计算的平均数叫加权算术平均数。权数有两种表现形式，即频数或次数和频率或比重。权数在计算平均数中的作用，是通过频率的大小体现出来的。频率越大，该标志值计入平均数的份额也越大，对平均数的影响就越大；如表 4-1 中的第三组中的频数为 18，频率为 36%，在各组中最大，说明这组的变量值 600 元是以 36% 计入平均数的，变量值 600 对平均数的结果数值影响最大。反之，频率就越小，该标志值计入平均数的份额也越小，对平均数的影响就越小。如表 4-1 中最后一组的次数为 2，频率为 4%，在各组中为最小，则说明这组的变量值 850 元是以 4% 计入平均数的，它对平均数的影响最小。

如果各组的次数都相同，频率也随之相同，结果是各标志值对平均数的影响都相同时，那就无所谓权数的"权衡轻重"了。在这种情况下（又假定各组标志值在组内均匀分布），各组权数对平均数的作用都一样，加权算术平均数就等于简单算术平均数。可以说，简单算术平均数实际上是加权算术平均数的特例。

$$\bar{x} = \frac{\sum_{i=1}^{n} x_i f_i}{\sum_{i=1}^{n} f_i} = \frac{f \sum_{i=1}^{n} x_i}{f \times n} = \frac{\sum_{i=1}^{n} x_i}{n}$$

在变量数列中,如果各组标志值不变,各组频数扩大或缩小相同的倍数,则其平均数值不变,因为各组的频率是不变的。

在本章开始的导入案例中,可以利用加权方法来解决问题。为了合理地排名,可以将各种奖牌赋权,这种赋权带有一定的主观性,因人而异。为了客观和公正,可以由国际奥委会有关人员讨论后最终确定,最大程度地达到公平。例如:可以对金、银、铜牌分别赋予不同的权数,如金牌权数为0.5,银牌权数为0.3,铜牌权数为0.2,将各国得到的这三类奖牌数分别乘以权数,得到折合后的奖牌数。根据这样的结果进行排名就较为合理。

第三,权数的选择原则。在频数分布数列的条件下,一般说来,频数就是权数,但在根据相对指标资料计算平均数时,应根据相对指标的含义,选择适当的权数。权数选择的原则为:各组标志值($x$)×各组单位数($f$)=各组标志总量($xf$),此等式必须有实际经济意义,即当3个量之间存在着客观的数量关系时,各组单位数($f$)才是合适权数。

【例4.10】 某年某公司所属20个企业资本金利润率分组资料如表4-3,要求计算该公司20个企业平均资本金利润率。

表4-3 某公司所属20个企业资本金利润率资料

| 资本金利润率(%) | 企业数 | 资金本总额(万元) |
| --- | --- | --- |
| 5 | 8 | 40 |
| 10 | 6 | 100 |
| 15 | 6 | 160 |
| 合计 | 20 | 300 |

解:该例的平均对象是各企业的资本金利润率,表中的企业数虽然是次数,但却不是合适的权数,因为资本金利润率乘以企业数的结果没有实际意义,而资本金利润率乘以资本金总额等于利润总额,这是有意义的。所以要选择资本金总额作为权数,见表4-4。计算20个企业的平均资本金利润率应用这些企业的平均利润额与平均资本金总额相比,由于分子、分母的平均数都是用总额除以企业数20得到的。因此,这时算式中的分子与分母含义分别为这20个企业的利润总额和资本金总额。

表4-4 某年某公司所属20个企业资本金利润率计算表

| 资本金利润率(%)$x_i$ | 企业数 | 资本金总额(万元)$f_i$ | 利润总额(万元)$x_i f_i$ |
| --- | --- | --- | --- |
| 5 | 8 | 40 | 2 |
| 10 | 6 | 100 | 10 |
| 15 | 6 | 160 | 24 |
| 合计 | 20 | 300 | 36 |

平均资本金利润率 $\bar{x} = \dfrac{\sum\limits_{i=1}^{n} x_i f_i}{\sum\limits_{i=1}^{n} f_i} = \dfrac{36}{300} = 12\%$

第四，根据是非标志资料计算平均数。对于定性数据资料，统计处理往往是把它们量化，也就是将类别差异过渡到数量上的变异，然后再计算平均数。例如，企业职工按性别分为男、女两组，企业的产品分为合格和不合格两类，等等。它们都是根据品质标志把总体单位划分成两类，且可用"是"与"非"区分，所以称之为"是非标志"或"交替标志"。若将合格品看作具有"是"的属性，那么不合格品就具有"非"的属性，可以把品质标志的表现转化为数量标志值。

例如，一批产品数量为 $N$ 个单位，以 1 作为合格品的标志值，单位数为 $N_1$，以 0 作为不合格品的标志值，单位数为 $N_0$，合格率为 $p$，不合格率为 $q$，具体见表 4-5。

表 4-5  是非标志计算平均数资料表

| 属性 | 标志值 x | 频数 F | 合格率 $F/\sum F$（频率） |
|---|---|---|---|
| 合格品（是） | 1 | $N_1$ | $P = \dfrac{N_1}{N}$ |
| 不合格品（非） | 0 | $N_0$ | $q = \dfrac{N_0}{N}$ |
| 合计 | — | $N$ | 1 |

按加权算术平均数公式计算，得到：

$$\bar{x} = \dfrac{\sum\limits_{i=1}^{n} x_i f_i}{\sum\limits_{i=1}^{n} f_i} = \dfrac{1 \times p + 0 \times q}{p + q} = p \tag{4.11}$$

所以，$p$ 也称为总体中具有某种属性的单位成数或比率，所以成数是一种特殊的平均数，即是非标志的平均数。

**【例 4.11】** 对某批产品进行质量检验，抽取 400 件，其中不合格品为 8 件，求合格品的平均数（成数）。

**解：** $\bar{x} = p = \dfrac{400 - 8}{400} = 98\%$

即该批产品的平均合格品率为 98%。

第五，算术平均数的数学性质。算术平均数的数学性质有很多，这里介绍两个最基本的性质。

性质 1：各单位变量值与其算术平均数的离差之和等于零，即
在已知未分组资料的条件下，有

$$\sum_{i=1}^{n} (x_i - \bar{x}) = 0 \tag{4.12}$$

在已知变量数列资料的条件下，有

$$\sum_{i=1}^{n} (x_i - \bar{x}) f_i = 0 \tag{4.13}$$

性质 2：各单位变量值与其算术平均数离差平方之和为最小值，即：
在已知未分组资料的条件下，有

$$\sum_{i=1}^{n}(x_i - \bar{x})^2 = \min \tag{4.14}$$

在已知变量数列资料的条件下，有

$$\sum_{i=1}^{n}(x_i - \bar{x})^2 f_i = 0 \tag{4.15}$$

算术平均数的这一性质说明：以任意不等于平均数的数值为中心计算的离差平方和总是大于以平均数为中心计算的离差平方和，因此，算术平均数是误差最小的总体代表值。这些数学性质在实际工作中有着广泛的应用，也体现了算术平均数的统计思想。

3) 算术平均数的优、缺点

算术平均数的优点主要有 3 条。第一，算术平均数是进行统计分析常用指标。从统计思想上看，它是一组数据的分布中心所在，是数据误差相互抵消后的必然性结果。如对同一事物进行多次测量，若所得结果不一致，可能是由于测量误差所致，也可能是其他因素的偶然影响，利用算术平均数作为其代表值，则可以使误差相互抵消，反映出事物必然性的数量特征。可以利用算术平均数来推算总体标志总量，因为算术平均数与变量值个数之乘积等于总体标志总量。第二，算术平均数是统计推断的基础。由算术平均数的数学性质可知，算术平均数在数理上具有无偏性与有效性（方差最小性）的特点，这使得算术平均数在统计推断中得到了极为广泛的应用。第三，算术平均数具有良好的代数运算功能。

算术平均数的缺点主要是它容易受极值的影响，当变量值中存在少数几个甚至一个特别大或特别小的变量值时，就会导致算术平均数对变量值一般水平的代表性变小。所以，在计算算术平均数时如果遇到极端值，应该分析其原因，必要时应该加以剔除。

### 2. 调和平均数

调和平均数是分布数列中各单位标志值倒数的算术平均数的倒数，也称倒数平均数，或调和平均法。根据掌握的资料不同，而有不同的计算方法，主要分为两种：简单调和平均数和加权调和平均数。

1) 简单调和平均数

简单调和平均数是各个标志值 $x_i$ 的倒数的算术平均数的倒数。设有 $n$ 个标志值分别为：$x_1, x_2, \cdots, x_n$，其调和平均公式如下：

$$\overline{X_H} = \frac{1}{\dfrac{\dfrac{1}{x_1} + \dfrac{1}{x_2} + \cdots \dfrac{1}{x_n}}{n}} = \frac{n}{\sum_{i=1}^{n}\dfrac{1}{x_i}} \tag{4.16}$$

式中，$\overline{X_H}$ 代表调和平均数。

简单调和平均数的应用场合是各标志值对应的标志总量为 1 个单位（或相等）。在实际应用中，简单调和平均数应用较少，用得比较多的是加权调和平均数公式。当各标志值对应的标志总量不为 1 个单位（或不相等）时，则要用加权调和平均数。

2) 加权调和平均数

在分组资料情况下，已知的数值资料为各组的标志值和各组的标志总量。（注意：不

是变量数列)这时,要用加权调和平均法的计算平均数。其计算公式为:

$$\overline{X_H} = \frac{m_1 + m_2 + \cdots + m_n}{\frac{m_1}{x_1} + \frac{m_2}{x_2} + \cdots + \frac{m_n}{x_n}} = \frac{\sum\limits_{i=1}^{n} m_i}{\sum\limits_{i=1}^{n} \frac{m_i}{x_i}} \quad (4.17)$$

式中,$m$ 表示各单位或各组的标志值对应的标志总量,作为权数。

【例 4.12】 某企业 50 名职工某月奖金额(单位:元)分组资料见表 4-6 中第(1)、(2)列,求平均每个职工的奖金额。

表 4-6  50 名职工平均奖金分组资料

| 按奖金额分组(元)$x_i$ | 奖金总额(元)$m_i$ | 人数(频数)$f_i = m_i/x_i$(人) |
| --- | --- | --- |
| (1) | (2) | (3) |
| 460 | 2 300 | 5 |
| 520 | 7 800 | 15 |
| 600 | 10 800 | 18 |
| 700 | 7 000 | 10 |
| 850 | 1 700 | 2 |
| 合计 | 29600 | 50 |

**解**:表 4-6 第(1)、(2)列所示属于分组资料,这里已知的是各组的变量值和各组的标志总量。它不是变量数列资料,它与表 4-1,表 4-2 资料不同,变量数列是由各组标志值和各组单位数构成的。因此,根据表 4-6 资料中第(1)、(2)列计算平均奖金额时,就不能用加权算术平均数公式。这里被平均的对象仍然是各组的标志值,但缺少各组单位数(人数)的数据,可用各组标志总量即奖金总额除以各组变量值求出各组的人数,见表 4-6 中的第三列数据。计算平均数就可直接用调和平均数的计算式(4.17)来计算。

$$\overline{X_H} = \frac{\sum\limits_{i=1}^{n} m_i}{\sum\limits_{i=1}^{n} \frac{m_i}{x_i}} = \frac{2\,300 + 7\,800 + 10\,800 + 7\,000 + 1\,700}{\frac{2\,300}{460} + \frac{7\,800}{520} + \frac{10\,800}{600} + \frac{7\,000}{700} + \frac{1\,700}{850}} = \frac{29\,600}{50} = 592 (元)$$

由此可见,调和平均数是以算术平均数为基础的,而且其经济内容和计算结果与算术平均数也一致。从某种意义上讲,调和平均数是算术平均数的变形,它是在不能直接用算术平均法求均值的场合所使用的一种求平均数的方法,其计算本质是一样的,分子均是总体标志总量,分母均是总体单位数。

如果令 $f = \frac{m}{x}$,则 $m = xf$,于是:

$$\bar{x} = \frac{\sum\limits_{i=1}^{n} x_i f_i}{\sum\limits_{i=1}^{n} f_i} = \frac{\sum\limits_{i=1}^{n} m_i}{\sum\limits_{i=1}^{n} \frac{m_i}{x_i}} = \overline{x_H}$$

加权调和平均数的应用场合:第一,在计算平均指标时,由于资料的限制无法直接得到被平均标志值相对应的各组单位数时,可通过调和平均数的形式以求出所需的各组单位数；第二，在由相对数或平均数计算平均指标时，如果掌握的权数资料是相对数或平均数的子项数值，即各组标志总量时，应采用加权调和平均数计算。

**【例 4.13】** 某年某公司所属 20 个企业资本金利润率分组资料见表 4-7 中第"(1)、(2)、(3)"列，要求计算该公司 20 个企业的平均资金本利润率。

表 4-7 某年某公司所属 20 个企业资本金利润率资料

| 资本金利润率(%)$x_i$ | 企业数 | 利润总额(万元)$m_i$ | 资本金总额(万元)$m_i/x_i$ |
|---|---|---|---|
| (1) | (2) | (3) | (4) |
| 5 | 8 | 2 | 40 |
| 10 | 6 | 10 | 100 |
| 15 | 6 | 24 | 160 |
| 合计 | 20 | 36 | 300 |

**解：** 在例 4.10 中已分析，该例平均的对象是各企业的资本金利润率，表中的企业数不是合适的权数，所以要考虑选择用什么因素作为权数比较合适。求平均资本金利润率的思路仍然是用 20 个企业的利润总额除以 20 个企业的资金金总额。结合资料中的已知条件，采用加权调和平均法计算，选择利润总额作为权数。计算过程见表 4-7 中的第(4)列。

20 个企业的平均资金利润率为：

$$\overline{X_H} = \frac{\sum_{i=1}^{n} m_i}{\sum_{i=1}^{n} \frac{m_i}{x_i}} = \frac{36}{300} = 12\%$$

调和平均数特点主要有：①调和平均数易受极端值的影响；②只要有一个变量值为零，就不能计算调和平均数；③当组距数列有开口组，按相邻组距推算组中值时，调和平均数的代表性就不可靠；④简单调和平均数应用的范围较小，加权调和平均数一般是作为算术平均数的变形形式来使用。

**3．几何平均数**

在计算算术平均数和调和平均数时，总体数值等于各部分数值之和。但有些现象的总体数值不是等于各部分数值之和，而是等于各部分数值之积。这时计算平均数就要采用几何平均法。一般而言，凡是变量值的连乘积等于总比率或总速度的场合，都要用几何平均法计算平均比率或平均速度。

几何平均数也分简单几何平均数和加权几何平均数两种。

1) 简单几何平均数

简单几何平均数是若干个变量值(比率)连乘积的 $n$ 次方根，其计算公式为：

$$\overline{x_G} = \sqrt[n]{x_1 \cdot x_2 \cdots x_n} = \sqrt[n]{\prod_{i=1}^{n} x_i} \tag{4.18}$$

式中，$\overline{x_G}$ 代表几何平均数；$x_i$ 代表变量值；$n$ 为变量值个数；$\prod$ 为连乘符号。

**【例 4.14】** 某企业某种产品的制造需经过 5 道连续生产工序，今年 6 月份生产了一批产品，各道工序的产品合格率见表 4-8，求该企业该产品各工序产品的平均合格率。

表 4-8 某产品各工序产品合格率

| 工 序 | 产品合格率(%) $x_i$ | 工 序 | 产品合格率(%) $x_i$ | 工 序 | 产品合格率(%) $x_i$ |
| --- | --- | --- | --- | --- | --- |
| 1 | 98 | 3 | 92 | 5 | 88 |
| 2 | 95 | 4 | 90 | | |

**解**：当本月初投入一批原材料进行生产，每经过一道工序只有合格品才能进入下一道工序，因此后一道工序产品合格率是在前一道工序全部合格品的基础上计算的。由于产品的总合格率并不等于各道工序产品合格率的总和，而是等于各道工序产品合格率的连乘积，因此，平均产品合格率不能用算术平均数或调和平均数计算，而必须采用几何平均法计算。结果如下：

$$G = \sqrt[5]{98\% \times 95\% \times 92\% \times 90\% \times 88\%} = 92.53\%$$

2）加权几何平均数

当各个变量值出现的次数不相同时，则应用加权几何平均法计算，公式为：

$$\overline{x_G} = \sqrt[\sum f]{x_1^{f_1} \cdot x_2^{f_2} \cdots x_n^{f_n}} = \sqrt[\sum f]{\prod_{i=1}^{n} x_i^f} \quad (4.19)$$

式中，$\overline{x_G}$ 代表几何平均数；$x_i$ 代表各组变量值；$f$ 代表各组变量值出现的次数。

【例 4.15】 某公司向商业银行申请一笔贷款，期限为 10 年，以复利计息。10 年的利率分配是：第 1 年至第 2 年为 3%，第 3 年至第 5 年为 4.5%，第 6 年至第 7 年为 5%，第 8 年至第 9 年为 5.5%，第 10 年为 6%，求该笔贷款的平均年利率。

**解**：银行对贷款的计息通常是以复利计算的，每年的利息是在上一年的存贷款额（本金＋利息）基础上计算的。因此，必须先将各年利率换算成各年本利率，即"1＋年利率"。再以各年本利率相乘得到 10 年的总本利率，就可以采用加权几何平均法计算年平均本利率，最后，用年平均年本利率减 1 就是平均年利率。计算过程如下：

$$\begin{aligned}
\text{年均本利率} &= \sqrt[10]{(1+3\%)^2 \times (1+4.5\%)^3 \times (1+5\%)^2 \times (1+5.5\%)^2 \times (1+6\%)^1} \\
&= \sqrt[10]{103\%^2 \times 104.5\%^3 \times 105\%^2 \times 105.5\%^2 \times 106\%^1} \\
&= 104.65\%
\end{aligned}$$

平均年利息率为年均本利率减去 100%，因此，该公司的这笔 10 年期贷款的平均年利率为 4.65%。

运用几何平均数时要注意：如果变量值中有负值，则计算结果就会成为负数或虚数，通常没有实际意义；几何平均数仅适用于具有等比或近似等比关系的数据计算平均数。

### 4.2.3 位置平均数

**1. 众数**

众数是指总体或变量数列中出现次数最多的变量值。由于变量值出现次数最多，所以它是最普遍的数值，可以作为各变量值的代表，说明某变量值的一般水平。

1）根据单项数列确定众数

根据单项数列确定众数比较容易，观察次数最多的变量值即为众数。例如，表 4-1 资料为单项数列，600 元这个变量值出现次数在各组中为最多，为 18 人，所以 600 元就是奖金额的众数，可以用600元作为职工奖金的一般水平或代表水平。

2）由组距数列计算众数

由组距数列计算众数首先是确定众数所在的组，如果是等距数列，哪一组的次数最多，则众数就在这一组。如果是异距数列，则要计算次数密度，一般众数在次数密度最大的组，然后选择下列公式之一计算众数，这两个公式的计算众数的结果相同。

下限公式：

$$M_O = L + \frac{\Delta_1}{\Delta_1 + \Delta_2} \times d \qquad (4.20)$$

上限公式：

$$M_O = U - \frac{\Delta_2}{\Delta_1 + \Delta_2} \times d \qquad (4.21)$$

式中：$M_O$ 为众数；$L$ 为众数组的下限；$U$ 为众数组的上限；$\Delta_1$ 为众数组次数与其前一组次数之差；$\Delta_2$ 为众数组次数与其后一组次数之差；$d$ 为众数组的组距。

【例4.16】某企业50名工人加工零件中位数见表4-9（和表4-2资料相同）。

表4-9 某企业50名工人加工零件情况

| 按零件数分组（个） | 频数（人） | 按零件数分组（个） | 频数（人） |
|---|---|---|---|
| 105~110 | 3 | 125~130 | 10 |
| 110~115 | 5 | 130~135 | 6 |
| 115~120 | 8 | 135~140 | 4 |
| 120~125 | 14 | | |

根据上表的数据，计算50名工人日加工零件数的众数。

**解**：上述是一个等距数列，可以看出，最大的频数值是14，即众数组在120~125这一组，根据下限公式(4.20)计算，50名工人日加工零件的众数为：

$$M_O = 120 + \frac{14-8}{(14-8)+(14-10)} \times 5 = 123（件）$$

或根据上限公式(4.21)计算，50名工人日加工零件的众数为：

$$M_O = 125 - \frac{14-10}{(14-8)+(14-10)} \times 5 = 123（件）$$

运用上限公式和下限公式的计算结果一致，实际工作中常选用下限公式。

众数是一种位置平均数，在实际工作中有时有特殊的用途。例如，要反映消费者需要的内衣、鞋袜、帽子等最普遍的号码，或反映农贸市场上某种农副产品最普遍的成交价格等，都可以用众数来表示。但是必须注意，从分布的角度看，众数是具有明显集中趋势点的数值，一组数据分布的最高峰点所对应的数值即为众数。当然，如果数据的分布没有明显的集中趋势或最高峰点，众数可能不存在；如果有两个最高峰点，也可以有两个众数。只有在总体单位比较多，而且又明显地集中于某个变量值时，计算众数才有意义。数据太少时，不宜用众数说明问题。

3）众数的特点

（1）众数是以它在所有标志值中所处的位置确定的全部标志值的代表值，它不受分布数列中的极端数值的影响,特别是在呈偏态分布时,众数能提高对分布数列水平的代表性。

(2) 缺乏敏感性。这是由于众数的计算只利用了众数组的数据信息,它和数值平均数利用了全部数据信息的情况不同。

2. 中位数

中位数是将总体各单位某一类变量值按大小顺序排列,居于数列中间位置的那个变量值就是中位数。中位数用 $M_e$ 表示。在所有的变量值中,有一半的变量值小于中位数,有一半的变量值大于中位数。

中位数的作用与算术平均数相近,也是作为所研究变量的代表值。在一个等差数列或一个正态分布数列中,中位数就等于算术平均数。在数列中出现了极端变量值的情况下,用中位数作为代表值要比用算术平均数更好,因为中位数不受极端变量值的影响;如果研究目的就是为了反映中间水平,当然也应该用中位数。中位数是统计分析中常用的指标。

确定中位数,首先要将总体各单位的标志值按大小顺序排列,最好是编制出变量数列。这里有两种情况。

(1) 由未分组资料确定中位数。

对于未分组的原始资料,首先必须将标志值按大小排序,再计算中位数的位置。中位数的位置公式为:

$$中位数的位置 = \frac{n+1}{2} \qquad (4.22)$$

【例 4.17】 如某组 7 名工人日产量件数为:17、19、20、22、23、23、24。要求确定工人日产量的中位数。

**解**:首先将各个工人产量数值按从小到大顺序排列,然后确定中位数的位置。

$$中位数位置 = \frac{n+1}{2} = \frac{7+1}{2} = 4$$

处于数列第 4 位的数值为中位数,即产量的中位数为 22 件。

本例中数列的项数为奇数,直接将最中间一项的变量值作为中位数。如果数列的项数为偶数列项,在确定中位数时,要将数列最中间的两个变量值求平均数,作为中位数。如本例中,增加一名工人,产量为 26 件,这时,数列的排列顺序为:17、19、20、22、23、23、24、26。中位数的位置为:

$$中位数位置 = \frac{n+1}{2} = \frac{8+1}{2} = 4.5$$

处于数列第 4 位和第 5 位中间的变量值为中位数。要将 22 和 23 相加,除以 2,这时 8 名工人产量的中位数为 22.5 件。

(2) 由变量数列资料确定中位数。

由组距数列确定中位数,应先按公式 $\frac{\sum f}{2}$ 求出中位数所在组,然后再按下限公式或上限公式确定中位数。

下限公式:

$$M_e = L + \frac{\frac{\sum f}{2} - S_{m-1}}{f_m} \times d \qquad (4.23)$$

上限公式：

$$M_e = U - \frac{\frac{\sum f}{2} - S_{m+1}}{f_m} \times d \qquad (4.24)$$

式中，$M_e$ 为中位数；$L$ 为中位数所在组的下限；$U$ 为中位数所在组上限；$f_m$ 为中位数所在组的次数；$\sum f$ 为总次数；$d$ 为中位数所在组的组距；$S_{m-1}$ 为中位数所在组以下的累计频数；$S_{m+1}$ 为中位数所在组以上的累计频数。

【例 4.17】 根据表 4-9 的数据，计算 50 名工人日加工零件数的中位数。

解：首先，计算累计频数，见表 4-10。再确定中位数的位置。

表 4-10 某企业 50 名工人加工零件中位数计算表

| 按零件数分组(个) | 频数(人) | 向上累计(人) | 向下累计(人) |
| --- | --- | --- | --- |
| 105～110 | 3 | 3 | 50 |
| 110～115 | 5 | 8 | 47 |
| 115～120 | 8 | 16 | 42 |
| 120～125 | 14 | 30 | 34 |
| 125～130 | 10 | 40 | 20 |
| 130～135 | 6 | 46 | 10 |
| 135～140 | 4 | 50 | 4 |

中位数位置 $= \frac{\sum f}{2} = \frac{50}{2} = 25$，观察向上累计频数，可确定中位数在 120～125 这一组。

其次，计算中位数的数值。因为 $L=120$，$S_{m-1}=16$，$U=125$，$S_{m+1}=20$，$f_m=14$，$d=5$，将其代入下限式(4.23)得：

$$M_e = 120 + \frac{\frac{50}{2} - 16}{14} \times 5 = 123.21(件)$$

观察向下累计值，也可确定中位数在 120～125 这一组。将有关数据代入上限式(4.24)得：

$$M_e = 125 - \frac{\frac{50}{2} - 20}{14} \times 5 = 123.21(件)$$

运用式(4.23)和式(4.24)计算中位数的结果相同，实际工作中常用下限公式。

中位数特点主要有：①它是一种位置平均数，不受极端变量值的影响；②当数列次数呈偏态分布时，中位数的代表性会受到影响；③缺乏敏感性。

### 3. 分位数

分位数是将变量的数值按大小顺序排列并等分为若干部分后，处于等分点位置的数值。常用的分位数有四分位数、十分位数等。如四分位数是将数值序列分为 4 等分，有三个分位点，分别是四分之一位置点、四分之一位置点、四分之一位置点。处于四分位点位置的数值就是四分位数，其中四分位数第 2 点的数值就是中位数。所以，中位数就是一个特殊的分位数。

### 4. 众数、中位数和算术平均数的关系

算术平均数、众数和中位数之间的关系与次数分布数列有关。在次数分布完全对称时，算术平均数、众数和中位数是同一数值，如图 4-1(a)所示；在次数分布非对称时，算术平均数、众数和中位数不再是同一数值了，而具有相对固定的关系。尾巴拖在左边的称为左偏（或负偏）分布，这时众数最大，中位数居中，算术平均数最小，图 4-1(b)所示。尾巴拖在右边的称为右偏（或正偏）分布，这时众数最小，中位数居中，算术平均数最大，如图 4-1(c)所示。

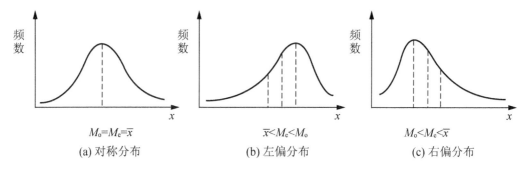

(a) 对称分布　　　　(b) 左偏分布　　　　(c) 右偏分布

**图 4-1　众数、中位数和算术平均数的关系**

在统计实务中，可以利用算术平均数、中位数和众数的数量关系判断次数分布的特征。

此外还可利用三者的关系进行相互之间的估算。根据经验，在分布偏斜程度不大的情况下，不论右偏或左偏，三者存在一定的比例关系，即众数与中位数的距离约为算术平均数与中位数的距离 2 倍，用公式表示为：

$$M_e - M_0 = 2 \times (\bar{x} - M_e) \tag{4.25}$$

由此可以得到它们之间的三个推导关系式：

$$\bar{x} = \frac{3M_e - M_O}{2}, \quad M_e = \frac{M_O - 2\bar{x}}{3}, \quad M_O = 3M_e - 2\bar{x}$$

### 5. 众数、中位数和算术平均数的应用

众数、中位数和算术平均数各自具有不同的特点，明确它们之间的关系和各自的特点，有助于在实际应用中选择合适的测度值来描述数据的集中趋势。

众数是一种位置代表值，易理解，不受极端值的影响。任何类型的数据资料都可以计算，但主要适合于作为定类数据的集中趋势测度值；即使资料有开口组仍然能够使用众数。众数不适于进一步代数运算；有的资料不存在众数；当资料中包括多个众数时，很难

对它进行比较和说明，应用不如算术平均数广泛。

中位数也是一种位置代表值，不受极端值的影响；除了数值型数据，定序数据也可以计算，主要适合于作为定序数据的集中趋势测度值，而且开口组资料也不影响计算。中位数不适于进一步代数运算，应用不如算术平均数广泛。

算术平均数的含义通俗易懂，直观清晰；全部数据都要参加运算，因此，它是一个可靠的具有代表性的量；任何一组数据都有一个平均数，而且只有一个平均数；用统计方法推断几个样本是否取自同一总体时，必须使用算术平均数；具有优良的数学性质，适合于代数方法的演算。算术平均数是实际中应用最广泛的集中趋势测度值，主要适合于作为定距和定比数据的集中趋势测度值；最容易受极端值的影响；对于偏态分布的数据，算术平均数的代表性较差；资料有开口组时，按相邻组组距计算细中值；假定性很大，使平均数的代表性降低。

### 4.2.4 运用平均指标注意的问题

（1）只有在同质总体中计算和应用平均指标才有意义。同质性是计算平均指标的一个基本要求。所谓同质性，是指总体各单位在某一或某些标志表现相同。只有在同质总体中计算和应用平均指标，才能反映现象的一般水平。计算平均指标要求各个单位具有同质性，这也是平均指标与强度相对指标的主要区别之一。

（2）有时要用组平均数补充说明总平均数。尽管平均指标是以同质性为其计算的前提，但有时由于各组频数和频率的变动会影响总体平均数的水平，如果仅仅根据总体平均数进行分析，有时会得出不符合实际情况的结论。因此，还要进一步利用分组法，计算组平均数，用来补充说明总体平均数。

**【例 4.18】** 某工厂基期和报告期熟练工和非熟练工两组工人数及其奖金水平见表 4-11。

表 4-11 某工厂工人构成及奖金水平情况

| 工人组别 | 工人数 f(人) | | 平均奖金 x(元) | |
|---|---|---|---|---|
| | 基期 | 报告期 | 基期 | 报告期 |
| 熟练工 | 600 | 550 | 700 | 780 |
| 非熟练工 | 400 | 850 | 400 | 450 |
| 合计 | 1 000 | 1 400 | 580 | 579.64 |

要求：分别说明基期和报告期的总平均奖金变动情况，对该工厂职工奖金的变化情况作出客观评价。

**解：** 该厂基期和报告期工人的总平均奖金分别为：

$$\bar{x}_{基期} = \frac{\sum x_i f_i}{\sum f_i} = \frac{700 \times 600 + 400 \times 400}{1\ 000} = 580(元)$$

$$\bar{x}_{报告期} = \frac{\sum x_i f_i}{\sum f_i} = \frac{780 \times 550 + 450 \times 850}{1\ 400} = 579.64(元)$$

从各组情况看，熟练工和非熟练工两组工人的奖金水平分别增加了 80 元和 50 元，但从总平均奖金来看，报告期平均奖金比基期平均奖金反而有所降低。而事实上，该企业所有工人的奖金报告期比基期都有所增加。

（3）要将平均指标与变量数列结合分析。平均指标只反映现象的一般水平，不能揭示出各部分的差异程度及其分配状况，为进一步分析问题，需要结合分布数列进行说明，防止平均指标掩盖总体中各组的差异，以便对现象作出客观的评价。

（4）要将平均指标与总量指标、相对指标和标志变异指标结合分析。在进行统计分析时，要把总量指标、相对指标和平均指标三者结合起来运用，充分发挥各自的作用，以达到全面、深入分析问题的目的。还要从总体变异方面说明平均指标反映总体一般水平的代表性，才能对问题的分析结论更确切。

## 4.3 数据分布离中趋势度量

如前所述，平均指标反映的是总体中各单位数据分布集中趋势，说明总体各单位某一数量标志值的一般水平，利用平均指标可以对同类现象在不同空间或时间条件下的数量表现进行对比。但是，平均指标掩盖了总体各单位客观上存在的变异，而在有些情况下，需要对标志值变异程度进行研究，从另一侧面来说明总体特征。

### 4.3.1 离中趋势与变异指标

所谓离中趋势，就是变量分布中各变量值背离中心值的倾向，是总体或变量分布变异性的体现。度量离中趋势就是要反映变量分布中各变量值远离中心值或代表值的状况。

变量分布的离中趋势用标志变异指标来反映。标志变异指标就是反映总体各单位变量值的变动范围和差异程度的指标，即反映变量分布中各变量值远离中心值或代表值程度，也称为标志变动度。常用的标志变异指标有：异众比率、全距、四分位差、平均差、标准差、变异系数等。

利用标志变异指标可以更正确地认识总体现象或变量分布的数量特征，具体来说，标志变异指标的作用主要有以下几点。

（1）标志变异指标是评价平均数代表性大小的尺度。一般来讲，数据分布越分散，变异指标越大，平均指标的代表性越小；数据分布越集中，变异指标越小，平均指标的代表性越大。

【例 4.19】 某车间两个生产小组各工人日产量如下：
甲组：20，40，60，70，80，100，120
乙组：67，68，69，70，71，72，73
试比较说明哪一组工人平均产量的代表性较大？

解：通过计算得知，这两组工人平均生产量都是 70 件。根据观察可以看出：甲组工人产量变异程度大，乙组工人产量变异程度小。所以用平均产量 70 件分别代表这两组产量时，很显然，乙组工人平均产量代表性比甲组平均产量的代表性要大。

（2）标志变异指标能反映社会经济活动过程的均衡性或协调性。一般来说，标志变异指标数值越大，说明总体各单位变量值分布的离散趋势越大、均衡性越差；反之，变量值分布的离散趋势越小、均衡性就越好。如在两组工人平均产量相等的情况下，甲组工人生产过程的均衡性比乙组差。

（3）标志变异指标为统计推断提供依据。在统计推断中，无论是抽样估计还是假设检验，标志变异指标都是必不可少的要素，也是得出统计推断结论或判断推断效果的重要依据。

### 4.3.2 标志变异指标的种类及计算

#### 1. 异众比率

异众比率是指非众数组的频数之和占总频数的比率，主要用于测度众数对分布数列的代表程度及各个变量值对于众数的离散程度，计算公式为：

$$V_{M_o} = \frac{\sum f_i - f_m}{\sum f_i} = 1 - \frac{f_m}{\sum f_i} \quad (4.26)$$

式中，$V_{M_o}$ 代表异众比率；$f_m$ 代表众数值的频数；$\sum f_i$ 代表总频数。

异众比率数值越大，说明非众数组的次数占总次数的比重越大，众数的代表性越差；异众比率数值越小，说明非众数组的次数占总次数的比重越小，众数的代表性越好。当异众比率等于零时，说明变量只有一个取值，即众数。

异众比率的主要特点是：它不但适用于测定变量数列中众数的代表能力，而且还可用于测定品质数列中众数的代表性强弱。

**【例 4.20】** 某企业今年一季度和二季度生产的产品资料见表 4-12，计算其异众比率。

表 4-12 某企业产品等级及产量资料

| 产品等级 | 产量（万米） | |
|---|---|---|
| | 一季度 | 二季度 |
| 特级品 | 56 | 81 |
| 一级品 | 34 | 37 |
| 二级品 | 23 | 20 |
| 三级品 | 13 | 13 |
| 合 计 | 126 | 151 |

**解：** 根据表中数据可以知道一季度和二季度生产产品的众数都是特级品，但其异众比率却是不同的。

一季度：$V_{M_o} = \frac{\sum f_i - f_m}{\sum f_i} = \frac{126 - 56}{126} = 0.56$

二季度：$V_{M_o} = \frac{\sum f_i - f_m}{\sum f_i} = \frac{151 - 81}{151} = 0.46$

计算结果表明该企业一季度的异众比率大于二季度，因此二季度产品众数的代表性好于一季度，或者说一季度产品的等级差异大于二季度，也即二季度产品质量比一季度稳定。

2. 全距

全距也称为极差，是指总体中最大的标志值和最小的标志值之差，反映出总体标志值的差异范围。根据原始资料和单项数列，计算全距的公式为：

$$全距＝最大标志值－最小标志值$$

用符号表示为：

$$R = X_{\max} - X_{\min} \tag{4.27}$$

根据组距数列资料，计算全距的公式为：

$$全距＝最大变量值组上限－最小变量值组下限 \tag{4.28}$$

【例 4.21】 有两个学习小组分别有 5 名学生，其统计学考试成绩（单位：分）分别为：

甲组：60，70，80，90，100

乙组：78，79，80，81，82

通过计算得知，这两个小组学生的考试成绩平均分都是 80 分。它们哪一组的分数差异比较大呢？可以计算全距指标，则有：

$$R_{甲}＝100－60＝40（分）$$
$$R_{乙}＝82－78＝4（分）$$

甲组的全距比乙组大，这说明甲组分数的差异程度比乙组大。

用全距来测定标志变动度，其优点是计算简单，含义明确。在实际工作中，全距常用来检查产品质量的稳定性和进行质量控制。在正常生产条件下，全距在一定范围内波动，若全距超过正常的波动范围，就说明有异常情况出现。其缺点是全距只考虑了两个极端变量值之间的差距，因此，它易受极端值的影响，没有利用全部变量值的信息，所以不能充分反映全部变量值之间的实际差异程度。

3. 四分位差

四分位差是四分位数中第一个四分位数与第三个四分位数之差，也称为内距。

其公式为：

$$Q_D = Q_U - Q_L \tag{4.29}$$

式中，$Q_D$ 为四分位差；$Q_U$ 为上四分位（第一个四分位数）；$Q_L$ 为下四分位数（第三个四分位数）。

四分位差表明变量分布中间 50% 数值的离散程度，其数值越小，表明变量中间数值的分布越集中，中位数的代表性越好。反之，其数值越大，表明变量中间数值的分布越分散，中位数的代表性越差。

4. 平均差

平均差是总体各单位某一标志值对其平均数离差绝对值的平均数。离差是总体各单位标志值与算术平均数之差。由于各标志值与算术平均数的离差总和恒等于零，因此，在计算平均差时，要消除负号，采用离差的绝对值来计算平均差。

根据所掌握的资料不同，平均差的计算可分为简单平均差和加权平均差两种。

1）简单平均差

如果所掌握的资料是未分组的资料时，用简单算术平均式计算平均差。其公式为：

$$A.D = \frac{\sum_{i=1}^{n}|x_i - \bar{x}|}{n} \qquad (4.30)$$

式中，$A.D$ 为平均差。

【例 4.22】 5 名工人日产零件数为 12、13、14、14、15 件，求其日产量的平均差。

解：该资料属于未分组资料，先要计算出 5 名工人的平均日产量。

$$\text{平均每人日产量} \bar{x} = \frac{\sum_{i=1}^{n}x_i}{n} = \frac{12+13+14+15+16}{5} = 13.6 \text{（件）}$$

然后计算平均差：

$$A.D = \frac{\sum_{i=1}^{n}|x_i - \bar{x}|}{n} = \frac{|12-13.6|+|13-13.6|+|14-13.6|+|14-13.6|+|15-13.6|}{5}$$

$$= \frac{4.4}{5} = 0.88 \text{（件）}$$

即该组 5 名工人日产零件数的平均差为 0.88 件。

2）加权平均差

如果所掌握的是变量数列资料时，采用加权算术平均式计算平均差。其公式为：

$$A.D = \frac{\sum_{i=1}^{n}|x_i - \bar{x}|f_i}{\sum_{i=1}^{n}f_i} \qquad (4.31)$$

【例 4.23】 某企业工人日产量频数分布见表 4-13 中第(1)、(2)列资料。要求计算该企业工人日产量的平均差。

解：根据平均差计算公式的要求，列表计算有关数据，见表 4-13 中(3)至(6)列。

表 4-13 某企业工人日产量的平均差计算表

| 按日产量分组(件) | 工人数(人)f | 组中值 X | 各组日产量(件)xf | $x - \bar{x}$ | $\|x - \bar{x}\|f$ |
|---|---|---|---|---|---|
| (1) | (2) | (3) | (4) | (5) | (6) |
| 60 以下 | 10 | 55 | 550 | −27.62 | 276.20 |
| 60~70 | 19 | 65 | 1 235 | −17.62 | 334.78 |
| 70~80 | 50 | 75 | 3 750 | −7.62 | 381.00 |
| 80~90 | 36 | 85 | 3 060 | 2.38 | 85.68 |
| 90~100 | 27 | 95 | 2 565 | 12.38 | 334.26 |
| 100~110 | 14 | 105 | 1 470 | 22.38 | 313.32 |
| 110 以上 | 8 | 115 | 920 | 32.38 | 259.04 |
| 合计 | 164 | — | 13 550 | — | 1650.02 |

工人日产量的平均数为：$\bar{x} = \dfrac{\sum\limits_{i=1}^{n} x_i f_i}{\sum\limits_{i=1}^{n} f_i} = \dfrac{13\,550}{164} = 82.62$（件）

工人日产量的平均差为：$A.D = \dfrac{\sum\limits_{i=1}^{n} |x_i - \bar{x}| f}{\sum\limits_{i=1}^{n} f_i} = \dfrac{1\,650.02}{164} = 10.06$（件）

即该企业工人日产量平均差为 10.6 件。

平均差的优点有：平均差意义明确，计算的依据是总体所有变量值，具有普遍性，能够准确反映总体变异的状况。其缺点是：由于平均差是用总体各单位变量值与总体算术平均数的离差的绝对值来计算的，难以进行深入的数学运算，在实际应用上受到很大限制。

5. 标准差

标准差是总体各单位标志值与其算术平均数的离差平方的算术平均数的平方根，又称均方根差或均方差，一般用 $\sigma$ 表示。方差是标准差的平方，通常以 $\sigma^2$ 表示。依据所掌握的资料不同，标准差的计算分为简单平均式和加权平均式两种。

1）简单平均式

如掌握的是未分组原始资料，采用简单平均公式计算标准差：

$$\sigma = \sqrt{\dfrac{\sum\limits_{i=1}^{n} (x_i - \bar{x})^2}{n}} \qquad (4.32)$$

【例 4.24】 5 名工人日产零件数为 12、13、14、14、15 件，要求计算工人日产量的标准差。

**解：** 先计算出 5 名工人的平均日产量，例 4.22 中已计算出平均日产量 $\bar{x} = 13.6$ 件。工人日产零件数的标准差具体计算过程见表 4-14，然后将计算结果代入公式。

表 4-14　某企业工人日产量的简单标准差计算表

| 工人序号 | 日产零件数（件） | $(x_i - \bar{x})$ | $(x_i - \bar{x})^2$ |
| --- | --- | --- | --- |
| 1 | 12 | -1.6 | 2.56 |
| 2 | 13 | -0.6 | 0.36 |
| 3 | 14 | 0.4 | 0.16 |
| 4 | 14 | 0.4 | 0.16 |
| 5 | 15 | 1.4 | 1.96 |
| 合计 | 68 | —— | 5.20 |

$$\sigma = \sqrt{\dfrac{\sum\limits_{i=1}^{n} (x_i - \bar{x})^2}{n}}$$

$$= \sqrt{\frac{5.2}{5}} = 1.02(件)$$

2) 加权平均式

如果掌握的是变量数列资料,采用加权平均公式计算标准差:

$$\sigma = \sqrt{\frac{\sum_{i=1}^{n}(x_i - \bar{x})^2 f_i}{\sum_{i=1}^{n} f_i}} \tag{4.33}$$

【例 4.25】 根据表 4-13 中第(1)(2)列资料,计算工人日产量的标准差。

**解**:在例 4.23 中已计算得到工人日产量的平均数为 82.62 件,具体计算过程见表 4-15。

表 4-15 某企业工人日产量的加权标准差计算表

| 按日产量分组(件) | 工人数(人)f | 组中值 X | $X - \bar{X}$ | $(X-\bar{X})^2 f$ |
|---|---|---|---|---|
| 60 以下 | 10 | 55 | -27.62 | 7 628.644 0 |
| 60～70 | 19 | 65 | -17.62 | 5 898.823 6 |
| 70～80 | 50 | 75 | -7.62 | 2 903.220 0 |
| 80～90 | 36 | 85 | 2.38 | 203.918 4 |
| 90～100 | 27 | 95 | 12.38 | 4 138.138 8 |
| 100～110 | 14 | 105 | 22.38 | 7 012.101 6 |
| 110 以上 | 8 | 115 | 32.38 | 8 387.715 2 |
| 合计 | 164 | — | — | 36 172.561 6 |

工人日产量的标准差为:
$$\sigma = \sqrt{\frac{\sum_{i=1}^{n}(x_i - \bar{x})^2 f_i}{\sum_{i=1}^{n} f_i}} = \sqrt{\frac{36\ 172.561\ 6}{164}} = 14.85(件)$$

方差和标准差利用了全部数据信息,因而能准确反映变量分布的离散程度。方差或标准差愈大,表示变量分布离散程度愈大;方差或标准差愈小,则变量分布离散程度愈小。尤其是标准差与平均差相比,不仅具有平均差的优点,而且弥补了平均差的不足。方差的计量单位和量纲不便于从经济意义上进行解释,而标准差的计量单位与变量值相同,意义比方差明确,所以标准差在实践中得到了广泛的应用。

在实际工作中有时也可用标准差作为衡量指标来说明数据的分布情况。当一组数据对称分布时,经验法则表明:约有 68% 的数据落在平均数加上和减去 1 个标准差的范围内;约有 95% 的数据落在平均数加上和减去 2 个标准差的范围内;约有 99% 的数据落在平均数加上和减去 3 个标准差的范围内。由此可见,一组数据中低于或高于平均数 3 个标准差以上的数据很少。几乎所有的数据项与平均数的距离都在 3 个标准差之内。因此,在统计上,往往将平均数加减 3 个标准差以外的数据称为异常值或离群值。

标准差指标值的大小会受到数列水平的影响。分布数列水平较高,则平均数水平也较大，则标准差的数值也会较大，标准差只能说明变量值之间的绝对差异。因此，如果要比较不同水平数列或不同类型数列的变异程度的大小时，就不能直接用标准差指标进行比较，而是要通过变异系数进行比较，反映出不同水平数列的相对差异。

6. 是非标志的比率（成数）、平均数和标准差

是非标志的表现只有"是"与"非"两种结果，如人口总体按性别分为"男性"和"女性"两部分，产品按质量标准分为"合格品"和"不合格品"两部分，居民对某事件的看法分为"赞同"和"不赞同"等等。将其数量化，通常以1代表具有所研究特征的变量值，以0代表不具有所研究特征的变量值。当总体单位数为N时，假定具有所研究特征变量值的单位数为$N_1$，不具有所研究特征变量值的单位数为$N_0$，且$N = N_1 + N_0$。总体中"具有"及"不具有"所研究特征变量值的单位数占全部单位数的比率称为成数或比重，以字母$\pi$或$P$、$Q$表示。即：

具有所研究特征变量值的比率：$P$ 或 $\pi = \dfrac{N_1}{N}$

不具有所研究特征变量值的比率：$Q$ 或 $(1-\pi) = \dfrac{N_0}{N}$

样本比率的计算公式和总体比率的计算公式相同，公式表示为：

$$P = \frac{n_1}{n}, \quad q = \frac{n_0}{n} = \frac{n - n_1}{n} = 1 - p$$

表4-16为是非标志频数分布表，根据此资料可计算是非标志的平均数和标准差。是非标志的算术平均数为：

表4-16 是非标志频数分布表

| 是非标志 X | 单位数 | 占总体单位数的比率 |
|---|---|---|
| 1 | $N_1$ | $P$ |
| 0 | $N_0$ | $Q$ |
| 合计 | N | 1 |

$$\bar{x} = \sum x \frac{f}{\sum f} = 1 \times p + 0 \times q = p$$

是非标志的标准差为：

$$\sigma_p = \sqrt{\sum_{i=1}^{n}(x_i - \bar{x})^2 \frac{f_i}{\sum_{i=1}^{n}f}} = \sqrt{(1-p)^2 p + (0-p)^2 q} = \sqrt{p(1-p)}$$

是非标志的方差为：

$$\sigma_p^2 = p(1-p)$$

7. 变异系数

前面所述的全距、平均差和标准差指标是测定标志变异程度的绝对指标，它们用名数表示，其数值的大小与数列中各变量值的水平高低有关。而变异系数指标是一种相对数，它能反映数据的相对差异程度，也称为离散系数。它是标志变异绝对指标与算术平均数的

比值，主要有全距系数、平均差系数和标准差系数等。常用的是标准差系数，它是标准差与总体平均数对比所得到的比值称为标准差系数，计算公式为：

$$V_\sigma = \frac{\sigma}{\bar{x}} \times 100\% \tag{4.34}$$

标准差系数主要用于平均水平不同或计量单位不同的数列的差异程度的比较。

**【例 4.26】** 有两组工人日产量（单位：件）如下，要求比较其平均产量代表性的大小。

甲组：60、65、70、75、80

乙组：2、5、7、9、12

**解：** 根据资料分别计算这两组工人日产量的平均数和标准差：

甲组平均产量：$\bar{x} = 70$（件）　　乙组平均产量：$\bar{x} = 7$（件）

甲组产量标准差：$\sigma = 7.07$（件）　　乙组产量标准差：$\sigma = 3.41$（件）

由于这两组数列水平不同，即平均产量不等，所以不能直接用标准差进行比较，而需要用标准差系数进行比较。分别将资料代入式（4.34），得到：

$$V_甲 = \frac{7.07}{70} \times 100\% = 10.1\% \qquad V_乙 = \frac{3.41}{7} \times 100\% = 48.7\%$$

计算结果表明，乙组的标准差系数大于甲组的标准差系数，所以甲组产量的变异程度较小，因而甲组平均产量的代表性高于乙组。

可以总结出两点结论，第一，要比较两组数据的离散程度时，如果两组平均数相等，可以直接用标准差进行比较；如两组平均数不等，则需用离散系数进行比较。第二，标准差或标准差系数与标志变异程度的大小成正比，与平均数的代表性或社会经济活动的均衡性成反比。标准差系数大，说明数列中各变量值的离散程度也大；标准差系数小，说明数列中各变量值的离散程度也小。

**【例 4.27】** 某管理局抽查了所属的 8 家企业，其产品销售数据见表 4-17。试比较产品销售额与销售利润的离散程度的大小。

表 4-17　某管理局所属 8 家企业的产品销售数据

| 企业编号 | 产品销售额（万元）$X_1$ | 销售利润（万元）$X_2$ |
| --- | --- | --- |
| 1 | 170 | 8.1 |
| 2 | 220 | 12.5 |
| 3 | 390 | 18.0 |
| 4 | 430 | 22.0 |
| 5 | 480 | 26.5 |
| 6 | 650 | 40.0 |
| 7 | 950 | 64.0 |
| 8 | 1 000 | 69.0 |

**解：** 先分别计算 8 个企业的平均产品销售额和平均销售利润额：

平均产品销售额：$\overline{x_1} = 536.25$（万元）　　平均销售利润额：$\overline{x_2} = 32.5125$（万元）

由于销售额与利润额的数据水平不同，不能直接用标准差进行比较，需要计算标准差系数。根据表 4-17 中数据，分别计算它们的标准差和标准差系数：

产品销售额：
$$\sigma_1 = 309.19(万元)$$
$$V_1 = \frac{309.19}{536.25} = 57.7\%$$

产品销售利润：
$$\sigma_2 = 23.09(万元)$$
$$V_2 = \frac{23.09}{32.5125} = 71.0\%$$

计算结果表明，$V_2 > V_1$，说明这 8 个企业销售利润的差异程度大于销售额的差异程度。

8. 标准化值

标准化值是一个数值与平均数的离差再除以标准差的值。用公式 4.35 表示。

$$Z = \frac{x_i - \bar{x}}{\sigma} \tag{4.35}$$

式中，$x_i$ 为某一具体变量值；$\bar{x}$ 为平均数；$\sigma$ 为标准差。

当某个变量值低于总体平均数时标准化值为负数，反之则为正数。标准化后不同观测值比较只有相对意义，没有绝对意义。常用来衡量某个总体单位某种成绩在总体所有单位成绩中的相对位置，所以也称为标准分数，称 z 分数（z－score）。标准分数是一种可以看出某分数在分布中相对位置的方法。标准分数能够真实地反映一个分数距离平均分数的相对标准距离。如果把每一个分数都转换成标准分数，那么每一个标准分数是以标准差为单位表示一个具体分数到平均数的距离。

**【例 4.28】** 某班级期末考试，全班学生语文课程的平均分数为 73 分，标准差为 7 分；数学课程平均分数为 80 分，标准差为 6.5 分。某学生语文成绩为 78 分，数学成绩为 83 分。问该生哪一门课程的考试成绩相对好一些？

**解：** 因为两门课程考试的标准差不同，因此不能用原始分数直接比较。需要将原始分数转换成标准分数，然后进行比较。

语文：$Z = \frac{x_i - \bar{x}}{\sigma} = \frac{78 - 73}{7} = 0.71$

数学：$Z = \frac{x_i - \bar{x}}{\sigma} = \frac{83 - 80}{6.5} = 0.46$

结果表明：该生语文成绩在其整体分布中位于平均分之上 0.71 个标准差地位置，而数学成绩在其整体分布中位于平均分之上 0.46 个标准差地位置。由此可见，该生在本次考试中语文课程考试成绩优于数学课程考试成绩。

## 4.4 数据分布形态度量

在统计分析时，还涉及到分布形态的度量指标，这就是变量分布的偏度和峰度。

### 4.4.1 偏度及其度量指标

偏度是测定一个变量值次数分布的非对称程度的统计指标。相对于对称分布，偏度有两种：一种是左向偏度，简称左偏（负偏）；另一种是右向偏度，简称右偏（正偏）。在本章的第 2 节已介绍测定偏度的基本方法，这里还要介绍偏度的测定指标。在坐标系中，以横轴表示各个变量值，纵轴表示各个变量值出现的频数，如图 4-2 所示。

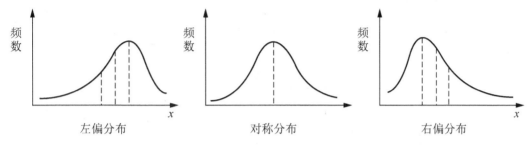

图 4-2 数据分布 3 种形式示意图

测定偏度的方法较多，这里主要介绍其中的两种常用的方法。

**1. 利用算术平均数与位置平均数的关系测定**

人们已经知道，在次数分布完全对称的情况下，算术平均数与中位数、众数三者数值相等，即 $\bar{x} = M_e = M_O$；而在次数分布非对称情况下，算术平均数与中位数和众数发生分离，其中中位数位居中间，算术平均数和众数分居两边。因此，算术平均数与众数之间的距离，可以说明实际分布的绝对偏斜程度，用式（4.36）表示：

$$\text{绝对偏斜程度} = \text{算术平均数} - \text{众数} \tag{4.36}$$

算术平均数与众数之间的距离越远，实际分布的绝对偏度越大，表明次数分布的非对称程度越大；算术平均数与众数之间的距离越短，实际分布的绝对偏度越小，表明次数分布的非对称程度越小。

由于绝对偏度受数列中原有变量值水平高低和计量单位不同的影响，在不同数列之间不具有可比性，因此，通常是计算相对偏度。相对偏度是绝对偏度与数列原数列变量值的标准差之比，称为偏度系数（用 $SK$ 或 $\alpha$ 表示）。计算公式为：

$$SK = \frac{\bar{x} - M_o}{\sigma} \tag{4.37}$$

由式（4.37）可知：当算术平均数等于众数时，偏度系数为零，表明次数分布属于对称分布；当算术平均数大于众数时，偏度系数为正值，表明次数分布属于正偏（右偏）分布；当算术平均数小于众数时，偏度系数为负值，表明次数分布属于负偏（左偏）分布。所以，偏度系数不仅可以说明偏度的程度，还可以说明偏度的方向。

前面已介绍，在分布适度偏斜的情况下，算术平均数与众数的距离约等于算术平均数和中位数之间距离的 3 倍，所以偏度也可用算术平均数与中位数之间的关系来测定，即：

$$SK = \frac{3(\bar{x} - M_e)}{\sigma} \tag{4.38}$$

由此，可以确定偏度系数的变动范围一般为 $-3 \leqslant SK \leqslant +3$。当 $SK=0$ 时，表示对称分布；当 $SK=3$ 时，表示极右偏度；当 $SK=-3$ 时，表示极左偏度；其他情况属于一般偏度。

**【例 4.29】** 表 4-18 资料是某年我国农村居民的纯收入数据，试根据资料计算农村居民纯收入的偏度系数。

表 4-18  某年我国农村居民按纯收入分组资料

| 按纯收入分组(元) | 组中值 $x$ | 比重(%) $\dfrac{f_i}{\sum f_i}$ | $x \dfrac{f_i}{\sum f_i}$ | $(x_i-\bar{x})^2 \dfrac{f}{\sum f}$ |
|---|---|---|---|---|
| 1 000 以下 | 500 | 11.6 | 58.0 | 51 253 486.4 |
| 1 000～2 000 | 1 500 | 30.7 | 460.5 | 37 282 202.8 |
| 2 000～3 000 | 2 500 | 24.6 | 615.0 | 255 938.4 |
| 3 000～4 000 | 3 500 | 13.9 | 486.5 | 11 209 015.6 |
| 4 000～5 000 | 4 500 | 7.4 | 333.0 | 26 657 789.6 |
| 5 000 元及以上 | 5 500 | 11.8 | 649.0 | 99 101 167.2 |
| 合计 | — | 100.0 | 2 602.0 | 225 759 600.0 |

**解**：先分别计算农村居民家庭人均年纯收入的平均值、众数和标准差：

$$\bar{x} = \sum_{i=1}^{n} x_i \dfrac{f_i}{\sum_{i=1}^{n} f_i} = 2\,602(元) \qquad \sigma = \sqrt{\dfrac{\sum_{i=1}^{n}(x_i-\bar{x})^2 f}{\sum_{i=1}^{n} f_i}} = \sqrt{\dfrac{2\,257+9\,600}{100}} = 1\,503(元)$$

$$M_O = L + \dfrac{\Delta_1}{\Delta_1+\Delta_2} \times d = 1\,000 + \dfrac{30.7-11.6}{(30.7-11.6)+(30.7-24.6)} \times 1\,000 = 1\,758(元)$$

则这一年我国农民家庭人均年纯收入分布的偏度系数为：

$$SK = \dfrac{\bar{x}-M_O}{\sigma} = \dfrac{2\,602-1\,758}{1\,503} = 0.561\,5$$

结果表明：该年我国农民家庭人均年纯收入的分布属于正偏分布，其偏度系数为 0.56。

**2. 矩法测定**

矩又称动差，是物理学上用以表示力与力臂对重心关系的术语。由于这个关系与统计学上变量与权数对平均数的关系在性质上很相似，所以统计学上也用矩来测度次数分布的偏度程度。一般灭说，若取变量中的 $a$ 值为中点，所有变量值与 $a$ 之离差 $k$ 次方的平均数，称为变量关于 $a$ 的 $k$ 阶矩，即：

$$M = \dfrac{\sum_{i=1}^{n}(x_i-a)^k}{n}$$

当 $a=0$ 时，即变量以原点为中心，上式称为原点 $k$ 阶矩，以 $M$ 表示。

一阶原点矩：$M_1 = \dfrac{\sum_{i=1}^{n} x_i}{n}$（即算术平均数）　　二阶原点矩：$M_2 = \dfrac{\sum_{i=1}^{n} x_i^2}{n}$

三阶原点矩：$M_3 = \dfrac{\sum_{i=1}^{n} x_i^3}{n}$　　四阶原点矩：$M_4 = \dfrac{\sum_{i=1}^{n} x_i^4}{n}$

当 $a = \bar{x}$ 时，变量以平均数为中心，上式称为中心 $k$ 阶矩，以 $m$ 表示。

一阶中心矩：$m_1 = \dfrac{\sum\limits_{i=1}^{n}(x_i - \bar{x})}{n}$　　　　二阶中心矩：$m_2 = \dfrac{\sum\limits_{i=1}^{n}(x_i - \bar{x})^2}{n} = \sigma^2$（方差）

三阶中心矩：$m_3 = \dfrac{\sum\limits_{i=1}^{n}(x_i - \bar{x})^3}{n}$　　　　四阶中心矩：$m_4 = \dfrac{\sum\limits_{i=1}^{n}(x_i - \bar{x})^4}{n}$

在对称分布条件下，高于平均数的离差之和与低于平均数的离差之和必然相等，全部离差的总和等于 0，所以奇数阶中心矩 $m_1$、$m_3$ 等均等于 0，而偶数阶中心矩 $m_2$、$m_4$ 等均为正值。在非对称条件下，奇数阶中心矩 $m_1$、$m_3$ 等不等于 0，由此可见，三阶中心矩可用于测定偏度。

将三阶中心矩 $m_3$ 除以标准差的三次方 $\sigma^3$，就是偏度系数，用 $\alpha$ 表示。

$$\alpha = \frac{m_3}{\sigma^3} \tag{4.39}$$

当 $\alpha$ 等于 0，说明次数分布属于对称分布；当 $\alpha$ 大于 0，说明次数分布属于正偏（右偏）分布，数值越大右偏的程度越高；当 $\alpha$ 小于 0，说明次数分布属于负偏（左偏）分布，数值越小其左偏的程度越高。

【例 4.30】 根据表 4-18 资料计算我国农村居民纯收入的偏度系数，见表 4-19。

表 4-19　我国农村居民纯收入偏度及峰度计算表

| 按纯收入分组(元) | 组中值(百元) $x_i$ | 比重(%) $\dfrac{f}{\sum f}$ | $(X-\bar{X})^3 \cdot \dfrac{f}{\sum f}$ | $(X-\bar{X})^4 \cdot \dfrac{f}{\sum f}$ |
|---|---|---|---|---|
| 1 000 以下 | 5 | 11.6 | −1 077.35 | 22 645.86 |
| 1 000～2 000 | 15 | 30.7 | −410.85 | 4 527.57 |
| 2 000～3 000 | 25 | 24.6 | −0.26 | 0.27 |
| 3 000～4 000 | 35 | 13.9 | 100.67 | 903.90 |
| 4 000～5 000 | 45 | 7.4 | 505.96 | 9 603.21 |
| 5 000 及以上 | 55 | 11.9 | 2 896.29 | 83 934.50 |
| 合计 | — | 100.0 | 2 014.98 | 121 615.31 |

$$\alpha = \frac{m_3}{\sigma^3} = \frac{2014.98}{15.03^3} = 0.59$$

计算结果表明：农民家庭人均年纯收入的分布属于正偏分布，其偏度系数为 0.59。

### 4.4.2　峰度及其度量指标

峰度是反映某个变量值分布与标准正态分布相比尖峭程度的统计指标。峰度有 3 种形态：正态峰度、尖顶峰度和平顶峰度。正态峰度为图 4-3 中的实线图形。当分布数列的次数比较集中于众数位置，次数分布曲线的峰顶较正态分布曲线的峰顶更高隆起时，属于尖峰分布，如图 4-3(a)中的虚线图形；当分布数列的次数对众数来说比较分散，次数分布曲线的峰顶较正态分布曲线的峰顶更为平坦时,属于平峰分布,如图 4-3(b)的虚线图形。

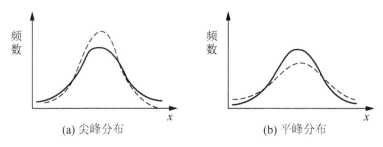

(a) 尖峰分布　　　　　　　(b) 平峰分布

图 4-3　峰度示意图

峰度的测定一般用四阶中心矩 $m_4$ 除以标准差的四次方 $\sigma^4$,称之峰度系数,用 $\beta$ 表示。

$$\beta = \frac{m_4}{\sigma^4} \tag{4.40}$$

依经验,当 $\beta$ 等于 3,说明次数分布曲线属于正态曲线;当 $\beta$ 大于 3,说明次数分布曲线属于尖顶曲线,数值越大顶端尖峭程度越大;当 $\beta$ 小于 3,说明次数分布曲线属于平顶曲线,数值越小顶端越平缓,当 $\beta$ 接近 1.8 时,次数分布趋向一条水平线,即各组的次数相同,总体分布形态为矩形或均匀分布。而当 $\beta$ 小于 1.8 时,次数分布曲线是 U 形分布。

【例 4.31】　根据表 4-19 资料,计算我国农村居民纯收入的峰度系数。

$$\beta = \frac{m_4}{\sigma^4} = \frac{121\,615.31}{15.03^4} = 2.38$$

计算结果表明,农民家庭人均年纯收入的分布属于平顶峰度,其峰度系数为 2.38。

## 4.5　运用 Excel 计算统计指标示例

首先要熟悉统计常用函数及其功能,见表 4-20。

表 4-20　统计常用函数名称

| 函数 | 功能 | 函数 | 功能 | 函数 | 功能 |
| --- | --- | --- | --- | --- | --- |
| COUNT | 记数 | NORMSINV | Z 值计算 | MEDIAN | 中位数 |
| MAX | 最大值 | ABS | 绝对值 | MODE | 众数 |
| MIN | 最小值 | CHIINV | 卡方值 | QUARTILE | 四分位数 |
| SUM | 求和 | TINV | T 值计算 | VAR | 样本方差 |
| SUMSQ | 平方和 | FINV | F 值计算 | STDEV | 样本标准差 |
| AVERAGE | 平均值 | SQRT | 平方根 | GEOMEAN | 几何平均 |

【例 4.32】　我国某年 31 个地区人口数资料见表 4-21。要求分别用函数和数据分析工具计算总和、平均值、中位数、众数、标准差。并对结果指标作简要说明。

表 4-21　某年全国各地区人口统计　　　　　　　　（单位：万人）

| 地区 | 总人口 | 地区 | 总人口 | 地区 | 总人口 |
|---|---|---|---|---|---|
| 北京 | 1 695 | 山东 | 9 417 | 安徽 | 6 135 |
| 天津 | 1 176 | 河南 | 9 429 | 福建 | 3 604 |
| 河北 | 6 989 | 湖北 | 5 711 | 青海 | 554 |
| 山西 | 3 411 | 湖南 | 6 380 | 新疆 | 2 131 |
| 内蒙古 | 2 414 | 广东 | 9 544 | 江西 | 4 400 |
| 辽宁 | 4 315 | 广西 | 4 816 | 云南 | 4 543 |
| 吉林 | 2 734 | 海南 | 854 | 西藏 | 287 |
| 黑龙江 | 3 825 | 重庆 | 2 839 | 陕西 | 3 762 |
| 上海 | 1 888 | 四川 | 8 138 | 宁夏 | 618 |
| 江苏 | 7 677 | 贵州 | 3 793 | 甘肃 | 2 628 |
| 浙江 | 5 120 | | | | |

### 4.5.1　利用计算函数，逐个求出指标数值

具体操作步骤如下。

（1）根据表 4-21 所示，在新建工作表 A2：B32 中输入或复制数据。

（2）使用函数进行统计计算（以求数据的总和为例）。

① 在 D2 中输入"总和"，选定 E2 单元格，单击菜单栏上的"插入"→"函数"命令。出现图 4-4 所示的对话框，在"选择类别"后的下拉列表框中选择"全部"，在"选择函数"中选择求和函数"SUM"，然后单击"确定"按钮。

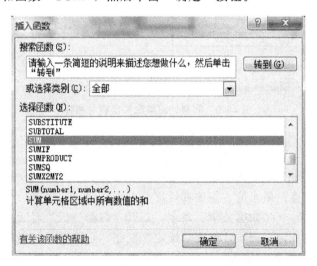

图 4-4　利用计算函数求和①

② 将鼠标置于"Number1"右端的编辑框内，在工作表中选择 B2：B32 的单元格区

域，单击"确定"按钮，如图4-5所示。

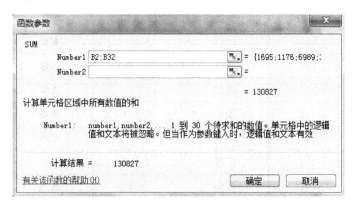

图4-5 利用计算函数求和②

则在E2单元格中显示的数据"130 827"为所求的数据总和。

③ 使用同样的方法分别求出数据的平均值、中位数、众数、标准差，如图4-6所示。

图4-6 利用计算函数求出有关指标

### 4.5.2 利用"工具→数据分析"，同时求出各个指标数值

**【例4.33】** 用分析工具试计算表4-19中31个地区人口的总和、平均值、中位数、众数、标准差、最大值、最小值、偏度和峰度等。

(1) 单击"工具"→"数据分析"命令，打开"数据分析"对话框，如图4-7所示。

(2) 选择"描述统计"选项，单击"确定"按钮，系统打开"描述统计"对话框，如图4-8所示。选定数据的"输入区域"为B2：B32单元格；"分组方式"选择"逐列"单选按钮；选定一个"输出区域"为D9单元格；再选中"汇总统计"复选框，如图4-8所示。

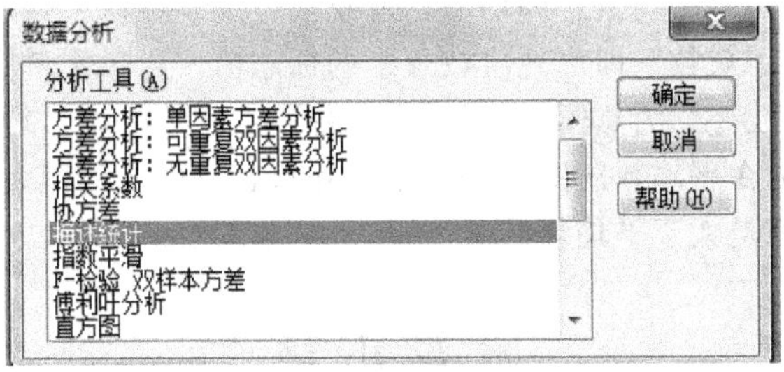

图4-7 利用Excel函数功能同时求出各个指标步骤(1)

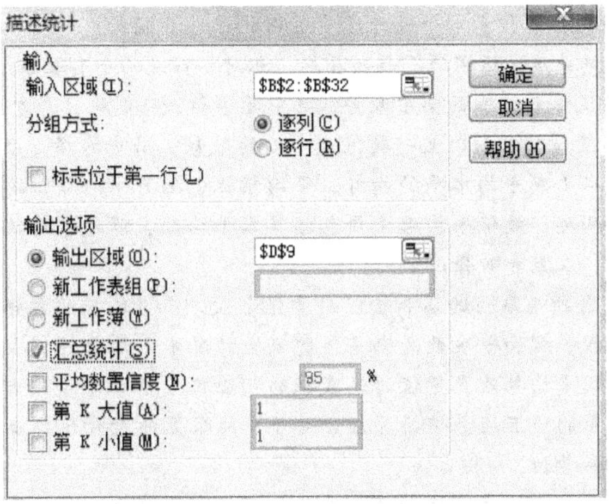

图4-8 利用Excel函数功能同时求出各个指标步骤(2)

(3) 系统输出该年我国各地区人口描述统计的计算结果。如图4-9所示。

图4-9 利用Excel函数功能同时求出各个指标步骤(3)

（4）在输出结果中，"平均值"即均值，反映了全国各地区人口的平均水平；"标准误差"为均值的标准差；"众数"即出现次数最多的标志值，由于本例中 31 个标志值互不相同，故没有众数；"标准差"为总体标准差；"方差"为总体方差；峰度的值大于零，表示分布比正态分布更集中在平均数周围，分布呈尖峰状态；偏度的值大于零，说明分布呈正偏斜，即大部分标志值是大于平均值的。

## 本 章 小 结

1. 运用总量指标对总体规模和水平进行度量运用的是总量指标。总量指标是统计研究中的最基本指标。对总体相对关系度量运用的是相对指标。相对指标是两个有联系的指标对比的比值。

2. 变量分布特征从变量值分布的集中趋势、离中趋势和分布形状 3 个方面进行度量。

3. 集中趋势是指各变量值分布以某一数值为中心的趋势。用平均指标来度量。平均指标是反映总体中各变量值一般水平或平均水平的指标。平均指标也称为平均数，按计算方法不同分为数值平均数和位置平均数两类。数值平均数主要包括算术平均数、调和平均数和几何平均数，位置平均数主要包括中位数、众数和四分位数。

4. 算术平均数是变量所有取值的总和除以变量值个数。根据已知的数据不同，分为简单算术平均数与加权算术平均数。调和平均数是变量值的倒数的算术平均数的倒数，一般作为算术平均数的变形形式使用。几何平均数是变量值的连乘积的相应次方根，是计算平均比率或平均速度的常用方法。中位数是变量的所有变量值排序后，处于中间位置的变量值。众数是变量数列中出现次数最多或频率最高的变量值。

5. 离中趋势就是变量分布中各变量值背离中心值的趋势。用标志变动度指标来度量，常用的有全距、异众比率、平均差、标准差、离散系数等。

6. 从两个方面度量变量分布形状：一是反映变量分布偏斜程度，用偏度系数度量；二是反映变量分布陡峭程度，用峰度系数度量。

## 习　题

一、简答题

1. 在统计分析时，为什么要将相对指标与总量指标结合应用？
2. 什么是平均指标？有何作用？
3. 什么是权数？它是怎样影响算术平均数的？如何正确选择权数？
4. 在什么情况下，需用几何平均数反映被研究现象的集中趋势？
5. 计算和应用平均指标时应注意哪些问题？
6. 如何度量不同数列平均数代表性或社会经济活动均衡性的大小？
7. 什么是标志变异指标？具体有哪几种？
8. 什么是是非标志？其平均数和标准差分别是什么？

二、单项选择题

1. 总量指标按其反映总体内容不同分为（　　　）。

A. 总体标志总量和总体单位总量
B. 时期指标和时点指标
C. 实物总量指标和价值总量指标
D. 动态指标和静态指标

2. 某产品单位成本报告期计划规定比基期下降 3%，实际比基期下降 3.5%，单位成本计划完成程度为（　　）。
   A. 0.5%　　　　B. 99.5%　　　　C. 100.5%　　　　D. 116.7%

3. 平均指标反映了变量值分布的（　　）。
   A. 集中趋势　　B. 离中趋势　　C. 变动趋势　　D. 分布特征

4. 某年企业产品销售收入计划比上期增长 8%，实际增长了 20%，则销售收入超额完成程度为（　　）。
   A. 11.11%　　　B. 12%　　　　C. 150%　　　　D. 250%

5. 某公司下属 5 个企业，已知每个企业某月产值计划完成百分比和实际产值，要求计算该公司平均计划完成程度，应采用加权调和平均数法计算，其权数是（　　）。
   A. 计划产值　　B. 实际产值　　C. 工人数　　D. 企业数

6. 计算加权算术平均数过程中，权数的加权作用表现在（　　）。
   A. 权数绝对数大小　　　　　　B. 权数相对水平大小
   C. 权数平均值大小　　　　　　D. 权数总和大小

7. 变量数列中各组变量值都增加 3 倍，每组次数都减少 1/3，则算术平均数（　　）。
   A. 增加 3 倍　　B. 减少 3 倍　　C. 减少 1/3　　D. 不变

8. 对下列资料计算平均数，适宜于采用几何平均数的是（　　）。
   A. 对某班同学的考试成绩求平均数　　B. 对一种产品销售价格求平均数
   C. 由相对数或平均数求其平均数　　　D. 计算平均比率或平均速度时

9. 某居民小区准备采取一项新的物业管理措施，为此，随机抽取了 100 户居民进行调查，其中表示赞成的有 69 户，表示中立的有 22 户，表示反对的有 9 户，描述该组数据的集中趋势宜采用（　　）。
   A. 均值　　　　B. 四分位数　　C. 中位数　　D. 众数

10. 一班和二班《统计学》平均考试成绩分别为 78.6 分和 83.3 分，成绩的标准差分别为 9.5 分和 11.9 分，可以判断（　　）。
    A. 一班的平均成绩有较大的代表性　　B. 二班的平均成绩有较大的代表性
    C. 两个班的平均成绩有相同代表性　　D. 无法判断

11. 某组数据分布的偏度系数为正时，该数据的众数、中位数、均值的大小关系是（　　）。
    A. 众数＞中位数＞均值　　　　B. 均值＞中位数＞众数
    C. 中位数＞众数＞均值　　　　D. 中位数＞均值＞众数

12. 峰态通常是与标准正态分布相比较而言的，如果一组数据服从标准正态分布，则峰态系数的值（　　）。
    A. 小于 0　　　B. 等于 0　　　C. 等于 1　　　D. 等于 3

三、多项选择题

1. 加权算术平均数大小的影响因素有（　　）。
   A. 变量值　　　B. 样本容量　　C. 权重
   D. 分组的组数　E. 数据的类型

2. 中位数是（　　）。
   A. 由变量值在数列中所处位置决定的　　B. 根据变量值出现的次数计算的
   C. 总体各单位水平的平均值　　　　　　D. 总体一般水平的代表值

E. 不受总体中极端数值的影响

3. 下列关于众数的说法，正确的是（　　）。

A. 一组数据可能存在多个众数

B. 分类数据测度集中趋势用众数

C. 一组数据的众数是唯一的

D. 众数不受极端值的影响

E. 众数受极端值的影响

4. 数据的分布特征可以从（　　）几个方面进行测度。

A. 集中趋势　　　　B. 分布的偏态　　　　C. 分布的峰态

D. 离散程度　　　　E. 长期趋势

5. 影响加权算术平均数大小的因素有（　　）。

A. 变量值　　　　B. 样本容量　　　　C. 权重或频率

D. 分组的组数　　　E. 数据的类型

### 四、计算分析题

1. 某公司下属3个企业上季度生产计划完成情况及一级品率资料如下。

| 企业 | 计划产量（件） | 计划完成（％） | 实际一级品率（％） |
|---|---|---|---|
| 甲 | 500 | 103 | 96 |
| 乙 | 340 | 101 | 98 |
| 丙 | 250 | 98 | 95 |

根据资料计算：(1)产量计划平均完成百分比；

(2)平均一级品率。

2. 某市某局2012年所属15个企业产值计划完成情况，如下表所示。

| 计划完成程度（％） | 企业数（个） | 实际完成数（万元） |
|---|---|---|
| 90～100 | 5 | 100 |
| 100～110 | 8 | 800 |
| 110～120 | 2 | 100 |
| 合计 | 15 | 1000 |

根据资料：(1)计算该局所属企业平均计划完成程度。

(2)如将资料中的"实际完成数"换为"计划完成数"时，应用什么方法计算该局所属企业平均计划完成程度。

3. 某厂对3个车间一季度生产情况分析如下：第一车间实际产量为190件，完成计划95％；第二车间实际产量250件，完成计划100％；第三车间实际产量609件，完成计划105％。3个车间产品产量的平均计划完成程度为(95％＋100％＋105％)/3＝100％；另外，一车间产品单位成本为18元/件，二车间产品单位成本为12元/件，三车间产品单位成本为15元/件，则：全部车间平均单位成本为(18＋12＋15)/3＝15元/件。试问：以上两种平均指标的计算方法是否正确？如不正确，请说明理由并改正。

4. 投资银行某笔投资的年利率是按复利计算的。25年的年利率分配：有2年为5％，有5年为6.5％，有6年为8％，有8年为10％，有4年为14％。求平均年利率。

5. 某一牧场主每年饲养600头牛。现在有人向他推荐一种个头较小的改良品种牛，每头牛吃草量较少，这样在原来同样面积的牧场上可以多养150头牛。饲养原品种牛和改良品种牛的利润如下。

| 净利润(元/头) | 原品种 | | 改良品种 |
|---|---|---|---|
| | 频数 | 频率(%) | 频率(%) |
| −200 | 36 | 6 | 1 |
| 0 | 12 | 2 | 2 |
| 200 | 185 | 31 | 57 |
| 400 | 367 | 61 | 40 |
| 合计 | 600 | 100 | 100 |

(1) 牧场主应该选择哪一种品种？为什么？
(2) 改良品种牛的利润和频率可能与上表的计算值有差异。当饲养改良品种牛的平均利润有什么变化时，牧场主会改变他在(1)中所做的选择吗？

6. 一条产品生产线平均每天的产量为2 600件，标准差为40件。如果某一天的产量低于或高于平均产量，并落在±2个标准差的范围之外，就认为该生产线失去控制。下面是抽取某一周的各天产量情况，该生产线哪几天失去了控制？

| 星期 | 一 | 二 | 三 | 四 | 五 | 六 | 日 |
|---|---|---|---|---|---|---|---|
| 产量(件) | 2 600 | 2 650 | 2 700 | 2 500 | 2 530 | 2 630 | 2 580 |

7. 某公司100名职工某年12月份工资统计资料如下。

| 按月工资额分组(元) | 职工人数(人) | 按月工资额分组(元) | 职工人数(人) |
|---|---|---|---|
| 900以下 | 5 | 1 200~1 300 | 30 |
| 900~1 000 | 9 | 1 300~1 400 | 11 |
| 1 000~1 100 | 15 | 1 400~1 500 | 8 |
| 1 100~1 200 | 20 | 1 500以上 | 2 |

要求根据上述数据计算。
(1) 该公司职工月工资额的算术平均数、中位数和众数，说明数据分布类型。
(2) 100名职工月工资额的标准差。
(3) 工资收入的偏度和峰度系数，判断分布类型是否与(1)的结果一致？

8. 已知甲班的概率论课程期末考试成绩，见下表。

| 按考试成绩分组(分) | 人数(人)f | 按考试成绩分组(分) | 人数(人)f |
|---|---|---|---|
| 60以下 | 4 | 80~90 | 27 |
| 60~70 | 15 | 90以上 | 10 |
| 70~80 | 30 | | |

又知乙班概率论平均考试成绩为78分,标准差为12分。要求:计算有关指标比较甲乙两班概率论考试平均成绩的代表性大小。

【实际操作训练】

根据教材"4.5 运用Excel计算统计指标示例"中的资料,在计算机上完成操作。

# 第5章 统 计 指 数

### 本章教学要点

| 知 识 要 点 | 掌握程度 | 相 关 知 识 |
| --- | --- | --- |
| 统计指数概述 | 熟悉 | 统计指数的相关概念 |
| 综合指数 | 掌握 | 综合指数编制基本原理、综合指数类型 |
| 平均指数 | 掌握 | 平均指数编制原理、平均指数的类型 |
| 指数体系和因素分析 | 重点掌握 | 统计指数体系、因素分析 |

### 本章技能要点

| 技 能 要 点 | 掌握程度 | 应 用 方 向 |
| --- | --- | --- |
| 综合指数编制 | 掌握 | 根据实际资料编制综合指数 |
| 平均指数编制 | 掌握 | 根据实际资料编制平均指数 |
| 因素分析 | 重点掌握 | 对现象总变动或平均变动进行因素分析 |
| 几种重要指数 | 了解 | 了解常用经济指数的编制方法及其作用 |

  导入案例

### 评估中国经济增长的综合指标——克强指数(Li Keqiang Index)

克强指数是英国著名政经杂志《经济学人》创造的用于评估中国 GDP 增长量的指标,以中国国务院总理李克强的名字命名。克强指数是 3 种经济指标:耗电量、铁路货运量和银行贷款发放量的结合。该杂志认为,克强指数比官方 GDP 数字更能反映中国经济的现实状况。2007 年,时任辽宁省委书记的李克强告诉来访的美国驻华大使,他更喜欢通过 3 个指标来追踪辽宁的经济动向:全省铁路货运量、用电量和银行已放贷款量,以挤掉统计数字的水分。2010 年末,英国《经济学人》杂志的编辑受李克强谈话启发,将李克强所言的 3 项指标予以综合,带入一个方程式,创造出了一个崭新的"克强指数"。《经济学人》杂志特别列出一张曲线图,以过去 10 年为时间轴,将克强指数与官方发布的 GDP 走势相对照,发现趋势上总体一致,但在上下波幅上,前者的表现比后者剧烈得多。

克强指数很快被一些国际机构认可。MSCI(摩根士丹利)编制克强指数最终的目的是预测。2013 年,金融业基本上是用克强指数来预测工业企业利润的增长。然后用工业企业利润的增长再来预测 MSCI 在中国的盈利。花旗银行用它来对比工业企业利润，认为解释能力更强。在花旗银行编制的克强指数中，25%的铁路货运，35%的银行贷款，40%的用电，这是一个简单的回归分析结果。人们把GDP增长速度和这3个指标增长速度间建立一个模型来对比拟合程度。在这3个指标里，用电量是一个影响经济走势的最重要指标，之后是银行贷款和铁路货运。指数中主要反映的是工业的耗电量，而农业和第三产业，特别是服务业，并没有反映出来。如果中国经济整个服务业占的比重提高，那么克强指数中的用电量的权重需要变得比较小些。

17世纪中后期，随着欧洲资本主义的发展，对外商品交易的扩大，金银货币大量流入欧洲，导致市场物价普遍上涨，引起人们忧虑，于是就有了反映物价变动程度的要求，人们开始研究物价变动情况，这就是物价指数产生的原因。后来指数的方法被应用到经济领域和社会领域的许多方面，现在世界各国都在编制各种各样的指数，人们在社会经济生活等许多方面的分析研究中经常用到指数。

## 5.1 统计指数概述

### 5.1.1 统计指数的概念

1675年，英国经济学家伏亨(Rice Vaughan)将1650年的谷物、家畜、鱼类、布帛与皮革等商品的价格分别与1352年的价格相比较来考察商品价格的变动情况，这是物价指数研究的开始。后来，人们把研究物价指数的方法运用到研究其他社会经济现象的变化情况，编制出多种类型的指数。直到现阶段，人们非常熟悉的指数有物价指数、股票价格指数等，也有如和谐指数、平安指数、廉政指数、环境指数、景气指数等社会管理类指数，还有气象指数、信心指数、人气指数等一些有特殊含义的指数。

从广义上说，统计指数是指用来说明同类事物或现象发展变化程度的相对数。在现实中，人们总希望能借助一定的统计指标来反映事物发展变化的方向和所达到的程度，以便能对事物的发展变化进行客观的比较、定位和认识。例如：人们往往会关心"一元人民币相当于多少美元？"，"空气质量和以前相比是变好了还是变差了？"，"我们的生活质量提高了还是下降了？"，等等问题。要回答这些问题，就必须把事物在不同时间上、空间上进行对比，变成某一个指标来反映，这个指标就是指数。

从狭义上说，统计指数是指用来反映复杂现象总体某一方面数量综合变化方向和程度的相对数。所谓复杂现象总体就是不能直接相加计数总体。例如，要研究商品零售价格水平的变化，这时研究的对象不是某一种商品，而是一定范围内或全部的商品，即商品零售价格指数是反映某一类别范围内或所有商品的价格综合变化方向和程度的指标。并且这些若干种商品的零售价格是不能直接相加的。人们在研究其整体变动情况时，称它们为复杂现象总体。本章所要研究的指数主要是指狭义概念上的指数。

### 5.1.2 统计指数的作用

统计指数的作用主要可以表现为以下几个方面：

（1）统计指数能综合反映由多种事物组成的复杂现象总体某一方面数量的综合变动方向和程度。例如，我国某年全国居民消费数量总水平比上年增加3.8%，就表明了居民消费品这个复杂总体数量的总变动方向和程度。

(2) 利用统计指数可以对研究现象总体数量综合变动进行因素分析。在现实中，一种现象某方面数量变动是受多种因素影响的结果。例如，企业生产总成本的变动受到产品总产量和产品单位成本这两个基本因素变动的影响，运用指数分析法可以反映企业生产总成本的变动情况，还可以分别从产品总产量变动和产品单位成本变动这两个方面，对总成本影响的方向、影响的程度和影响的绝对效果作出分析。

(3) 利用统计指数可以研究和反映事物的长期变动趋势。可以通过编制指数数列，分析事物的发展变化过程所显示的趋势或规律。例如，把历年的居民消费价格指数加以排列，就可以清楚地表明居民消费品价格的长期变化过程、所呈现的规律和可能的发展趋势。

### 5.1.3 统计指数的种类

对统计指数按照不同的标志分类，可以分为若干类型，主要有以下几种分类。

**1. 按所研究范围不同，可以分为个体指数与总指数**

个体指数是仅考察总体中单个项目某一数量对比关系的相对数，也就是一般的相对数。如某种具体品种大米价格指数、某种产品产量计划完成指数等。个体指数的计算过程简单，其基本公式如下：

$$个体指数 = \frac{报告期数量}{基期数量} \tag{5.1}$$

如，某商品个体价格指数为：

$$k_p = \frac{p_1}{p_0}$$

式中，$k_p$ 表示个体价格指数；$p$ 表示价格；下标 1 表示报告期；下标 0 表示基期。

某商品个体销售量指数为：

$$k_q = \frac{q_1}{q_0}$$

式中，$k_q$ 表示个体销售量指数；$q_1$ 为报告期销售量；$q_0$ 为基期销售量。

总指数是通过总体数量对比关系来反映总体某种数量综合变动情况的相对数。如商品零售价格指数、居民消费价格指数等。根据计算的方式不同，总指数可分为简单指数和加权指数两种。简单指数是用总体中各个项目指数化因素的报告期数值之和与基期数值之和的对比，或者是总体中各个项目指数化因素的个体指数平均数的对比；而加权指数则是赋予总体各个项目不同的权数，采用适当的加权方法计算出总指数。在实际工作中采用的主要是加权指数。按照编制的方法不同，总指数（加权指数）又分为综合指数和平均指数两种。综合指数是应用综合法将两个总量指标对比而形成的指数，平均指数是应用加权平均法将若干个个体指数（或类指数）加权平均而形成的指数。

**2. 按指数化指标的性质不同，可以分为数量指标指数与质量指标指数**

所谓指数化指标也称为指数化因素，就是指数中要反映的数量变化或对比关系的指标。例如，在居民消费价格指数中，价格就是指数化指标；在股票成交量指数中，成交量就是指数化指标。由于指标按性质可以分为数量指标和质量指标两种，因此，按指数化指标的性质不同，统计指数也可以分为数量指标指数与质量指标指数两种。

数量指标指数就是指数化指标为某一数量指标的指数,也称物量指数。也称质量指数。它是反映总体某种数量指标变动的指数。常用的有产品产量指数,商品销售量指数,能源消耗量指数,等等。质量指标指数就是指数化指标为某一质量指标的指数,也称质量指数。它是反映总体某种质量指标变动的指数。常用的有商品零售价格指数,产品单位成本指数,劳动生产率指数,等等。

3. 按对比基础不同,可以分为动态指数与静态指数

动态指数是通过不同时间上的同类现象水平对比计算得到的指数,考察同类现象的某种数量在不同时间上的发展变化情况。动态指数是最为常见的指数,如商品零售价格指数、产品产量指数、居民消费价格指数、产品成本指数等都是动态指数。在编制指数数列时,动态指数按照所采用基期是否固定,又可分为定基指数和环比指数两种,各个时期数值分别与某一固定时期数值对比所编制的指数就是定基指数,各个时期数值分别与它的前一期数值对比所编制指数就是环比指数。

静态指数包括空间指数与计划完成指数两种。空间指数是通过不同空间(如不同国家、不同区域、不同企业)上的同类现象水平对比来计算的指数,考察的是同类现象的某种数量在不同空间上的发展变化情况或差异程度。例如,不同地区人均 GDP 指数、不同地区价格指数等都是空间指数。计划完成指数则是现象的实际水平与计划水平对比的结果,考察的计划目标实现的程度。

此外,为了分析的需要,有时还编制或计算平均指标指数,例如某企业、某行业职工平均工资指数,即通过同类平均指标在不同时间上的水平对比来计算动态相对数,以便对其变动的原因进行因素分析。

### 5.1.4 统计指数的性质

统计指数具有以下一些性质:

(1) 综合性。即统计指数是综合反映由多个项目组成的复杂现象总体某一方面数量总变动方向和程度的相对数,是对多个项目数量变动综合反映的结果。

(2) 平均性。即统计指数所反映的综合变动实际上是多个项目某一数量的平均变动,是各项目某一数量变动的平均结果。例如,某月居民消费价格指数同比上涨了3%,可以理解为居民各种消费品价格平均比去年同期上涨了3%。

(3) 相对性。所谓相对性有两层含义:一是指统计指数是用相对数或比率来表示,属于相对数的范畴。二是在编制总指数时要在假定其他指标或因素不变的情况下来反映指数化指标的变动情况,其结果准确性是相对的。

(4) 代表性。即在编制总指数时,有时由于所涉及到的事物或项目太多,难以全部加以考虑,多数情况下是选择部分有代表性的项目作为编制指数的依据。

## 5.2 综合指数

统计研究的对象主要是总体现象,因此,编制的指数主要是指总指数。总指数从编制方法看,分为综合指数和平均指数两种形式,运用加权指数法。因此,总指数的编制方法分为加权综合指数和加权平均指数两大类形式,本节介绍加权综合指数。

### 5.2.1 综合指数编制的基本原理

综合指数是通过两个具有经济意义并紧密联系的总量指标对比求得的指数。在编制综合指数时，首先要明确两个概念，一是指数化因素，二是同度量因素。计算综合指数的分子和分母都是由两个或两个以上因素(或指标)所决定的总量指标(尤其是价值总量指标)，其中的一个因素(或指标)就是编制综合指数所要测定的因素，称为指数化因素或指数化指标，其他因素则是把不能直接相加的指数化因素转化为能直接相加的量的因素，称为同度量因素。编制综合指数的目的是测定指数化指标的变动程度，因此，在对比的过程中对同度量因素所属时期应加以固定。

编制综合指数的特点是：先综合，后对比。所谓先综合就是要先通过同度量因素，把总体中不能直接相加的各个项目的指数化因素转化成为能直接相加的总量指标，解决复杂现象总体内各个项目的数量不能直接相加或相加后不可比的问题。所谓后对比就是在得到可比的总量指标的基础上，通过固定同度量因素的时间(或空间)，选择两个合适的总量指标进行对比得到所需要的指数。在对比时，处于分子的指数化因素属于报告期(或属于要考察的空间)，处于分母的指数化因素则属于基期(或属于作为参照的空间)。

现以某企业三种商品的销售量和销售单价资料(见表 5-1)为例，说明在编制销售量综合指数(物量指数)和销售价格综合指数(质量指数)时，确定同度量因素的方法。

表 5-1 某企业三种代表性商品销售量和销售单价资料

| 产品类别 | 计量单位 | 销售量 | | 销售价格(元) | |
|---|---|---|---|---|---|
| | | 基期 $q_0$ | 报告期 $q_0$ | 基期 $p_0$ | 报告期 $p_1$ |
| 甲 | 件 | 450 | 500 | 700 | 770 |
| 乙 | 件 | 500 | 520 | 350 | 350 |
| 丙 | 台 | 900 | 1080 | 100 | 110 |
| 合计 | — | — | — | — | — |

由于商品的种类不同，因而各种商品的销售量或各种商品的销售价格不能直接相加，不能得到商品的销售量总和或单价总和的数值，也就无法将报告期和基期的销售量总和或单价总和进行对比。这时，要解决它们不能直接相加的问题，就要考虑引入某个因素，使之变为能够相加的量。

编制销售价格综合指数的目的是要反映多种商品价格综合变化的方向和程度，由于各种商品价格不能直接相加，但各种商品的销售额是可以相加的。这时要借助商品销售量这个因素，把商品价格与销售量相乘就可转化为商品销售额。这里所引入的商品销售量就是同度量因素，所要观测的商品价格是指数化因素。由于是要观测价格(指数化因素)变动情况，进而转化后分子是以报告期价格资料计算的商品销售总额，分母是以基期价格计算的商品销售总额。而分子和分母中的商品销售量(同度量因素)资料必须是相同时期的，这样分子与分母对比后，就能反映价格的变动情况。商品价格综合指数的一般公式为：

$$I_p = \frac{\sum p_1 q}{\sum p_0 q}$$

式中，$I_p$ 表示价格总指数；$P$ 表示商品价格因素；$q$ 表示销售量因素，$pq$ 表示销售额。下标 1 表示报告期（或所要考察的空间），下标 0 表示基期（或参照的空间）。

同样，编制销售量综合指数的目的是要反映多种商品销售量综合变化的方向和程度，由于各种商品销售量不能直接相加，但各种商品的销售额是可以相加的。这时要借助商品价格的这个因素，把销售量与商品价格相乘就可转化为商品销售额。这里所引入的商品价格是同度量因素，所要观测的商品销售量是指数化因素。由于是要观测销售量（指数化因素）变动情况，进而转化后分子是以报告期销售量计算的商品销售总额，分母是以基期销售量计算的商品销售总额。而分子和分母中的商品价格（同度量因素）资料必须是相同时期的，这样分子与分母对比后，就能反映销售量的变动情况。商品销售量综合指数一般公式为：

$$I_q = \frac{\sum q_1 p}{\sum q_0 p}$$

式中，$I_q$ 为销售量总指数。

同度量因素确定在哪个时期，理论上有许多不同的观点，实际工作中也有不同的做法。关于同度量因素还需要说明以下几点：

一是在总量指标的各因素中，指数化因素与同度量因素的区分是相对的，在编制过程中它们是互为同度量因素。例如在决定商品销售总额的因素中，考察商品的价格变化时，以销售量为同度量因素，考察商品销售量变化时，以价格为同度量因素；在决定生产总成本（生产多种不同产品）的因素中，考察产品单位成本变化时，以产量为同度量因素，考察产品产量变化时，以单位成本为同度量因素。

二是同度量因素可以有多种因素可供选择。例如，在反映工业产品产量的综合变动时，同度量因素可以选择出厂价格、单位产品成本，也可以选择劳动量（如单位产品所消耗的工时）等因素。究竟选择什么因素作为同度量因素，应该根据现象之间的联系情况、所研究问题的目的和掌握资料的情况等因素综合确定。

三是在编制综合指数时，分子、分母总量指标中的同度量因素是对应的。分子与分母在时间、空间、研究对象、资料范围等必须保持一致，只有这样才能反映指数化因素的变化情况。

四是同度量因素在起到同度量作用的同时，也起到一定的加权作用。如果同度量因素的数值较大，所计算出总指数的值就受其影响较大；如果同度量因素的数值较小，所计算出总指数的值就受其影响较小，这也就是把综合指数称为加权综合指数的原因。因此，将同度量因素确定在不同的时期，所计算出来的总指数是有一定差别的，这是同度量因素的权数作用引起的。

五是确定同度量因素的性质（数量化因素还是质量化因素）必须根据各因素的内在联系而定。在两因素的问题中比较容易确定，而在超过两个因素的问题中，确定同度量因素的性质时就要根据具体情况分析确定。

### 5.2.2 综合指数的类型

由于对如何固定同度量因素的时期，在理论上有很多种不同的观点，使综合指数有多种不同的形式或编制方法，其中最主要的有拉氏指数、帕氏指数、马—埃指数、费希尔指数和杨格指数这5种形式,其中拉氏指数和帕氏指数为基本形式。

1. 拉氏指数

拉氏指数是德国经济统计学家拉斯佩雷斯(E. Laspeyres)在1864年提出的。拉氏指数公式的特点是将同度量因素固定在基期水平上,因此也称基期加权综合指数,其公式如下:

物量指数:

$$I_q = \frac{\sum q_1 p_0}{\sum q_0 p_0} \tag{5.2}$$

质量指数:

$$I_p = \frac{\sum p_1 q_0}{\sum p_0 q_0} \tag{5.3}$$

【例5.1】 根据表5-1资料,用拉氏指数公式计算该企业三种产品销售量和销售价格综合指数。

**解**:根据式(5.2)和式(5.3),计算出销售额,见表5-2,将合计行数据分别代入公式。

销售量综合指数(物量指数):

$$I_q = \frac{\sum q_1 p_0}{\sum q_0 p_0} = \frac{6\,400}{5\,800} = 110.34\%$$

表5-2 某企业三种产品综合指数计算表

| 产品类别 | 计量单位 | 销售量 | | 销售价格(元) | | 销售额(百元) | | | |
|---|---|---|---|---|---|---|---|---|---|
| | | $q_0$ | $q_1$ | $p_0$ | $p_1$ | $p_0 q_0$ | $p_1 q_1$ | $p_0 q_1$ | $p_1 q_0$ |
| 甲 | 件 | 450 | 500 | 700 | 770 | 3 150 | 3 850 | 3 500 | 3 465 |
| 乙 | 件 | 500 | 520 | 350 | 350 | 1 750 | 1 820 | 1 820 | 1 750 |
| 丙 | 台 | 900 | 1 080 | 100 | 110 | 900 | 1 188 | 1 080 | 990 |
| 合计 | — | — | — | — | — | 5 800 | 6 858 | 6 400 | 6 205 |

结果表明:3种商品销售量综合指数为110.34%,也可理解为各种产品销售量报告期比基期平均增加了10.34%。

式中,$\sum q_1 p_0 = 6\,400$是假定的总销售额,可将其理解为:如果该企业报告期与基期甲、乙、丙3种商品的销售价格相同,则总销售额应为6 400百元。在这种假定下,报告期较基期销售额的总变动为:

$$\sum q_1 p_0 - \sum q_0 p_0 = 6\,400 - 5\,800 = 600(百元)$$

可以理解为由于销售量增加,使销售额报告期比基期增加了600百元。

价格综合指数(质量指数):

$$I_p = \frac{\sum p_1 q_0}{\sum p_0 q_0} = \frac{6\,205}{5\,800} = 106.98\%$$

结果表明3种商品价格综合指数为106.98%，也可理解为各种产品价格报告期比基期平均上涨了6.98%。

式中，$\sum p_1 q_0 = 6\,205$ 是假定的总销售额，可将其理解为：如果该企业报告期与基期甲、乙、丙3种商品的销售量相同，则总销售额应为6 205百元。在这种假定下，报告期较基期销售额的总变动为：

$$\sum p_1 q_0 - \sum p_0 q_0 = 6\,205 - 5\,800 = 405（百元）$$

可以理解为由于价格上涨，使销售额报告期比基期增加了405百元。

从消费者角度来分析拉氏公式计算的价格指数，它说明了在保持基期生活水准以及消费结构不变的条件下价格的综合变动程度。赞成这一计算方法者认为，编制价格指数的目的就是为了测定纯价格的相对变动，应该将商品价格变动影响需求量或供给量变动这种"价格效应"剔除掉，因此，价格指数中使用基期的物量资料（$q_0$）作为同度量因素是合适的。并且，基期的物量资料（$q_0$）在实际工作中常较报告期的物量资料（$q_1$）容易获得。

不赞成这一公式者则认为，拉氏价格指数中的分子项 $\sum p_1 q_0$ 实际上是表示基期消费商品数量（$q_0$）按报告期价格（$p_1$）去购买时的货币支出额。这显然是一种纯粹的假定，缺乏现实的经济意义。因为在实际生活中，人们总是根据市场上价格的现状和预期来调整自己的购买行为，随着收入、生活水平以及消费习惯等的变化，人们会不断地改变自己的消费数量和消费构成，而这些在拉氏价格指数中却被完全忽略了。

此外，依据拉氏公式编制的定基指数数列，因使用固定基期的同度量因素，从而可用于现象发展的对比分析。这些数列如下：

价格指数数列：$\dfrac{\sum p_1 q_0}{\sum p_0 q_0}, \dfrac{\sum p_2 q_0}{\sum p_0 q_0}, \dfrac{\sum p_3 q_0}{\sum p_0 q_0}, \cdots, \dfrac{\sum p_n q_0}{\sum p_0 q_0}$

物量指数数列：$\dfrac{\sum q_1 p_0}{\sum q_0 p_0}, \dfrac{\sum q_2 p_0}{\sum q_0 p_0}, \dfrac{\sum q_3 p_0}{\sum q_0 p_0}, \cdots, \dfrac{\sum q_n p_0}{\sum q_0 p_0}$

**2. 帕氏指数**

帕氏指数是德国的另一位经济统计学家帕舍（H. Paasche）在1874年提出的。与拉氏指数不同之处是，帕氏指数将同度量因素固定在报告期水平上，因此也称报告期综合指数。其公式如下：

物量指数：

$$I_q = \frac{\sum q_1 p_1}{\sum q_0 p_1} \tag{5.4}$$

质量指数：

$$I_p = \frac{\sum p_1 q_1}{\sum p_0 q_1} \tag{5.5}$$

【**例5.2**】 以表5-2的资料，按帕氏指数公式计算该企业三种商品销售量综合指数和价格综合指数。

**解**：销售量综合指数（物量指数）：

$$I_q = \frac{\sum q_1 p_1}{\sum q_0 p_1} = \frac{6\ 858}{6\ 205} = 110.52\%$$

结果表明：3 种商品销售量综合指数为 110.52%，即 3 种产品销售量报告期比基期平均增加了 10.52%。

$\sum q_0 p_1 = 6\ 205$ 是假定的总销售额，可将其理解为：如果该企业报告期与基期甲、乙、丙 3 种商品的销售价格相同，则总销售额应为 6 205 百元。在这种假定下，报告期较基期销售额的总变动为：

$$\sum q_1 p_1 - \sum q_0 p_1 = 6\ 858 - 6\ 205 = 653（百元）$$

可以理解为由于销售量增加，使销售额报告期比基期增加了 653 百元。

价格综合指数（质量指数）：$I_p = \dfrac{\sum p_1 q_1}{\sum p_0 q_1} = \dfrac{6\ 858}{6\ 400} = 107.16\%$

结果表明：3 种商品价格综合指数为 107.16%，即 3 种商品价格报告期比基期平均上涨了 7.16%。

$\sum p_0 q_1 = 6\ 400$ 是假定的总销售额，可将其理解为：如果该企业报告期与基期甲、乙、丙 3 种商品的销售量相同，则总销售额应为 6 400 百元。在这种假定下，报告期较基期销售额的总变动为：

$$\sum p_1 q_1 - \sum p_0 q_1 = 6858 - 6400 = 458（百元）$$

可以理解为由于价格上涨，使销售额报告期比基期增加了 458 百元。

由此可见，根据相同的数据资料，帕氏指数与拉氏指数的计算结果是有一定差异的。帕氏公式与拉氏公式相比，帕氏公式最显著的特点就是它具有现实的经济意义。例如，帕氏价格指数公式中，分子 $\sum p_1 q_1$ 是报告期的实际总销售额；分母 $\sum p_0 q_1$ 是假定的总销售额，它表示报告期消费的商品数量（$q_1$）若按基期的价格（$p_0$）购买时所需支付的金额；两者之比反映了价格变化对居民货币支出额的相对影响，两者之差则表示价格变化使报告期居民多支付或少支付的货币额。如果所研究的是单位成本或劳动生产率的变动，就能表示经济效益的变动状况。

但不赞成这一公式者认为，帕氏价格指数 $I_p$ 所采用的同度量因素是报告期的物量资料 $q_1$，它本身经常是价格、收入及心理预期等因素共同作用的结果。这其中也包括价格的影响，从基期角度看，商品销售量已经由基期的 $q_0$ 变化到报告期的 $q_1$ 了。因此，帕氏价格指数 $I_p$ 不能反映纯价格的变动，其中包含着价格和销售量的共变影响，其大小还可以通过下列分解式具体表示：

$$I_p = \frac{\sum p_1 q_1}{\sum p_0 q_1} = \frac{\sum p_1 q_0}{\sum p_0 q_0} + \frac{\sum p_1 (q_1 - q_0)}{\sum p_0 (q_1 - q_0)}$$

式中，$\dfrac{\sum p_1 (q_1 - q_0)}{\sum p_0 (q_1 - q_0)}$ 为共变影响指数。

从另一方面看，由于报告期的物量资料 $q_1$ 常常难以迅速获得，因此，将它作为同度量因素也不便于指数的编制。

此外，依据帕氏公式编制的指数数列虽然具有较现实的意义，但因它使用的是可变的同度量因素，从而使指数之间缺乏可比性。其价格指数的数列如下：

环比指数数列：$\dfrac{\sum p_1 q_1}{\sum p_0 q_1}, \dfrac{\sum p_2 q_2}{\sum p_1 q_2}, \dfrac{\sum p_3 q_3}{\sum p_2 q_3}, \cdots, \dfrac{\sum p_n q_n}{\sum p_{n-1} q_n}$

定基指数数列：$\dfrac{\sum p_1 q_1}{\sum p_0 q_1}, \dfrac{\sum p_2 q_2}{\sum p_0 q_2}, \dfrac{\sum p_3 q_3}{\sum p_0 q_3}, \cdots, \dfrac{\sum p_n q_n}{\sum p_0 q_n}$

对帕氏物量指数，也可以进行类似的分析。

从上面关于拉氏公式和帕氏公式的讨论可以看出：编制综合指数的主要环节在于综合，同度量因素的引入是关键。同度量因素不仅具有过渡或媒介作用，使原来不能直接综合对比转化为可综合对比，而且，同度量因素本身也是一种权数，通过其数值的不同，就可以衡量各种商品不同的相对重要程度，从而避免了简单综合指数实际上将各种商品同等看待的不合理性。从这个角度来归纳，拉氏指数和帕氏指数可以统称为加权综合指数，其数据计算结果可以表述为综合升(降)的百分数，也可以称之为平均升(降)的百分数。若只从计算形式上看，拉氏指数和帕氏指数的不同也仅仅是因为同度量因素所属的时期不同，前者属于基期加权综合指数，后者则属于报告期加权综合指数。

在实际工作中，习惯上人们采用拉氏指数公式来编制数量指标指数，采用帕氏指数公式来编制质量指标指数。关于拉氏指数与帕氏指数究竟哪一种形式最合适，在理论界争论已久，各有道理，读者也可以根据自己的思考提出看法。

3. 马–埃公式和理想公式

1) 马–埃公式

这是由英国大经济学家马歇尔(A. Marshall)和埃奇沃斯(F. Y. Edgeworth)于19世纪末提出的，故被称为马–埃指数或马–埃公式。该指数对拉氏指数和帕氏指数的同度量因素进行简单平均。公式具体形式如下：

$$I_p = \frac{\sum p_1 \left(\dfrac{q_0 + q_1}{2}\right)}{\sum p_0 \left(\dfrac{q_0 + q_1}{2}\right)} \tag{5.6}$$

$$I_q = \frac{\sum q_1 \left(\dfrac{p_0 + p_1}{2}\right)}{\sum q_0 \left(\dfrac{p_0 + p_1}{2}\right)} \tag{5.7}$$

2) 理想公式

理想公式(简记为 $F$)由美国经济学家沃尔什(G. M. Walsh)和庇古(P. C. Pigou)等人于1901～1902年先后提出。20世纪20年代左右，英国统计学家费希尔(R. Fisher)对各种各样的指数公式进行了研究和总结，成为指数研究领域的集大成者。他认为拉氏公式和帕氏公式都存在着偏误，并且偏误的方向相反。提出了对拉氏指数和帕氏指数的几何平均公式，在费希尔比较验证了其所具有的优良性后，将它命名为理想公式，也有人称其为费希尔指数。具体公式如下：

$$I_p = \sqrt{\frac{\sum p_1 q_1}{\sum p_0 q_1} \times \frac{\sum p_1 q_0}{\sum p_0 q_0}} \qquad (5.8)$$

$$I_q = \sqrt{\frac{\sum q_1 p_1}{\sum q_0 p_1} \times \frac{\sum q_1 p_0}{\sum q_0 p_0}} \qquad (5.9)$$

对于费希尔指数，一般都认为它缺乏直观的经济解释，更多的是数理逻辑而非经济分析的产物。事实上，它在实践中采用也是较少的，只有一些国家在计算进(出)口价格指数时用到它。因此，人们常称之为费希尔公式而非理想公式。

**4. 固定权数综合指数(杨格指数)**

固定权数综合指数由英国经济学家杨格(A. Young)提出，因此也称杨格指数。在固定加权综合指数中，同度量因素所属时期既不固定在报告期也不固定在基期，而是固定在一个特定的水平上。公式具体形式如下：

$$I_p = \frac{\sum p_1 q_n}{\sum p_0 q_n} \qquad (5.10)$$

$$I_q = \frac{\sum q_1 p_n}{\sum q_0 p_n} \qquad (5.11)$$

式中，$q_n$ 和 $p_n$ 分别表示特定的物量资料和价格水平。

由于固定权数综合指数的同度量因素不因比较时期(报告期或基期)的改变而改变，因此采用固定权数综合指数，它不但方便指数的编制，而且便于观察现象长期发展变化的趋势。

从上述综合指数的几种典型计算形式来看，它们因为同度量因素的不同而有别：无同度量因素者就是简单综合指数，有同度量因素者就是加权综合指数；同度量因素为基期的就是拉氏指数，同度量因素属于报告期的就是帕氏指数；以基期和报告期的简单算术平均数作为同度量因素就成为马—埃指数；同度量因素固定在某一特定时期的水平上就成为杨格指数；拉氏指数和帕氏指数的几何平均数被称为费希尔指数。

在实际指数计算中，把不需要借助同度量因素就能够直接加总的总量指标进行对比，属于简单综合指数，也属于广义指数概念。用式(5.12)表示：

$$I_{Pq} = \frac{\sum q_1 p_1}{\sum q_0 p_0} \qquad (5.12)$$

如，表5-2中各种商品的销售额($pq$)可以直接相加，在计算过程中，不需要同度量因素，因此，它属于简单综合指数。例如，将报告期与基期各种商品的总销售额直接对比的结果称为销售额指数，计算结果如下：

$$I_{Pq} = \frac{\sum q_1 p_1}{\sum q_0 p_0} = \frac{6\ 858}{5\ 800} = 118.24\%$$

结果表明，三种商品的总销售额指数为118.24%，即销售额报告期比基期增加了18.24%。它反应了销售总额的相对变化程度。

## 5.3 平均指数

### 5.3.1 平均指数编制的基本原理

平均指数是个体指数的加权平均数,是计算总指数的另一种形式。平均指数按平均的形式不同,又分为加权算术平均指数和加权调和平均指数两种。需要指出的是,在计算总指数中,平均指数是与综合指数这两种方法是并列的,是由于编制总指数的资料条件不同而采用的一种方式,从某种意义上说,平均指数是综合指数的变形和发展。平均指数并不是对平均数求指数,而是对若干个个体指数进行加权平均。

编制平均指数的特点是:先对比,后综合。所谓先对比就是先计算出所研究现象总体中各种事物或各个项目的指数化因素的个体指数,获得反映单个事物或单个项目指数化因素数量变动的相对数;所谓后综合就是通过选择适当的权数,采用适当的加权方法,对指数化因素的个体指数进行加权平均,把单个的个体指数综合成为总指数。可见,在平均指数的编制过程中,加权平均只是获得总指数的一种方法,是把个体指数综合成为总指数的一种手段,综合的过程就是平均的过程。实际上,针对同一现象总体和相同的指数编制范围,综合指数与平均指数的结果是一致的。如果能够具备编制范围内各种事物或各个项目的所有各因素的基期、报告期数据资料,可用综合指数公式计算。如果只能掌握各个项目的个体指数数据以及相应的权数资料,则要通过平均指数的形式来编制。

### 5.3.2 平均指数的类型

在总指数的计算过程中,习惯上以 $k_q = \dfrac{q_1}{q_0}$ 表示个体数量指标指数,以 $k_p = \dfrac{p_1}{p_0}$ 表示个体质量指标指数。对个体指数进行平均有简单平均和加权平均两类方法。简单算术平均法虽然具有计算简便、资料容易获得等优点,但未考虑到各种平均对象的相对重要程度,因此不常使用。使用较多的是加权平均法,具体分为加权算术平均指数与加权调和平均指数两种。

**1. 加权算术平均指数**

所谓加权算术平均指数就是个体指数的加权算术平均数,即采用加权算术平均的方法,对个体指数进行加权平均。如果以 $M$ 表示绝对数形式的权数,那么加权算术平均指数的基本形式为:

$$I_q = \frac{\sum k_q M}{\sum M} \tag{5.13}$$

$$I_p = \frac{\sum k_p M}{\sum M} \tag{5.14}$$

确定权数 $M$ 需要注意以下几个方面。

第一,要从相关因素的内在联系出发,根据指数编制的目的来确定。在编制综合指数时,人们已经知道,指数化因素与同度量因素是相互联系的,共同决定了可相加的量,因而在编制平均指数时，虽然不掌握同度量因素的任何资料，但在对指数化因素的个体指数进行平均时，只有以指数化因素与同度量因素共同决定的可相加的量为权数，才符合指数编制的一般原则和意义。因此，用可以加总的总量作权数 $M$，在综合指数中就是 $qp$。

第二，要采用真实的数据作为权数。因为编制指数的目的就是为了反映客观现象数量的真实变动的，作为可以相加的作为权数的总量（$qp$），真实的资料包括基期资料和报告期资料。

第三，要与编制综合指数的一般习惯相一致，以便保证计算结果的同一性。由于在习惯上，编制综合数量指标综合指数一般采用拉氏形式，所以在计算数量指标加权算术平均数指数时常用的权数为 $p_0 q_0$，根据式(5.13)得到式(5.15)：

$$I_q = \frac{\sum \frac{q_1}{q_0} p_0 q_0}{\sum p_0 q_0} = \frac{\sum k_q p_0 q_0}{\sum p_0 q_0} \tag{5.15}$$

也可以将基期 $p_0 q_0$ 作为权数代入式(5.14)，得到计算质量指标指数加权算术平均数式(5.16)：

$$I_p = \frac{\sum \frac{p_1}{p_0} p_0 q_0}{\sum p_0 q_0} = \frac{\sum k_p p_0 q_0}{\sum p_0 q_0} \tag{5.16}$$

【例 5.3】 根据表 5-1 资料，运用加权算术平均数指数公式计算销售量总指数和价格总指数。计算资料见表 5-3。

**解**：在表 5-3 中，先计算出 3 种产品销售量个体指数和基期销售额，然后将有关数据代入式(5.15)，计算销售量总指数：

$$I_q = \frac{\sum \frac{q_1}{q_0} p_0 q_0}{\sum p_0 q_0} = \frac{\frac{500}{450} \times 3\,150 + \frac{520}{500} \times 1\,750 + \frac{1\,080}{900} \times 900}{3\,150 + 1\,750 + 900} = \frac{6\,400}{5\,800} = 110.34\%$$

表 5-3　某企业三种产品加权算术平均指数计算表

| 产品类别 | 计量单位 | 销售量 | | 销售价格(元) | | 销售量个体指数 $k_q = \frac{q_1}{q_0}$ (%) | 基期销售额 $p_0 q_0$ (百元) |
|---|---|---|---|---|---|---|---|
| | | $q_0$ | $q_1$ | $p_0$ | $p_1$ | | |
| 甲 | 套 | 450 | 500 | 700 | 770 | 111.11 | 3150 |
| 乙 | 套 | 500 | 520 | 350 | 350 | 104.00 | 1750 |
| 丙 | 套 | 900 | 1 080 | 100 | 110 | 120.00 | 900 |
| 合计 | — | — | — | — | — | — | 5 800 |

或：

$$I_q = \frac{\sum k_q p_0 q_0}{\sum p_0 q_0} = \frac{111.11\% \times 3\,150 + 104\% \times 1\,750 + 120\% \times 900}{3\,150 + 1\,750 + 900} = \frac{6\,400}{5\,800} = 110.34\%$$

同样，将表 5-3 资料代入式(5.16)，即用个体价格指数 $k_p = \frac{p_1}{p_0}$ 运用加权算术平均法计算价格总指数：

$$I_p = \frac{\sum \frac{p_1}{p_0} p_0 q_0}{\sum p_0 q_0} = \frac{\frac{770}{700} \times 3\,150 + \frac{350}{350} \times 1\,750 + \frac{110}{100} \times 900}{3\,150 + 1\,750 + 900} = \frac{6\,400}{5\,800} = 106.98\%$$

不难发现,式(5.15)和式(5.16)这两式的计算结果和前面综合指数中的拉氏指数式(5.2)和式(5.3)的计算结果分别相同。这是因为当个体指数与总值权数之间存在严格的一一对应关系时,采用基期总值加权的平均指数,实际上是拉氏综合指数的变形。如下列推导关系式:

$$I_q = \frac{\sum \frac{q_1}{q_0} p_0 q_0}{\sum p_0 q_0} = \frac{\sum q_1 p_0}{\sum q_0 p_0}$$

$$I_p = \frac{\sum \frac{p_1}{p_0} p_0 q_0}{\sum p_0 q_0} = \frac{\sum p_1 q_0}{\sum p_0 q_0}$$

需要指出的是,算术平均指数不仅仅是综合指数的变形,在许多场合下它还是一种相对独立的总指数编制方法,具有比综合指数更广泛的适用性。以价格指数为例,其计算公式可变形为:

$$I_p = \frac{\sum \frac{p_1}{p_0} p_0 q_0}{\sum p_0 q_0} = \sum \frac{p_1}{p_0} \times \frac{p_0 q_0}{\sum p_0 q_0} = \sum k_p w \tag{5.17}$$

上式表明算术平均指数不仅可以用绝对数权数加权,也可以用相对数权数 $w$ 加权。而相对数权数可以根据全面资料确定也可以根据非全面资料确定。

在实际工作中,还可以将相对数权数(权重)$w$ 加以固定,便利指数编制工作,一般权重 $w$ 确定之后,一般要使用较长时间(如 3 年、5 年、10 年等),然后才调整一次,所以称它为固定权数。权重可以根据有关的普查资料、抽样调查资料或典型调查资料来确定。国内外的一些重要指数,如商品零售价格指数、消费者价格指数、生产者价格指数以及工业生产指数等,多是采用固定权数的算术平均数指数形式来编制的。

2. 加权调和平均指数

所谓加权调和平均指数就是个体指数的加权调和平均数,即采用加权调和平均的方法,对个体指数进行加权平均。如果以 $M$ 表示绝对数形式的权数,那么加权调和平均指数的基本形式为:

$$I_q = \frac{\sum M}{\sum \frac{M}{k_q}} \tag{5.18}$$

$$I_p = \frac{\sum M}{\sum \frac{M}{k_p}} \tag{5.19}$$

这里同样的问题是如何确定权数 $M$,由于在习惯上,编制质量指标综合指数一般采用帕氏形式,所以在计算质量指标加权调和平均数指数时常用的权数为 $p_1 q_1$,根据式(5.19)得到式(5.20):

$$I_p = \frac{\sum p_1 q_1}{\sum \dfrac{p_1 q_1}{k_p}} \quad \text{或} \quad I_p = \frac{\sum p_1 q_1}{\sum \dfrac{1}{\dfrac{p_1}{p_0}} p_1 q_1} \tag{5.20}$$

式(5.20)是以报告期数据 $p_1 q_1$ 为权数的加权调和平均指数，称之为质量指标报告期加权调和平均指数。也就是说，一般采用报告期加权调和平均指数来编制质量指标指数。

也可以将权数 $p_1 q_1$ 代入式(5.18)，也可得到数量指标加权调和平均数指数式(5.21)：

$$I_q = \frac{\sum p_1 q_1}{\sum \dfrac{p_1 q_1}{k_q}} \quad \text{或} \quad I_p = \frac{\sum p_1 q_1}{\sum \dfrac{1}{\dfrac{q_1}{q_0}} p_1 q_1} \tag{5.21}$$

从式(5.20)、式(5.21)分别可以推导出：

$$I_p = \frac{\sum p_1 q_1}{\sum \dfrac{p_1 q_1}{k_p}} = \frac{\sum p_1 q_1}{\sum \dfrac{1}{\dfrac{p_1}{p_0}} p_1 q_1} = \frac{\sum p_1 q_1}{\sum p_0 q_1}$$

$$I_q = \frac{\sum p_1 q_1}{\sum \dfrac{p_1 q_1}{k_q}} = \frac{\sum p_1 q_1}{\sum \dfrac{1}{\dfrac{q_1}{q_0}} p_1 q_1} = \frac{\sum p_1 q_1}{\sum p_1 q_0}$$

上述推导结果分别和式(5.4)、式(5.5)相同，说明报告期加权调和平均指数是帕氏综合指数的变形。

**【例 5.4】** 根据表 5-1 资料，运用加权调和平均数指数公式计算价格总指数和销售量总指数。资料计算见表 5-4。

**解：** 在表 5-4 中，先计算出 3 种产品价格个体指数和报告期销售额，然后将有关数据分别代入式(5.20)和式(5.21)，得到价格总指数：

表 5-4  某企业三种产品加权调和平均指数计算表

| 产品类别 | 计量单位 | 销售量 | | 销售价格(元) | | 价格个体指数 $k_p = \dfrac{p_1}{p_0}$ (%) | 报告期销售额 $p_1 q_1$(百元) |
|---|---|---|---|---|---|---|---|
| | | $q_0$ | $q_1$ | $p_0$ | $p_1$ | | |
| 甲 | 件 | 450 | 500 | 700 | 770 | 110.00 | 3 850 |
| 乙 | 件 | 500 | 520 | 350 | 350 | 100.00 | 1 820 |
| 丙 | 台 | 900 | 1 080 | 100 | 110 | 110.00 | 1 188 |
| 合计 | — | | | | | | 6 858 |

$$I_p = \frac{\sum p_1 q_1}{\sum \dfrac{p_1 q_1}{k_p}} = \frac{3\,850 + 1\,820 + 1\,188}{\dfrac{3\,850}{1.1} + \dfrac{1\,820}{1.0} + \dfrac{1\,188}{1.1}} = \frac{6\,858}{6\,400} = 107.16\%$$

用加权调和平均方法，根据销售量个体指数 $k_q = q_1/q_0$，也可计算出销售量总指数：

$$I_q = \frac{\sum p_1 q_1}{\sum \dfrac{p_1 q_1}{k_q}} = \frac{3\,850 + 1\,820 + 1\,188}{\dfrac{3\,850}{500/450} + \dfrac{1\,820}{520/500} + \dfrac{1\,188}{1080/900}} = \frac{6\,858}{6\,205} = 110.52\%$$

这两个公式的计算结果和前面综合指数中帕氏指数的计算结果对应相同。不难发现，这也是因为当个体指数与总值权数之间存在严格的一一对应关系时，采用报告期总值加权的平均指数实际上是帕氏综合指数的变形。

在实际编制指数工作中，加权调和平均指数与编制加权算术平均指数一样，公式中的权数也可以采用相对数权数。

平均指数与综合指数都是计算总指数的形式，它们之间既有联系又有区别。两者的联系是在一定条件下两种指数公式存在变形关系。两者的区别是编制指数的出发点不同，综合指数是从复杂现象总体总量出发，固定同度量因素，以观察指数化因素的变动情况，而平均指数则是从独立的个体事物出发，对个体数量的变化比率进行加权平均，以观察总体数量的平均变化程度。因此，平均指数有其自身的特点与应用价值。

## 5.4 统计指数体系和因素分析

### 5.4.1 统计指数体系

**1. 统计指数体系的含义**

许多客观现象之间是相互联系、彼此制约的。一种现象的变动往往会受到两个或更多因素共同变动的影响，这种变动与影响可以通过数量关系表现出来。在经济分析中有许多等量关系，常以乘积的形式表示，例如：

$$商品销售额=销售量×销售价格$$
$$产品总成本=产品产量×单位成本$$

这两个等式表明，销售价格和销售量的共同变动会引起商品销售额的变化，单位产品成本和产品产量的增减共同影响着产品总成本的变动。这种以乘积形式表现的现象之间的数量联系，不仅在单个事物上是成立的，而且在多种事物上也是成立的，不仅在静态上是成立的，而且它们在动态上也是成立的。在动态上成立的等量关系就形成为多个指数之间的等量关系。

以商品销售额等量关系为例。

对单个产品，上述关系可以表示为个体指数之间的联系，即：

$$\frac{p_1 q_1}{p_0 q_0} = \frac{q_1}{q_0} \times \frac{p_1}{p_0}$$

对全部产品而言，上述关系还可进一步演变为总指数之间的联系，即：

$$\frac{\sum q_1 p_1}{\sum q_0 p_0} = \frac{\sum q_1 p_0}{\sum q_0 p_0} \times \frac{\sum q_1 p_1}{\sum q_1 p_0}$$

上述单个产品和全部产品两个式子中的各现象之间的这种动态联系表现为指数之间的关系，分别形成个体指数的指数体系和总指数的指数体系，它们的含义是：

$$商品销售额指数=销售量指数×销售价格指数$$

因此，统计指数体系就是由3个或3个以上具有内在联系的指数构成的有一定数量对等关系的整体。

## 2. 统计指数体系的表现形式

在指数体系中，指数可分为两大类：一类是反映现象总变动的指数，通常表现为广义的总指数，这类指数在一个指数体系中只有一个，一般放在算式的左边；另一类是反映某一因素变动的指数，称为影响因素指数，这类指数在一个指数体系中有两个或两个以上，一般放在等式的右边。指数体系具体表现在 3 个方面：一是它具备 3 个或 3 个以上的指数；二是总变动指数等于各个影响因素指数的乘积；三是现象总变动绝对差额等于各个因素变动绝对差额之和。其一般表现形式为：

$$\frac{\sum q_1 p_1}{\sum q_0 p_0} = \frac{\sum q_1 p_0}{\sum q_0 p_0} \times \frac{\sum q_1 p_1}{\sum q_1 p_0} \tag{5.22}$$

$$\sum q_1 p_1 - \sum q_0 p_0 = \left(\sum q_1 p_0 - \sum q_0 p_0\right) + \left(\sum q_1 p_1 - \sum q_1 p_0\right) \tag{5.23}$$

在构建统计指数体系时要注意两点。

第一，指数体系的形式不是随意的，它是由现象之间客观存在的必然联系决定的。客观实际中，类似的以乘积形式表现的等量关系很多，都可以构成相应的指数体系。统计指数体系中的各个指数之间保持等式关系，就可以从相对数和绝对数两方面对现象总变动进行影响因素分析。一般地，相对数之间是乘除的关系，绝对数之间是加减的关系。

第二，指数体系构建具有假定条件。在构建指数体系时，要分析确定各个指数是属于数量指标还是质量指标。为了保持与统计指数一般编制习惯的一致性，在一个统计指数体系中，质量指标指数采用帕氏形式，数量指标指数采用拉氏形式。

## 3. 统计指数体系的作用

（1）统计指数体系对编制综合指数具有一定的指导意义。从国内外目前的指数编制实践来看，国家和区域一级的宏观经济指数的计算方法一般是采用平均指数形式的，综合指数方法则基本局限在微观领域对股票价格、单位产品成本等现象的变动考察。在这种情况下，综合指数的应用宜遵从这样的原则：质量指标指数编制采用报告期的数量指标作为同度量因素，数量指标指数编制则应以基期质量指标作为同度量因素。换言之，质量指标指数的计算宜采用帕氏公式，数量指标指数的编制须采用拉氏公式。因为在微观领域中，人们通常首先关心诸如价格、单位成本、原材料单耗、劳动生产率等具有质量指标属性的内容，而此时指数的计算结果能否较好地体现出现实经济意义，就成为主要的考虑。并且，对微观领域来说，统计和会计等经济核算也相对比较及时，获得资料的难度相对较小。因此，质量指标指数的编制选取帕氏公式是合适的。而为了保证指数体系的成立，数量指标指数的编制就只得采用拉氏公式。

（2）利用指数体系可以进行现象之间数量关系的相互推算。在实际工作中，有时会出现缺少一些必要的统计资料的情况，这时可按照现象之间的动态联系，利用指数体系将必要的资料推算出来。

【例 5.5】 某超市上年销售额为 500 万元，今年计划要求达到 600 万元。预计今年的销售价格会平均下降 2%。问该超市商品销售量要增加百分之多少，才能达到今年的销售额计划目标？

**解**：根据题意，可以建立如下指数体系：

$$商品销售额指数 = 销售价格指数 \times 商品销售量指数$$

由此可推得：$商品销售量指数 = \dfrac{商品销售额指数}{商品价格指数}$

$$商品销售额指数 = \dfrac{600}{500} = 120\%$$

$$商品销售量指数 = \dfrac{120\%}{1-2\%} = 122.45\%$$

结果表明：该超市本期商品销售量至少要增加22.45%，才能使销售额达到计划目标。

（3）可以利用指数体系进行因素分析。利用指数体系可以分析总量指标变动中的受各个因素影响的程度和影响的绝对量。如一个企业的产品总成本主要是由产量和单位产品成本这两个直接因素的影响，通过指数体系可以分析这两个因素分别对总成本的影响程度和影响的绝对额。

### 5.4.2 因素分析

**1. 因素分析及其分类**

所谓因素分析，就是利用统计指数体系中各个指数之间的数量联系关系，对现象总体总变动的各个影响因素进行分解，分析各因素变动对现象总体总变动的影响程度和绝对效果。可见，因素分析是针对受多因素影响的复杂现象总体而言的，最基本的因素分析是两因素分析。在因素分析中，必须借助统计指数体系的等式关系，遵循统计指数编制的一般原则，理清各影响因素之间的联系关系，必要时要对各个影响因素按性质进行排序。当然，由于统计指数体系具有一定的假定性，因而因素分析的结果也具有一定的假定性，即在所利用的统计指数体系的前提下说明各因素的影响程度和效果。

综合指数因素分析就是要利用综合指数体系，对现象总体某种总量指标的变动原因进行分析。因素分析按其分析的指标性质不同，可分为总量指标变动的因素分析、相对指标变动的因素分析和平均指标变动的因素分析。按其分析因素的多少不同，又可分为两因素分析和多因素分析。

**2. 因素分析的步骤**

因素分析的步骤可以分为：首先，要明确分析研究的目的和要求，确定各影响因素之间的相互关系，构建合适的统计指数体系；其次，计算指数体系中反映现象总体总变动和各影响因素变动的各个指数；最后，从相对数和绝对数两方面对影响总变动的各个因素进行综合分析说明。

**3. 总量指标变动的两因素分析**

所谓两因素是指等式右边的影响因素是两个，其中一个为数量指标指数，另一个为质量指标指数。总量指标两因素分析主要形式为式（5.22）和式（5.23）。

【**例5.6**】根据表5-1资料，对销售额总变动进行因素分析。具体计算见表5-5。

**解**：根据上述因素分析的步骤，确定资料等量关系为：商品销售额等于商品销售量乘以销售价格，建立指数体系，如式（5.22）和式（5.23）所示，再分别计算销售额指数、销售

表 5-5 某企业 3 种产品销售额变动因素分析计算表

| 产品类别 | 计量单位 | 销售量 | | 销售价格(元) | | 销售额(百元) | | |
|---|---|---|---|---|---|---|---|---|
| | | $q_0$ | $q_1$ | $p_0$ | $p_1$ | $p_0 q_0$ | $p_1 q_1$ | $p_0 q_1$ |
| 甲 | 件 | 450 | 500 | 700 | 770 | 3 150 | 3 850 | 3 500 |
| 乙 | 件 | 500 | 520 | 350 | 350 | 1 750 | 1 820 | 1 820 |
| 丙 | 台 | 900 | 1 080 | 100 | 110 | 900 | 1 188 | 1 080 |
| 合计 | — | | | | | 5 800 | 6 858 | 6 400 |

量指数和价格指数，并求出分子与分母的差额。

销售额指数：$I_{pq} = \dfrac{\sum q_1 p_1}{\sum q_0 p_0} = \dfrac{6\,858}{5\,800} = 118.24\%$

销售额报告期比基期变动的绝对额 $= \sum q_1 p_1 - \sum q_0 p_0 = 6\,858 - 5\,800 = 1\,058$（百元）

销售量总指数：$I_q = \dfrac{\sum q_1 p_0}{\sum q_0 p_0} = \dfrac{6\,400}{5\,800} = 110.34\%$

由于销售量增加使销售额增加的绝对额：

$$\sum q_1 p_0 - \sum q_0 p_0 = 6\,400 - 5\,800 = 600\,（百元）$$

价格总指数：$I_p = \dfrac{\sum p_1 q_1}{\sum p_0 q_1} = \dfrac{6\,858}{6\,400} = 107.16\%$

由于价格提高使销售额增加的绝对额：

$$\sum p_1 q_1 - \sum p_0 q_1 = 6\,858 - 6\,400 = 458\,（百元）$$

再列出相对数和绝对数等量关系式，进行影响因素综合分析说明。

$$118.24\% = 110.34\% \times 107.16\%$$
$$1\,058 = 600 + 458$$

分析说明：从相对数方面看，该企业的销售额报告期比基期增长 18.24%，是由于 3 种产品销售量增长 10.34% 和销售价格上涨 7.16% 这两个因素共同作用的结果；从绝对数方面看，该企业销售额报告期比基期增加 1058 百元，是由于销售量上升使销售额增加 600 百元和销售价格上涨使销售额增加 458 百元这两个因素共同作用的结果。

**4. 总量指标变动的多因素分析**

所谓多因素是指等式右边的影响因素有 3 个或 3 个以上因素。在构建指数体系时要注意等式右边的各因素指数的编制要遵循 3 个原则：一是在排列各个影响因素时，先排列数量指标因素，后排列质量指标因素；二是相邻两个因素的乘积要有实际意义；三是要据编制综合指数的习惯做法，即编制质量指标指数采用帕氏指数形式，编制数量指标指数采用拉氏指数形式。

如要对企业的利润额进行因素分析，可将利润额按下述方式分解为如下 3 个因素，这 3 个因素作如下排列：

$$利润额 = 销售量(q) \times 销售单价(p) \times 利润率(r)$$

式中，$qp$ 的乘积为销售额；$pr$ 的乘积为单位产品的利润额。

可得到下列指数体系：

$$\frac{\sum q_1 p_1 r_1}{\sum q_0 p_0 r_0} = \frac{\sum q_1 p_0 r_0}{\sum q_0 p_0 r_0} \times \frac{\sum q_1 p_1 r_0}{\sum q_1 p_0 r_0} \times \frac{\sum q_1 p_1 r_1}{\sum q_1 p_1 r_0} \quad (5.24)$$

$$\sum q_1 p_1 r_1 - \sum q_0 p_0 r_0$$
$$= \left(\sum q_1 p_0 r_0 - \sum q_0 p_0 r_0\right) + \left(\sum q_1 p_1 r_0 - \sum q_1 p_0 r_0\right) + \left(\sum q_1 p_1 r_1 - \sum q_1 p_1 r_0\right) \quad (5.25)$$

【例 5.7】 某企业 3 种产品的利润额资料见表 5-6，试分析销售量（$q$）、销售价格（$p$）、利润率（$r$）对利润总额（$qpr$）的影响。

表 5-6  某企业利润总额影响因素计算表

| 产品类别 | 计量单位 | 销售量 | | 销售价格(元) | | 利润率(%) | | 利润额(百元) | | | |
|---|---|---|---|---|---|---|---|---|---|---|---|
| | | $q_0$ | $q_1$ | $p_0$ | $p_1$ | $r_0$ | $r_1$ | $q_1 p_1 r_1$ | $q_1 p_1 r_0$ | $q_1 p_0 r_0$ | $q_0 p_0 r_0$ |
| 甲 | 件 | 450 | 500 | 700 | 770 | 8 | 9 | 346.5 | 308.0 | 280.0 | 252.0 |
| 乙 | 件 | 500 | 520 | 350 | 350 | 7 | 11 | 200.2 | 127.4 | 127.4 | 122.5 |
| 丙 | 台 | 900 | 1080 | 100 | 110 | 12 | 10 | 118.8 | 142.6 | 129.6 | 108.0 |
| 合计 | — | — | — | — | — | — | — | 665.5 | 578.0 | 537.0 | 482.5 |

**解：** 首先，资料中的等量关系为：利润额＝销售量×销售价格×利润率，由此建立指数体系，如式（5.24）和式（5.25），分别计算利润额指数、销售量指数、销售价格指数和利润率指数，并求出分子与分母的差额。

（1）利润额总指数：$I_{利润} = \dfrac{\sum q_1 p_1 r_1}{\sum q_0 q_0 r_0} = \dfrac{665.5}{482.5} = 137.93\%$

利润额报告期比基期增加 37.93%，绝对额为：

$$\sum q_1 p_1 r_1 - \sum q_0 p_0 r_0 = 665.5 - 482.5 = 183（百元）$$

（2）销售量指数：$I_q = \dfrac{\sum q_1 p_0 r_0}{\sum q_0 q_0 r_0} = \dfrac{537.0}{482.5} = 111.30\%$

销售量报告期比基期增长了 11.30%，由此而增加的利润额为：

$$\sum q_1 p_0 r_0 - \sum q_0 p_0 r_0 = 537.0 - 482.5 = 54.5（百元）$$

（3）销售价格指数：$I_p = \dfrac{\sum q_1 p_1 r_0}{\sum q_1 q_0 r_0} = \dfrac{578}{537} = 107.64\%$

销售价格报告期比基期提高 7.64%，由此而增加的利润额为：

$$\sum q_1 p_1 r_0 - \sum q_1 p_0 r_0 = 578 - 537 = 41（百元）$$

（4）利润率指数：$I_r = \dfrac{\sum q_1 p_1 r_1}{\sum q_1 q_1 r_0} = \dfrac{665.5}{578} = 115.14\%$

利润率报告期比基期提高 115.14%，由此而增加的利润额为：

$$\sum q_1 p_1 r_1 - \sum q_1 p_1 r_0 = 665.5 - 578 = 87.5（百元）$$

根据上述计算结果,列出等量关系式如下:
$$137.94\% = 111.30\% \times 107.64\% \times 115.14\%$$
$$183 = 54.5 + 41 + 87.5$$

分析说明:从相对数方面看,报告期和基期相比利润额增长了37.93%,这是由于销售量增加11.3%、销售价格提高7.64%和利润率提高15.14%这3方面因素综合作用的结果;利润总额增加183万元,这是由于销售量增加而增加利润54.5万元、销售价格提高而增加利润41万元和利润率提高而增加利润87.5万元这三个因素共同影响的结果。

5. 平均指标变动的因素分析

前面介绍的平均指数,它是对个体指数进行加权平均的结果,是总指数计算的方法之一。这里介绍的平均指标指数和前面的平均指数是不同的。

平均指标指数也称总平均数指数,它是两个不同时期的平均指标数值对比形成的指数。如平均工资指数、劳动生产率指数就属于平均指标指数。计算平均指标指数的目的并不是仅仅为了了解平均指标本身数值的变动程度,有时也需要了解平均指标的数值变动的影响因素。

平均指标指数是对总体平均指标变动的测定,平均指标指数有两个特点:第一,它是利用分组资料计算的指数。它所测定的总平均数是对组平均数的加权平均,其权数是各组的单位数。总平均数即加权算术平均数,其表现形式为:

$$\bar{x} = \frac{\sum x_i f_i}{\sum f_i}$$

式中,被平均标志 $x_i$ 为各组平均水平;权数 $f_i$ 为各组单位数。

平均指标指数所综合的是可以同度量的变量,是不同地区、不同单位的某一变量值,无需采用同度量因素。

第二,从作用看,总平均数指数除了测定总体平均指标变动程度之外,还测定了总体内部各组平均数变动和各组权数(结构变动)对总平均指标变动的影响。

分析平均指标的变动,需要计算以下3种指数。

1) 可变构成指数

可变构成指数也就是平均指标指数,它是分析总平均数的变动程度的。计算形式为:

$$I_{\bar{x}} = \frac{\bar{x}_1}{\bar{x}_0} = \frac{\dfrac{\sum x_1 f_1}{\sum f_1}}{\dfrac{\sum x_0 f_0}{\sum f_0}} \tag{5.26}$$

2) 固定构成指数

固定构成指数是分析总体内部各组平均水平变动对总平均指标的影响程度大小的。计算形式为:

$$I_x = \frac{\dfrac{\sum x_1 f_1}{\sum f_1}}{\dfrac{\sum x_0 f_1}{\sum f_1}} \tag{5.27}$$

3) 结构变动影响指数

结构变动影响指数是分析总体内部各组权重(结构变动)对总平均指标变动的影响的。计算公式为：

$$I_f = \frac{\frac{\sum x_0 f_1}{\sum f_1}}{\frac{\sum x_0 f_0}{\sum f_0}} \qquad (5.28)$$

在分组情况下，算术平均指标的总变动受两个因素的影响，它们是各组平均水平和各组单位数占总体单位总数的比重。因此，可以采用指数体系来分析这两个因素对总平均指标变动的影响程度，指数体系的形式如下：

相对数形式：$I_{\bar{x}} = I_x \times I_f$

$$\frac{\bar{x}_1}{\bar{x}_0} = \frac{\frac{\sum x_1 f_1}{\sum f_1}}{\frac{\sum x_0 f_0}{\sum f_0}} = \frac{\frac{\sum x_1 f_1}{\sum f_1}}{\frac{\sum x_0 f_1}{\sum f_1}} \times \frac{\frac{\sum x_0 f_1}{\sum f_1}}{\frac{\sum x_0 f_0}{\sum f_0}} \qquad (5.29)$$

或令：$\bar{x}_n = \frac{\sum x_0 f_1}{\sum f_1}$，则平均指标变动因素分析的指数体系可用如下简明形式表示：

$$\frac{\bar{x}_1}{\bar{x}_0} = \frac{\bar{x}_1}{\bar{x}_n} \times \frac{\bar{x}_n}{\bar{x}_0}$$

绝对数形式：

$$\frac{\sum x_1 f_1}{\sum f_1} - \frac{\sum x_0 f_0}{\sum f_0} = \left(\frac{\sum x_1 f_1}{\sum f_1} - \frac{\sum x_0 f_1}{\sum f_1}\right) + \left(\frac{\sum x_0 f_1}{\sum f_1} - \frac{\sum x_0 f_0}{\sum f_0}\right) \qquad (5.30)$$

或：$\bar{x}_1 - \bar{x}_0 = (\bar{x}_1 - \bar{x}_n) + (\bar{x}_n - \bar{x}_0)$

下面以某厂工人奖金总额为例说明总量指标多因素分析的步骤。

【例 5.8】 某工厂的熟练工和非熟练工的人数构成及其月奖金水平见表 5-7。试据此分析该厂工人总平均奖金变动的程度和影响总平均奖金变动的原因。

表 5-7 某工厂工人构成及奖金水平情况

| 工人组别 | 工人数(人) | | 月平均奖金(元) | | 奖金总额(元) | | |
|---|---|---|---|---|---|---|---|
| | 基期 $f_0$ | 报告期 $f_1$ | 基期 $x_0$ | 报告期 $x_1$ | 基期 $x_0 f_0$ | 报告期 $x_1 f_1$ | 假定 $x_0 f_1$ |
| 熟练工 | 600 | 550 | 700 | 780 | 420 000 | 429 000 | 385 000 |
| 非熟练工 | 400 | 850 | 400 | 450 | 160 000 | 382 500 | 340 000 |
| 合计 | 1 000 | 1 400 | 580 | 579.4 | 580 000 | 811 500 | 725 000 |

解：根据表 5-7 资料，经计算可知该厂基期和报告期工人的月总平均奖金分别为：

$$\bar{x}_0 = \frac{\sum x_0 f_0}{\sum f_0} = \frac{58\,000}{1\,000} = 580\,(\text{元})$$

$$\bar{x}_1 = \frac{\sum x_1 f_1}{\sum f_1} = \frac{811\,500}{1\,400} = 579.64\,(元)$$

$$\bar{x}_n = \frac{\sum x_0 f_1}{\sum f_1} = \frac{725\,000}{1\,400} = 517.86\,(元)$$

(1) 计算可变构成指数 $I_{\bar{x}}$

$$I_{\bar{x}} = \frac{\bar{x}_1}{\bar{x}_0} = \frac{\dfrac{\sum x_1 f_1}{\sum f_1}}{\dfrac{\sum x_0 f_0}{\sum f_0}} = \frac{579.64}{580} = 99.94\%$$

这里，月平均奖金可变构成指数 $I_{\bar{x}}$ 是熟练工和非熟练工报告期月总平均奖金 ($\bar{x}_1$) 与其基期月总平均奖金 ($\bar{x}_0$) 的比率，反映了组平均奖金 $x$ 和工人人数构成 $\left(\dfrac{f}{\sum f}\right)$ 两个因素变动的共同影响。两者的绝对差额为：

$$\bar{x}_1 - \bar{x}_0 = 579.64 - 580 = -0.36\,(元)$$

说明该厂工人报告期的月总平均奖金比基期下降 0.36 元。而从表 5-7 中看出，熟练工和非熟练工各自的情况来看，他们的月平均奖金均提高了。所以要进一步分析其变动原因。

(2) 计算固定构成指数 $I_x$

$$I_x = \frac{\bar{x}_1}{\bar{x}_n} = \frac{\dfrac{\sum x_1 f_1}{\sum f_1}}{\dfrac{\sum x_0 f_1}{\sum f_1}} = \frac{579.64}{517.86} = 111.93\%$$

这里，月平均奖金固定构成指数 $I_x$ 将熟练工和非熟练工的人数结构固定在报告期水平 $\dfrac{f_1}{\sum f_1}$ 上，从而反映了组平均奖金的变动由基期水平 $x_0$ 到报告期水平 $x_1$ 对熟练工和非熟练工月总平均奖金水平变动的影响程度。计算结果表明，由于熟练工和非熟练工奖金水平的提高应使其总平均奖金增加 11.93%，增加的绝对额为：

$$\bar{x}_1 - \bar{x}_n = 579.64 - 517.86 = 61.78\,(元)$$

(3) 计算结构影响指数 $I_f$

$$I_f = \frac{\bar{x}_n}{\bar{x}_0} = \frac{\dfrac{\sum x_0 f_1}{\sum f_1}}{\dfrac{\sum x_0 f_0}{\sum f_0}} = \frac{517.86}{580} = 89.29\%$$

这里，月平均奖金构成影响指数 $I_x$ 将熟练工和非熟练工的月平均奖金固定在基期水平 ($x_0$) 上，从而反映了工人人数结构的变动，即从基期的 $\dfrac{f_0}{\sum f_0}$ 到报告期的 $\dfrac{f_1}{\sum f_1}$ 对熟练工和非熟练工月总平均奖金水平变动的影响程度。计算结果表明，非熟练工基期所占的比重为 40%，而报告期却增加到 60.71%，由于其奖金基数较低，从而使全厂报告期的总平均奖金减少 10.71%，减少的绝对额为：

$$\bar{x}_n - \bar{x}_0 = 517.86 - 580 = -62.14（元）$$

（4）通过指数体系进行综合分析

将数据代入 $I_{\bar{x}} = I_x \times I_f$ 得：

$$99.94\% = 111.93\% \times 89.29\%$$

同样，绝对量之间存在的等式关系为：

$$\bar{x}_1 - \bar{x}_0 = (\bar{x}_1 - \bar{x}_n) + (\bar{x}_n - \bar{x}_0)$$

代入数据可得：

$$-0.36 元 = 61.78 元 + (-62.14 元)$$

分析说明：该厂职工的月总平均奖金报告期比基期下降了 0.06%，绝对额减少了 0.36 元。其具体原因是：由于熟练工和非熟练工各自的月平均奖金的提高，使其增加 11.93%，增加的绝对数额为 61.78 元；还由于奖金水平相对较低的非熟练工在报告期的人数比重上升幅度较大和奖金水平较高的熟练工人数比重下降；使其下降 10.71%，下降的绝对数额为 62.14 元，是这两个原因共同影响的结果。

在分析现象总量的变动情况时，有时仅仅使用总指数体系或平均指标指数体系进行分析是不够的，因此，还要把两种指数体系结合起来应用

## 5.5 几种重要的经济指数简介

### 5.5.1 工业生产指数（IPI）

工业生产指数用来反映工业产品产量的总体增长情况，测算一国或地区的工业生产的发展速度。该指数是进行经济预警分析的基本指标，是衡量经济运行态势的重要指针之一。世界大多数国家和地区都编制有自己的工业生产指数，联合国统计部门也编制世界工业生产指数，在国际货币基金组织（IMF）建立的数据公布通用系统（GDDS）中也要求其加入者按月发布制造业或工业的生产指数。

在商品分类和代表品选择上，大多数国家的工业生产指数包括矿业（初级产品）、制造业和公用事业（电、煤气和自来水供应等）3 个部门，个别国家还将建筑业纳入其中，而有些国家则只编制制造业的生产指数。在公式选择上，一般选用基期加权算术平均指数或其修正形式。即：

$$I_q = \frac{\sum \frac{q_1}{q_0} pq}{\sum pq} = \frac{\sum k_q pq}{\sum pq} \tag{5.33}$$

这里，权数 $pq$ 是某一特定时期（常为普查年份）的工业增加值，即总产出扣除各种中间消耗后的余额，但包括固定资产折旧在内。利用增加值而不是总产出作为权数，能更准确地反映出工业生产量的变化情况，这种做法已成为一种国际惯例。

我国现行的工业生产指数编制过程是：先用报告期现行价格工业总产值乘以上年工业增加值率得到报告期现行价格工业增加值；再除以报告期工业品出厂价格指数，从而消除

价格变动因素，得到报告期可比价格工业增加值；最后，用报告期的可比价格工业增加值除以基期现行价格工业增加值，就得到工业发展速度，即可比价工业增加值发展速度。用公式表示为：

$$报告期可比价工业增加值 = \frac{报告期现价工为总产值 \times 上年工业增加值率}{报告期工业品出厂价格指数} \quad (5.34)$$

$$工业发展速度 = \frac{报告期可比价工业增加值}{基期现价工业增加值} \quad (5.35)$$

### 5.5.2 生产者价格指数（PPI）

商品从生产者到消费者转移的过程，形成了流通领域中的批发和零售活动。批发的商品不仅包括消费品，也包括生产资料。因批发价格的敏感性较强，据此编制的指数受到世界各国政府和企业的重视，是历史最悠久和最重要的价格指数之一。按照商品的流通环节，批发有第一次、第二次、……不同阶段，各国在编制批发价格指数时所采用的价格形式也不尽相同，指数的多少和繁简程度也相差较大，但一般都编制有第一次批发价格（即生产者所得价格）指数，并称之为生产者价格指数（Producer Price Index）。

在公式选择上，生产者价格指数一般也采用基期加权算术平均法或其修正式来计算，即：

$$I_p = \frac{\sum \frac{p_1}{p_0} p_0 q_0}{\sum p_0 q_0} = \frac{\sum k_p p_0 q_0}{\sum p_0 q_0} \quad (5.36)$$

或

$$I_p = \frac{\sum \frac{p_1}{p_0} p_0 q}{\sum p_0 q} = \frac{\sum k_p p_0 q}{\sum p_0 q} \quad (5.37)$$

式中，$q$ 为某一特定时期的生产者产品销售量。

美国劳工部劳工统计局按月公布的美国生产者价格指数所采用的权数就是生产者第一次的销售额，即生产、加工或进口商品的净销售额。

### 5.5.3 消费者价格指数（CPI）

消费者价格指数是用来测定城乡中等收入家庭（有些国家称之为"平均人"）生活用品和服务价格的变化情况。通过它可以衡量通货膨胀程度，并作为工资、津贴调整的依据，是国际上通用的分析一国或地区的价格总水平和宏观经济形势的重要指标之一。它也是GDDS所要求的按月公布的基本经济指数之一。

我国现行居民消费价格指数的编制要点如下。

1. **代表规格品的选择**

现行国家统计制度规定将居民消费的商品分为 8 大类：①食品；②烟酒及用品；③衣着；④家庭设备用品及维修服务；⑤医疗保健及个人用品；⑥交通和通信；⑦娱乐教育文化用品及服务；⑧居住等。每个大类包括若干个中类，中类之下又有基本分类，基本分类中包括若干代表规格品并确定权数，见表 5-7。

2. **基本分类商品价格指数的计算**

对所选代表性商品使用的是全社会综合平均价。一种商品的综合平均价是该商品在一定时期内的牌价、议价、市价的加权平均,其权数是各种价格形式的商品零售量或零售额。根据每种代表品基期和报告期的综合平均价,计算每种商品的价格指数。

**3. 权数的确定**

我国目前的零售价格总指数是采用加权算术平均形式计算的,其权数是根据上年商品零售额资料,并根据当年住户调查资料予以调整后确定的。在确定权数时,先确定各大类权数,然后确定小类权数,最后确定商品权数。权数均以百分比表示,各层权数之和等于100。为便于计算权数一律取整数。

**4. 指数的计算**

其计算公式为:

$$k_{ti} = \frac{p_{ti}}{p_{(t-1)i}} \quad i=1, 2, \cdots, n \tag{5.38}$$

式中,$k_{ti}$ 代表 $t$ 期第 $i$ 种代表规格品的环比价格指数,如果所属代表规格品有 $n$ 种,就可以分别计算 $n$ 个环比价格指数。

$$I_p = \frac{\sum k_p w}{\sum w} \tag{5.39}$$

式中,$k_p$ 为个体指数或各层的类指数;$w$ 为各层零售额比重权数。

具体计算过程是:先分别计算出各代表规格品基期和报告期的全社会综合平均价,并计算出相应的价格指数;然后分层逐级计算小类、中类、大类和总指数。

【例 5.9】 现以表 5-8 中食品类部分数据和其他各大类数据资料,说明价格总指数的编制和计算过程。

表 5-8 零售价格总指数计算表

| 商品类别及名称 | 代表规格品 | 计量单位 | 平均价格(元) | | 权数(w)/(%) | 指数(%)$I_P$ |
| --- | --- | --- | --- | --- | --- | --- |
| | | | $p_0$ | $p_1$ | | |
| 总指数 | — | — | — | — | 100 | 115.1 |
| 1. 食品类 | | | | | 51 | 117.5 |
| 　1) 粮食 | | | | | 35 | 105.3 |
| 　　细粮 | — | — | — | — | 65 | 105.6 |
| 　　　面粉 | 标准 | kg | 2.40 | 2.52 | 40 | 105.0 |
| 　　　大米 | 梗米标一 | kg | 3.50 | 3.71 | 60 | 106.0 |
| 　　粗粮 | | | | | 35 | 104.8 |
| 　2) 副食品 | — | — | — | — | 45 | 125.4 |
| 　3) 烟酒茶 | | | | | 11 | 126.0 |
| 　4) 其他食品 | | | | | 9 | 114.8 |
| 2. 衣着类 | | | | | 20 | 115.2 |
| 3. 日用品类 | — | — | — | — | 11 | 109.5 |
| 4. 文化娱乐用 | — | — | — | — | 5 | 110.4 |

续表

| 商品类别及名称 | 代表规格品 | 计量单位 | 平均价格(元) | | 权数(w) / (%) | 指数(%)$I_P$ |
|---|---|---|---|---|---|---|
| | | | $p_0$ | $p_1$ | | |
| 5. 书报杂志类 | — | — | — | — | 2 | 108.6 |
| 6. 药及医疗用品类 | — | — | — | — | 6 | 116.4 |
| 7. 建筑装潢材料类 | — | — | — | — | 2 | 114.5 |
| 8. 燃料类 | — | — | — | — | 3 | 105.6 |

（1）计算出各代表规格品的价格指数。如面粉个体价格指数为：

$$k = \frac{p_1}{p_0} = \frac{2.52}{2.40} = 105.0\%$$

（2）根据各代表规格品的价格指数及给出的相应权数，加权算术平均计算小类指数。如细粮类价格指数为：

$$I_p = \frac{\sum kw}{\sum w} = \frac{105\% \times 40 + 106\% \times 60}{100} = 105.6\%$$

（3）根据各小类指数及相应的的权数，加权算术平均计算中类指数。如粮食类价格指数为：

$$I_p = \frac{\sum kw}{\sum w} = \frac{105.6\% \times 65 + 104.8\% \times 35}{100} = 105.3\%$$

（4）根据各中类指数及相应的权数，加权算术平均计算大类指数。如食品类价格指数为：

$$I_p = \frac{\sum kw}{\sum w} = \frac{105.3\% \times 35 + 125.4\% \times 45 + 126.0\% \times 11 + 114.8\% \times 9}{100}$$
$$= 117.5\%$$

（5）根据各大类指数及相应的权数，加权算术平均计算总指数。即

$$I_p = \frac{\sum kw}{\sum w} = \frac{117.5\% \times 51 + 115.2\% \times 11 + 109.5\% \times 11 + 108.6\% \times 2 + 116.4\% \times 6 + 114.5\% \times 2 + 105.6\% \times 3}{100}$$
$$= 115.1\%$$

### 5.5.4 货币购买力指数

货币购买力是指单位货币所能购买商品或非商品性劳务的数量。货币购买力的变化对城乡居民生活具有直接的意义：当居民的生活费收入不变，而货币购买力提高时，则居民消费水平也会提高；相反，当货币购买力降低时，则居民消费水平也随之降低。因此，居民消费水平与货币购买力的变化成正比。货币购买力与商品价格和劳务价格的变动成反比，当消费品与劳务价格降低，则单位货币所能购买的商品和服务的数量增加；若消费品与劳务价格提高，单位货币所能购买的商品和服务的数量则减少。由此可见，货币购买力与消费品价格及劳务价格是倒数关系。利用这种关系可推算货币购买力指数为：

$$货币购买力指数 = \frac{1}{居民消费价格指数} \tag{5.40}$$

货币购买力指数反映的是每单位货币中商品及劳务含量的变化，居民消费价格指数反映的是每单位商品及劳务中货币含量的变化，两者分别从两个不同的侧面反映商品、劳务与货币的关系。

### 5.5.5 股票价格指数

股票作为一种特殊的金融商品也有价格。广义的股票价格包括票面价格、发行价格、账面价格、清算价格、内在价格、市场价格等。狭义的股票价格即通常所说的市场价格，也称股票行市。它完全随股市供求行情变化而涨落。股票价格指数是根据精心选择的那些具有代表性和敏感性强的样本股票某时点平均市场价格计算的动态相对数，用以反映某一股市股票价格总的变动趋势。股价指数的单位习惯上用"点"表示，即以基期为100（或1 000），每上升或下降1个单位称为1点。股价指数计算的方法很多，但一般以发行量为权数进行加权综合。其公式为：

$$I_p = \sum p_{1i} q_i / \sum p_{0i} q_i \tag{5.41}$$

式中，$p_{1i}$和$p_{0i}$分别为报告期和基期样本股的平均价格；$q_i$第$i$种股票的报告期发行量（也有采用基期的）。

股价指数是反映证券市场行情变化的重要指标，不仅是广大证券投资者进行投资决策分析的依据，而且也被视为一个地区或国家宏观经济态势的"晴雨表"。世界各地的股票市场都有自己的股票价格指数。在一个国家里，同一股市往往有不同的股票价格。

常见的股票价格指数有：道—琼斯股票价格平均指数、香港恒生指数、上海证券交易所股价指数、深圳证券交易所股价指数、央视50指数等。

### 5.5.6 农副产品收购价格指数

农副产品收购价格指数可以考察收购价格变化对农业生产者收入和商业部门支出的影响。我国的农副产品收购价格指数的编制方法是，各类农副产品中选择若干种主要产品，以它们各自的报告期收购额作为权数，加权调和平均得到各类别的农副产品收购价格指数和农副产品收购价格总指数，公式为：

$$I_p = \frac{\sum p_1 q_1}{\sum \frac{1}{k_p} p_1 q_1} \tag{5.42}$$

式中，$k_p$为入编指数的各种农副产品的个体价格指数。

采用加权调和平均法的原因在于：农副产品的收购季节性强，时间比较集中，产品品种相对较少，在期末能够较迅速地取得各种农副产品收购额和代表规格品的价格资料。

# 本 章 小 结

1. 狭义的统计指数是指反映复杂现象总体某一方面数量综合变化方向和程度的相对数。指数具有综合性、平均性、相对性和代表性的特点。统计指数按研究的范围不同，分为个体指数和总指数统计指数；按指数化指标的性质不同，分为数量指标指数和质量指标指数；统计指数按对比的性质不同,可以分为动态指数与静态指数。总指数按计算方式不同,分为综合指数和平均指数。

2. 综合指数的特点是:先综合,后对比。综合指标常用的编制方法是拉氏指数和帕氏指数。习惯上一般用拉氏指数形式编制数量指标指数,用帕氏指数形式编制质量指标指数。

3. 平均指数的特点是先对比,后综合。平均指数是个体指数的加权平均数。它具体又分为加权算术平均指数和加权调和平均指数两种。

4. 统计指数体系就是由3个或3个以上具有内在本质联系的统计指数所组成的有机整体。利用统计指数体系可以对复杂现象总体的数量变化进行因素分析。

5. 因素分析的步骤为:首先是要明确分析研究的目的和要求,确定各影响因素之间的相互关系,构造合适的统计指数体系;其次是选用合适的指数形式计算出反映现象总体总变动和各影响因素变动的指数;最后是从相对数和绝对数两方面对各影响因素进行综合分析和验证。建立多因素指数体系时要遵循两个原则:一是在排列各个影响因素时,先排列数量指标因素,后排列质量指标因素;二是相邻两个因素的乘积要有实际含义。

# 习 题

## 一、简答题

1. 什么是统计指数?其主要作用是什么?
2. 统计指数是如何分类的?
3. 编制总指数有哪两类方法?对于同一资料,它们之间有何联系?
4. 编制数量指标综合指数和质量指标综合指数时,确定同度量因素的习惯做法是什么?
5. 什么是统计指数体系?有何作用?
6. 什么是因素分析?其步骤有哪些?
7. 平均数指数和平均指标指数有什么不同?如何进行平均指标变动的影响因素分析?

## 二、单项选择题

1. 统计指数根据研究的范围不同,可分为(    )。
   A. 个体指数和总指数　　　　　　B. 综合指数和平均指数
   C. 数量指数和质量指数　　　　　D. 动态指数和静态指数
2. 综合指数的特点是(    )。
   A. 先综合后对比　　　　　　　　B. 先对比后综合
   C. 只对比不综合　　　　　　　　D. 只综合不对比
3. 编制质量指标综合指数的习惯上是采用(    )作同度量因素。
   A. 报告期数量指标　　　　　　　B. 基期数量指标
   C. 报告期质量指标　　　　　　　D. 基期质量指标
4. 在掌握基期几种产品产值和几种产品产量个体指数资料的条件下,计算产量总指数应采用(    )公式。
   A. 综合指数　　　　　　　　　　B. 加权调和平均数指数
   C. 加权算术平均数指数　　　　　D. 可变构成指数
5. 某地区职工工资水平本年比上年提高了5%,职工人数增加了2%,则工资总额增加了(    )。
   A. 7%　　　　B. 7.1%　　　　C. 10%　　　　D. 11%

6. 单位产品成本报告期比基期下降5%，产量增加5%，则生产费用（　　）。
   A. 增加　　　　B. 降低　　　　C. 不变　　　　D. 难以判断
7. 某地区居民以同样多的人民币，报告期比基期少购买5%的商品，则该地的物价（　　）。
   A. 上涨了5%　　B. 下降了5%　　C. 上涨了5.3%　　D. 下降了5.3%
8. 若劳动生产率可变构成指数为134.5%，职工人数结构影响指数为96.3%，则劳动生产率固定构成指数为（　　）。
   A. 39.67%　　B. 139.67%　　C. 71.60%　　D. 129.52%

### 三、多项选择题

1. 2012年全国工业品出厂价格指数104.9%，这是（　　）。
   A. 数量指数　　B. 质量指标指数　　C. 总指数　　D. 个体指数
   E. 平均指标指数
2. 编制综合指数时，同度量因素的作用是（　　）。
   A. 同度量作用　　B. 比较作用　　C. 权数作用
   D. 稳定作用　　E. 平衡作用
3. 平均指数（　　）。
   A. 是对个体指数的加权平均
   B. 计算形式有加权算术平均和加权调和平均
   C. 权数有实际总量指标或固定权数
   D. 可以用非全面资料计算
   E. 也称为平均指标指数
4. 加权综合指数的特点是（　　）。
   A. 它是由两个总量指标对比而得到的
   B. 分子或分母中有一个假定指标
   C. 固定一个或一个以上因素，仅观察其中一个因素的变动
   D. 编制时不需要同度量因素.
   E. 编制时需要全面资料
5. 加权算术平均指数是一种（　　）。
   A. 平均指数　　B. 综合指数　　C. 总指数
   D. 个体指数平均数　　E. 平均指标指数

### 四、计算分析题

1. 某公司下属三个企业生产某种产品，其报告期和基期的产量及单位成本的资料如下。

| 企　业 | 产品产量(万件) | | 单位成本(元/件) | |
| --- | --- | --- | --- | --- |
| | 基期 | 报告期 | 基期 | 报告期 |
| 甲 | 20 | 30 | 10 | 9.5 |
| 乙 | 15 | 15 | 11 | 10 |
| 丙 | 15 | 20 | 9 | 8.8 |

要求：(1)计算产量总指数、单位成本总指数和总成本指数。
(2) 对公司总成本变动的原因进行因素分析。

2. 假设某企业 3 种商品的销售额及价格资料如下。

| 商品 | 销售额（万元） | | 报告期价格比基期增（＋）或减（－）% |
|---|---|---|---|
| | 基期 | 报告期 | |
| 甲 | 50 | 90 | ＋10 |
| 乙 | 70 | 100 | ＋8 |
| 丙 | 80 | 60 | －4 |
| 合计 | 200 | 250 | — |

试计算价格总指数和销售量总指数。

3. 假设某企业 3 种商品的销售额及价格资料如下。

| 商品 | 销售额（万元） | | 报告期销售量比基期＋、－％ |
|---|---|---|---|
| | 基期 | 报告期 | |
| 甲 | 50 | 90 | ＋10 |
| 乙 | 70 | 100 | ＋8 |
| 丙 | 80 | 60 | －4 |
| 合计 | 200 | 250 | — |

要求运用指数体系对该企业商品销售额的变动进行因素分析。

4. 某地区今年农副产品收购额 40 亿元，比去年增长 10%，农副产品价格比去年提高 5.6%。试推算今年农副产品收购量指数，并分析收购量的变动对农户收入的影响。

5. 某企业 2013 年第一季度生产量及劳动资料资料如下表。

| 指标 | 计量单位 | 基期 | 报告期 |
|---|---|---|---|
| 某产品产量 | 万件 | 175 | 186.3 |
| 平均生产工人数 | 人 | 1 000 | 900 |
| 平均每工人工作天数 | 日 | 25 | 23 |
| 平均每天工作小时数 | 时 | 7 | 7.5 |
| 平均每工时产量 | 件/时 | 10 | 12 |

要求：根据上表资料，建立指数体系，从相对数和绝对数两方面对产量变动进行因素分析。

6. 宏发公司基期和报告期员工人数及工资资料如下。

| | 员工数（人） | | 平均工资（万元） | |
|---|---|---|---|---|
| | 基期 | 报告期 | 基期 | 报告期 |
| 部门经理 | 16 | 10 | 2 | 2.4 |
| 一般职员 | 100 | 150 | 1.2 | 1.4 |

试分析各类员工结构和平均工资水平的变动对总平均工资变动的影响情况。

# 第 6 章　抽样与参数估计

**本章教学要点**

| 知 识 要 点 | 掌握程度 | 相 关 知 识 |
|---|---|---|
| 抽样推断基本问题 | 熟悉 | 参数、统计量、抽样组织方式 |
| 抽样推断数理基础 | 理解 | 正态分布、大数定律与中心极限定理 |
| 抽样分布与抽样误差 | 重点掌握 | 抽样分布、抽样误差 |
| 参数估计 | 重点掌握 | 点估计、区间估计、样本容量的确定 |

**本章技能要点**

| 技 能 要 点 | 掌握程度 | 应 用 方 向 |
|---|---|---|
| 抽样组织方式 | 熟悉 | 抽样的组织 |
| 大数定律与中心极限定理 | 了解 | 大数定律与中心极限定理的应用思想 |
| 参数估计 | 重点掌握 | 对总体均值、比率、方差进行估计 |
| Excel 在参数估计中的运用 | 掌握 | 利用 Excel 进行区间估计 |

### 正态分布与面包重量

第二次世界大战后期，德国生活物资特别紧缺，政府决定对面包实行配给制。具体做法是，政府有关部门先把面粉发给指定的面包房，然后将烤好的面包分发给居民。有一个懂得统计知识的人，怀疑他所在社区的面包师傅私吞面粉，于是就每天称一下发给自己面包的重量。几个月以后，他去找面包师傅，说："政府规定配给的面包是 400 克，因为模具和其他因素，你做的面包可能是 398、399 克，也可能是 401、402 克，按照统计学的正态分布原理，这么多天的面包重量平均应该等于 400 克，可是你发给我的面包平均重量是 398 克。我有理由怀疑你使用容量较小的模具，私吞了面粉。"面包师傅承认确实私吞了面粉，再三道歉，并保证马上更换正常容量的模具。又过了几个月，这个人又去找这个面包师傅，说："虽然这几个月你给我的面包都在 400 克以上，这可能是因为你没有私吞面粉，也可能是因为你从面包里特意挑大的给我。根据正态分布原理，这么多天不可能没有低于 400 克的面包，所以我认为你只给了我比较大的面包，而不是更换了正常容量的模具。我会立刻要求政府检查你的模具。"面包师傅只好当众认错道歉，接受处罚。

在日常生活中人们经常会自觉或不自觉地用到抽样推断的思维方法。例如，当人们想买某种水果时，往往想知道这种水果的味道如何，通常会从中挑一个品尝一下，再决定是否购买；又如人们在做菜时，有时要尝一尝菜的味道如何，并不需要把整盘菜都吃完；等等。这些习惯做法虽然不是真正意义上的抽样推断，但它已经包含着抽样推断的思维了。本书所介绍的抽样推断，是一种基于严密数理逻辑基础的现代统计方法，它包括抽样技术和统计推断两个方面，而统计推断又可分为参数估计和假设检验两种形式。

## 6.1 抽样推断的基本问题

### 6.1.1 抽样推断的概念及特点

抽样推断就是从研究对象总体的所有单位中，按照随机性原则抽取部分单位作为样本，然后以样本的观测结果，对总体的数量特征作出具有一定可靠程度和精度的估计或推断的一种统计方法，它也称统计推断。例如，工业企业要了解某种产品的质量，只需从中抽取一小部分产品进行检验，并用计算出来的合格率来估计全部产品的合格率，或是根据合格率的变化来判断生产过程是否出现了异常。

抽样推断方法与其他统计调查方法相比，有以下一些主要特点。

（1）根据样本资料对总体的数量特征作出具有一定可靠性的估计和推断。可以用样本的平均数或比率来估计总体的平均数或比率。抽样调查与全面调查相比，虽然目的一致，都是为了达到对总体数量特征的认识，但是达到目的的手段和途径完全不同：抽样推断是通过科学的推断达到目的的，全面调查是通过综合汇总达到目的的。

（2）按照随机性原则从全部总体中抽取样本单位。所谓随机性原则，就是在抽选样本单位时，总体中每一个单位都有相等被抽中的机会，也称为同等可能性原则。遵循随机性原则抽取样本是为了保证样本对总体具有充分的代表性，避免人为的误差。也只有按随机性原则抽样，才能根据样本的数量特征对总体的数量特征进行科学的估计，从而达到推断总体的目的。

（3）抽样误差可以事先通过一定的资料加以计算和控制。抽样推断必然会产生抽样误差，这是抽样推断方法本身所决定的。在抽样过程中可以采取一定的措施来控制误差的范围，从而保证抽样推断的结果达到一定的可靠程度，但抽样误差是不可能避免的。

（4）抽样推断运用的是概率估计的方法。抽样推断是利用从总体中随机抽取的样本得到的观察值来估计总体参数。由于抽样的随机性，用样本观察值所决定的样本指标值作为相应总体参数的估计值就必须指明这种估计的可靠程度究竟有多大。

### 6.1.2 抽样推断的作用

抽样推断是一种科学实用的统计方法，在自然科学与社会科学领域都有广泛的应用。主要表现在以下一些方面。

一是对某些现象不可能进行全面调查。对有破坏性或消耗性的产品进行质量检验,如对炮弹的杀伤半径的检验、对灯泡的使用寿命的检验等,只能进行非全面调查。

二是某些理论上可以进行全面调查,但实际实施时工作量很大的现象。如要了解全国城乡居民的家庭收入状况,从理论上讲可以挨门逐户进行全面调查,但是调查范围太大,调查单位太多,实际上难以做好。

三是对全面调查的结果进行评价和修正。由于全面调查涉及范围广,调查单位多,工作量大,参加人员多,因而发生登记性和计算性的误差就多。所以,在全面调查后,还需再抽取一部分单位重新调查一次,计算差错比率,并以抽样结果为准对全面调查资料进行修正,以补充全面调查的不足。

四是可用于工业生产过程中的质量控制。在工业产品成批或大量连续生产过程中,采用数据分布规律性可以检验生产工艺过程是否正常。

五是可以对某些总体的假设进行检验,来判断假设的真伪,为决策提供依据。

### 6.1.3 抽样推断中的基本概念

1. 全及总体和抽样总体

1) 全及总体

全及总体简称总体,它是指人们所要研究对象是由具有同一性质的许多个别单位组成的集合体。全及总体按其各单位标志性质不同,可以分为变量总体和属性总体两类。全及总体的单位数常用字母 $N$ 来表示。

2) 抽样总体

抽样总体也称为样本,它是按一定方法从全及总体中随机抽取出来,作为全及总体代表的部分单位组成的集合体。抽样总体的单位数常用字母 $n$ 表示。一般说来,样本单位数达到或超过 30 个称为大样本,而在 30 个以下称为小样本。对社会经济现象进行抽样调查多采用大样本。

2. 参数和统计量

1) 参数

参数就是总体指标,也称为全及指标。由于全及总体是唯一确定的,所以全及指标也是唯一确定的。但它通常又是未知的,需要用样本指标来估计。抽样推断中常用的全及指标有总体均值 $\mu$、总体方差 $\sigma^2$、标准差 $\sigma$、总体比率 $P$ 或 $\pi$ 等。

2) 统计量

统计量就是样本指标,也称为抽样指标。统计量与参数相对应,有抽样平均数 $\bar{x}$、样本方差 $S^2$、样本标准差 $S$、抽样比率 $p$ 等。由于从一个全及总体中可以抽取许多个样本,样本不同,统计量的数值也就不同,所以统计量的取值不是唯一的。实际上统计量是样本变量的函数,哪一个样本被抽到完全是随机的,所以统计量是随机变量。

3. 抽样框

抽样框又称抽样结构,是指可以作为抽选样本单位的抽样范围,表现为全部总体单位的名册或排序编号。确定了抽样框以后,便可采用一定的方法从中抽选必要的单位数。在抽样时最理想的情况是要达到概率抽样,即总体中的每个单位都有相等的概率被抽中。抽样框是实施概率抽样的前提条件。抽样框的形式有 3 种：一是名单抽样框，即是列出总体全部单位名单的一览表；二是区域抽样框，即是总体范围按地理位置划分为若干小的区域，以小区域为抽样单位；三是时间表抽样框，即是将总体全部单位按时间顺序排列，把总体的时间分为若干小段时间，以各个小段的时间单位为抽样单位。

4. 重复抽样和不重复抽样

重复抽样又称有放回的抽样，是指从全及总体 $N$ 个单位中随机抽取一个容量为 $n$ 的样本，每次抽中的单位经登录其有关标志表现后又放回总体中重新参加下一次的抽选。每次从总体中抽取一个单位，连续进行 $n$ 次抽取就构成了一个样本。因此，重复抽样时每次抽取均是在相同的条件下按照随机原则进行的。

不重复抽样又称无放回的抽样，是指从全及总体 $N$ 个单位中随机抽取一个容量为 $n$ 的样本，每次抽中的单位登录其有关标志表现后不再放回总体中参加下一次的抽选。经过连续 $n$ 次不重复抽选单位构成样本，实质上相当于一次性同时从总体中抽中 $n$ 个单位构成样本。上一次的抽选结果会直接影响到下一次抽选，因此，不重复抽样的样本是经 $n$ 次相互联系的连续抽取形成的。

5. 样本总个数

样本总个数又称样本的可能数目，是指从总体 $N$ 个单位中随机抽选 $n$ 个单位构成样本，可以组成的样本总数。

由于抽样方法和样本容量的不同，从一个总体中可以抽出许多个不同的样本。在抽样时，通常有多种抽选方法，每一种抽选结果实际上是 $n$ 个总体单位的一种排列组合，一种排列组合便构成一个可能的样本，$n$ 个总体单位的排列组合总数，就是样本总个数，具体见表 6-1。

表 6-1 样本总个数计算公式

| 抽样方法 | 重复抽样 | 不重复抽样 |
| --- | --- | --- |
| 考虑顺序 | $N^n$ | $P_N^n = \dfrac{N!}{(N-n)!}$ |
| 不考虑顺序 | $C_{N+n-1}^n = \dfrac{(N+n-1)!}{(N-1)!\ n!}$ | $C_N^n = \dfrac{N!}{n!\ (N-n)!}$ |

注意在实际抽样调查中，仅从总体中随机抽取一个或少数样本进行调查。

## 6.1.4 抽样组织方式

抽样组织方式有两大类：概率抽样和非概率抽样。

1. 概率抽样

概率抽样是指按随机原则从调查对象中抽取样本单位，使总体中每个单位都有相等的概率被抽取。

从理论上讲，概率抽样是比较科学的抽样方法，它能保证样本对总体的代表性，而且它能够将调查误差中的抽样误差限制在一定范围之内，并能通过一定方法控制误差的大小。但相对于非概率抽样来说，它在抽样时要具备抽样框，抽样程序较为复杂，花费较大，要求较高。概率抽样有以下几种形式：

(1) 简单随机抽样(Simple Random Sampling)又称为纯随机抽样。它在对总体单位不作任何处理的情况下，完全随机地直接从抽样框中选择调查单位组成样本。

简单随机抽样是最基本的抽样方式。它的优点是简单易行，能保证总体中每个个体在抽选时都有同等概率被抽中，调查结果具有较高的可靠性。简单随机抽样适用于规模不大、内部各单位标志值差异较小的总体。简单随机抽样抽取样本单位的具体做法主要有3种。

① 抽签法。抽签法是所有随机抽样技术中最简便的方法。用抽签法抽取样本，其具体做法是：将调查总体的每个单位编号，如有 $N$ 个单位，则将其编成从 1 到 $N$ 的号码，即 $1, 2, 3, \cdots, N-1, N$；将每一个数字号码写在一张卡片上，$N$ 个数字就有 $N$ 个卡片；将写好的所有卡片扔在纸箱中，搅拌均匀，然后从中任意抽选一张卡片。每选中一张卡片，卡片上的号码数字就代表了一个样本单位的产生，抽取达到规定的样本数目为止。

② 随机数字表法。随机数字表法就是利用随机数字表抽取样本的方法。随机数字表又称为乱数表。随机数字表格式见本书后附录部分。它是将 0～9 的 10 个自然数，按编码位数的要求，利用特制的摇码器或电子计算机，自动地逐个摇出或生成一定数目的号码编成表，以备查用。这个表内任何号码的出现都有同等的可能性。通过随机数字表进行抽样，可以简化抽样程序。应用随机数字表的步骤是：将调查总体单位一一编号；在随机表上任意规定抽样的起点和抽样的顺序；依次从随机数字表上抽取样本单位号码。凡是抽到编号范围内的号码，就是样本单位的号码，直至抽满事先确定的样本单位数为止。

③ 计算机确定号码法。先将总体单位编号，再运用计算机随机函数软件产生随机数字。随机数字中遇到与总体单位编号相同，就将这些单位作为样本单位。如果总体的抽样框编制起来比较困难，还可直接由计算机生成所需的样本，Excel、SPSS 和 SAS 等统计分析软件都提供了这一实用的随机样本生成功能。

(2) 分层抽样(Reduced Sampling)又称为分类抽样。它是按与研究目的有关的某个主要标志将总体单位划分为若干层(也称类或组)，然后从各层中按随机原则分别抽取一定数目的单位构成样本。分层抽样是应用于总体内各单位在被研究标志上有明显差别或差别悬殊的总体的抽样。运用分层抽样法、提高样本代表性，降低影响抽样平均误差的总体方差。具体在各层可按等比例抽样或不等比例抽样。

(3) 系统抽样(Systematic Sampling)又称为等距抽样。它是先将总体所有单位按某一标志排队，计算出抽样间隔，并在第一个抽样间隔内确定一个随机抽样起点，再按固定的顺序和相同的间隔来抽选样本单位。具体抽样时分为两类，一是按无关标志排序抽样。它是指排序的标志与研究的标志无关。如：观察学生考试成绩，用姓氏笔划排序；观察产品的质量，按生产的先后顺序，等等，它实质上相当于简单随机抽样。二是按有关标志排序抽样。它是指排序的标志与被研究标志相关。如家庭消费水平调查中，按家庭收入额排序等。

(4) 整群抽样(Cluster Sampling)又称为集团抽样。它是将总体全部单位分为若干部分，每一部分称为一个群，然后以群为抽样单位，从总体中随机抽取部分群作为样本，对中选群的所有单位进行全面调查。

2. 非概率抽样

非概率抽样是指不按随机原则，由调查人员主观确定样本单位的抽样方式。在缺少抽样框或调查准确性要求不高的情况下可使用非概率抽样抽取样本。它的优点是操作方便，省时省力，若使用得当，抽样调查同样能获得成功。它的缺点是无法计算其误差，难以检查调查结果的准确性。主要形式有：

（1）任意抽样，也称为方便抽样。它是调查人员根据自己的方便去选择样本。采用这种方式的依据是，认为被调查总体的每个单位都是大致相同的，因此把哪个单位选进样本进行调查，其调查结果都是基本相同的。只有在调查总体中各个单位大致相同的情况下，才适宜应用任意抽样法。任意抽样法多用于对调查对象情况不甚明了的情况。

（2）判断抽样。它是指根据调查人员的主观经验去选定样本。判断抽样法具有简便易行的优点，可以充分利用已知的调查总体资料，使所选的样本具有代表性、典型性。判断抽样法还有被调查者配合较好、资料回收率高等优点。但它容易发生主观判断失误而产生抽样偏差。这就要求调查人员对总体情况必须相当了解，熟悉调查内容，调查经验丰富。

（3）配额抽样，也称为定额抽样。它是指调查人员将调查总体按一定标志分类或分层，确定各类（层）中抽取的单位数额，在配额内任意抽选单位。

配额抽样和分层抽样有相似之处，都是事先对总体中所有单位按某种标志特征分类。两者的区别是，分层抽样是按随机原则在层内抽选样本单位，而配额抽样是由调查人员在各层按配额主观判断选定样本单位。

（4）推荐抽样。它主要用于对某些特殊群体进行调查时的抽样。调查人员对这些群体的成员不全部了解或熟悉，难以实施抽样。先找到属于调查对象中的部分人员，再由这些人员推荐，找到另外符合条件的被调查者。这样通过不断的推荐，就得到符合调查目的要求的调查单位数目。

## 6.2 抽样推断的数理基础

概率论和数理统计研究大量随机现象的数量规律性，而样本统计量就属于随机变量。因此，抽样推断的理论基础就是以概率论与数理统计理论为主的。这里介绍其主要内容。

### 6.2.1 正态分布

正态分布是最重要、最常用的一种连续型随机变量分布，由 C. F. 高斯（Carl Friedrich Gauss，1777～1855）作为描述误差相对频数分布的模型而提出，它在抽样和统计推断中居于特别重要的地位。正态分布之所以重要主要是由于以下几个原因，第一，它是最常见的一种分布，许多随机变量服从或近似服从正态分布。例如同龄人的身高、体重、智商、肺活量；一批产品的长度、宽度、强度；测量误差；某类设备的使用寿命等。如本章开始的案例，就是运用了正态分布知识，发现了面包师的问题。这些随机变量的共同点是它们与其均值较接近的数值分布的次数较多，离均值远的数值分布的次数较少，即属于"中间多，两头少"的分布形态。第二，许多分布可以用正态分布近似计算。如大样本下的二项分布、$t$ 分布都服从或近似服从正态分布。第三，有许多分布形式，如 $Z$ 分布、$t$ 分布、$F$ 分布、$\chi^2$ 分布等是由正态分布推导或变化而来的。

1. 正态分布的密度函数及其性质

设连续性随机变量 $X$ 的概率密度为：

$$f(x) = \frac{1}{\sqrt{2\pi}\sigma} e^{-\frac{(x-u)^2}{2\sigma^2}} \quad -\infty < x < \infty \tag{6.1}$$

则称 $X$ 服从参数为 $(u, \sigma^2)$ 的正态分布，记为 $X \sim N(u, \sigma^2)$。

正态分布的密度函数图形一般称为正态分布曲线（如图 6-1 所示）。

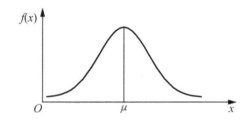

图 6-1　正态分布曲线基本形式

从图 6-1 可看出，正态分布函数具有如下性质。

(1) 图形是关于 $x = \mu$ 对称的钟形曲线，且峰值在 $x = \mu$ 处，均值 $\mu$ 和标准差 $\sigma$ 一旦确定，分布的具体形式也唯一确定，不同参数正态分布构成"正态分布族"。

(2) 均值 $\mu$ 是该分布的中心，均值 $\mu$ 可取实数轴上的任意数值，决定正态曲线的具体位置；$\sigma$ 是标准差，反映分布的离散程度，$\sigma$ 越大，分布曲线越平缓，离散程度越大；$\sigma$ 越小，分布曲线越陡峭，说明分布越集中。

(3) 当 $x$ 的取值向横轴左右两个方向无限延伸时，曲线的两个尾端也无限渐近横轴，理论上永远不会与横轴相交。

(4) 正态随机变量在特定区间上的取值概率由正态曲线下的面积给出，而且其曲线下的总面积等于 1。

2. 正态分布的分布函数

正态分布的分布函数为：

$$F(x) = P(X \leqslant x) = \int_{-\infty}^{x} \frac{1}{\sqrt{2\pi}\sigma} e^{-\frac{(x-u)^2}{2\sigma^2}} \mathrm{d}x \tag{6.2}$$

分布函数是曲线下小于 $x$ 的面积，如图 6-2 所示。

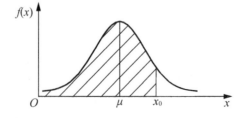

图 6-2　正态分布的分布函数曲线

### 3. 正态分布的数学期望和方差

正态分布 $X$ 的数学期望、方差分别为：

$$E(X) = \mu \tag{6.3}$$
$$D(X) = \sigma^2 \tag{6.4}$$

### 4. 参数 $\mu$ 和 $\sigma$ 对正态曲线的影响

平均数 $\mu$ 决定密度函数 $f(x)$ 的中心位置。如图 6-3 所示。

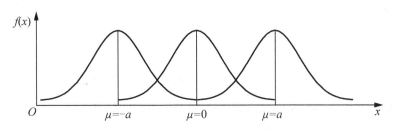

图 6-3　均值 $\mu$ 决定密度函数 $f(x)$ 的中心位置

标准差 $\sigma$ 决定 $f(x)$ 曲线的陡缓程度，$\sigma$ 越大曲线越平缓，$\sigma$ 越小曲线越陡峭。如图 6-4 所示。

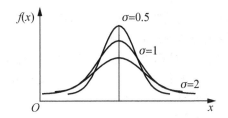

图 6-4　标准差 $\sigma$ 决定 $f(x)$ 曲线的陡缓程度示意图

### 5. 标准正态分布

如果一个正态分布的 $\mu = 0, \sigma = 1$，则称该正态分布为标准正态分布，相应的随机变量称为标准正态随机变量，记为 $X \sim N(0,1)$。

常用 $\phi(x), \Phi(x)$ 分别表示标准正态分布函数的概率密度和分布函数，即：

$$\phi(x) = \frac{1}{\sqrt{2\pi}} e^{-\frac{x^2}{2}} \quad -\infty < x < +\infty$$

$$\Phi(x) = P(X \leqslant x) = \frac{1}{\sqrt{2\pi}} \int_{-\infty}^{x} e^{-\frac{x^2}{2}} dx \tag{6.5}$$

一般的正态分布取决于均值 $\mu$ 和标准差 $\sigma$，计算概率时，每一个正态分布都需要有相应的正态概率分布表，这种表格是无穷多的，若能将一般的正态分布转化为标准正态分布，计算概率时只需要查一张标准正态分布概率表即可。

对于一般的正态分布，$X \sim N(\mu, \sigma^2)$，若令 $Z = \dfrac{X - \mu}{\sigma}$，分子 $X - \mu$ 表示将一般正态分布随机变量 $X$ 与其均值 $\mu$ 之差平移到标准正态分布中，再除以标准差 $\sigma$ 表示变形，这样就

把随机变量 $X$ 由服从一般正态分布转换为服从标准正态分布,用 $Z \sim N(0,1)$ 表示,如图 6-5 所示。

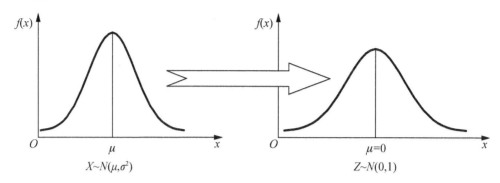

图 6-5 正态分布转换为标准正态分布示意图

要求出服从标准正态分布的随机变量 $X$ 在某一区间的概率,即可通过式(6.5)求出。

$$P(a \leqslant X \leqslant b) = \Phi(b) - \Phi(a) \tag{6.6}$$

式中,$a, b$ 为实数且 $a < b$;$\Phi(x)$ 的值可以查标准正态分布概率表(见附录部分)得到。

由于标准正态分布是以 $X = 0$ 为对称轴的对称分布,且分布曲线同横轴所包围的面积是常数 1,故 $\Phi(-x)$ 有以下性质:

$$\Phi(-x) = 1 - \Phi(x) \tag{6.7}$$

计算服从标准正态分布随机变量取值的概率,可以通过查标准正态分布概率表得到结果,因此将一般正态分布转化为具有重要的现实意义。

【例 6.1】 假定某公司销售人员每周销售的产品服从均值为 50 件、标准差为 10 件的正态分布。问:全公司销售人员中有多少比例的销售人员每周的销售量会超过 70 件?又有多少比例的销售人员每周的销售量在 40 件~60 件?

解:设 $\mu = 50$,$\sigma = 10$,$X \sim N(50, 10^2)$

$$P(X > 70) = 1 - P(X \leqslant 70) = 1 - \Phi\left(\frac{70-50}{10}\right) = 1 - \Phi(2) = 1 - 0.977\ 25 = 0.022\ 75$$

$$P(40 \leqslant X \leqslant 60) = \Phi\left(\frac{60-50}{10}\right) - \Phi\left(\frac{40-50}{10}\right) = \Phi(1) - \Phi(-1) = 2\Phi(1) - 1$$
$$= 2 \times 0.843\ 1 - 1 = 0.682\ 6$$

### 6.2.2 大数定律

在随机试验中,每次出现的结果不同,但是大量重复试验出现的结果的平均值却几乎总是接近于某个确定的值。其原因是,在大量的观察试验中,个别的、偶然的因素影响而产生的差异将会相互抵消,从而使现象的必然规律性显示出来。例如,观察个别或少数家庭的婴儿出生情况,发现有的生男,有的生女,没有一定的规律性,但是通过大量的观察就会发现,男婴和女婴占婴儿总数的比重均会趋于 50%。大数定律是阐述大量随机变量的平均结果具有稳定性的一系列定律的总称。大数定律有若干个表现形式。这里仅介绍其中常用的两个重要定律:

**1. 切贝雪夫大数定律**

独立同分布大数定律:独立随机变量 $x_1, x_2, \cdots, x_n$ 具有相同分布,且存在有限的数学

期望 $\mu$ 和方差 $\sigma^2$，则对于任意小的正数 $\varepsilon$，有

$$\lim_{n\to\infty} P\left\{\left|\frac{1}{n}\sum_{i=1}^{n}x_i - u\right| < \varepsilon\right\} = 1 \tag{6.8}$$

该定律表明：当 $n$ 足够大时，独立同分布的一系列随机变量的均值接近（依概率收敛于）数学期望，即平均数具有稳定性。

将该定律应用于抽样调查，就会有如下结论：随着样本容量 n 的增加，样本平均数将接近于总体平均数。从而为统计推断中依据样本平均数估计总体平均数提供了理论依据。

2. 贝努里大数定律

设 $m$ 是 $n$ 次独立随机试验中事件 A 发生（"成功"）的次数，$p$ 是事件 A 在每次试验中发生的概率，则对于任意小的正数 $\varepsilon$，有

$$\lim_{n\to\infty} P\left\{\left|\frac{m}{n} - p\right| < \varepsilon\right\} = 1 \tag{6.9}$$

该定律是切贝雪夫大数定律的特例，其含义是：当 $n$ 足够大时，事件 A 出现的频率将几乎接近于其发生的概率，即频率具有稳定性。

在抽样调查中，用样本比率（成数）去估计总体比率（成数），其理论依据即在于此。

### 6.2.3 中心极限定理

大数定律揭示了大量随机变量的平均结果，但没有涉及到随机变量的分布的问题。中心极限定理是关于大量随机变量之和的极限分布是正态分布的一系列定理的总称。一般说来，如果一个随机变量是由大量相互独立的随机因素的影响所造成，而每个因素的作用又是很微小的，那么这一随机变量趋于正态分布。中心极限定理有多个，这里介绍最常用的两个中心极限定理。

1. 独立同分布中心极限定理（辛钦中心极限定理）

随机变量 $x_1, x_2, \cdots, x_n$ 独立，且服从同一分布，若存在有限的数学期望 $\mu$ 和方差 $\sigma^2$，当 $n \to \infty$ 时，随机变量的总和 $\sum x_i$ 趋于均值为 $n\mu$，方差为 $n\sigma^2$ 的正态分布（如图 6-6 所示），即：$\sum x_i \sim N(n\mu, n\sigma^2)$。由于 $\bar{x} = \frac{1}{n}\sum_{i=1}^{n}x_i$，显然有 $\bar{x} \sim N(\mu, \frac{\sigma^2}{n})$。

该定理为均值的抽样推断奠定了理论基础。将该定理应用到抽样调查，结论为：如果抽样总体的数学期望 $\mu$ 和方差 $\sigma^2$ 是有限的，无论总体服从什么分布，从中抽取容量为 $n$ 的样本时，只要 $n$ 足够大，其样本平均数的分布就趋于数学期望为 $\mu$ 和方差 $\sigma^2/n$ 的正态分布。

2. 正态分布的再生定理

(1) 当总体服从正态分布 $N(\mu, \sigma^2)$ 时，来自该总体的所有容量为 $n$ 的样本的均值 $\bar{x}$ 也服从正态分布，$\bar{x}$ 的数学期望为 $\mu$，方差为 $\sigma^2/n$，即：$\bar{X} \sim N(\mu, \sigma^2/n)$。

(2) 设随机变量 $X$ 服从二项分布 $B(n, p)$，那么当 $n \to \infty$ 时，$X$ 服从均值为 $np$、方差为 $np(1-p)$ 的正态分布，即：$X \sim N(np, np(1-p))$。

也可以表述为：设 $m$ 是 $n$ 次独立试验中事件 A 发生的次数，事件 A 在每次试验中发生的频率为 $p$，则当 $n$ 无限大时，频率设 $m/n$ 趋于服从参数为 $\left(p, \frac{p(1-p)}{n}\right)$ 的正态分

布。即：$n \to \infty$时，$\dfrac{m}{n} \sim N\left(p, \dfrac{p(1-p)}{n}\right)$。

该定理是辛钦中心极限定理的特例。定理表明：若总体服从二项分布，当样本容量 n 充分大时，样本比率的抽样分布可用正态分布近似。

**【例6.2】** 100台机床彼此独立地工作，每台机床的实际工作时间占全部工作时间的80%。试求：(1)任一时刻有70～86台机床在工作的概率；(2)任一时刻有80台以上机床在工作的概率。

**解：** 设 X 表示 100 台机床中工作的机床数，则 $X \sim B(100, 0.8)$。现用正态分布近似计算，$np=80$，$npq=16$。

(1) 任一时刻有70～86台机床在工作的概率为：

$$P(70 \leqslant X \leqslant 86) = P\left(\dfrac{70-80}{4} \leqslant \dfrac{X-80}{4} \leqslant \dfrac{86-80}{4}\right) = \Phi(1.5) - \Phi(-2.5) = 0.927$$

(2) 任一时刻有80台以上机床在工作的概率为：

$$P(X \geqslant 80) = P\left(\dfrac{X-80}{4} \geqslant 0\right) = 1 - \Phi(0) = 0.5$$

### 6.2.4 抽样分布

**1. 抽样分布概念**

由于统计量是随机变量，是样本的函数，因此，用统计量推断总体参数就不能仅仅依靠一个样本的统计量的值，而必须在统计量概率分布基础上进行，即在大量重复抽样试验的基础上建立起统计量的概率分布，根据统计量的概率分布对总体参数进行推断。抽样分布就是从给定的总体中按照一定抽样方式抽取样本容量为 n 的所有可能样本的概率分布。

抽样分布反映了样本统计量的分布特征，是进行统计推断的理论基础，它揭示了样本统计量和总体参数之间的关系，是估计抽样误差，进行科学推断的重要依据。然而要求出一个统计量的精确分布是十分困难的。在实际问题中，统计量的抽样分布往往是通过数学推导或计算机模拟来得到。在抽样推断中，依据中心极限定理的结论，经常用到正态分布形式。此外，经常用到的正态分布的变化形式，主要有 t 分布、F 分布和 $\chi^2$ 分布等分布，这些分布都是假定总体服从正态分布的条件下导出的小样本的抽样分布。有关抽样分布的密度函数比较复杂，所以本书仅从应用的角度对几种常用的分布函数作简略介绍。

**2. 常见的几种抽样分布**

1) $\chi^2$ 分布

$\chi^2$ 分布最早由阿贝于 1863 年提出，后来由海尔默特(Hermert)和卡•皮尔逊(K. Pearson)分别于 1875 年和 1900 年推导出来。

定义：设 $X_1, X_2, \cdots, X_n$ 是来自总体 $X \sim N(0,1)$ 的一个样本，则称统计量 $\chi^2 = \sum_{i=1}^{n} X_i^2$ 所服从的分布是自由度为 n（n 指所含独立变量的个数）的 $\chi^2$ 分布，记为 $\chi^2 \sim \chi^2_{(n)}$。当总体 $X \sim N(\mu, \sigma^2)$，从中抽取容量为 n 的样本，则：

$$\chi^2 = \dfrac{\sum_{i=1}^{n}(x_i - \bar{x})^2}{\sigma^2} \sim \chi^2(n-1) \tag{6.10}$$

$$\chi^2 = \frac{(n-1)S^2}{\sigma^2} \sim \chi^2(n-1) \tag{6.11}$$

$\chi^2$ 分布有以下性质和特点。

(1) $\chi^2$ 分布的可加性：设 $\chi_1^2 \sim \chi^2(n_1)$，$\chi_2^2 \sim \chi^2(n_2)$，且 $\chi_1^2$ 与 $\chi_2^2$ 相互独立，则：$\chi_1^2 + \chi_2^2 \sim \chi^2(n_1 + n_2)$。

(2) 若 $\chi^2 \sim \chi^2(n)$，则 $E(\chi^2) = n$，$D(\chi^2) = 2n$。

(3) $\chi_{(n)}^2$ 分布的变量值总是为正。

(4) $\chi_{(n)}^2$ 分布的形状取决于自由度 $n$ 的大小，通常为不对称的右偏分布，随着自由度 $n$ 的增大逐渐趋近于对称分布。下面给出当 $n=1$，$n=4$，$n=10$，$n=30$ 时，$\chi^2$ 分布的概率密度函数曲线如图 6-6 所示。

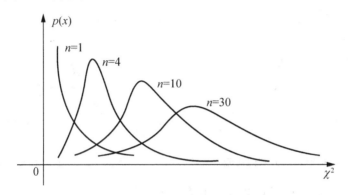

图 6-6　$\chi^2$ 分布密度函数曲线与自由度的关系

(5) 临界值，设 $X \sim \chi_{(n)}^2$，若对于 $\alpha$：$0 < \alpha < 1$，存在 $\chi_{(n)}^2 > 0$，满足 $P\{X \geqslant \chi_\alpha^2 n\} = \alpha$，则称 $\chi_\alpha^2(n)$ 为 $\chi_{(n)}^2$ 分布的上 $\alpha$ 临界值，如图 6-7 所示。

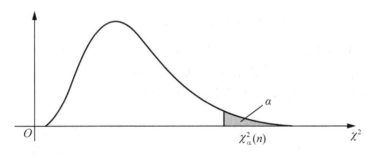

图 6-7　$\chi^2$ 分布的上 $\alpha$ 临界值

2) $t$ 分布

$t$ 分布是高赛特(W. S. Gosset)于 1908 年首次提出的。$t$ 分布的诞生对于统计学中小样本的理论和应用有着重要的促进作用。

定义：若 $X \sim N(0,1)$，$Y \sim \chi_{(n)}^2$，且 $X$ 与 $Y$ 相互独立，则称随机变量

$$T = \frac{X}{\sqrt{Y/n}} \tag{6.12}$$

服从自由度为 $n$ 的 $t$ 分布，记作：$T \sim t(n)$。

由此也可以推论出关于 $t$ 分布的如下定义方式：若 $U \sim N(\mu, \sigma^2)$，$\sigma^2$ 未知，则

$$X = \frac{\bar{x} - \mu}{\sigma/\sqrt{n}} \sim N(0,1), Y = \frac{(n-1)s^2}{\sigma^2} \sim \chi^2(n-1)$$

$$T = \frac{X}{\sqrt{Y/n-1}} = \frac{\frac{\bar{x}-\mu}{\sigma/\sqrt{n}}}{\sqrt{\frac{(n-1)S^2}{\sigma^2}/n-1}} = \frac{\bar{x}-\mu}{S/\sqrt{n}} \sim t(n-1) \tag{6.13}$$

称随机变量 T 服从自由度为 $n-1$ 的 $t$ 分布,记作:$T \sim t(n-1)$,其中:$S^2 = \frac{1}{n-1} \sum (X_i - \overline{X})^2$,如图 6-8,图 6-9 所示。

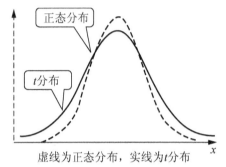

图 6-8 t 分布与标准正态分布的比较

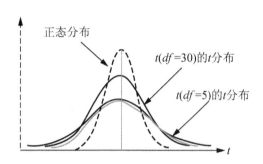

图 6-9 不同自由度的 t 分布

从图 6-8 和图 6-9 可以看出,$t$ 分布有以下性质和特点。

(1) $t$ 分布是类似标准正态分布的一种对称分布,它通常要比正态分布平坦和分散。一个特定的 t 分布依赖于参数自由度的大小。随着自由度的增大(一般地,当 $n > 30$ 时),分布也逐渐趋于标准正态分布。

(2) 若 $T \sim t(n)$,则 $n > 1$ 时,$E(T) = 0$;$n > 2$ 时,$D(T) = \frac{n}{n-2}$。

(3) $t$ 分布的临界值。设 $T \sim t(n)$,若对 $\alpha$:$0 < \alpha < 1$,存在 $t_\alpha(n) > 0$,满足 $P\{T \geq t_\alpha(n)\} = \alpha$,则称 $t_\alpha(n)$ 为 $t(n)$ 的右侧临界值(如图 6-10 所示)。

双侧临界值为:$-t_{\frac{\alpha}{2}}(n)$、$t_{\frac{\alpha}{2}}(n)$,如图 6-11 所示。

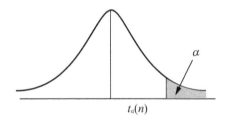

图 6-10 t 分布的上 α 临界值

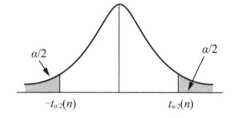

图 6-11 t 分布的临界值

3) F 分布

F 分布是由统计学家费舍(R. A. Fisher)提出的,以其姓氏的第一个字母来命名,F 分布在方差分析、回归方程的显著性检验中有着广泛的应用。

定义:若 U 为服从自由度为 $n_1$ 的 $\chi^2$ 分布,即 $U \sim \chi^2(n_1)$,V 为服从自由度为 $n_2$ 的 $\chi^2$

分布，即 $V \sim \chi^2(n_2)$，且 $U$ 和 $V$ 相互独立，且为随机变量。

$$F = \frac{U/n_1}{V/n_2} \sim F(n_1, n_2) \tag{6.14}$$

所服从的分布是自由度为 $(n_1, n_2)$ 的 $F$ 分布，记作：$F \sim F(n_1, n_2)$，其中：$n_1$ 为第一自由度，$n_2$ 为第二自由度，且两个自由度的位置是不可互易的。

$F$ 分布的密度函数曲线如图 6-12 所示。

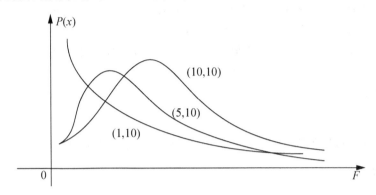

图 6-12 F 分布的密度函数曲线

$F$ 分布的性质和特点如下。

（1）密度曲线不对称，呈偏态分布形态。

（2）$F$ 分布的临界值，对于 $\alpha$：$0 < \alpha < 1$，若存在 $F_\alpha(n_1, n_2) > 0$，满足 $P\{F \geqslant F_\alpha(n_1, n_2)\} = \alpha$，则称 $F_\alpha(n_1, n_2)$ 为 $F(n_1, n_2)$ 的右侧 $\alpha$ 临界值（如图 6-13 所示）。

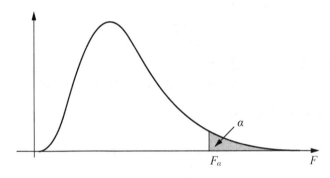

图 6-13 F 分布的上 $\alpha$ 临界值

（3）$F_{1-\alpha}(n_1, n_2) = \dfrac{1}{F_\alpha(n_2, n_1)} \tag{6.15}$

（4）若 $X_1, \cdots, X_{n_1} \overset{iid}{\sim} N(\mu_1, \sigma_1^2)$，$Y_1, \cdots, Y_{n_2} \overset{iid}{\sim} N(\mu_2, \sigma_2^2)$，且两样本独立。则 $U = \dfrac{(n_1-1)S_1^2}{\sigma_1^2} \sim \chi^2(n_1-1)$，$V = \dfrac{(n_2-1)S_2^2}{\sigma_2^2} \sim \chi^2(n_2-1)$

$$F = \frac{U/(n_1-1)}{V/(n_2-1)} = \frac{\dfrac{(n_1-1)S_1^2}{\sigma_1^2}/(n_1-1)}{\dfrac{(n_2-1)S_2^2}{\sigma_2^2}/(n_2-1)} = \frac{S_1^2/\sigma_1^2}{S_2^2/\sigma_2^2} \sim F(n_1-1, n_2-1) \tag{6.16}$$

**3. 一个样本统计量的抽样分布**

在抽样推断中,经常用样本均值、样本比率和样本方差推断总体均值、总体比率和总体方差。因此,有必要讨论样本均值、样本比率和样本方差的抽样分布特点,为参数估计和假设检验打下基础。

1) 样本均值的抽样分布

在选取容量为 $n$ 的样本时,由样本均值的所有可能取值形成的概率分布就是样本均值的抽样分布,它是推断总体均值 $\mu$ 的理论基础。

假设总体 $X$ 有 $N$ 个单位,其均值为 $\mu$,方差 $\sigma^2$,采用重复抽样的方法抽取的样本容量为 $n$。下面从以下几个方面讨论样本均值的抽样分布。

(1) 总体服从正态分布。

① 假设 $X \sim N(\mu,\sigma^2)$,且 $\sigma^2$ 已知。

根据正态分布再生定理,$\bar{x}$ 服从正态分布,$E(\bar{x}) = \mu$,$D(\bar{x}) = \dfrac{\sigma^2}{n}$。

即 $\bar{x} \sim N(\mu,\sigma^2)$,则:

$$z = \frac{\bar{x} - \mu}{\dfrac{\sigma}{\sqrt{n}}} \sim N(0,1) \tag{6.17}$$

② 假设 $X \sim N(\mu,\sigma^2)$,且 $\sigma^2$ 未知。

由于 $\sigma^2$ 未知,要用样本方差替代总体方差,$S^2 \approx \sigma^2$,此时 $\bar{x}$ 服从自由度为 $(n-1)$ 的 $t$ 分布,$E(\bar{x}) = \mu$,$D(\bar{x}) = \dfrac{\sigma^2}{n} \approx \dfrac{S^2}{n}$

$$T = \frac{\bar{x} - \mu}{S/\sqrt{n}} \sim t(n-1) \tag{6.18}$$

(2) 总体分布未知,当 $n$ 充分大时。

尽管总体分布未知,但样本容量很大,根据独立同分布中心极限定理,样本均值服从总体均值为 $\mu$,方差为 $\dfrac{\sigma^2}{n}$ 的正态分布。即:$\bar{x} \sim N\left(\mu, \dfrac{\sigma^2}{n}\right)$

$$z = \frac{\bar{x} - \mu}{\dfrac{\sigma}{\sqrt{n}}} \sim N(0,1) \tag{6.19}$$

2) 样本比率的抽样分布

比率是总体(或样本)中具有某种属性的单位数与全部单位总数之比。在重复选取容量为 $n$ 的样本时,由样本比率的所有可能取值形成的相对频数分布就是样本比率的抽样分布,它是推断总体比率的理论基础。

当 $n$ 很大时,样本比率 $p$ 的抽样分布可用正态分布近似。对于样本比率 $p$,若 $np \geqslant 5$,$n(1-p) \geqslant 5$,就可以认为样本容量足够大了。

对任意一个比率为 $p$ 的二项分布总体,当样本容量 $n$ 足够大($np > 5$,$n(1-p) > 5$)时,根据棣莫佛—拉普拉斯中心极限定理,则样本比率 $p$ 趋于服从正态分布。

其均值为 $E(p) = P$,方差 $D(p) = \sigma_p^2 = \dfrac{P(1-P)}{n}$,即:$p \sim N\left(P, \dfrac{P(1-P)}{n}\right)$。

$$Z = \frac{p - P}{\sqrt{\frac{P(1-P)}{n}}} \sim N(0,1) \qquad (6.20)$$

上述是在重复抽样下的样本比率的抽样分布。若为不重复抽样,抽样方差要乘以修正系数($\frac{N-n}{N-1}$)。

3) 样本方差的抽样分布

用样本方差推断总体方差,必须知道样本方差的抽样分布。样本方差的抽样分布就是在重复选取容量为 $n$ 的样本时,由样本方差的所有可能取值形成的相对频数分布。

当总体 $X \sim N(0,1)$ 时,从中抽取容量为 $n$ 的样本,则:

$$\chi^2 = \frac{(n-1)S^2}{\sigma^2} \sim \chi^2(n-1) \qquad (6.21)$$

## 6.3 抽 样 误 差

### 6.3.1 抽样误差概述

调查误差是调查结果与现象实际情况之间的偏差。调查误差分为两大类,一类是登记性误差,一类是代表性误差。登记性误差是指由于调查人员的工作责任心、工作能力和工作条件等原因造成的差错,它在所有的统计调查方式中都有可能存在。代表性误差是在非全面调查中存在的,它是由于调查单位的代表性不足而造成的差错。在抽样调查中,代表性误差按照形成原因的不同,又分为系统误差和随机误差。系统误差是指调查人员在抽样时不按随机原则抽取样本而造成的差错,也称为偏差。如产品质量检验中,有意抽取质量明显差的产品进行检验,结果会造成产品质量数据偏差。随机误差是指在遵守随机原则下进行抽样,结果仍会出现的样本与总体实际数据之间的差别。这种误差是由样本的随机性造成的,所以也称之为随机误差。抽样误差通常就是指随机误差。

在计算和考察抽样误差时,通常将其分成两类:一是实际抽样误差;二是抽样平均误差。

1. 实际抽样误差

样本估计值与总体真实值之间的绝对离差称为实际抽样误差。假设样本统计量 $\hat{\theta}$ 是总体参数 $\theta$ 的估计量,其实际抽样误差为 $|\hat{\theta} - \theta|$,具体来说,通常有两种形式,即:样本均值 $\bar{x}$ 是总体均值 $\mu$ 或 $\bar{X}$ 的估计量,其实际抽样误差为 $|\bar{x} - \mu|$,样本比率 $p$ 是总体比率或比率 $\pi$ 或 $P$ 的估计量,其实际抽样误差为 $|p - \pi|$。由于在抽样过程中总体参数总是一个未知的常数,所以,样本估计值与总体参数的真实值之间究竟有多大的差距,实际上是无法得知的,实际抽样误差是无法计算的;由于样本估计值随样本而变化,因此实际抽样误差是一个随机变量。

2. 抽样平均误差

由于样本估计值是一个随机变量,它随着每次抽出的样本不同而不同,某一次抽样结果的误差,仅仅是反复抽样中一系列抽样结果可能出现的误差数值中的一个,显然不能用它来概括一系列可能抽样结果所产生的所有实际误差。所以,在抽样调查理论中,采用抽样平均误差作为参数估计时衡量抽样误差大小的尺度。抽样平均误差是所有可能出现的样本的统计量与总体参数的平均离差,也是样本统计量的标准差。对于一个特定的总体来说,抽样平均误差可以根据数理统计方法在调查之前计算出来,还可以通过设计调查方案,如改变抽样组织方式和抽样方法和样本单位数等措施控制其大小。要注意的是在抽样调查时,抽样误差是不能完全消除的。

### 6.3.2 抽样平均误差的计算

1. 抽样平均误差的理论公式

一般地,若 $\hat{\theta}$ 是总体参数 $\theta$ 的一个统计量,其抽样平均误差的理论公式为:

$$\sigma_{\hat{\theta}} = \sqrt{\frac{\sum_{i=1}^{m}(\hat{\theta}-\theta)^2}{m}} \tag{6.22}$$

对于给定的总体 $X$,总体均值和比率分别为 $\mu, \pi$。假设从中抽取 $m$ 个样本,即可能出现的样本个数为 $m$。设从总体 $X$ 中抽出的样本为 $x_1, x_2, \cdots, x_n$,在重复抽样条件下,每个 $x_i(i=1,2,\cdots,n)$ 都是从总体中随机抽出的,都是与总体同分布的随机变量,并且是相互独立的。假设总体的平均数为 $\mu$,方差为 $\sigma^2$,则样本平均数的期望值与方差分别是:

$$E(\bar{x}) = E(\frac{x_1+x_2+\cdots+x_n}{n}) = \mu = \bar{X}$$

$$D(\bar{x}) = D(\frac{x_1+x_2+\cdots+x_n}{n}) = \frac{D(x_1)+D(x_2)+\cdots+D(x_n)}{n^2} = \frac{n\sigma^2}{n^2} = \frac{\sigma^2}{n}$$

可知,样本平均数分布的中心与总体的分布中心完全相同,方差是总体分布方差的 $\frac{1}{n}$。

设样本均值为 $\bar{x}$,样本比率为 $p$,由于样本均值的数学期望就是总体均值 $\mu$,样本比率的数学期望就是总体比率 $\pi$,所以将式(6.22)分为计算样本均值和比率两种情况。

$$\sigma_{\bar{x}} = \sqrt{\frac{\sum_{i=1}^{m}(\overline{x_i}-\mu)^2}{m}}, \sigma_p = \sqrt{\frac{\sum_{i=1}^{m}(p_i-\pi)^2}{m}} \tag{6.23}$$

通过式(6.23),可以发现抽样平均误差的特点有:一是抽样平均误差反映所有样本统计量对其推断总体参数的离散程度,是所有可能的样本统计量的标准差;二是所有样本统计量分布在总体参数的周围,抽样平均误差反映了样本统计量与相应总体参数的平均差异程度;三是抽样平均误差越小,样本统计量值的分布越集中在总体参数的附近,样本统计量值对总体的代表性越高。

2. 抽样平均误差的应用公式

若利用上述抽样误差理论公式计算抽样误差必须满足两个条件:一是总体参数 $\theta$ 已知;二是把所有可能的样本都要列出。这两个条件是达不到的,因为总体参数往往是待估计的量,是未知的,如果数据是在大样本条件下,所有可能的样本数量是非常多,难以一一一列举，计算出各个统计量，即使在小样本条件下，要列举出每个样本工作量也是很大的。因此，用式(6.23)计算抽样平均误差是不可行的，实际工作中是根据数理统计有关理论推导的公式计算。

通常用字母 $\mu_{\bar{x}}$ 或 $\sigma_{\bar{x}}$ 表示样本均值的抽样误差，用字母 $\mu_p$ 或 $\sigma_p$ 表示样本比率的抽样误差。在随机抽样方式下，样本平均数和比率（成数）的抽样平均误差可以按下述公式来计算。

1) 样本均值的抽样误差 $\mu_{\bar{x}}$ 计算公式

①在重复抽样情况下，公式为：

$$\mu_{\bar{x}} = \sqrt{\frac{\sigma^2}{n}} \tag{6.24}$$

②在不重复抽样情况下，公式为：

$$\mu_{\bar{x}} = \sqrt{\frac{\sigma^2}{n} \times \left(\frac{N-n}{N-1}\right)} \tag{6.25}$$

式(6.24)和式(6.25)在具体运用时，要注意：第一，如果总体方差 $\sigma^2$ 未知，可用样本方差 $S^2$ 代替，第二，$\sqrt{\frac{N-n}{N-1}}$ 为调整重复抽样与不重复抽样的修正系数，当总体单位数很大时，分母中的 1 可以忽略不计，因此，它的形式可为：$\sqrt{1-\frac{n}{N}}$。由于该系数在 0~1 之间，所以，不重置抽样平均误差比重置抽样小。当 N 远大于 n 时，修正系数近似 1，修正与否对平均误差几乎没有影响，这时可以不考虑抽样方式的差异，都按重复抽样处理。这样，样本均值抽样平均误差公式可为变为如下形式：

重复抽样情况下：

$$\mu_{\bar{x}} = \sqrt{\frac{\sigma^2}{n}} = \sqrt{\frac{s^2}{n}} = \frac{s}{\sqrt{n}} \tag{6.26}$$

不重复抽样情况下：

$$\mu_{\bar{x}} = \sqrt{\frac{\sigma^2}{n} \times \left(\frac{N-n}{N-1}\right)} = \sqrt{\frac{s^2}{n}\left(1-\frac{n}{N}\right)} \tag{6.27}$$

2) 样本比率（成数）的抽样误差公式

由于比率或成数的方差为：$\pi(1-\pi)$，将此替换式(6.27)和式(6.28)中的 $\sigma^2$，样本比率（成数）抽样平均误差公式为：

重复抽样情况下：

$$\mu_p = \sqrt{\frac{\pi(1-\pi)}{n}} = \sqrt{\frac{p(1-p)}{n}} \tag{6.28}$$

不重复抽样情况下：$\mu_p = \sqrt{\frac{\pi(1-\pi)}{n} \times \left(\frac{N-n}{N-1}\right)} = \sqrt{\frac{p(1-p)}{n}\left(1-\frac{n}{N}\right)} \tag{6.29}$

式中，如果总体比率的方差 $\pi(1-\pi)$ 未知，可以用样本比率的方差 $p(1-p)$ 代替。

【例 6.3】 某厂从 10000 名工人中随机抽取 164 名工人登记每人日产量，见表 6-2。

表 6-2　某企业工人日产量频数分布表

| 按日产量分组(件) | 工人数 f(人) | 按日产量分组(件) | 工人数 f(人) |
| --- | --- | --- | --- |
| 60 以下 | 10 | 90~100 | 27 |
| 60~70 | 19 | 100~110 | 14 |
| 70~80 | 50 | 110 以上 | 8 |
| 80~90 | 36 | 合计 | 164 |

要求：(1)利用表中数据计算样本均值的抽样平均误差。(2)如果工人日产量在 70 件及以上者为完成生产定额，试计算完成生产定额日产量比率的抽样平均误差。

**解**：由题意知，总体单位数 $N=10\,000$，样本单位数 $n=164$，根据资料计算得：样本均值为 82.62 件，样本标准差 $S=14.85$ 件，完成产量定额人数比率 $p=29/164=17.7\%$。

样本均值抽样平均误差为：
在重复抽样条件下：

$$\mu_{\bar{x}} = \frac{S}{\sqrt{n}} = \frac{14.85}{\sqrt{164}} = 1.16 \text{（件）}$$

在不重复抽样条件下：

$$\mu_{\bar{x}} = \sqrt{\frac{S^2}{n}\left(1-\frac{n}{N}\right)} = \sqrt{\frac{14.85^2}{164}\left(1-\frac{164}{10\,000}\right)} = 1.15 \text{（件）}$$

样本比率抽样平均误差为：
在重复抽样条件下：

$$\mu_p = \sqrt{\frac{p(1-p)}{n}} = \sqrt{\frac{0.177 \times (1-0.177)}{164}} = 2.98\%$$

在不重复抽样条件下：

$$\mu_p = \sqrt{\frac{p(1-p)}{n}\left(1-\frac{n}{N}\right)} = \sqrt{\frac{0.177 \times (1-0.177)}{164}\left(1-\frac{164}{10\,000}\right)} = 2.96\%$$

从计算结果可以看出，重复抽样的抽样误差要略大于不重复抽样的抽样误差。在抽样推断中，当总体单位数未知时，常用重复抽样公式计算抽样误差。

3. 影响抽样误差大小的因素

1) 总体各单位标志值的差异程度

总体内部各单位差异程度愈小，或总体的标准差愈小，在其他条件给定下，则抽样误差就愈小。反之，抽样误差就愈大。

2) 样本容量的大小

由于总体内各单位之间总存在着差异，在其他条件不变的情况下，观察的单位数越多，就越易于发现总体规律或特征，因此，样本容量越大，样本对总体的代表总体越大，抽样误差就越小。反之，样本容量越小，抽样误差就可能越大。

3) 抽样方法

抽样方法不同，抽样误差也不同。一般来说，重复抽样的误差比不重复抽样的误差要大，因为对于某一单位来说，有可能多次被抽中，选入样本，这样与不重复抽样相比，样本的代表性要小。

4）抽样的组织方式

选择不同的抽样组织形式，也会有不同的抽样误差。一般来说，分层抽样和系统抽样的抽样误差会小些，而简单随机抽样和整群抽样的抽样误差会大些。

## 6.4 参 数 估 计

抽样推断的目的就是利用样本统计量对总体某个方面特征作出推断，以反映总体情况。由于抽样误差的客观存在，使得这种推断只能是一种估计。参数估计就是依据样本统计量推断总体参数，样本统计量也称为估计量。参数估计方法有两大类：点估计和区间估计。

### 6.4.1 点估计

**1．点估计基本思想**

点估计也称定值估计，就是以样本统计量直接作为总体参数的估计值。例如，在某校学生身体素质状况调查中，根据抽取的 400 名学生的测算得到其平均体重为 50 千克，则据此推断该校全部 10 000 名学生的平均体重也是 50 千克。这种推断就是对总体平均数作了点估计。

点估计方法的优点是简单、直观，可得到总体参数的具体估计值，可以作为决策的依据。例如，在农产品产量调查中，通过抽样调查得知某种作物平均亩产量为 1000 千克，这样结合种植面积，就可以推断出总产量，为相关部门决策提供参考依据。点估计不足之处是没有考虑估计的误差大小。因此，它通常在对总体参数估计精确度要求不高时使用。

点估计常用的方法有两种：矩估计法和极大似然估计法。

矩估计法是英国统计学家 K. Pearson 提出的。其基本思想是：由于样本来源于总体，样本矩在一定程度上反映了总体矩（有关矩的概念在前面第 4 章已作介绍），而且由大数定律可知，样本矩依概率收敛于总体矩。因此，只要总体的 $k$ 阶原点矩存在，就可以用样本矩作为相应总体矩的估计量，用样本矩的函数作为总体矩的函数的估计量，即用样本均值来估计总体均值，用样本方差来估计总体方差。矩估计法简单、直观，而且不必知道总体的分布类型，所以矩估计法得到了广泛应用。但矩估计法也有局限性，它要求总体的 $k$ 阶原点矩存在，否则无法估计，它不考虑总体分布类型，因此也没有充分利用总体分布函数提供的信息。

极大似然估计法是由英国统计学家 Fisher 提出的。其基本思想是：设总体分布的函数形式已知，但有未知参数 $\theta$，$\theta$ 可以取很多值，在 $\theta$ 的一切可能取值中选一个使样本观察值出现的概率为最大的 $\hat{\theta}$ 值作为 $\theta$ 的估计值，记作 $\hat{\theta}$，称为 $\theta$ 的极大似然估计值，这种求估计量的方法称为极大似然估计法。

抽样误差的存在是必然的，点估计不考虑误差范围，因此也就说明不了估计的准确性和可靠性。但区间估计可以弥补这一不足。

## 2. 点估计量的优良标准

用样本估计量去推断总体参数,并非只能用一个样本估计量,而可能有多个估计量可供选择,人们总希望选定的估计量能够推断准确性高一些。一般来说有 3 个基本的标准,满足了这 3 个标准就可以认为该估计量是优良的。

### 1)无偏性

无偏性的直观意义是没有系统性误差。虽然每个可能样本的估计值不一定恰好等于未知总体参数,但如果多次抽样,应该要求各个估计值的平均数等于总体参数,即从平均意义上,估计量的估计是没有偏差的。这一要求称为无偏性。一般来说,这是一个优良的估计量必须具备的性质。例如样本平均数 $\bar{x}$ 和样本比率 p 分别满足:

$$E(\bar{x}) = \mu; \quad E(p) = \pi \tag{6.30}$$

式中,$E$ 表示数学期望,即算术平均数,所以样本平均数(比率)是总体平均数(比率)的无偏估计。

### 2)一致性

一致性要求用样本估计量估计和推断总体参数时要达到:样本容量 $n$ 充分大时,样本估计量充分靠近总体参数,即随着 $n$ 的无限增大,样本估计量与未知的总体参数之间的绝对离差任意小的可能性趋于实际的必然性。根据大数定律式(6.8)和式(6.9)可知,当样本容量越来越大时,样本平均数(比率)与总体平均数(比率)的偏差小于任意给定的正数 $\varepsilon$ 的可能性趋近于 1 的概率,即几乎是一定发生的。因此,样本估计量是总体参数的一致估计量。

### 3)有效性

有效性要求样本估计量估计和推断总体参数时,作为估计量的标准差比其他估计量的标准差小。设 $\hat{\theta}_1$ 和 $\hat{\theta}_2$ 是参数 $\theta$ 的两个无偏估计量,若 $\hat{\theta}_1$ 的方差比 $\hat{\theta}_2$ 的方差小,则称 $\hat{\theta}_1$ 比 $\hat{\theta}_2$ 有效。

可以证明:样本平均数(成数)推断总体平均数(成数)均能满足优良估计的 3 个标准。

## 6.4.2 区间估计的基本原理

### 1. 区间估计的有关概念

区间估计就是以一定的概率保证估计包含总体参数的一个值域,即根据样本指标和抽样平均误差推断总体指标的可能区间。它包括两部分内容:一是这一可能范围的大小;二是总体指标落在这个可能范围内的概率。区间估计既说明估计结果的准确程度,又同时表明这个估计结果的可靠程度,所以区间估计是比较科学的。

设总体参数为 $\theta$,$\theta_L$、$\theta_U$ 是由样本确定的两个估计量,对于给定的 $\alpha$,有:

$$P(\theta_L \leqslant \theta \leqslant \theta_U) = 1 - \alpha \tag{6.31}$$

式中,$(\theta_L、\theta_U)$ 为参数 $\theta$ 的置信度为 $1-\alpha$ 的置信区间。该区间的两个端点 $\theta_L$、$\theta_U$ 分别称为置信下限和置信上限。$1-\alpha$ 为概率保证程度(又称置信度、置信水平或置信概率),概率保证程度表达了参数区间估计的可靠性。$\alpha$ 称为显著性水平,表达了参数区间估计的不可靠性,$\alpha$ 的取值范围为 0~100% 之间。

式(6.31)的直观意义为:对同一总体,如进行多次同样的抽样,将得到多个置信区间，其中有$(1-\alpha)\%$的区间包含了总体参数的真值，有$\alpha\%$的区间没有包含总体参数的真值。

区间估计必须同时具备估计值、抽样极限误差和概率保证程度这3个基本要素。

2. 抽样估计的误差范围

用样本指标来估计总体参数，要达到100%的准确而没有任何误差几乎是不可能的，所以在估计总体参数时就必须同时考虑估计误差的大小。从人们的主观愿望上看，总是希望调查费用和调查误差越小越好。但是，缩小抽样误差就要采取措施调查资料的准确程度，如扩大样本容量，这就意味着增加调查费用，它们是一对矛盾。因此，在抽样调查时，应该根据研究目的和任务以及研究对象的标志变异程度，科学确定允许的误差范围。

抽样平均误差只是衡量误差可能范围的一种尺度，它并不等同于某一次抽样调查的样本估计量与总体参数之间的真实误差。由于总体参数是一个确定的常数，而样本估计量会随抽取的样本不同，估计量围绕参数左右随机取值。因此，样本估计量与总体参数之间存在一个误差范围。所谓抽样误差范围就是指变动的样本估计量与确定的总体参数之间离差的可能范围。它用样本估计量与总体参数的绝对误差极限来表达，称为抽样极限误差或抽样允许误差，用字母 $\Delta$ 表示。

一般用 $\Delta_{\bar{x}}$、$\Delta_p$ 分别表示样本均值 $\bar{x}$ 和样本比率 $p$ 的抽样极限误差，则有：

$$\Delta_{\bar{x}} \geqslant |\bar{x}-\mu|\ ;\quad \Delta_p \geqslant |p-\pi| \tag{6.32}$$

将(6.32)绝对值不等式展开，可得：

$$\mu-\Delta_{\bar{x}} \leqslant \bar{x} \leqslant \mu+\Delta_{\bar{x}}\ ;\pi-\Delta_p \leqslant \bar{x} \leqslant \pi+\Delta_p \tag{6.33}$$

不等式(6.33)表明：样本平均数 $\bar{x}$ 是以总体平均数 $\mu$ 为中心，在 $\mu \pm \Delta_{\bar{x}}$ 之间变动的；样本比率(成数) $p$ 是以总体比率(成数) $\pi$ 为中心，在 $\pi + \Delta_p$ 之间变动的。抽样误差范围是以 $\mu$ 或 $\pi$ 为中心的两个 $\Delta$ 的距离，这是抽样极限误差的原意。

但是，由于总体参数是未知的常数，而样本估计值是可以通过调查求得的，因此，可以把上面的两个不等式改变为下列形式：

$$\bar{x}-\Delta_{\bar{x}} \leqslant \mu \leqslant \bar{x}+\Delta_{\bar{x}} \quad p-\Delta_p \leqslant \pi \leqslant p+\Delta_p \tag{6.34}$$

式(6.34)表明：抽样极限误差的实际意义就是希望总体平均数 $\mu$ 落在抽样平均数 $\bar{x} \pm \Delta_{\bar{x}}$ 的范围之内；总体比率 $\pi$ 落在抽样比率 $p \pm \Delta_p$ 的范围之内，这是参数估计常用的公式。

依据式(6.34)，如果对总体均值进行区间估计，其区间下限 $\theta_L$ 就等于 $\bar{x}-\Delta_{\bar{x}}$，区间上限 $\theta_U$ 就等于 $\bar{x}+\Delta_{\bar{x}}$。如果对总体比率进行区间估计，其区间下限 $\theta_L$ 就等于 $p-\Delta_p$，区间上限 $\theta_U$ 就等于 $p+\Delta_p$。

3. 抽样估计的概率度

抽样平均误差是所有可能样本值与总体指标值之间的平均离差，对于一个总体来说，当抽样方式以及样本的单位数确定后，抽样平均误差是可以计算出来的一个确定值。抽样极限误差 $\Delta$ 是单个样本值与总体指标值之间的绝对离差用抽样极限误差与抽样平均误差相比，从而将由单一样本值得到的抽样极限误差标准化，称为抽样标准极限误差或相对误差范围，也称为概率度，用 $z$ 表示。

$$z = \frac{\Delta_{\bar{x}}}{\mu_{\bar{x}}} = \frac{|\bar{x} - \mu|}{\sigma/\sqrt{n}} \quad z = \frac{\Delta_p}{\mu_p} = \frac{|p - \pi|}{\sqrt{\frac{P(1-P)}{n}}} \quad (6.35)$$

由此可知，变量 $z$ 服从标准正态分布。这样就可以在确定的极限误差范围下，求出相应的概率大小。而抽样极限误差的大小又可确定相应概率度的大小，这样如果先确定概率度为 $z$，则可求相应概率公式为：

$$P(|\bar{x}-\mu| \leqslant z\mu_{\bar{x}}) = p\left(\frac{|\bar{x}-\mu|}{\mu_{\bar{x}}} \leqslant z\right) = \frac{1}{\sqrt{2\pi}} \int_0^z e^{-\frac{z^2}{2}} dz \quad (6.36)$$

式(6.36)就是抽样平均数 $\bar{x}$ 落在 $\mu \pm z\mu_{\bar{x}}$ 之间的概率，概率就是积分值，通过查标准正态分布表得到。现将常用的概率度 $z$ 与相应的概率 $F(z)$ 的几个数值对应列表如下（表6-3）。

表6-3　常用的标准正态分布概率面积、概率度对应表（双侧表）

| 概率面积 F(z) | 概率度 $z_{\frac{\alpha}{2}}$ | 概率面积 F(z) | 概率度 $z_{\frac{\alpha}{2}}$ |
|---|---|---|---|
| 0.682 7 | 1.00 | 0.954 5 | 2.00 |
| 0.866 4 | 1.50 | 0.990 0 | 2.58 |
| 0.900 0 | 1.64 | 0.997 3 | 3.00 |
| 0.950 0 | 1.96 | 0.999 94 | 4.00 |

运用此表，也可根据确定的概率查表得到对应的概率度。根据式(6.36)可得：

$$P\left\{-z_{\frac{\alpha}{2}} < \frac{\bar{x}-\mu}{\mu_{\bar{x}}} < +z_{\frac{\alpha}{2}}\right\} = 1-\alpha \text{ 或 } F(z) \quad (6.37)$$

在样本估计量已知，而总体平均数 $\mu$ 未知时，也可把式(6.37)看作是 $\mu$ 落在 $\bar{x} \pm z_{\frac{\alpha}{2}}\mu_{\bar{x}}$ 区间的概率。将抽样平均误差公式代入，得到式(6.38)，它是总体参数区间估计的具体形式。式(6.38)为总体均值估计的形式，如要估计总体比率等参数，则要式(6.38)中的有关字母进行替换即可。

$$P\left\{\bar{x} - z_{\frac{\alpha}{2}}\sqrt{\frac{\sigma^2}{n}} < \mu < \bar{x} + z_{\frac{\alpha}{2}}\sqrt{\frac{\sigma^2}{n}}\right\} = 1-\alpha \quad (6.38)$$

**4. 抽样估计的精度和置信度的关系**

抽样误差范围决定抽样估计的精度，是通过置信区间大小来反映的。抽样估计的置信区间越小，说明估计的精确性越高；置信区间越大，说明估计的精确性越低。置信概率决定抽样估计的可靠性，置信概率越大，估计的可靠性就越大。置信区间的确定总是在一定的概率保证程度下进行的，因为既然抽样误差是一个随机变量，就不能指望样本指标落在置信区间内成为必然事件，只能看作是一个可能事件，这样就必定要用一定的概率来给予保证，这个概率称为置信概率，也称为置信度，用 $p$ 表示，$p$ 是 $z$ 的函数。而 $p=F(z)$ 表明概率分布是概率度 $z$ 的函数。确定抽样估计的可靠程度，就是要确定样本估计量落在置信区间中的概率 $p$。$F(z)$ 的函数形式为：

$$P(|\bar{x}-\mu| \leqslant z\mu_{\bar{x}}) = F(z) \quad P(|p-\pi| \leqslant z\mu_p) = F(z) \quad (6.39)$$

由此可知，$z$ 增大，$\Delta$ 也增大，这表明所要求的误差范围增大，说明从总体中随机抽取一个样本，其样本值落在这个较大的置信区间内可能性或把握性 $p$ 愈大；反之，$z$ 减小，Δ 也减小，这表明所要求的误差范围减小，说明从总体中随机抽取一个样本，其样本值落在这个较小的置信区间内的可能性或把握性愈小。

前面已述，总体参数通常是未知的，而样本估计量是通过调查得到的，所以置信概率也可看成是总体参数 $\mu$ 落在 $\bar{x} \pm z\mu_{\bar{x}}$ 或总体比率 $\pi$ 落在 $p \pm \Delta_p$ 中的概率。所以根据标准正态分布概率表(表 6-3)，其中常用的总体均值落在 3 种置信区间内的置信概率为：

$F(1) = P\{|\bar{x}-\mu| \leqslant 1\mu_{\bar{x}}\} = 68.27\%$，

$F(2) = P\{|\bar{x}-\mu| \leqslant 2\mu_{\bar{x}}\} = 95.45\%$

$F(3) = P\{|\bar{x}-\mu| \leqslant 3\mu_{\bar{x}}\} = 99.73\%$

抽样估计的置信概率与置信区间如图 6-14 所示。

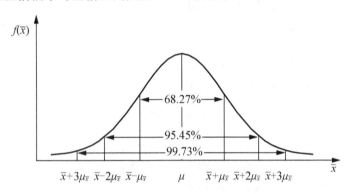

**图 6-14　抽样估计的置信概率与置信区间示意图**

根据表 6.3 和图 6-14，可以发现置信概率、概率度和置信区间之间的关系：置信概率越大，即估计可靠性越高，则概率度 $z$ 也就越大，置信区间也就越大，估计的精确度就越低。反之，类推。所以，在样本容量一定的前提下，要同时提高估计精度与置信概率往往是相互矛盾的，如提高置信概率，则估计区间必然增大，从而会降低估计的精度；若要求估计精度提高，则置信区间会缩小，置信概率必然减小。抽样估计的精度和概率把握程度二者密切联系，但同时又是一对矛盾，所以，对估计的精确度和估计可靠性的要求应综合考虑。如果要同时提高估计的精度和置信概率，只有通过增加样本容量才能实现。

5. 参数估计的基本步骤

抽样推断有多种组织方式，但其基本原理都是相似的。抽样推断的基本步骤如下。

(1) 按照一定的组织方式和抽样方法抽取样本，对样本进行调查，计算出样本均值、比率和标准差等统计量，选择和计算总体参数的优良样本估计值，进行总体参数的点估计。

(2) 计算抽样平均误差，如果总体标准差未知，则要用样本标准差替代。

(3) 根据所要求的置信概率，查标准正态分布表、t 分布表或其他分布表获得对应的概率度，再计算出抽样极限误差。

(4) 根据点估计值和抽样极限误差，给出总体参数的置信区间。

### 6.4.3 一个总体参数的区间估计

对总体参数的区间估计,可分为对一个总体参数的区间估计和对两个总体参数的区间估计。从区间估计原理可以看出,其本质就是以样本均值 $\bar{x}$、样本比率 $p$ 和样本方差 $s^2$ 来构造总体均值 $\mu$、总体比率 $\pi$ 和总体方差 $\sigma^2$ 的置信区间,并说明所构造区间的置信水平。

**1. 总体均值的区间估计**

关于总体均值的区间估计,在估计时,需要考虑如下几个因素:总体是否为正态分布、总体方差是否已知、用来构造估计量的样本是大样本还是小样本等几种情况。

1) 总体为正态分布、$\sigma^2$ 已知时,均值的区间估计

若总体服从正态分布且方差已知,样本均值 $\bar{x}$ 的抽样分布服从正态分布。

根据式(6.38),即 $P\left\{\bar{x} - z_{\frac{\alpha}{2}} \sqrt{\frac{\sigma^2}{n}} < \mu < \bar{x} + z_{\frac{\alpha}{2}} \sqrt{\frac{\sigma^2}{n}}\right\} = 1 - \alpha$ 得到:

在置信水平 $1-\alpha$ 下参数 $\mu$ 的置信区间为:

$$\bar{x} \pm \Delta_{\bar{x}}、\bar{x} \pm z_{\frac{\alpha}{2}} \mu_{\bar{x}} \quad \text{或} \quad \bar{x} \pm z_{\frac{\alpha}{2}} \frac{\sigma}{\sqrt{n}} \tag{6.40}$$

【例 6.4】 一家生产盒装罐头的企业,规定每罐的标准重量为 250 克,为确保每罐重量符合要求,企业质检部门经常要进行抽检。现从某天生产的一批食品中随机抽取了 25 罐,测得每罐重量(单位:克)如下列数据所示。

| 250.1 | 250.3 | 249.2 | 250.6 | 250.8 |
| 248.6 | 250.7 | 249.3 | 250.9 | 248.8 |
| 250.7 | 250.3 | 248.5 | 250.5 | 250.2 |
| 250.7 | 249.1 | 250.3 | 249.6 | 251.4 |
| 251.2 | 250.8 | 249.1 | 250.7 | 250.1 |

已知产品重量的分布服从正态分布,且总体标准差为 0.834 2 克。试在置信概率为 95% 条件下,估计该批产品平均重量的置信区间。

**解**:已知 $X \sim N(\mu, 0.8342^2)$,$n = 25$,$1-\alpha = 95\%$,$z_{\frac{\alpha}{2}} = 1.96$。样本均值:$\bar{x} = 250.1$(克) 依题意,得到:

$$P\left\{250.1 - 1.96 \times \sqrt{\frac{0.8342^2}{25}} < \mu < 250.1 + 1.96 \sqrt{\frac{0.8342^2}{25}}\right\} = 95\%$$

所以总体均值 $\mu$ 的置信区间为:$250.1 \pm 0.327$ 克。

即,在置信概率为 95% 时,该批罐头平均重量的置信区间为 249.8~250.4 克。

2) 总体分布未知、$\sigma^2$ 未知、大样本时,均值的区间估计

$\sigma^2$ 未知,大样本情况下,无论原有总体服从何种分布,样本均值 $\bar{x}$ 的抽样分布服从正态分布,可用样本方差 $S^2$ 替代总体方差 $\sigma^2$。根据式(6.38)作相应替代,得到:

$$P\left\{\bar{x} - z_{\frac{\alpha}{2}} \sqrt{\frac{S^2}{n}} < \mu < \bar{x} + z_{\frac{\alpha}{2}} \sqrt{\frac{S^2}{n}}\right\} = 1 - \alpha$$

因此,在置信水平 $1-\alpha$ 下参数 $\mu$ 的置信区间为:

$$\bar{x} \pm \Delta_{\bar{x}}、\bar{x} \pm z_{\frac{\alpha}{2}} \mu_{\bar{x}} \quad \text{或} \quad \bar{x} \pm z_{\frac{\alpha}{2}} \frac{s}{\sqrt{n}} \tag{6.41}$$

**【例 6.5】** 某公司有职工 3 000 人,按随机重复抽样方式从中抽取 60 人,调查其工资收入情况。调查结果表明,职工的月平均工资为 2 350 元,标准差为 193 元。试以 95.45% 的置信水平推断该公司职工月平均工资所在的范围。

**解:** 已知 $\bar{x} = 2\,350$ 元 $S = 193$ 元 $n = 60$ 人, $F(z) = 95.45\%$,查表得: $z_{\frac{\alpha}{2}} = 2$,依题意,得到:

$$P\left\{2\,350 - 2 \times \sqrt{\frac{193^2}{60}} < \mu < 2\,350 + 2 \times \sqrt{\frac{193^2}{60}}\right\} = 95.45\%$$

全部职工月平均工资的区间为: $(2\,350 - 49.84) \leqslant \mu \leqslant (2\,350 + 49.84)$

即: $2\,300.16 \leqslant \mu \leqslant 2\,399.84$

计算结果表明: 有 95.45% 的把握说该公司职工月平均工资在 2 300.16~2 399.84 元。

3) 总体服从正态分布、$\sigma^2$ 未知、小样本时,均值的区间估计

如果总体服从正态分布,无论样本容量大小,样本均值的抽样分布都服从正态分布。只要总体方差已知,即便在小样本情况下,也可以按上述方法计算总体均值的置信区间。但如果总体方差未知且是在小样本情况下,则需用样本方差 $S^2$ 代替总体方差 $\sigma^2$,这时样本均值经过标准化以后的随机变量则服从自由度为 $(n-1)$ 的 $t$ 分布,根据式(6.38)作相应替换。得到:

$$P\left\{\bar{x} - t_{\frac{\alpha}{2}}(n-1)\sqrt{\frac{S^2}{n}} < \mu < \bar{x} + t_{\frac{\alpha}{2}}(n-1)\sqrt{\frac{S^2}{n}}\right\} = 1 - \alpha$$

因此,根据 $t$ 分布性质,在置信水平 $1-\alpha$ 下总体均值 $\mu$ 的置信区间为:

$$\bar{x} \pm \Delta_{\bar{x}}, \bar{x} \pm t_{\frac{\alpha}{2}}(n-1)\mu_{\bar{x}} \quad \text{或} \quad \bar{x} \pm t_{\frac{\alpha}{2}}(n-1)\frac{S}{\sqrt{n}} \tag{6.42}$$

式中: $t_{\frac{\alpha}{2}}(n-1)$ 是 $t$ 分布中上侧面积为 $\frac{\alpha}{2}$ 时的 $t$ 值($t$ 值可通过查 $t$ 分布表查得)。

**【例 6.6】** 某零件厂生产一种新型电池,要了解电池的使用寿命,在生产线上按随机重复抽样方式抽取 10 个电池进行测试,得到下列一组数据(单位:小时)。

| 4940 | 5180 | 5400 | 5260 | 5100 |
| 5320 | 5200 | 5100 | 5100 | 5400 |

如果电池使用寿命服从正态分布,试在置信水平为 95% 时,求该批新型电池平均使用寿命的置信区间。

**解:** 已知 $n = 10$, $1 - \alpha = 0.95$, $\alpha = 0.05$,查 $t$ 分布表,得到 $t_{0.025}(9) = 2.262$

根据样本数据计算得: $\bar{x} = 5\,200$ 小时, $S = 155.6$ 小时,将数值代入式(6.42), $\bar{x} \pm t_{\frac{\alpha}{2}}(n-1)\frac{S}{\sqrt{n}}$,得到: $5\,200 \pm 2.262 \times \frac{155.6}{\sqrt{10}}$,即 $5\,200 \pm 111.4$。

所以,在置信水平为 95% 时,该批新型电池平均使用寿命的置信区间为 5 088.6~5 311.4 小时。

**2. 总体比率的区间估计**

总体比率的区间估计与总体均值的区间估计方法类似,所不同的是对总体比率的区间估计只讨论大样本 ($np \geqslant 5$ 且 $n(1-p) \geqslant 5$) 情况。

在大样本条件下,样本比率的抽样分布可用正态分布近似。样本均值为 $E(p) = P$,样

本方差 $D(p) = \dfrac{P(1-P)}{n}$，即 $p \sim N(P, \dfrac{P(1-P)}{n})$，样本比率标准化后的随机变量 $z$ 服从标准正态分布。根据式(6.38)作相应替换，得到：

$$P\left\{p - z_{\frac{\alpha}{2}}\sqrt{\dfrac{p(1-p)}{n}} < \pi < p + z_{\frac{\alpha}{2}}\sqrt{\dfrac{p(1-p)}{n}}\right\} = 1 - \alpha$$

在置信水平 $1-\alpha$ 下，总体比率 $\pi$ 的估计区间为：

$$p \pm \Delta_p \quad \text{或} \quad p \pm z_{\frac{\alpha}{2}}\sqrt{\dfrac{p(1-p)}{n}} \tag{6.43}$$

【例 6.7】 某公司有职工 3000 人，从中按随机重复抽样方式抽取 60 人，调查其工资收入情况。调查结果表明，月收入在 2000 元及以上的职工有 40 人。试以 95.45% 的置信水平推断该公司月收入在 2000 元及以上职工比率的区间。

**解**：已知 $n = 60$（人），$p = \dfrac{40}{60} = 0.667$，$F(z) = 95.45\%$，查表得：$z_{\frac{\alpha}{2}} = 2$，

依题意，得到：

$$P\left\{0.667 - 2 \times \sqrt{\dfrac{0.667 \times (1-0.667)}{60}} < \pi < 0.667 + 2 \times \sqrt{\dfrac{0.667 \times (1-0.667)}{60}}\right\}$$
$$= 95.45\%$$

$$54.5\% \leqslant \pi \leqslant 78.9\%$$

计算结果表明，有 95.45% 的把握说该公司职工月收入在 2 000 元及以上职工比率在 54.8%～78.9%。

**3. 总体方差的区间估计**

在抽样推断中，经常需要对总体数据差异程度作出判断，即需要对总体方差进行估计。例如，一批零件的平均使用寿命虽然合乎要求，但若各个零件寿命相差很大，即方差很大，那么这些零件的质量还是有问题的。因此，经常要知道总体方差或标准差的大小。这里只讨论总体服从正态分布的方差估计问题。

假设总体 $X \sim N(\mu, \sigma^2)$，从中抽取容量为 $n$ 的样本，$\chi^2$ 分布形式如式(6.21)所示，因此，可以根据 $\chi^2$ 分布和样本方差构造总体方差 $\sigma^2$ 的估计区间（如图 6-15 所示）。

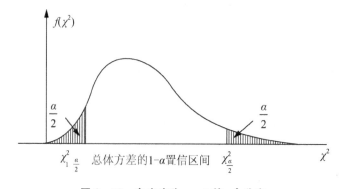

图 6-15 自由度为 $n-1$ 的 $\chi^2$ 分布

由图 6-15 的 $\chi^2$ 分布可知，在置信水平 $1-\alpha$ 下，有：$\chi^2_{1-\frac{\alpha}{2}} \leqslant \chi^2 \leqslant \chi^2_{\frac{\alpha}{2}}$，将式(6.21)代入得到：

$$\chi^2_{1-\frac{\alpha}{2}} \leqslant \frac{(n-1)s^2}{\sigma^2} \leqslant \chi^2_{\frac{\alpha}{2}}$$

根据这一公式，可以推导出总体方差在$(1-\alpha)$置信水平下的置信区间为：

$$\frac{(n-1)s^2}{\chi^2_{\frac{\alpha}{2}}} \leqslant \sigma^2 \leqslant \frac{(n-1)s^2}{\chi^2_{1-\frac{\alpha}{2}}} \tag{6.44}$$

**【例 6.8】** 一家食品生产企业以生产袋装食品为主，为对产品质量进行监测，企业质检部门经常要进行抽检，以分析每袋重量是否符合要求。现从某天生产的一批食品中随机抽取了 25 袋，测得每袋重量如下列数据所示。已知产品重量服从正态分布，且总体标准差为 10g。试以 95% 的置信水平建立该种食品重量方差的置信区间。

| | | | | |
|---|---|---|---|---|
| 112.5 | 101.0 | 103.0 | 102.0 | 100.5 |
| 102.6 | 107.5 | 95.0 | 108.8 | 115.6 |
| 100.0 | 123.5 | 102.0 | 101.6 | 102.2 |
| 116.6 | 95.4 | 97.8 | 108.6 | 105.0 |
| 136.8 | 102.8 | 101.5 | 98.4 | 93.3 |

**解**：已知：$n=25$，根据样本数据计算样本方差：$S^2=93.21$，自由度 $n-1=25-1=24$，$1-\alpha=95\%$，$\frac{\alpha}{2}=0.025$，$1-\frac{\alpha}{2}=0.975$ 查表得：

$$\chi^2_{0.025}(25-1)=39.364,\ \chi^2_{0.975}(25-1)=12.401$$

依题意，有：$P\left\{\frac{24\times 93.21}{39.364}<\sigma^2<\frac{24\times 93.21}{12.401}\right\}=95\%$

所以 $\sigma^2$ 的置信度为 95% 的置信区间为 $(56.83,180.39)$。

在前面所述的参数区间估计中，都是按简单随机重复抽样公式计算抽样平均误差，推导出估计区间的。如果样本单位数点总体单位数的比例很小，可以按重复抽样公式计算抽样平均误差；如果样本单位数点总体单位数的比例较大，则要按不重复抽样公式计算抽样平均误差。还要注意在不同的组织方式下，抽样平均误差的计算公式也不尽相同。下面通过例子介绍在分层抽样和整群抽样方式下区间估计的方法。

**4. 分层抽样和整群抽样方式下的参数的区间估计**

1) 分层抽样方式下的参数的区间估计

在总体中采用分层抽样或分类抽样方法可以提高样本的代表性，减少抽样误差。对于那些总体情况复杂、各单位之间差异较大、单位数量较多的抽样调查问题，一般都可以采用分层抽样的方法进行抽样调查。由于各个类型组的单位数一般是不相等的，从各个类型组中抽取多少样本单位有两种不同的确定方法。一种是按各组标志值变动的大小来确定，没有统一的抽样比例；另一种是按比例抽样，即保持每组样本单位数与样本容量之比等于各组总体单位数与全及总体单位数之比。

例如，设总体由 $N$ 个单位组成，把总体分成 $k$ 组，若样本的总容量为 $n$，则从第 $i$ 组抽取的样本单位数 $n_i$，要使得某类单位数占总体单位的比例与该类的抽样单位比例相等，即：$\frac{n_i}{n}=\frac{N_i}{N}$。所以各组抽取的样本单位数应为：$n_i=\frac{N_i}{N}\times n$。并使得各组抽取的样本单位数之和等于样本总容量。第 $i$ 组的抽样平均数是：$\overline{x_i}=\frac{1}{n_i}\sum_{i=1}^{j}x_{ij}$；样本的平均数为：

$$\bar{x} = \frac{1}{n}\sum_{i=1}^{k}n_i\overline{x_i}$$ ；样本各类型方差的平均数为：

$$\overline{S^2} = \frac{1}{n}\sum_{i=1}^{k}n_iS_i^2 \qquad (6.45)$$

重复抽样条件下抽样平均误差公式为：

$$\mu_{\bar{x}} = \sqrt{\frac{\overline{S^2}}{n}} \qquad (6.46)$$

不重复抽样误差公式为：

$$\mu_{\bar{x}} = \sqrt{\frac{\overline{S^2}}{n}\left(1-\frac{n}{N}\right)} \qquad (6.47)$$

【例 6.9】 某地有外出务工人员 10 000 名，其中：从事工业劳动的有 7 000 人，从事农业劳动的有 3 000 人。现按两类人数的比例抽取 100 人，计算各相关指标见表 6-4，试以 95% 的置信水平推断该地人均收入的区间。

表 6-4 各组平均收入与标准差　　　　　　　　　　单位：元

| 类型 | 全部人数 $N_i$ | 抽样人数 $n_i$ | 样本平均数 $\overline{x_i}$ | 样本标准差 $s_i$ |
|---|---|---|---|---|
| 从事工业 | 7 000 | 70 | 10 000 | 300 |
| 从事农业 | 3 000 | 30 | 7 500 | 250 |

**解**：具体计算如下。

$$\bar{x} = \frac{1}{n}\sum_{i=1}^{k}n_i\overline{x_i} = \frac{1}{100}(70 \times 10\,000 + 30 \times 7\,500) = 72\,250\,（元）$$

$$\overline{S^2} = \frac{1}{n}\sum_{i=1}^{k}n_iS_i^2 = \frac{1}{100}(70 \times 300^2 + 30 \times 250^2) = 81\,750$$

由于该题中抽样总体仅占全及总体的 1%，故可采用重复抽样公式来计算抽样平均误差。

$$\mu_{\bar{x}} = \sqrt{\frac{\overline{S^2}}{n}} = \sqrt{\frac{81\,750}{100}} = 28.59\,（元）$$

∵ $F(z) = 95\%$，∴ $z_{\frac{\alpha}{2}} = 1.96$，$\Delta_{\bar{x}} = z_{\frac{\alpha}{2}}\mu_{\bar{x}} = 1.96 \times 28.59 = 56\,（元）$

所以外出务工人员人均收入的区间为：$\bar{x} \pm \Delta_{\bar{x}}$ 即 $72\,250 \pm 56$

故有 95% 的把握说，该地外出务工人员人均收入在 72 194～72 306 元。

2）整群抽样方式下参数的区间估计

整群抽样与简单随机抽样组织方法相比，抽样单位数扩大了，即抽取的基本单位不再是总体单位而是群（组）。如调查某县小学教育情况，可以从该县中随机抽取若干个小学，然后对抽中的小学进行全面调查。这里把群看作总体单位，则整群抽样就和简单随机抽样类似，故整群抽样的误差公式可以通过简单随机抽样的误差公式导出。把一个总体分成 $R$ 个群，然后在 $R$ 个群中随机抽取 $\sigma^2$ 个群，设群间方差为 $\delta^2$，由于整群抽样都是采用不重复抽样的方法，抽样平均数和比率的抽样平均误差公式分别为：

$$\mu_{\bar{x}} = \sqrt{\frac{\delta^2}{r}\left(\frac{R-r}{R-1}\right)} = \sqrt{\frac{\delta^2}{r}\left(1-\frac{r}{R}\right)} \qquad (6.48)$$

其中样本均值的群间方差公式为：$\delta^2 = \dfrac{\sum_{i=1}^{r}(\overline{x_i} - \overline{x})^2}{r-1}$

$$\mu_p = \sqrt{\dfrac{\delta^2}{r}\left(\dfrac{R-r}{R-1}\right)} = \sqrt{\dfrac{\delta^2}{r}\left(1-\dfrac{r}{R}\right)} \tag{6.49}$$

其中样本比率的群间方差公式为：$\delta^2 = \dfrac{\sum_{i=1}^{r}(p_i - p)^2}{r-1}$

【例 6.10】 某连续生产企业为掌握 1 月份某种产品的一等品率，确定抽出 5% 的产品，即在全月连续生产的 720 小时中，每隔 20 小时抽取 1 小时的全部产品进行调查。调查结果一等品率为 80%，群间方差为 7%，试以 95.45% 的置信度对该企业 1 月份产品一等品率进行区间估计。

**解**：已知 $R=720$，$r=720 \times 5\% = 36$，$\delta^2 = 7\%$，$p=80\%$

$$\mu_p = \sqrt{\dfrac{0.07}{36}\left(1-\dfrac{36}{720}\right)} = 4.3\%$$

$\because F(z) = 95.45\%$，$\therefore z_{\frac{\alpha}{2}} = 2$，$\Delta_p = z_{\frac{\alpha}{2}} \mu_p = 2 \times 4.3\% = 8.6\%$

$p \pm \Delta_p$ 即：$80\% \pm 8.6\%$

即有 95.45% 的把握说，该企业 1 月份产品一等品率的置信区间为 71.4% ~ 88.6%。

### 6.4.4 两个总体参数的区间估计

对于两个总体参数估计主要有两个总体均值之差 $u_1 - u_2$、两个总体比例之差 $\pi_1 - \pi_2$、两个总体的方差比 $\sigma_1^2/\sigma_2^2$ 等。

**1. 两个总体均值之差的区间估计**

在实际中，经常需要比较两个总体均值的差别问题。例如，比较两个地区居民的人均收入、化工厂要比较两种催化剂对生产效率的影响等，这时需要对两个总体均值之差作区间估计。

1) 两个正态总体的方差 $\sigma_1^2$、$\sigma_2^2$ 已知时的区间估计

这里包括两种情况：一是两个总体服从正态分布，$\sigma_1^2$、$\sigma_2^2$ 已知；二是两个总体分布未知，但来自两个总体的样本均为大样本，且总体方差 $\sigma_1^2$、$\sigma_2^2$ 已知。这时可以证明得到：

$$\overline{x_1} - \overline{x_2} \sim N\left(u_1 - u_2, \dfrac{\sigma_1^2}{n_1} + \dfrac{\sigma_2^2}{n_2}\right) \quad \text{或} \quad \dfrac{(\overline{x_1} - \overline{x_2}) - (u_1 - u_2)}{\sqrt{\dfrac{\sigma_1^2}{n_1} + \dfrac{\sigma_2^2}{n_2}}} \sim N(0,1)$$

即得 $u_1 - u_2$ 的一个置信水平为 $1-\alpha$ 的置信区间：

$$(\overline{x_1} - \overline{x_2}) \pm z_{\frac{\alpha}{2}} \sqrt{\dfrac{\sigma_1^2}{n_1} + \dfrac{\sigma_2^2}{n_2}} \tag{6.50}$$

【例 6.11】 某地商业银行要了解所属两个营业部的储蓄存款情况，分别从两个营业部的储户中各随机抽取 25 户，计算得到样本均值：$\overline{x_1} = 4\,500$ 元，$\overline{x_2} = 3\,250$ 元。设均服从正态分布，且已知它们的方差分别为 $\sigma_1^2 = 2\,500$ 和 $\sigma_2^2 = 3\,250$。试构造两个营业部的储蓄户存

款平均额之差$(u_1-u_2)$的95%的置信区间。

**解**：$u_1-u_2$的95%的置信水平的置信区间

$$(\overline{x_1}-\overline{x_2})\pm z_{\frac{\alpha}{2}}\sqrt{\frac{\sigma_1^2}{n_1}+\frac{\sigma_2^2}{n_2}}=(4\,500-3\,250)\pm 1.96\times\sqrt{\frac{2\,500^2}{25}+\frac{3\,600^2}{25}}$$
$$=1\,250\pm 30.62=(1\,219.78,1\,280.62)$$

结果意味着有95%的把握认为总体均值之差在1291.78～1280.62元。

2）两个正态总体方差$\sigma_1^2$、$\sigma_2^2$未知时的区间估计

这里包括两种情况：一是两个正态总体方差$\sigma_1^2$、$\sigma_2^2$未知但是相等；二是两个正态总体方差$\sigma_1^2$、$\sigma_2^2$未知且不相等。

(1) 当两个总体方差$\sigma_1^2$、$\sigma_2^2$未知但是相等时，则在一定的置信水平$1-\alpha$保证下两个总体均值之差的置信区间为：

$$(\overline{x_1}-\overline{x_2})\pm t_{\frac{\alpha}{2}}(n_1+n_2-2)S_p\sqrt{\frac{1}{n_1}+\frac{1}{n_2}} \quad (6.51)$$

式中：$S_p=\sqrt{\dfrac{(n_1-1)S_1^2+(n_2-1)S_2^2}{n_1+n_2-2}}$。

$S_p$是对两个样本方差加权平均值得到，权数分别为它们的自由度，用两个样本的共同标准差$S_p$来代替两个总体共同标准差。那么，两个均值之差经标准化后服从自由度为$(n_1+n_2-2)$的$t$分布，即

$$t=\frac{(\overline{x_1}-\overline{x_2})-(\mu_1-\mu_2)}{S_p\sqrt{\dfrac{1}{n_1}+\dfrac{1}{n_2}}}\sim t(n_1+n_2-2) \quad (6.52)$$

**【例6.12】** 为检验两种化肥对某作物的作用，从施用1号化肥的试验基地中抽取了25个样本地块，从施用2号化肥的试验基地中抽取了12个样本地块，测试结果：施用1号化肥样本地块的平均产量为44.1千克，方差为36，施用2号化肥样本地块的平均产量为31.7千克，方差为44。根据技术人员经验，两基地农作物产量近似服从正态分布，且两种化肥影响产量的波动基本是相等的，试以95%的可靠性估计两种化肥对农作物产量影响的差异。

**解**：已知$\sigma_1^2=\sigma_2^2$，所以，以$(\overline{x_1}-\overline{x_2})$估计$(\mu_1-\mu_2)$，可以得到置信区间：

$$(\overline{x_1}-\overline{x_2})\pm t_{\frac{\alpha}{2}}(n_1+n_2-2)S_p\sqrt{\frac{1}{n_1}+\frac{1}{n_2}}$$

$$\overline{x_1}-\overline{x_2}=44.1-31.7=12.4$$

查表得：$t_{\frac{\alpha}{2}}(n_1+n_2-2)=t_{\frac{\alpha}{2}}(25+12-2)=2.030$

$$S_p=\sqrt{\frac{(n_1-1)S_1^2+(n_2-1)S_2^2}{n_1+n_2-2}}=\sqrt{\frac{(25-1)\times 36+(12-1)\times 44}{25+12-2}}=38.51$$

于是得到置信区间：$12.4\pm 2.030\times\sqrt{38.51}\times\sqrt{\dfrac{1}{25}+\dfrac{1}{12}}$ 即$(7.97,16.83)$，

因此，有95%的把握推测两种化肥对产量影响差异大约在8～17千克。

(2) 当两个正态总体方差$\sigma_1^2$、$\sigma_2^2$未知且不相等时，则可以在一定的置信水平$1-\alpha$保证下两个总体均值之差的置信区间为：

$$(\overline{x_1}-\overline{x_2}) \pm t_{\frac{\alpha}{2}}(df)\sqrt{\frac{S_1^2}{n}+\frac{S_2^2}{n}} \tag{6.53}$$

式中，自由度 $df = \left(\frac{S_1^2}{n_1}+\frac{S_2^2}{n_2}\right)^2 / \left(\frac{\left(\frac{S_1^2}{n_1}\right)^2}{n_1-1}+\frac{\left(\frac{S_2^2}{n_2}\right)^2}{n_2-1}\right)$

【例 6.13】 为估计两种方法组装产品所需时间的差异，假定第一种方法随机安排 12 名工人，第二种方法随机安排 8 名工人，即 $n_1=12$，$n_2=8$，所得的有关数据见表 6-5。

表 6-5 两种方法组装产品时间　　　　　　　　　单位：分钟

| 方法 1 | 37.6 | 32.1 | 28.3 | 30.1 | 28.8 | 29 | 34.4 | 30 | 36 | 37.2 | 28 | 38.5 |
|---|---|---|---|---|---|---|---|---|---|---|---|---|
| 方法 2 | 31.7 | 31 | 20 | 22.2 | 26.5 | 27.6 | 30.2 | 33.8 | | | | |

假定两种方法组装产品的时间服从正态分布，且方差不相等。以 95% 的置信水平建立两种方法组装产品所需平均时差值的置信区间。

**解**：根据样本数据计算得到：

$\overline{x_1}=32.5$；　　$S_1^2=15.996$；　　$\overline{x_2}=27.875$；　　$S_2^2=23.014$

自由度为：$df = \left(\frac{S_1^2}{n_1}+\frac{S_2^2}{n_2}\right)^2 / \left(\frac{\left(\frac{S_1^2}{n_1}\right)^2}{n_1-1}+\frac{\left(\frac{S_2^2}{n_2}\right)^2}{n_2-1}\right)$

$= \left(\frac{15.996}{12}+\frac{23.014}{8}\right)^2 / \left(\frac{\left(\frac{15.996}{12}\right)^2}{12-1}+\frac{\left(\frac{23.014}{8}\right)^2}{8-1}\right) \approx 13$

根据自由度 13 查 $t$ 分布表得：$t_{\frac{0.05}{2}}(13)=2.1604$

两个总体均值之差 $\mu_1-\mu_2$ 在 $1-\alpha$ 置信水平下的置信区间为：

$(\overline{x_1}-\overline{x_2}) \pm t_{\frac{\alpha}{2}}(df)\sqrt{\frac{S_1^2}{n}+\frac{S_2^2}{n}}$

$=(32.5-27.875) \pm 2.1604 \times \sqrt{\frac{15.996}{12}+\frac{23.014}{8}} = 4.625 \pm 4.433$

即两种方法组装产品所需平均时间之差的置信区间为 0.192~9.058 分钟。

**2. 两个总体比率之差的区间估计**

设两个总体的比率分别为 $\pi_1$ 和 $\pi_2$，分别从两个总体各随机抽取容量为 $n_1$ 和 $n_2$ 的两个样本，计算出两个样本的比率分别为 $p_1$ 和 $p_2$。当 $n_1$ 和 $n_2$ 很大，$p_1-p_2$ 的抽样分布近似正态分布，且

$$\mu=\pi_1-\pi_2, \sigma=\sqrt{\frac{\pi_1(1-\pi_1)}{n_1}+\frac{\pi_2(1-\pi_2)}{n_2}} \tag{6.54}$$

则两个总体比率之差 $\pi_1-\pi_2$，在一定置信水平 $1-\alpha$ 下的置信区间为：

$$(p_1-p_2) \pm z_{\frac{\alpha}{2}}\sqrt{\frac{p_1(1-p_1)}{n_1}+\frac{p_2(1-p_2)}{n_2}}$$

【例 6.14】 某企业有甲、乙两个车间，为了降低废品率，该企业对乙车间的工人首先

进行了业务培训。5个月后,该企业对两个车间的产品质量进行了检验。从甲车间抽取了200件产品,从乙车间抽取了220件产品。查得废品率甲车间为 $p_1=15\%$,乙车间为 $p_2=3\%$。试在95%的置信水平构造两个废品率之差的置信区间。

**解**:当置信水平为95%时,$z_{\frac{\alpha}{2}}=1.96$,构造两个废品率之差的置信区间为:

$$(p_1-p_2)\pm z_{\frac{\alpha}{2}}\sqrt{\frac{p_1(1-p_1)}{n_1}+\frac{p_2(1-p_2)}{n_2}}$$

$$=(0.15-0.03)\pm 1.96\sqrt{\frac{0.15\times(1-0.15)}{200}+\frac{0.03\times(1-0.03)}{220}}$$

$$=0.12\pm 1.96\times 0.0277=(0.066,0.174)$$

因此,有95%的把握说甲车间与乙车间的废品率之差在6.6%~17.4%。这说明乙车间人员的业务培训收到了良好的效果。

**3. 两个总体方差比的区间估计**

设两个总体方差分别为 $\sigma_1^2$、$\sigma_2^2$,分别从两个总体各随机抽取容量为 $n_1$ 和 $n_2$ 的两个样本,计算出两个样本的方差分别为 $S_1^2$ 和 $S_2^2$,通常假定 $S_1^2 \geqslant S_2^2$。当两个总体均服从正态分布,且相互独立时,有:

$$F=\frac{S_1^2}{S_2^2}\times\frac{\sigma_2^2}{\sigma_1^2}\sim F(n_1-1,n_2-1) \tag{6.55}$$

则在一定的置信水平 $1-\alpha$ 下,两个总体方差比的置信区间为:

$$\frac{S_1^2/S_2^2}{F_{\frac{\alpha}{2}}(n_1-1,n_2-1)}\leqslant\frac{\sigma_1^2}{\sigma_2^2}\leqslant\frac{S_1^2/S_2^2}{F_{1-\frac{\alpha}{2}}(n_1-1,n_2-1)} \tag{6.56}$$

因为 $F$ 分布表中不含 $1-\frac{\alpha}{2}$ 对应的 $F_{1-\frac{\alpha}{2}}$ 值,计算方法为:

$$F_{1-\frac{\alpha}{2}}(n_1-1,n_2-1)=\frac{1}{F_{\frac{\alpha}{2}}(n_2-1,n_1-1)}$$

【**例6.15**】 实验室两位化验员独立地对某种聚合物含氯量用相同的方法各做16次和11次试验,测定的样本方差分别为 $S_1^2=0.36$,$S_2^2=0.28$,设总体均为正态,且两个样本独立。求总体方差比的置信水平为90%的置信区间。

**解**:$n_1=16$,$S_1^2=0.36$,$n_2=11$,$S_2^2=0.28$,$\alpha=0.1$,$\frac{\alpha}{2}=0.05$,$1-\frac{\alpha}{2}=0.95$

$$F_{\frac{\alpha}{2}}(n_1-1,n_2-1)=F_{0.05}(15,10)=2.85$$

$$F_{1-\frac{\alpha}{2}}(n_1-1,n_2-1)=F_{0.95}(15,10)=\frac{1}{F_{0.05}(10,15)}=\frac{1}{2.54}=0.39$$

由公式 $\frac{S_1^2/S_2^2}{F_{\frac{\alpha}{2}}(n_1-1,n_2-1)}\leqslant\frac{\sigma_1^2}{\sigma_2^2}\leqslant\frac{S_1^2/S_2^2}{F_{1-\frac{\alpha}{2}}(n_1-1,n_2-1)}$ 计算置信区间为:$\left(\frac{0.36}{0.28}\times\frac{1}{2.85},\frac{0.36}{0.28}\times 2.54\right)$,即为 $(0.45,3.27)$

由于总体方差比 $\frac{\sigma_1^2}{\sigma_2^2}$ 的置信区间包含了1,在实际中就认为 $\sigma_1^2$、$\sigma_2^2$ 没有显著差别。

## 6.5 样本容量的确定

在进行抽样推断时，确定样本容量是最先要考虑的。样本容量少，样本的代表性就小，样本容量多，所花费的调查成本高。任何一次调查都是在一定研究目的和要求之下进行的。因此，要确定必要的样本容量，满足一定的条件要求。这里介绍的是在简单随机抽样方式下必要的样本容量的确定方法。

### 6.5.1 影响样本容量的因素

**1. 总体的变异程度（总体方差 $\sigma^2$）**

总体各单位标志值的差异程度的度量指标为总体标准差和总体方差。在其他条件相同的情况下，总体方差较大，样本的容量应该大一些，反之则应该小一些。例如：在正态总体均值的估计中，抽样平均误差为 $\sigma/\sqrt{n}$ 反映了样本均值相对于总体均值的离散程度。样本的容量大，才会使 $\sigma/\sqrt{n}$ 较小，以保证估计的精确度。

**2. 抽样极限误差**

抽样极限误差也称为允许的抽样误差，以绝对值的形式表现抽样误差的可能范围。允许误差说明了估计的精度，所以，在其他条件不变的情况下，如果要求估计的精度高，允许误差就小，那么样本容量就要大一些；反之，类推。

**3. 置信概率 $(1-\alpha)$**

置信概率说明了估计的可靠程度。所以，在其他条件不变的情况下，如果要求较高的置信概率，就要增大样本容量；反之，可以相应减少样本容量。

**4. 抽样方法**

在相同的条件下，重复抽样的抽样平均误差比不重复抽样的抽样平均误差大，所需要的样本容量也就不同。重复抽样需要更大的样本容量，而不重复抽样的样本容量则可小一些。

此外，必要的抽样数目还要受抽样组织方式的影响，这也是因为不同的抽样组织方式有不同的抽样平均误差。

### 6.5.2 样本容量的确定

**1. 估计总体均值的样本容量**

在总体均值的区间估计里，置信区间是由极限误差计算公式 $\Delta_x = Z_{\frac{\alpha}{2}} \mu_{\bar{x}}$ 确定的。

把重复抽样条件下抽样平均误差公式 $\mu_{\bar{x}} = \sigma/\sqrt{n}$ 代入 $\Delta_x = Z_{\frac{\alpha}{2}} \mu_{\bar{x}}$，整理得到：

$$n = \frac{Z_{\frac{\alpha}{2}}^2 \sigma^2}{\Delta_{\bar{x}}^2} \tag{6.57}$$

把不重复抽样的条件下抽样平均误差公式 $\mu_{\bar{x}} = \sqrt{\frac{\sigma^2}{n}\left(1 - \frac{n}{N}\right)}$ 代入 $\Delta_x = Z_{\frac{\alpha}{2}} \mu_{\bar{x}}$，整理

得到：

$$n = \frac{Z_{\frac{\alpha}{2}}^2 \sigma^2 N}{\Delta_{\bar{x}}^2 N + Z_{\frac{\alpha}{2}}^2 \sigma^2} \quad (6.58)$$

**【例 6.16】** 某食品厂要检验本月生产的 10 000 袋某产品的重量，根据以往的资料，这种产品每袋重量的标准差为 25 克。如果要求在 95.45% 的置信度下，平均每袋重量的误差不超过 5 克，应抽查多少袋产品？

**解：** 由题意可知 $N=10\,000$，$\sigma=25$ 克，$\Delta_{\bar{x}}=5$ 克，根据置信度 $1-\alpha=95.45\%$，有 $Z_{\alpha/2}=2$。在重复抽样的条件下，样本容量为：

$$n = \frac{Z_{\frac{\alpha}{2}}^2 \sigma^2}{\Delta_{\bar{x}}^2} = \frac{2^2 \times 25^2}{5^2} = 100 \text{（袋）}$$

在不重复抽样条件下，样本容量为：

$$n = \frac{Z_{\frac{\alpha}{2}}^2 \sigma^2 N}{\Delta_{\bar{x}}^2 N + Z_{\frac{\alpha}{2}}^2 \sigma^2} = \frac{2^2 \times 25^2 \times 10\,000}{5^2 \times 10\,000 + 2^2 \times 25^2} = 99 \text{（袋）}$$

由计算结果可知：在其他条件相同的情况下，重复抽样所需要的样本容量比不重复抽样所需要的样本容量要多些。

在计算时要注意，第一，总体的方差往往是未知的，这时可用样本方差代替。也可用以往调查的方差，若曾有多个方差，应该选择最大值。也可在实际抽样调查前，进行一次小规模的试调查，得到样本方差，来替代总体的方差。第二，计算结果小数点只进不舍，以满足预定条件要求。

**2. 估计总体比率（成数）时的样本容量**

估计总体比率时样本容量的确定方法与估计总体均值方法类似，也是将抽样平均误差公式代入抽样极限误差公式推导得到的。

在重复抽样条件下样本容量的公式为：

$$n = \frac{Z_{\frac{\alpha}{2}}^2 P(1-P)}{\Delta_p^2} \quad (6.59)$$

在不重复抽样条件下样本容量公式为

$$n = \frac{Z_{\alpha/2}^2 P(1-P)}{(\Delta_p)^2 N + Z_{\alpha/2}^2 P(1-P)} \quad (6.60)$$

**【例 6.17】** 某企业为了抽查所生产的某批 10 000 个显像管的合格率，需要确定样本的容量。根据以往经验合格率为 90%、91.7%。如果要求估计的允许误差不超过 2.75%，置信水平为 95.45%。试计算至少抽取多少只显像管组成样本。

**解：** 根据资料，应该选择 $P=90\%$ 计算样本容量，根据置信水平 95.45%，有 $Z_{\alpha/2}=2$，$\Delta_p=2.75\%$

重复抽样条件下，样本容量为：

$$n = \frac{Z_{\frac{\alpha}{2}}^2 P(1-P)}{\Delta_p^2} = \frac{2^2 \times 0.9 \times (1-0.9)}{0.027\,5} = 476.03 \approx 477$$

不重复抽样条件下，样本容量为：

$$n = \frac{Z_{\frac{\alpha}{2}}^2 P(1-P) N}{\Delta_p^2 N + Z_{\frac{\alpha}{2}}^2 P(1-P)} = \frac{2^2 \times 0.9 \times (1-0.9) \times 1\,000}{0.027\,5^2 \times 10\,000 + 2^2 \times 0.9 \times (1-0.9)} = 454.40 \approx 455$$

从计算的结果可以看出，重复抽样应该抽 477 件检验，而不重复抽样应该抽 455 件，可见，在相同条件下，重复抽样的样本容量更大些。

在计算时要注意，第一，如果总体方差未知，可用样本方差代替，也可用历史的资料确定，也可取比率为 0.5，这时 $0.5 \times 0.5 = 0.25$ 为方差的最大值。第二，在一次调查中，要同时推断总体均值和比率，当需要的样本容量不一致时，要取其最大值，以满足共同需要。

## 6.6 Excel 在参数估计中运用示例

### 6.6.1 用 Excel 进行随机抽样

【例 6.18】 现有 100 个总体单位，每个总体单位给一个编号，共有 1～100 个编号，如图 6-16 所示，要求从中随机抽取 12 个单位组成样本。试进行随机抽样，确定样本单位。

|   | A | B | C | D | E | F | G | H | I | J |
|---|---|---|---|---|---|---|---|---|---|---|
| 1 | 1 | 11 | 21 | 31 | 41 | 51 | 61 | 71 | 81 | 91 |
| 2 | 2 | 12 | 22 | 32 | 42 | 52 | 62 | 72 | 82 | 92 |
| 3 | 3 | 13 | 23 | 33 | 43 | 53 | 63 | 73 | 83 | 93 |
| 4 | 4 | 14 | 24 | 34 | 44 | 54 | 64 | 74 | 84 | 94 |
| 5 | 5 | 15 | 25 | 35 | 45 | 55 | 65 | 75 | 85 | 95 |
| 6 | 6 | 16 | 26 | 36 | 46 | 56 | 66 | 76 | 86 | 96 |
| 7 | 7 | 17 | 27 | 37 | 47 | 57 | 67 | 77 | 87 | 97 |
| 8 | 8 | 18 | 28 | 38 | 48 | 58 | 68 | 78 | 88 | 98 |
| 9 | 9 | 19 | 29 | 39 | 49 | 59 | 69 | 79 | 89 | 99 |
| 10 | 10 | 20 | 30 | 40 | 50 | 60 | 70 | 80 | 90 | 100 |

图 6-16 总体各单位编号表

操作步骤如下。

在 Excel 表中输入各总体单位的编号，编号可以按随机原则，也可以按有关标志或无关标志，如图 6-17 所示。然后按以下步骤操作：

图 6-17 "数据分析"对话框

(1) 单击"工具"→"数据分析"命令(若无"数据分析"命令，可选择"工具"→

"加载宏"命令,在弹出的对话框中选择分析工具库,便可出现"数据分析"命令),打开数据分析对话框,从中选择"抽样"选项,如图 6-17 所示。

(2) 选择"抽样"选项单击"确定"按钮,弹出"抽样"对话框,如图 6-18 所示。

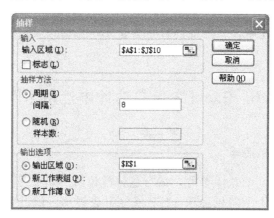

图 6-18 "抽样"对话框

(3) 在"输入区域"框中输入总体单位编号所在的单元格区域,在本例是 ＄A＄1：＄J＄10,系统将从 A 列开始抽取样本,然后按顺序抽取 B 列~J 列。如果输入区域的第一行或第一列为标志项(横行标题或纵列标题),可选中标志复选框。

(4) 在"抽样方法"选项组中,有周期和随机两种抽样模式。

"周期"模式即所谓的等距抽样,采用这种抽样方法,需将总体单位数除以要抽取的样本单位数,求得取样的周期间隔。如要在 100 个总体单位中抽取 12 个,则在"间隔"文本框中输入 8。

"随机"模式适用于纯随机抽样、分类抽样、整群抽样和阶段抽样。采用纯随机抽样,只需在"样本数"文本框中输入要抽取的样本单位数即可;若采用分类抽样,必须先将总体单位按某一标志分类编号,然后在每一类中随机抽取若干单位,这种抽样方法实际是分组法与随机抽样的结合;整群抽样也要先将总体单位分类编号,然后按随机原则抽取若干类作为样本,对抽中的类的所有单位全部进行调查。可以看出,此例的编号输入方法,只适用于等距抽样和纯随机抽样。

(5) 指定"输出区域",在这里输入 ＄K＄1,单击"确定"按钮后,即可得到抽样结果,如图 6-19 所示。

| | A | B | C | D | E | F | G | H | I | J | K |
|---|---|---|---|---|---|---|---|---|---|---|---|
| 1 | 1 | 11 | 21 | 31 | 41 | 51 | 61 | 71 | 81 | 91 | 8 |
| 2 | 2 | 12 | 22 | 32 | 42 | 52 | 62 | 72 | 82 | 92 | 16 |
| 3 | 3 | 13 | 23 | 33 | 43 | 53 | 63 | 73 | 83 | 93 | 24 |
| 4 | 4 | 14 | 24 | 34 | 44 | 54 | 64 | 74 | 84 | 94 | 32 |
| 5 | 5 | 15 | 25 | 35 | 45 | 55 | 65 | 75 | 85 | 95 | 40 |
| 6 | 6 | 16 | 26 | 36 | 46 | 56 | 66 | 76 | 86 | 96 | 48 |
| 7 | 7 | 17 | 27 | 37 | 47 | 57 | 67 | 77 | 87 | 97 | 56 |
| 8 | 8 | 18 | 28 | 38 | 48 | 58 | 68 | 78 | 88 | 98 | 64 |
| 9 | 9 | 19 | 29 | 39 | 49 | 59 | 69 | 79 | 89 | 99 | 72 |
| 10 | 10 | 20 | 30 | 40 | 50 | 60 | 70 | 80 | 90 | 100 | 80 |
| 11 | | | | | | | | | | | 88 |
| 12 | | | | | | | | | | | 96 |

图 6-19 等距抽样结果

## 6.6.2 按区间估计步骤确定总体均值置信区间

【例6.19】 某饭店在7星期内抽查49位顾客的消费额(单位:元)如下

| 15 | 24 | 38 | 26 | 30 | 42 | 18 | 30 | 25 | 26 | 34 | 44 | 20 | 35 | 24 | 26 | 34 | 48 |
| 18 | 28 | 46 | 19 | 30 | 36 | 42 | 24 | 32 | 45 | 36 | 21 | 47 | 26 | 28 | 31 | 42 | 45 |
| 36 | 24 | 28 | 27 | 32 | 36 | 47 | 53 | 22 | 24 | 32 | 46 | 26 | | | | | |

求在概率90%的保证下,顾客平均消费额的估计区间。

**解**:操作步骤如下。

(1) 把数据输入到 A2:A50 单元格;
(2) 在 C2 中输入 "=COUNT(A2:A50)",统计样本单位总数。
(3) 在 C3 中输入 "=AVERAGE(A2:A50)",计算样本均值。
(4) 在 C4 中输入 "STDEV(A2:A50)",计算样本标准差。
(5) 在 C5 中输入 "=C4/SQRT(C2)",计算抽样平均误差。
(6) 在 C6 中输入 0.90,表明置信水平。
(7) 在 C7 中输入 "=C2-1",计算自由度。
(8) 在 C8 中输入 "=TINV(1-C6,C7)",概率度。
(9) 在 C9 中输入 "=C8*C5",计算抽样极限误差范围。
(10) 在 C10 中输入 "=C3-C9",在 C11 中输入 "=C3+C9",得到置信区间下限、上限。

在输入每一个公式按 Enter 键后,便可得到如图 6-20 的结果。结果表明:顾客平均消费额的置信下限为 29.735 36 元,置信上限为 34.264 64 元。

图 6-20 参数估计数据及结果

### 6.6.3 运用 CONFIDENCE 函数确定总体比率置信区间

CONFIDENCE(Alpha，Standard-dev，Size)函数返回总体平均值的置信区间。

Alpha(即 $\alpha$) 是用于计算置信度的显著水平参数。置信度等于$(1-\alpha)$。

Standard-dev 为数据区域的总体标准差，假设为已知(实际中，总体标准差未知时通常用样本标准差代替)。

Size 为样本容量(即 $n$)。

如果假设 $\alpha$ 等于 0.05，则需要计算标准正态分布曲线$(1-\alpha=0.95)$之下的临界值，查表知其临界值为±1.96。因此置信区间为：

$$\bar{x} \pm 1.96\left(\frac{\sigma}{\sqrt{n}}\right) \quad 或 \quad p \pm p\, z_{\frac{\alpha}{2}} \sqrt{\frac{p(1-p)}{n}}$$

**【例 6.20】** 以某厂对一批产品的质量进行抽样检验为例，抽样数据和要求如下：采用重复抽样抽取样品 200 只，样本优质品率为 85%，试计算当把握程度为 90%时优质品率的允许误差及置信区间。

**解：** 在 Excel 中操作步骤如下。

(1) 在 B1 单元格中输入样本容量 200。

(2) B2 单元格中输入样本比率 85%。

(3) 在 B3 单元格中输入计算样本比率的标准差公式“=SQRT(B2*(1-B2))”。

(4) 在 B4 单元格输入 $\alpha$ 为 10%。

(5) 在 B5 单元格中输入表达式“=CONFIDENCE(B4，B3，B1)”，或按图 6-22 操作即得到抽样极限误差等于 4.15%的结果。

(6) 在 B6 中输入“=B2-B5”，计算结果为 80.85%，即置信区间下限。

(7) 在 B7 中输入“=B2+B5”，计算结果为 89.15%，即置信区间上限。

可以在 A 列中输入文字作相应说明。

CONFIDENCE 函数的应用如图 6-21 和图 6-22 所示。

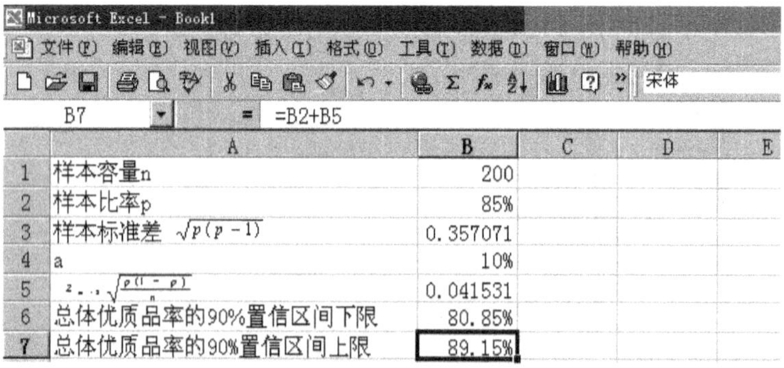


| | A | B | C | D | E |
|---|---|---|---|---|---|
| 1 | 样本容量n | 200 | | | |
| 2 | 样本比率p | 85% | | | |
| 3 | 样本标准差 $\sqrt{p(p-1)}$ | 0.357071 | | | |
| 4 | a | 10% | | | |
| 5 | $z_{\alpha/2}\sqrt{\frac{p(1-p)}{n}}$ | 0.041531 | | | |
| 6 | 总体优质品率的90%置信区间下限 | 80.85% | | | |
| 7 | 总体优质品率的90%置信区间上限 | 89.15% | | | |

图 6-21 优质品率的区间估计

# 第6章 抽样与参数估计

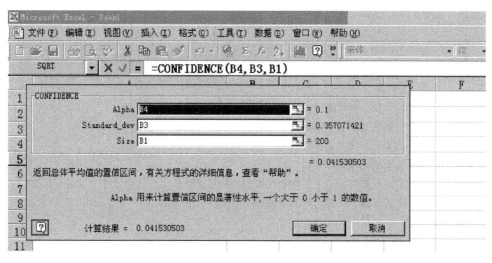

图 6-22 CONFIDENCE 函数计算允许误差

## 本 章 小 结

1. 抽样推断是从研究现象总体中，按照随机原则抽取一部分单位组成样本，对样本进行调查，以样本的观测结果对总体数量特征作出具有一定可靠程度估计或推断的调查方法。抽样推断是统计工作中应用最为广泛的调查方式。

2. 概率论和数据统计基本原理是抽样推断的理论基础。其中最主要的是大数定律和中心极限定理。大数定律是关于大量随机变量的平均结果具有稳定性的一系列定律的总称；中心极限定理是关于大量随机变量之和的极限分布是正态分布的一系列定理的总称。

3. 抽样组织方式分为概率抽样和非概率抽样。概率抽样分为简单随机抽样、分层随机抽样、等距抽样和整群抽样 4 种形式。抽样方法分为重复抽样和不重复抽样。实施概率抽样的前提是要具备抽样框。

4. 抽样平均误差是样本统计量的标准差。最大允许误差是抽样调查时可允许的最大误差，也称为抽样极限误差。影响抽样误差大小的因素有总体标志变异程度、样本容量、抽样方法和抽样组织方式等因素。

5. 抽样分布反映了样本统计量的分布特征，它揭示了样本统计量和总体参数之间的关系，是进行科学推断的重要依据。正态分布是最常见的一种统计分布。

6. 总体参数估计方法分为点估计和区间估计两种。点估计量优良的评价标准是无偏性、有效性和一致性。

7. 区间估计三要素是点估计量、置信水平和抽样极限误差。

8. 影响样本容量大小的因素有总体变异程度、抽样极限误差、置信概率、抽样方法等因素的影响。样本容量是根据抽样极限误差公式推导得到的。

# 习　题

## 一、简答题

1. 什么是抽样推断？其作用有哪些？
2. 抽样推断的理论基础是什么？略述其具体内容。
3. 抽样组织方式的具体形式有哪些？
4. 影响抽样误差大小的因素有哪些？
5. 总体参数估计方法有哪两种？点估计量优良的评价标准是什么？区间估计三要素是什么？
6. 影响必要的样本容量因素哪些？如何确定样本容量？

## 二、单项选择题

1. 开展抽样调查的主要目的是（　　）。
   A. 对典型单位进行研究　　　　B. 对样本进行深入研究
   C. 对重点单位进行研究　　　　D. 推断总体数量特征

2. 在抽样调查时，抽取样本单位要遵循的原则是（　　）。
   A. 可靠性原则　　　　　　　　B. 随机性原则
   C. 经济性原则　　　　　　　　D. 方便性原则

3. 实施概率抽样的前提条件是要具备（　　）。
   A. 抽样框　　　　　　　　　　B. 抽样单位数
   C. 一定的经济基础　　　　　　D. 人力物力的保证

4. 样本统计量的性质属于（　　）。
   A. 确定性变量　　　　　　　　B. 总体参数
   C. 随机变量　　　　　　　　　D. 抽样误差

5. 在抽样时，先将总体进行分类，然后在每类中由调查人员随意地抽取确定数量的调查单位，这种调查组织方式是（　　）。
   A. 配额抽样　　　　　　　　　B. 分类抽样
   C. 等距抽样　　　　　　　　　D. 整群抽样

6. 抽样平均误差是（　　）。
   A. 样本参数的标准差　　　　　B. 样本统计量的标准差
   C. 抽样极限误差的标准差　　　D. 最大允许误差的均值

7. 若估计量 $\hat{\theta}$ 满足 $E(\hat{\theta}) = \theta$，则称该估计量是一个（　　）。
   A. 无偏估计量　　　　　　　　B. 有效估计量
   C. 稳定估计量　　　　　　　　D. 相合估计量

8. 在重复的简单随机抽样中，当概率保证程度从 68.27% 提高到 95.45%时（其他条件不变），必要的样本容量将会（　　）。
   A. 增加 1 倍　　B. 增加 2 倍　　C. 增加 3 倍　　D. 减少一半

9. 用简单随机抽样方法选取样本单位，如果要使抽样极限误差降低 50%，则样本容量需要扩大到原来的（　　）。
   A. 4 倍　　　　B. 5 倍　　　　C. 2 倍　　　　D. 3 倍

10. 抽样平均误差与极限误差的关系是（　　）。
    A. 抽样平均误差大于极限误差　　B. 抽样平均误差小于极限误差

C. 抽样平均误差等于极限误差　　　　D. 抽样平均误差可大于、小于或等于极限误差

11. 一个95%的置信区间是指（　　）。
A. 总体参数有95%的概率落在这一区间内
B. 总体参数有5%的概率未落在这一区间内
C. 在用同样方法构造的总体参数的多个区间中有95%的区间包含该总体参数
D. 在用同样方法构造的总体参数的多个区间中有95%的区间未包含该总体参数

12. 在置信度不变的条件下，要缩小置信区间，则（　　）。
A. 需要增大样本容量　　　　B. 需要减少样本容量
C. 需要增大总体方差　　　　D. 需要减小总体方差

13. 在其他条件不变的情况下，提高估计的概率保证程度，其估计的精确程度（　　）。
A. 随之扩大　　B. 随之缩小　　C. 保持不变　　D. 无法确定

14. 要同时提高抽样估计的精度和置信概率，方法是（　　）。
A. 增加样本容量　　　　B. 增加调查人员
C. 改变调查组织方式　　　　D. 增加调查费用

### 三、多项选择题

1. 下列属于概率抽样组织方式有（　　）。
A. 简单随机抽样　　　　B. 分层抽样
C. 系统抽样　　　　D. 配额抽样
E. 整群抽样

2. 简单随机抽样抽取样本的具体形式有（　　）。
A. 抽签法　　　　B. 随机数字表法
C. 运用计算机随机函数法　　　　D. 任意抽样法
E. 等距离抽样法

3. 下列根据大数定理得到的有关结论中，正确的是（　　）。
A. 只有当总体服从正态分布时，样本均值才会趋于正态分布
B. 只要样本容量$n$充分大，随机事件出现的频率就等于其概率
C. 无论样本容量$n$如何，二项分布概率都可以用正态分布近似计算
D. 来自同一总体的样本，只要$n$足够大，其样本平均数具有稳定性
E. 当重复试验次数$n$充分大时，随机事件出现的频率具有稳定性

4. 下列由中心极限定理得到的有关结论中，正确的是（　　）。
A. 当总体服从正态分布时，来自该总体的样本的均值$\bar{x}$也服从正态分布
B. 只要样本容量$n$充分大，随机事件出现的频率就等于其概率
C. 无论样本容量$n$如何，二项分布概率都可以用正态分布近似计算
D. 不论总体服从何种分布，只要样本容量$n$充分大，样本均值趋于正态分布
E. 若总体服从二项分布，若样本容量充分大，样本比率的抽样分布趋于正态分布

5. 抽样推断中的抽样误差（　　）。
A. 只有在调查后才能计算　　　　B. 误差大小是可以计算的
C. 误差大小是可以控制的　　　　D. 是不可避免的
E. 可以通过调查方法的改进而消除

6. 对置信水平$(1-\alpha)$理解正确的是（　　）。
A. 将构造置信区间的步骤重复多次，置信区间中包含总体参数$\theta$的次数所占的比率
B. 如果多次重复估计，则100次估计中，有$100\alpha$次估计错误，有$100(1-\alpha)$次估计正确
C. 置信水平$(1-\alpha)$是表示某一个具体区间包含总体参数的概率

D. 置信水平 $(1-\alpha)$ 不表示某一个具体区间包含总体参数的概率

7. 评价估计量的标准包括（　　）。
A. 均匀性　　　　B. 无偏性　　　　C. 有效性
D. 一致性　　　　E. 适应性

## 四、计算题

1. 某一总体服从正态分布 $N(52, 5.4^2)$，从中随机抽取一个容量为 36 的样本，求样本均值 $\bar{X}$ 落在 50.2～53.8 的概率。

2. 某地区的电视台委托调查公司估计地区内居民平均每日的看电视时间。调查公司随机抽取了 100 名居民进行调查，样本数据显示平均每人每天看电视时间是 4 个小时。如果已知总体的标准差 $\sigma=1.5$ 小时。试求：
（1）当置信水平为 95% 时，该地区内居民每天看电视的平均时间的置信区间。
（2）在要求估计的误差不超过 27 分钟条件下的居民每天看电视的平均时间的置信水平和估计区间。

3. 一家连锁超市为了评估顾客的消费水平，随机抽查了 49 位顾客在该超市的消费额(元)如下。

| 15 | 26 | 30 | 42 | 18 | 25 | 26 |
| 44 | 20 | 26 | 34 | 28 | 46 | 24 |
| 30 | 36 | 24 | 32 | 45 | 21 | 47 |
| 31 | 42 | 36 | 24 | 28 | 27 | 53 |
| 24 | 35 | 48 | 32 | 30 | 42 | 36 |
| 38 | 24 | 18 | 36 | 34 | 45 | 19 |
| 22 | 28 | 32 | 26 | 46 | 47 | 26 |

要求：根据上述资料计算在置信水平为 90% 时，该超市顾客平均消费额的置信区间。

4. 某城市政府部门想要估计下岗职工中女性所占的比率，随机抽取了 100 个下岗职工，其中 65 人为女性职工。试以 95% 的置信水平估计该城市下岗职工中女性比率的置信区间。

5. 某研究机构进行了一项调查来估计吸烟者一月花在抽烟上的平均支出，假定吸烟者买烟的月支出近似服从正态分布。该机构随机抽取了容量为 26 的样本进行调查，得到样本平均数为 180 元，样本标准差为 20 元，试以 95% 的把握估计全部吸烟者月均烟钱支出的置信区间。

6. 从某公司生产工人、工程技术人员、管理人员和后勤服务人员 4 类人员中，用不重复抽样方法，按 4 类人员占全厂职工总数等比例抽样，共抽取 100 人组成样本，进行奖金水平调查，所得资料整理如下表。

| 人员分类 | 抽取人数 | 平均奖金(元) | 标准差(元) |
| --- | --- | --- | --- |
| 生产工人 | 60 | 600 | 4 |
| 技术人员 | 10 | 800 | 6 |
| 管理人员 | 20 | 980 | 6.4 |
| 服务人员 | 10 | 550 | 3 |

根据上述资料，要求在 95% 置信水平保证下 ($z_{\frac{\alpha}{2}} = 1.96$)，估计全公司职工平均奖金的置信区间。

7. 为检验某产品使用寿命状况，现在用简单重复抽样方法，从一批产品中抽取 100 个对其使用寿命进行调查，其结果如下。

**某产品使用寿命调查数据表**

| 使用寿命(小时) | 产品个数(个) |
| --- | --- |
| 500 以下 | 10 |
| 500～700 | 40 |
| 700～900 | 40 |
| 900 以上 | 10 |
| 合计 | 100 |

要求：

(1) 试以 95.45％的概率保证程度对该产品的平均使用寿命进行区间估计。

(2) 若规定该产品使用寿命 500 小时以下为不合格品，在 95.45％的概率保证程度下对该产品的合格率进行区间估计时，要求允许误差不超过 5％，问至少应抽取多少个产品进行检查？

8. 某地区小麦平均亩产为 160 千克，标准差为 20 千克，试计算：

(1) 若随机抽取 10 个乡，问有多大可能这 10 个乡平均亩产介于 150～170 千克？

(2) 如果要进行一次小麦平均亩产的抽样调查，要求以 95％的把握程度保证允许误差不超过 4 千克，问需要抽多少个乡进行调查？

(3) 如果以 95％的把握程度保证允许误差不超过 2 千克，问需抽多少个乡进行调查，与结论有何关系？

(4) 如果允许误差仍为 2 千克，但要保证程度提高到 99.73％，问需要抽多少个乡调查？

9. 某啤酒厂有两条装瓶的生产线。现欲测定两条生产线所装啤酒容量的差别，在每条生产线上各抽 100 瓶进行检测：一条生产线的啤酒容量平均为 649.5 毫升，方差为 0.6464；另一条生产线的啤酒容量平均 648.2 毫升，方差为 0.87。试构造两条生产线啤酒容量之差的置信度为 90％的置信区间。

10. 某广告公司为了估计某地区收看某一新电视节目的居民人数所占比例，要设计一个简单随机样本的抽样方案。该公司希望有 90％的信心使所估计的比例只有 2 个百分点左右的误差。为了节约调查费用，样本将尽可能小，试求必要的样本容量。

【实际操作训练】

根据教材"6.6 Excel 在参数估计中运用示例"中资料内容，在计算机上完成操作。

# 第 7 章 假设检验

### 本章教学要点

| 知 识 要 点 | 掌握程度 | 相 关 知 识 |
| --- | --- | --- |
| 假设检验的基本问题 | 熟悉 | 假设检验基本思想、假设检验步骤 |
| 总体参数的假设检验 | 重点掌握 | 总体均值、比率、方差的假设检验 |

### 本章技能要点

| 技 能 要 点 | 掌握程度 | 应 用 方 向 |
| --- | --- | --- |
| 假设检验的基本方法 | 掌握 | 运用假设检验方法 |
| 运用 Excel 进行假设检验 | 掌握 | 对总体均值、比率和方差进行检验 |

 导入案例

#### 牛奶容量符合包装上标明的容量标准吗？

某市市场管理部门接到消费者投诉，指控某品牌盒装牛奶包装上标明的容量为 250 毫升，但实际容量不足，有欺骗消费者之嫌。于是，该市市场管理部门派人从市场上随机抽取 50 盒该品牌盒装牛奶，测试其重量，发现平均容量为 248 毫升，小于 250 毫升，牛奶包装容量的标准差为 4 毫升。据此，该市市场管理部门是否可断定该品牌牛奶容量不符合所标明的容量，欺骗了消费者？

假设检验是抽样推断的一个重要内容。参数估计和假设检验两者共同点都是根据样本数据资料，运用科学的统计理论和方法，对总体参数做出推断。但两者也存在不同点。一是推断的角度不同，参数估计是利用样本信息推断总体未知的总体参数范围，而假设检验则是先对总体状况（总体参数或总体分布）提出一个假设，然后用样本信息进行检验判断真伪。二是原理不同，区间估计是根据给定的大概率推断总体参数的范围，而假设检验是根据小概率原理对总体的状况所做出的假设进行判断。

在实际工作中，经常要用到假设检验的方法，对总体的变动情况进行测定。如对市场上销售的产品重量或容积是否与其包装说明书所规定的重量或容积相符的检验；又如，对于某种生产工艺改变后，检验新工艺对产品的某个主要指标是否有影响时，就需要抽样检验总体的某种参数是否等于改变工艺前的参数值，这类问题就属于假设检验问题。

假设检验可分为两类：一是参数假设检验，总体参数一般包括平均数、比率（比例、成数）、方差等；二是非参数检验或自由分布检验，主要是总体分布形式的假设检验。本书仅讨论几种重要的参数检验。

## 7.1 假设检验概述

### 7.1.1 假设检验的基本思想

1. 假设检验的基本思想

假设是一个研究者对被调查总体的参数或分布特征的一种看法。假设检验就是事先对总体参数或总体分布形式做出一个假设，然后利用样本信息来判断这个假设是否合理，即判断样本信息与原假设是否有显著差异，从而决定应接受或拒绝原假设。在假设检验过程中，依据小概率事件在一次抽样中是不可能发生的推断原则，观察这一假设是否会导致不合理的结果。假设检验也称为显著性检验。假设检验的基本思想，就是依据小概率原理的反证法。如果在一次抽样中小概率事件发生了，则说明这个事件就不是小概率事件。但它又区别于数学中的反证法。因为这里的所谓"不合理"，并不是形式逻辑中的绝对的矛盾，而是基于人们在实践中广泛采用的小概率原理。

2. 什么是小概率原理？

所谓小概率原理是指概率很小的事件在一次试验中实际上不可能出现。概率很小的事件称为"实际不可能事件"。在假设检验中，所作的假设（原假设）仅仅是对研究现象所作的一种主观判断。如果所作的假设是合理的，反映了总体的真实情况，那么从总体中随机抽出的样本在原假设成立的情况下所发生的应该是一个大概率事件。但如果发生的是一个小概率事件，只能怀疑原先所作的假设是不真实的，那只能拒绝原假设，这里运用了反证法进行逻辑推理。小概率一般由研究人员主观确定的，通常在10%以下。

结合本章开篇案例，把"出现牛奶包装容量低于250毫升"这个事件的概率确定为5%，是个小概率事件。如果一次抽样（试验）的结果真的出现了容量低于250毫升，这个小概率事件竟然发生了，就可以认为"出现牛奶包装容量低于250毫升"不是小概率事件，所以可怀疑这批牛奶的容量不符合标准。如果牛奶的容量符合标准，那么进行一次抽样通常不会出现不符合标准的结果。这种牛奶包装上标明是250毫升，在这一次抽查中，样本平均容量为248毫升。抽查结果低于包装上标明容量的原因主要有两个方面：一是抽样误差的原因。样本平均数与总体平均数之差不大，符合误差的分布规律，未超出抽样误差一定范围，两者之差就是由样本偶然性引起的，这时可认为这批牛奶的容量符合标准。二是由包装计量不足的原因引起的。在这种情况下，样本平均数与总体平均数之差就会超出抽样误差范围，可能是该公司设备出现了问题，也可能是该公司有意行为。所以，这里还要结合抽样平均误差和样本统计量的分布规律综合考虑，对原先的假设进行否定或肯定。

### 7.1.2 假设检验的步骤

假设检验的基本步骤有：提出原假设与备择假设；确定其分布形式，选择和计算检验统计量；选择显著性水平，查相应的检验统计量的概率分布表，确定临界值；将检验统计量与临界值比较，作出统计决策。

1. 提出原假设与备择假设

1）原假设与备择假设

在假设检验时，首先要根据研究问题提出假设，假设分为原假设（Null Hypothesis）和备择假设（Alternative Hypothesis）。原假设和备择假设是一对相互对立的假设，备择假设是拒绝原假设后可供选择的假设。

（1）原假设（Null Hypothesis）又称零假设，是关于总体参数（而非样本统计量）的假设，是待检验的假设，也是研究者想收集证据予以反对的假设。原假设中总是有"＝"符号，如：=、≤或≥，用 $H_0$ 表示。

（2）备择假设（Alternative Hypothesis）也称研究假设，是与原假设对立的假设；是拒绝原假设后可供选择的假设，也是研究者想收集证据予以支持的、试图证明是正确的假设。备择假设中一般没有"＝"符号，表现为：≠、＜或＞，用 $H_1$ 表示。

在假设检验中，正确的确定原假设和备择假设十分重要，它直接关系到检验结论的正确性。一般来说，通常先考虑确定备择假设，因为备择假设是检验者认为是正确的、予以支持的观点或看法，是清楚的，容易识别。在确定备择假设后，原假设与之对立，就很容易确定了。下面通过几个例子说明原假设和备择假设的建立过程。

【例 7.1】 本章的开篇案例中，研究者想收集证据证明"牛奶容量低于 250 毫升"，如果认可包装上标明的容量就不需要检验了。因此，它的假设形式为：

$H_0: \mu \geq 250$ 毫升 （即符合标准）

$H_1: \mu < 250$ 毫升 （即不符合标准）

【例 7.2】 某机械制造厂生产一种厚度为 12cm 的钢板，如果钢板的平均厚度大于或小于 12cm，则表明生产过程不正常，必须进行调整。为对生产过程进行控制，质量监测人员定期对生产的钢板进行抽检，确定生产的钢板是否符合标准要求，以判断生产过程是否正常。试陈述用来检验生产过程是否正常的原假设和备择假设。

分析：研究者想收集证据予以证明的假设应该是"生产过程不正常，即 $\mu \neq 12$"，如果认为生产过程是正常的，则就不需要检验了。因此，假设的形式为：

$H_0: \mu = 12$ cm （生产过程正常）

$H_1: \mu \neq 12$ cm （生产过程不正常）

【例 7.3】 某工厂为减少产品生产过程中的事故，引进了一项新的安全措施。为检验采取新措施以后是否比采取新措施之前明显降低事故的发生。研究人员从实施新措施后的工作日中随机抽取 30 天的事故数据构成样本，结果测得平均每天的事故次数为 2.8 次，而未采用新措施之前平均每天的事故次数为 3.6 次。试陈述用于检验的原假设与备择假设。

分析：研究人员想收集证据予以证明的假设应该是"采取新措施比不采取新措施之前明显降低事故的发生，即 $\mu < 3.6$ 次"。因此，假设的形式为：

$H_0$：$\mu \geqslant 3.6$ 次（采取新措施比不采取新措施之前并没有明显降低事故的发生次数）

$H_1$：$\mu < 3.6$ 次（采取新措施比不采取新措施之前明显降低了事故的发生次数）

**【例 7.4】** 某企业声称有 38% 以上的消费者对其产品质量满意。为了验证这一判断是否准确，该企业随机抽取了一个样本进行调查。试陈述用于检验的原假设与备择假设。

分析：企业收集证据予以证明的假设应该是"消费者对其产品质量满意高于 38% 以上，即 $p > 38\%$"，因此，假设的形式为：

$H_0$：$p \leqslant 38\%$　（消费者对其产品质量满意比率低于 38%）

$H_1$：$p > 38\%$　（消费者对其产品质量满意比率高于 38% 以上）

2）关于原假设和备择假设的几点说明

（1）原假设和备择假设是一组对立的假设，它们构成一个完备的事件组。在一项假设检验中，原假设和备择假设只有一个成立，拒绝了原假设就等于接受了备择假设。

（2）原假设和备择假设是研究者根据研究目的确定的，带有一定的主观倾向。因研究目的不同，不同的研究者对同一问题可能提出不同的假设，但这并不违背原假设和备择假设的最初定义。无论怎样确定假设的形式，只要符合研究者的最终目的便是合理的。

（3）建立假设检验时，等号"＝"总是放在原假设上。将"＝"总是放在原假设 $H_0$ 上是因为这样可以涵盖备择假设 $H_1$ 不出现时的所有情况。

3）假设的 3 种类型

在假设检验中，研究者根据备择假设是否有一定特定方向的变化，可将假设检验分为 3 种类型，即双侧（边、尾）检验（Two Tailed Test）、左侧（边、尾）检验（Left Tailed Test）和右侧检验（Right Tailed Test），左侧检验和右侧检验又称单侧检验。

（1）双侧（边、尾）检验（Two Tailed Test）是在备择假设中含有符号"≠"的假设检验，它没有特定的方向性。在这样的假设检验中，研究者关心的是备择假设 $H_1$ 是否等同于原假设 $H_0$，并不关心是大于还是小于。比如，在例 7.2 中，建立假设：$H_0$：$\mu = 12 \text{ cm}$；$H_1$：$\mu \neq 12 \text{cm}$。质量检测人员关心的是钢板厚度是否等于 12cm，钢板厚度大于或小于 12cm 都说明生产不正常。

（2）左侧检验（Left Tailed Test）是备择假设中方向为"<"的检验。在这样的假设检验中，研究者关心的是备择假设 $H_1$ 是否小于某个值。比如，在例 7.3 中，建立假设：$H_0$：$\mu \geqslant 3.6$ 次；$H_1$：$\mu < 3.6$ 次。研究人员关心的是采取新措施比不采取新措施之前事故发生的次数是否明显降低，即次数少于 3.6 次。

（3）右侧检验（Right Tailed Test）是备择假设中方向为">"的检验。在这样的假设检验中，研究者关心的是备择假设 $H_1$ 是否大于某个值。比如，在例 7.4 中，建立假设：$H_0$：$p \leqslant 38\%$；$H_1$：$p > 38\%$。企业关心的是消费者对其产品质量满意的比率是否高于 38%。

下面以总体均值为例，对假设检验的基本类型进行总结（见表 7-1），其中 $\mu$ 为总体均值，$\mu_0$ 为假设的总体均值的具体数值。

有时假设时可以将原假设 $H_0$ 只写成"＝"号形式。如例 7.4 的原假设和备择假设可改写为：$H_0$：$p = 38\%$，$H_1$：$p > 38\%$。因为企业感兴趣的是备择假设 $H_1$：$p > 38\%$ 时的决策。如果企业做出拒绝 $H_0$：$p = 38\%$ 的决策而倾向于 $H_1$：$p > 38\%$，同样也就拒绝了 $H_0$：$P < 38\%$。反之，如果事实证明备择假设不正确，则意味着 $H_0$：$p = 38\%$ 代表了不

表 7-1 假设检验的基本类型

| 假设 | 双侧检验 | 单侧检验 | |
|---|---|---|---|
|  |  | 左侧检验 | 右侧检验 |
| 原假设($H_0$) | $H_0: \mu = \mu_0$ | $H_0: \mu \geqslant \mu_0$ | $H_0: \mu \leqslant \mu_0$ |
| 备择假设($H_1$) | $H_1: \mu \neq \mu_0$ | $H_1: \mu < \mu_0$ | $H_1: \mu > \mu_0$ |

包括备择假设 $H_0: p > 38\%$ 外的等于和小于 38% 的情况。

2. 选择适当的统计量，并确定其分布形式

原假设和备择假设确定之后，研究者对所作假设进行判断的依据就是从总体中抽取的样本提供的信息，为此，要构造一个检验统计量来对所作的假设进行判断。检验统计量就是根据样本数据计算得到的，并据以对原假设和备择假设做出决策的一个样本统计量。

在具体问题里，选择什么统计量作为检验统计量，需要考虑的因素与参数估计相同。例如，用于进行检验的样本是大样本还是小样本，总体方差已知还是未知，等等。在不同的条件下应选择不同的检验统计量。因为假设检验是在假定原假设正确的条件下做出的，故要求所设计的检验统计量应与原假设相关即与待检验的参数相关，并且能够知道当原假设 $H_0$ 为真时该统计量的具体分布。常用的统计量的分布形式有：标准正态分布、t 分布、F 分布和 $\chi^2$ 分布等。检验统计量实际是总体参数的点估计量，但点估计量只有进行标准化后才能作为检验统计量，一般将标准化后的检验统计量简称为检验统计量。

$$\text{标准化检验统计量} = \frac{\text{点估计量} - \text{假设值}}{\text{点估计量的抽样标准差}}$$

例如，对总体均值 $\mu$ 进行检验，原假设为 $H_0: \mu = \mu_0$，选择的检验统计量是样本均值 $\bar{x}$，但根据抽样计算的样本均值 $\bar{x}$ 是不能直接作为检验统计量的，而是要把它们转化为标准化的检验统计量，即样本统计量在服从某种分布条件下的统计量，假设样本均值 $\bar{x}$ 服从正态分布，总体方差为 $\sigma^2$，这时标准化后的检验统计量 $z$ 为：

$$z = \frac{\bar{x} - \mu_0}{\sigma / \sqrt{n}} \sim N(0, 1)$$

3. 选择显著性水平，查表确定临界值

显著性水平表示 $H_0$ 为真时拒绝 $H_0$ 的概率。假设检验是围绕假设内容是否正确而展开的。如果原假设正确我们接受了（同时也就拒绝了备择假设），或原假设错误我们拒绝了（同时也就接受了备择假设），这表明做出了正确的决定。但是，由于假设检验是根据样本提供的信息进行推断的，也就有犯错误的可能。有这样一种情况，原假设正确，而却把它当成错误的加以拒绝。犯这种错误的概率用 $\alpha$ 表示，统计上把 $\alpha$ 称为假设检验中的显著性水平（Significant Level），也就是决策中所面临的风险。显著性水平用小概率 $\alpha$ 表示，因此，$\alpha$ 也称为显著性水平。小概率的标准是多大？这并没有绝对的标准，$\alpha$ 的取值与研究实际问题的性质有关。英国统计学家费希尔（Ronald Aylmer Fisher）在他的研究中把小概率的标准定为 0.05。所以作为一个普遍适用的原则，人们通常选择显著性水平 $\alpha$ 确定为 0.05。一般显著性水平 $\alpha$ 以不超过 0.1 的小概率为界限。

根据确定的显著性水平 $\alpha$ 值的大小和检验统计量的分布规律，查相应的概率分布表，

得到拒绝域的边界值,边界值称为临界值。常用的概率分布表有:标准正态分布概率表、$t$ 分布概率表、$F$ 分布概率表和 $\chi^2$ 分布概率表,具体见本书附录部分。

4. 将检验统计量与临界值比较,作出统计决策

1) 拒绝域

在假设检验中,把所有可能拒绝原假设的统计量的所有可能取值的集合称为拒绝域(Rejection Region)。拒绝域实际上就是假设检验所依据的小概率事件发生的概率,即显著性水平 $\alpha$ 所围成的区域。由于检验统计量是个随机变量,它随着样本的不同而不同,但只要样本一定,检验统计量的值也就唯一确定。检验统计量确定后,接着要确定一个准则,根据这个准则对检验统计量的合理性做出判断,决定是否拒绝原假设。如果样本统计量落入拒绝域,就拒绝原假设,否则就不拒绝原假设。比如取 $\alpha=0.05$,意味着若原假设 $H_0$ 成立,检验统计量落在拒绝区域内的概率只有 5%。在假设检验中,一般是先由显著性水平 $\alpha$ 的大小确定拒绝域。确定临界值后,将检验统计量的值与临界值进行比较,就可做出拒绝或不拒绝 $H_0$ 的决策。

2) 决策规则

如果检验统计量的值落在拒绝区域内,说明样本所描述的情况与原假设有显著性差异,应拒绝原假设;反之,则接受原假设。下面以假设样本均值的分布服从正态分布条件为例,说明总体均值 3 种检验形式决策规则。

(1) 双侧检验,$H_0: \mu = \mu_0$    $H_1: \mu \neq \mu_0$。

在显著性水平 $\alpha$ 下,双侧检验拒绝域被平分到样本均值抽样分布的两侧,面积各为 $\frac{\alpha}{2}$,对应的临界值为 $\pm z_{\frac{\alpha}{2}}$。双侧检验拒绝域和临界值如图 7-1 所示。

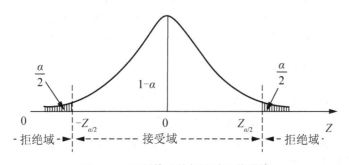

图 7-1  双侧检验的拒绝域和临界值

决策规则:当检验统计量 $|z| \geq z_{\frac{\alpha}{2}}$ 时拒绝原假设,当检验统计量 $|z| < z_{\frac{\alpha}{2}}$ 时不拒绝原假设。

(2) 左侧检验,$H_0: \mu \geq \mu_0$    $H_1: \mu < \mu_0$。

在显著性水平 $\alpha$ 下,左侧检验的拒绝域位于样本均值抽样分布的左侧,概率面积为 $\alpha$,对应的临界值为 $-z_\alpha$。左侧检验的拒绝域和临界值如图 7-2 所示。

决策规则:检验统计量 $z < -z_\alpha$,拒绝原假设,否则不拒绝原假设。

(3) 右侧检验,$H_0: \mu \leq \mu_0$    $H_1: \mu > \mu_0$。

在显著性水平 $\alpha$ 下,右侧检验的拒绝域位于样本均值抽样分布的右侧,面积为 $\alpha$,对应的临界值为 $z_\alpha$。右侧检验的拒绝域和临界值如图 7-3 所示。

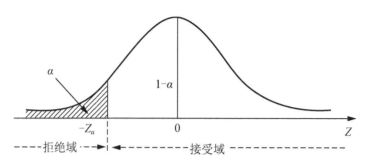

图 7-2　左侧检验的拒绝域和临界值

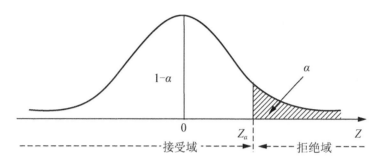

图 7-3　右侧检验的拒绝域和临界值

决策规则：检验统计量 $z > z_\alpha$，拒绝原假设，否则不拒绝。

在样本容量一定条件下，拒绝域的大小随显著性水平 $\alpha$ 的变化而变化。$\alpha$ 值越小，拒绝域的面积也越小，为拒绝原假设 $H_0$ 所需要的检验统计量的临界值与原假设的参数值就越远。拒绝域的位置及临界值的大小与显著性水平 $\alpha$ 和假设检验的类型有关。

### 7.1.3　假设检验的两类错误

在假设检验时，拒绝原假设 $H_0$ 是在认为小概率事件在一次抽样中实际上不会发生的前提下做出的，事实上小概率事件有时也可能发生；接受原假设 $H_0$，是因为拒绝它的理由还不充分，并非认为它绝对正确。因此，由假设检验做出的判断不可能百分之百正确，将可能犯的错误分为两种类型。

1. 第Ⅰ类错误（TypeⅠError）

第Ⅰ类错误又称弃真错误，是原假设为真时拒绝原假设所犯的错误。第Ⅰ类错误的概率记为 $\alpha$。又称第Ⅰ类错误为 $\alpha$ 错误。第Ⅰ类错误产生的原因是：在原假设为真的情况下，检验统计量落入小概率的拒绝区域，依据决策规则就要拒绝原假设，但拒绝的确是一个真实的假设。因此，犯第Ⅰ类错误的概率大小就等于显著性水平 $\alpha$。比如，在例 7.2 中就有可能犯这种类型的错误。如果生产出来的钢板的平均厚度确实是 12cm，在显著水平 $\alpha = 0.05$ 的条件下，样本均值 $\bar{x}$ 落入拒绝域的概率只有 5%，这种小概率事件在一次抽样中几乎不可能发生，但由于抽样的随机性，抽到的样本均值 $\bar{x}$ 的取值落在拒绝区域，依据决策规则，就要拒绝 $H_0$，然而拒绝的却是一个真实的假设，采取的是错误的行动。

可以通过控制显著性水平 $\alpha$ 大小的方式来控制犯第Ⅰ类错误的可能性大小。$\alpha$ 定的越小，犯第Ⅰ类错误的可能性就越小，例如 $\alpha=0.05$，表示犯第Ⅰ类错误的可能性为 5%，100 次判断中，产生弃真性错误的次数是 5 次；进一步降低显著性水平，取 $\alpha=0.01$，这时犯第Ⅰ类错误的概率下降为 1%。所以统计学上，又称第Ⅰ类错误为 $\alpha$ 错误。

2. 第Ⅱ类错误(Type Ⅱ Error)

第Ⅱ类错误又称取伪错误，是原假设为假时未拒绝原假设所犯的错误。第Ⅱ类错误的概率记为 $\beta$，又称第Ⅱ类错误为 $\beta$ 错误。

例如，在例 7.2 中也有可能犯这种类型的错误。如果生产出来的钢板的平均厚度确实不是 12cm，在显著性水平 $\alpha=0.05$ 的条件下，样本均值 $\bar{x}$ 本应落入拒绝域，但由于抽样的随机性，抽到的样本均值 $\bar{x}$ 的取值不是在拒绝区域，依据决策规则，就不能拒绝 $H_0$，这样就犯了一个本应拒绝而没有拒绝的错误。

在样本容量 $n$ 固定时，犯两类错误的概率是相互制约的，减小 $\alpha$，就增大了 $\beta$；反之，增大 $\alpha$，就减小了 $\beta$。要同时减小 $\alpha$ 和 $\beta$，只有增大样本容量，减小抽样分布的离散性(如图 7-4 所示)。

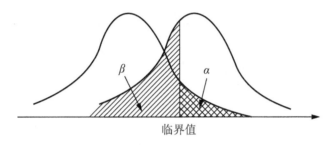

图 7-4 假设检验中犯两类错误情况示意图

鉴于犯第Ⅰ类与第Ⅱ类错误的概率 $\alpha$ 与 $\beta$ 的相互关系，内曼(J. Neyman)和皮尔逊(Egon S. Pearson)提出了一个假设检验的原则：当样本容量 $n$ 固定时，在控制犯第Ⅰ类错误的概率不大于 $\alpha$ 的条件下，尽可能使犯第Ⅱ类错误的概率 $\beta$ 减小。依据该原则进行的假设检验称为显著水平为 $\alpha$ 的显著性检验，简称为显著性检验。在假设检验实践中，该原则的含义是，原假设要受到维护，使它不致被轻易否定，若要否定原假设，必须有充分的理由。

在发生第Ⅰ类错误概率较小时，如果拒绝原假设 $H_0$，则拒绝原假设的结论是正确的概率 $(1-\alpha)$ 是大概率事件。在这种情况下，统计上支持做出 $H_0$ 为假，而 $H_1$ 为真的结论。简言之，拒绝原假设总有较大的把握。

在假设检验的大多数应用中，一般会对 $\alpha$ 进行控制，但通常并不对 $\beta$ 加以控制。因此，如果拒绝原假设，犯错误的概率是明确的，其大小为显著性水平 $\alpha$。但当样本观察值未落入拒绝域时，只能说"不拒绝 $H_0$"，而不说"接受 $H_0$"。这是由于并未对发生第Ⅱ类错误的概率加以确定或控制，如果做出接受 $H_0$ 的结论，就有可能犯第Ⅱ类错误的风险。

【例 7.5】 为了确保出口产品质量，某外贸公司对一批出口挂钩进行了抽样调查。按合同规格这批出口挂钩平均最大承受拉力应大于 10 000kg，已知标准差为 200kg。如出口一批不合格的产品会造成较大的损失，现委托本市质监局从中随机抽取 400 个产品进行检测，测得样本均值为 10 050kg。要求：提出原假设和备择假设，分别说明如果犯第Ⅰ、Ⅱ型错误的后果。

**解**：分析：市质监局如果认可产品已经符合质量档准，则不需要进行检验，如不认可质量已达标，则需要检验。因此，提出的备择假设是总体均值小于标准。

$H_0: u \geq 10\,000$    $H_1: u < 10\,000$

针对上述假设，犯第Ⅰ类错误时，表明产品合格，但误认为不合格（弃真错误），导致不能够出口该批产品。犯第Ⅱ类错误时，表明产品不合格，但误认为其合格（取伪错误），所以此决策错误将导致出口不合格产品，并将造成较大损失。

3. 检验功效

一般来说，假设检验的决策结果可归纳为表 7-2 中的 4 种情况。

表 7-2  假设检验决策结果

|  | $H_0$ 为真 | $H_0$ 为伪 |
|---|---|---|
| 拒绝 $H_0$ | 第Ⅰ类错误（$\alpha$） | 正确（$1-\beta$） |
| 不拒绝 $H_0$ | 正确（$1-\alpha$） | 第Ⅱ类错误（$\beta$） |

从表 7-2 可见，检验效果好坏与两类错误概率都有关。一个有效的检验首先是犯第Ⅰ类错误的概率 $\alpha$ 不能太大，否则就可能产生弃真错误。$\beta$ 错误是取伪错误，在犯第Ⅰ类错误的概率 $\alpha$ 一定条件下，不犯取伪错误 $1-\beta$ 应尽可能增大。$1-\beta$ 越大，意味着当原假设不真实时，检验判断出原假设不真实的概率越大，检验的判别能力就越好；$1-\beta$ 越小，意味着当原假设不真实时，检验判断出原假设不真实的概率越小，检验的判别能力就越差。因此，$1-\beta$ 是反映统计检验判断能力大小的重要标志，称之为检验功效或检验力。

### 7.1.4  P 值检验

P 值检验是国际上流行的检验格式。该检验格式是通过计算 P 值，再将它与显著性水平 $\alpha$ 作比较，决定拒绝还是不拒绝原假设。所谓 P 值是在原假设为真的条件下，样本统计量以其观察值为端点的某极端区域内取值的概率，也称为观察到的显著性水平。P 值是关于统计数据的概率，即反映实际观测到的数据与原假设 $H_0$ 之间不一致程度的概率。如果 $H_0$ 是正确的，P 值越小，说明实际观测到的数据与 $H_0$ 之间不一致的程度就越大，检验结果就越显著。

P 值的具体计算方法如下。（以大样本平均数假设检验为例）

设 $\overline{x_0}$ 表示抽样得到的 $\overline{x}$ 的观察值，则按 Z 变量的变化范围确定 P 值为：

在右侧检验中，P 值 $= P\left(Z \geq \dfrac{\overline{x_0} - \mu}{\sigma/\sqrt{n}}\right)$；

在左侧检验中，P 值 $= P\left(Z \leq \dfrac{\overline{x_0} - \mu}{\sigma/\sqrt{n}}\right)$；

在双侧检验中，P 值 $= 2P\left(Z \geq \left|\dfrac{\overline{x_0} - \mu}{\sigma/\sqrt{n}}\right|\right)$。

按统计量的变化范围 P 值为

在右单侧检验中，P 值 $=P(\overline{X} \geqslant \overline{x}_0)$，

在左单侧检验中，P 值 $=P(\overline{X} \leqslant \overline{x}_0)$，

在双侧检验中，若 $x_0 \geqslant \mu$，P 值 $=2P(\overline{X} \geqslant \overline{x}_0)$，若 $x_0 \leqslant \mu$，P 值 $=2P(\overline{X} \leqslant \overline{x}_0)$。

如果说传统的假设检验方法是以按指定的显著性水平 $\alpha$ 建立的拒绝域为基准，来看待检验统计量的样本计算值所处位置，从而对一对假设进行抉择的话，那么，不论是单侧检验还是双侧检验，用 P 值检验法进行决策的准则都是：若 P 值 $<\alpha$，则拒绝 $H_0$；若 P 值 $\geqslant \alpha$，则接受 $H_0$。

对于总体比率 $\pi$ 的假设检验中 P 值的计算方法及决策规则的表述与平均数假设检验的情况完全类似。

## 7.2 一个总体参数的假设检验

### 7.2.1 总体均值的检验

#### 1. Z 检验

选择 Z 检验统计量的前提条件有两个：

(1) 大样本($n \geqslant 30$)：如果 $\sigma$ 已知，在大样本的情况下，无论总体是否服从正态分布，根据中心极限定理，抽样分布近似服从正态分布；如果 $\sigma$ 未知，可以用样本标准差 $S$ 来代替。

(2) 小样本($n<30$)：如果 $\sigma$ 已知，检验统计量服从正态分布。

此时检验统计量为：

$$Z = \frac{\overline{x} - u_0}{\sigma/\sqrt{n}} \tag{7.1}$$

【例 7.6】 根据本章的开篇案例资料，检验该公司这批牛奶的容量是否符合标准。

**解**：在例 7.1 已经分析出该问题的假设形式为：

$H_0: \mu \geqslant 250$ 毫升　　$H_1: \mu < 250$ 毫升

已知：样本均值 $\overline{x}=248$，样本标准差 $S=4$，$n=50$，由于是大样本，尽管 $\sigma$ 未知，但可用 $S$ 估计 $\sigma$，所以检验统计量为 Z，服从正态分布，属于左侧检验。

$$Z = \frac{\overline{x} - u_0}{S/\sqrt{n}} = \frac{248 - 250}{4/\sqrt{50}} = -3.54$$

在 $\alpha=0.05$ 时，查标准正态分布概率表，得：$Z_\alpha = 1.65$

$Z < -Z_\alpha$，即 $-3.54 < -1.65$，Z 落入拒绝区域，即拒绝 $H_0$，如图 7-5 所示。

也就是说，对于一次抽样的结果，小概率事件发生了，这是不合常理的，所以可认为总体平均数 $\mu \geqslant 250$ 这一假设不成立，就要接受备择假设 $\mu < 250$，即这批牛奶的包装容量不足 250 毫升。

【例 7.7】 某厂生产一种产品，原来月产量平均为 75 台，已知月产量服从正态分布，方差为 14。设备更新后，为了考察产量是否提高，抽查了 6 个月的产量，计算得到月平均产量为 78 台，假设方差不变，向在显著性水平的 5% 条件下，设备更新后的月产量是否有

显著提高?

**解**:由于总体服从正态分布,且 $\sigma$ 已知,可用 $Z$ 为检验统计量。样本均值为 78 台,高于原来的 75 台,原因可能有两个,一是新设备性能提高,导致产量增加,另一是样本随机性造成的样本平均数偏高。究竟是哪种原因,现用假设检验的方法来判断。

如果研究人员希望月产量有所提高,因此,建立假设的形式为:
$$H_0: \mu \leq 75 \quad H_1: \mu > 75$$

检验统计量:$Z = \dfrac{\bar{x} - u_0}{\sigma/\sqrt{n}} = \dfrac{78 - 75}{\sqrt{14}/\sqrt{6}} = 1.964$

属于右侧检验,当显著性水平 $\alpha = 0.05$,则由标准正态分布表,得 $Z_{0.05} = 1.65$。

从而 $Z > Z_\alpha$,即:$1.964 > 1.65$,从而拒绝 $H_0$,即认为该企业设备更新后月产量有明显提高。

【**例 7.8**】 某企业从长期实践得知,其产品直径 $X$ 服从正态分布 $N(15, 0.2^2)$。从某日产品中随机抽取 10 个,测得其直径分别为 14.8、15.3、15.1、15.0、14.7、15.1、15.6、15.3、15.5、15.1(单位:厘米)。要求:在显著性水平分别取 $\alpha = 0.05$ 和 $\alpha = 0.01$ 时,对该产品直径是否符合直径为 15.0 厘米进行检验。

**解**:

$$\bar{x} = \dfrac{\sum_{i=1}^{n} x_i}{n} = \dfrac{14.8 + 15.3 + 15.1 + 15.0 + 14.7 + 15.1 + 15.6 + 15.3 + 15.5 + 15.1}{10}$$
$= 15.15$(厘米)

已知 $\sigma = 0.2$,$\mu_0 = 15$,依题意为双侧检验。建立假设为:
$$H_0: \mu = 15.0 \quad H_1: \mu \neq 15.0$$

根据检验统计量式(7.1)
$$Z = \dfrac{\bar{x} - \mu_0}{\sigma/\sqrt{n}} = \dfrac{15.15 - 15.0}{0.2/\sqrt{10}} = 2.37$$

若取显著性水平 $\alpha = 0.05$,则由标准正态分布表,得 $Z_{0.025} = 1.96$。从而拒绝 $H_0$,即认为直径不符合质量标准。

若取显著性水平 $\alpha = 0.01$,则由标准正态分布表,得 $Z_{0.025} = 2.58$。从而不能拒绝 $H_0$,即认为没有充分的理由说明直径不符合质量标准。

对应同一张标准正态分布表,在同一个显著性水平上,单侧检验和双侧检验查表求临界值是不同的。以本书附录提供的表为例,当 $\alpha = 0.05$ 时,对于单侧检验,只要查 0.95(即 $1-0.05$)即得到对应的临界值;对于双侧检验,则需要查 0.975(即 $1-0.05 \div 2$),得到对应的临界值。

从本题可知,$\alpha$ 的取值从 0.05 变为 0.01 时,则得出的相反结论。可见,原假设取舍与否与 $\alpha$ 的取值直接相关,当倾向于不要轻易否定 $H_0$ 时,$\alpha$ 可取小一些;反之,取大一些。

【**例 7.9**】 某合资企业从外国某公司进口了一批录像机磁头。按合同规定,这批磁头的平均使用寿命应达到 2 000 小时。现从到货中随机抽查了 100 个磁头,测得平均使用寿命 $\bar{X} = 1 982$ 小时,对方产品质量一向良好,错误退货会影响对方的声誉,造成不应有的损失。已知 $\sigma=100$ 小时。要求：用 $P$ 值检验方法检验，说明在 $\alpha=0.025$ 的条件下，是否接受这批货物？

**解**：设 $\mu$ 表示进口磁头的平均使用寿命，则此问题中将错误的退货视为风险较大的错误，所以假设应表述为：

$H_0$：$\mu \geqslant 2\,000$（这批产品是合格的）   $H_1$：$\mu < 2\,000$（这批产品是不合格的）

因为 $n=100$ 为大样本，$\sigma=100$ 小时，所以在 $H_0$ 为真的假设下，$\overline{X}$ 服从 $N(2\,000, 100)$，由样本观察值 $\overline{x_0}=1\,982$，求 $P$ 值的过程如下：

在左侧检验中，$P$ 值 $= P(Z \leqslant \dfrac{\overline{x_0}-\mu}{\sigma/\sqrt{n}}) = P(Z \leqslant \dfrac{1982-2000}{100/\sqrt{100}}) = P(Z \leqslant -1.8)$

$P$ 值 $= P(Z \leqslant -1.8) = 1 - P(Z \leqslant 1.8) = 1 - 0.9641 = 0.0359$

因为 $P$ 值 $> \alpha$，即 $0.0359 > 0.025$，所以接受 $H_0$，即认为这批磁头是合格的。

可以看出，$P$ 值不仅能够得到与检验相同的结论，而且给出了统计量检验不能给出的信息。利用统计量根据显著性水平作出决策，如果拒绝原假设，也仅仅是知道犯错误的可能性是 $\alpha$ 那么大，但究竟是多少却不知道，而 $P$ 值正好就是实际犯错误的概率。

2. $t$ 检验

$t$ 检验一般用于小样本检验，往往是已知服从正态总体但方差未知。如果 $\sigma$ 未知，可以用样本标准差 $S$ 来代替。检验统计量服从自由度为 $n-1$ 的 $t$ 分布，即检验统计量应选取：

$$t = \dfrac{\overline{x}-\mu}{S/\sqrt{n}} \sim t(n-1) \qquad (7.2)$$

**【例 7.10】** 抽取某地区粮食样品 9 个，测得其中某种农药残留量的平均值为 $0.325\,\text{mg/kg}$，标准差为 $0.068\,\text{mg/kg}$，国家卫生标准规定，粮食中该种农药残留量小于等于 $0.3\,\text{mg/kg}$。假定粮食中农药残留量服从正态分布，问该地区粮食中该种农药残留量是否超标？

**解**：依题意建立假设

$$H_0：\mu \leqslant 0.3 \quad H_1：\mu > 0.3$$

根据检验统计量式(7.2)

$$t = \dfrac{\overline{x}-\mu_0}{S/\sqrt{n}} = \dfrac{0.325-0.3}{0.068/\sqrt{9}} = 1.1029$$

在显著性水平为 $\alpha=0.05$ 时，则由 $t(n-1)$ 分布表，得 $t_{0.05}(8)=1.8595$。因为这里 $t < t_\alpha(n-1)$ 从而不能拒绝 $H_0$，即没有足够的证据说明该地区粮食中该种农药残留量超标。

假如增加样本容量，如抽取样品 25 个，还是得到一样的数据，那么：

$$t = \dfrac{\overline{x}-\mu_0}{S/\sqrt{n}} = \dfrac{0.325-0.3}{0.068/\sqrt{25}} = 1.8382$$

还是取显著性水平 $\alpha=0.05$，则由 $t(n-1)$ 分布表，得 $t_{0.05}(24)=1.7109$。因为这里 $t > t_\alpha(n-1)$ 从而，拒绝 $H_0$，即说明该地区粮食中该种农药残留量超标。

从这个对比的例子中，有两个值发生了变化：一是实际的 $t$ 值，它变大了，含义是它倾向于拒绝原假设；二是 $t$ 的临界值，它变小了，含义是拒绝区变大。这说明在样本量较小的时候，把看似和备择假设一致的事实视作为是抽样造成的，显然这就保护了原假设。

而当样本量增加以后,才认为有足够的证据证明这一事实。

随着样本容量 $n$ 的增大,$t$ 分布趋近于标准正态分布,所以,有些 $t$ 分布表就编到 $n=30$ 为止,超过30的就查正态分布表了。

### 7.2.2 总体比率的假设检验

总体比率也称为总体成数或比例,是指总体表现为两类结果时,其中某一类结果所占的比率,它服从二项分布。所以,对于总体比率的检验,小样本结果是不稳定的,实际中只考虑大样本的情况,即把比率的抽样分布用正态分布来近似。检验统计量形式为:

$$Z = \frac{p-\pi}{\sqrt{\frac{\pi(1-\pi)}{n}}} \sim N(0,1) \tag{7.3}$$

式中,$\pi$ 表示总体比率;$p$ 表示样本比率。

下面结合例7.11作具体说明。

【例7.11】 某豪华购物中心欲通过购物指南报作一则广告以吸引更多的顾客光顾。但前提是至少有50%喜爱逛购物中心的顾客订阅该报纸,才能在该报上作广告。他们在几家购物中心采用问卷形式随机调查了64名顾客,其中40名顾客订阅这种报纸。问:按显著性水平为 $\alpha=0.01$ 计算,能否根据调查结果认为这种比率超过了50%?

**解:** 设 $\pi$ 表示逛购物中心的顾客中订阅该报纸的顾客比率

总体平均数 $\overline{X_p}$(或 $\mu_p$)为 0.5,样本成数 $p = \frac{40}{64} = 0.625$

总体标准差:$\sigma_p = \sqrt{\frac{\pi(1-\pi)}{n}} = \sqrt{\frac{0.5 \times (1-0.5)}{64}} = 0.0625$

因为 $n\pi = 64 \times 0.5 = 32$,$n(1-\pi) = 32$ 均大于5,所以样本比率的抽样分布服从正态分布,即样本比率 $p$ 的抽样分布服从 $N(0.5, 0.0625)$。

第一步:表述原假设和备择假设

$H_0: \pi \leq 0.5$;  $H_1: \pi > 0.5$

第二步:计算检验统计量

$$Z = \frac{p-\pi}{\sqrt{\frac{\pi(1-\pi)}{n}}} = \frac{0.625 - 0.5}{0.0625} = 2$$

第三步:确定显著性水平 $\alpha = 0.01$,查表 $Z_{0.01} = 2.33$。

第四步:作出决策。因为 $Z < Z_{0.01}$,所以接受 $H_0$,即认为订阅这种报纸的顾客比率达不到0.5。

如果用P值检验,根据已计算出的检验统计量,则在右侧检验中:

P值 $= P(Z \geq 2) = 1 - P(Z < 2) = 1 - 0.9972 = 0.0228$

因为 P值 $\geq \alpha$,即 $0.0228 > 0.01$,所以,接受 $H_0$。结论与前面相同。

### 7.2.3 总体方差的假设检验

在假设检验中,有时还需要检验正态总体的方差。例如,在产品质量检验中,质量标准是通过不同类型的指标反映的。有些属于均值类型,如尺寸、重量、抗拉强度等;有些属于比率类型，如产品合格率、考试通过率等；有些属于方差类型，如尺寸的方差、重量的方差、抗拉强度的方差等，这时方差反映了产品的稳定性。方差大，说明产品的性能不稳定，波动大。凡与均值有关的变量，通常也与方差有关，方差从差异角度说明现象的状况。比如，居民的平均收入说明了收入达到的一般水平，是衡量经济发展的一个重要数据，而收入的方差则反映了收入分配的差异，可以用来评价收入的合理性。

总体方差的检验使用 $\chi^2$ 分布。不论样本容量 $n$ 的大小，总体方差的检验都要求总体服从正态分布，这是由检验统计量的抽样分布决定的。检验统计量为：

$$\chi^2 = \frac{(n-1)S^2}{\sigma_0^2} \sim \chi^2(n-1) \tag{7.4}$$

下面通过例 7.12 作具体说明。

【例 7.12】 啤酒生产企业采用自动生产线罐装啤酒，每瓶的装瓶量为 640ml，但是由于受某些不可控因素的影响，每瓶的装瓶量会有差异。此时，不仅每瓶的平均装瓶量很重要，装填量的方差 $\sigma^2$ 同样也很重要。如果 $\sigma^2$ 很大，会出现装填量太多或太少的情况，这样要么生产企业不划算，要么消费者不满意。假定生产标准规定每瓶装填量的标准差不应超过和不应低于 4ml。企业质检部门抽取了 10 瓶啤酒进行检验，得到的样本标准差为 S=3.8ml。试以 0.10 的显著性水平检验装填量的标准差是否符合要求？

解：$H_0: \sigma^2 = 4^2 \quad H_1: \sigma^2 \neq 4^2$

计算检验统计量为：$\chi^2 = \frac{(n-1)S^2}{\sigma_0^2} = \frac{(10-1) \times 3.8^2}{4^2} = 8.1225$

根据显著性水平 $\alpha=0.10$ 和自由度 (10-1)=9，查 $\chi^2$ 分布表得：

$$\chi^2_{\frac{\alpha}{2}}(n-1) = \chi^2_{0.05}(10-1) = 16.919$$

$$\chi^2_{1-\frac{\alpha}{2}}(n-1) = \chi^2_{0.95}(10-1) = 3.325$$

由于 $\chi^2_{0.95}(9) < \chi^2 < \chi^2_{0.05}(9)$，所以不拒绝原假设 $H_0$。样本表提供的证据表明装填量的标准差符合要求。

若要计算 P 值，可使用 Excel 统计函数中的"CHIDIST"函数。该函数计算出的是落在 8.1225 右侧的概率 1-P=0.5218，所以 P=1-0.5218>$\alpha$，所以不拒绝原假设。

## 7.3 两个总体参数的假设检验

### 7.3.1 两个总体均值之差的假设检验

有些情况下，人们并不知道两总体各自的平均数，但又希望比较两总体平均数之间的差异。这种情况下也可以用假设检验的方法，直接根据来自两个不同总体中独立抽取的两个样本的信息，来检验样本平均数之间的差距是否具有显著性。这种检验假设的形式为：

双侧检验：$H_0: \mu_1 - \mu_2 = 0$； $H_1: \mu_1 - \mu_2 \neq 0$
右侧检验：$H_0: \mu_1 - \mu_2 \leq 0$； $H_1: \mu_1 - \mu_2 > 0$
左侧检验：$H_0: \mu_1 - \mu_2 \geq 0$； $H_1: \mu_1 - \mu_2 < 0$

由于对两总体方差信息了解程度的不同,检验过程有所不同。下面分情况给予介绍。

**1. 两总体标准差已知或大样本的情况**

如果两总体近似服从正态分布且 $\sigma_1$、$\sigma_2$ 为已知,或两总体非正态分布,$\sigma_1$、$\sigma_2$ 未知,但两个样本容量足够大。这两种情况下 $(\bar{x}_1 - \bar{x}_2)$ 的抽样分布服从(或近似服从)正态分布,均可使用 Z 为检验统计量,其中:

$$Z = \frac{(\bar{x}_1 - \bar{x}_2) - (u_1 - u_2)}{\sqrt{\sigma_1^2/n_1 + \sigma_2^2/n_2}} \quad \text{或} \quad Z = \frac{(\bar{x}_1 - \bar{x}_2) - (u_1 - u_2)}{\sqrt{S_1^2/n_1 + S_2^2/n_2}} \quad (n_1, n_2 \text{ 充分大}) \tag{7.5}$$

由于 $H_0: \mu_1 - \mu_2 = 0$,所以上述公式实际为:

$$Z = \frac{(\bar{x}_1 - \bar{x}_2)}{\sqrt{\sigma_1^2/n_1 + \sigma_2^2/n_2}} \quad \text{或} \quad Z = \frac{(\bar{x}_1 - \bar{x}_2)}{\sqrt{S_1^2/n_1 + S_2^2/n_2}} \tag{7.6}$$

【例 7.13】 某航空公司希望了解在其经营的航线中,某 A、B 两大城市之间,往、返飞行的平均时间是否有差别,随机抽选几次航班的飞行记录结果见表 7-3。

表 7-3 某航空公司航班的飞行记录结果

| 样本 | 样本容量 | 平均飞行时间(分钟) | 标准差 |
| --- | --- | --- | --- |
| A→B | 70 | 125 | 15 |
| B→A | 38 | 117 | 13 |

试问:在 $\alpha = 0.05$ 的条件下,检验往、返的平均飞行时间之间是否有差别。

**解**:原假设和备择假设表述为:

$$H_0: \mu_1 - \mu_2 = 0 \quad H_1: \mu_1 - \mu_2 \neq 0$$

$$S_{x_1-x_2} = \sqrt{\frac{S_1^2}{n_1} + \frac{S_2^2}{n_2}} = \sqrt{\frac{15^2}{70} + \frac{13^2}{38}} = 2.77$$

检验统计量:$Z = \dfrac{(\bar{x}_1 - \bar{x}_2)}{\sqrt{S_1^2/n_1 + S_2^2/n_2}} = \dfrac{125 - 117}{2.77} = 2.889$

因为是大样本,$(\bar{x}_1 - \bar{x}_2)$ 的分布近似服从正态分布,$\alpha = 0.05$,$Z_{\frac{\alpha}{2}} = 1.96$。

因为 $Z > Z_{\frac{\alpha}{2}}$,即:$2.889 > 1.96$,所以拒绝 $H_0$,即认为往返程平均飞行时间之间存在差别。

**2. 两正态总体方差未知但相等的情况**

在这种情况下 $(x_1 - x_2)$ 服从正态分布,这时检验统计量是

$$t = \frac{(\bar{x}_1 - \bar{x}_2) - (u_1 - u_2)}{\sqrt{S_1^2/n_1 + S_2^2/n_2}} \tag{7.7}$$

式中,$S^2 = \dfrac{(n_1-1)S_1^2 + (n_2-1)S_2^2}{n_1 + n_2 - 2}$。

因为假设 $\sigma_1 = \sigma_2$,所以可用 S 作为 $S_1$ 和 $S_2$ 的合并估计量,自由度为 $(n_1 + n_2 - 2)$。

因为在此情况下的两样本平均数的比较是以两总体方差相等,即以方差作为条件的。但即使两总体方差相等,样本方差也会有随机波动。样本方差的不同是不是由于抽样误差造成的,这就涉及到要对 $H_0: \sigma_1 = \sigma_2$ 是否成立进行检验。方差检验要用到 F 分布,这

里不进行讨论。如果方差检验结果认为 $\sigma_1 \neq \sigma_2$，这时就需考虑下面第 3 种情况。所以在一般情况下，将第 2, 3 两种情况结合起来进行研究。

3. 两正态总体方差未知且不相等的情况

这种情况下就不能将 $S_1$ 和 $S_2$ 合并为一个统计量。如果两总体服从正态分布的条件能基本得到满足，适合的统计量为：

$$t' = \frac{(\bar{x}_1 - \bar{x}_2) - (u_1 - u_2)}{\sqrt{S_1^2/n_1 + S_2^2/n_2}} \tag{7.8}$$

则 $t'$ 近似服从 $t'$ 分布。

## 7.3.2 两个总体比率之差的假设检验

两个总体比率之差的检验分两种情况。

1. 两个总体比率是否相等的假设检验

检验两个总体比率是否相等的假设，等价检验于两个总体比率之差是否为零。这时，可建立假设：$H_0: \pi_1 = \pi_2$，$H_1: \pi_1 \neq \pi_2$

检验统计量是：

$$Z = \frac{(p_1 - p_2) - (\pi_1 - \pi_2)}{\sqrt{\frac{\pi_1(1-\pi_1)}{n_1} + \frac{\pi_2(1-\pi_2)}{n_2}}} \tag{7.9}$$

由于真正的总体比率 $\pi_1$ 和 $\pi_2$ 并不知道，必须对它们作出估计。最适当的值通常为样本比率。由于原假设 $\pi_1 = \pi_2$，也就是假设两个总体比率相等。最佳估计量就是两个样本合并后的合并比率 $p$，最佳的方差是 $p(1-p)$。如果以 $x_1$ 表示样本 1 中具有某种属性的单位数，$x_2$ 表示样本 2 中具有某种属性的单位数，则合并后的比率为：

$$p = \frac{x_1 + x_2}{n_1 + n_2} = \frac{p_1 n_1 + p_2 n_2}{n_1 + n_2} \tag{7.10}$$

因此，检验统计量就成为：

$$Z = \frac{p_1 - p_2}{\sqrt{\frac{p(1-p)}{n_1} + \frac{p(1-p)}{n_2}}} = \frac{p_1 - p_2}{\sqrt{p(1-p)\left(\frac{1}{n_1} + \frac{1}{n_2}\right)}} \tag{7.11}$$

根据经验，$n\pi$ 大于 5 时，就可以认为是大样本，统计量 $Z$ 就近似服从标准正态分布。

【例 7.14】 甲、乙两公司属于同一行业，有机构调查这两个公司的工人是愿意得到特定增加的福利费，还是愿意得到特定增加的基本工资。在甲公司 150 名工人的简单随机抽样中，有 75 人愿意增加基本工资；在乙公司 200 名工人的随机样本中，103 人愿意增加基本工资。在每个公司，样本容量占全部工人数的比率都不超过 5%。试在 $\alpha = 0.01$ 的显著性水平下，可以判定这两个公司中愿意增加基本工资的工人所占的比率不同吗？

解：提出原假设和备择假设：

$$H_0: \pi_1 = \pi_2, \quad H_1: \pi \neq \pi_2$$

$$p_1 = \frac{75}{150} = 0.5, \quad p_2 = \frac{103}{200} = 0.515$$

$$p = \frac{x_1 + x_2}{n + n_2} = \frac{75 + 103}{150 + 200} = 0.509$$

$$Z = \frac{p_1 - p_2}{\sqrt{\dfrac{p(1-p)}{n_1} + \dfrac{p(1-p)}{n_2}}} = \frac{p_1 - p_2}{\sqrt{p(1-p)\left(\dfrac{1}{n_1} + \dfrac{1}{n_2}\right)}}$$

$$= \frac{0.50 - 0.515}{\sqrt{0.509(1-0.509)\left(\dfrac{1}{150} + \dfrac{1}{200}\right)}} = -0.278$$

在 $\alpha = 0.01$ 的显著性水平下，查标准正态分布表，得临界值 $Z_{\frac{\alpha}{2}} = 2.58$。

由于 $|Z| < 2.58$，所以接受原假设 $H_0$，可以判定这两个公司中愿意增加基本工资的工人所占的比率相同。

**2. 两个总体比率之差不为零的假设检验**

检验 $\pi_1 - \pi_2 = d_0 \neq 0$，在这种情况下，两个样本比率之差 $p_1 - p_2$ 近似服从 $\pi_1 - \pi_2$ 为数学期望，$\dfrac{p_1(1-p_1)}{n_1} + \dfrac{p_2(1-p_2)}{n_2}$ 为方差的正态分布，因而可以选择 $Z$ 作为检验统计量：

$$Z = \frac{(p_1 - p_2) - (\pi_1 - \pi_2)}{\sqrt{\dfrac{p_1(1-p_1)}{n_1} + \dfrac{p_2(1-p_2)}{n_2}}} = \frac{(p_1 - p_2) - d_0}{\sqrt{\dfrac{p_1(1-p_1)}{n_1} + \dfrac{p_2(1-p_2)}{n_2}}} \tag{7.12}$$

【例 7.15】有一项研究报告说青少年经常上网聊天，男生的比率至少超过女生 10 个百分点，即 $\pi_1 - \pi_2 \geq 10\%$（$\pi_1$ 为男生比率，$\pi_2$ 为女生比率）现对 150 个男生和 150 个女生进行上网聊天的频度调查，其中经常聊天的男生有 78 人，经常聊天的女生有 54 人，问调查结果是否支持该项研究报告的结论（$\alpha = 0.05$）？

**解**：$H_0: \pi_1 - \pi_2 \geq 10\%$

$H_1: \pi_1 - \pi_2 < 10\%$

由题意可知，$n_1 = n_2 = 150$，$p_1 = \dfrac{68}{150} = 0.45$，$p_2 = \dfrac{54}{150} = 0.36$，$d_0 = 10\%$

由式（7.12）可得：

$$Z = \frac{(p_1 - p_2) - d_0}{\sqrt{\dfrac{p_1(1-p_1)}{n_1} + \dfrac{p_2(1-p_2)}{n_2}}} = \frac{0.45 - 0.36 - 0.1}{\sqrt{\dfrac{0.45(1-0.45)}{150} + \dfrac{0.36(1-0.36)}{150}}} = -0.177$$

这是一个左侧检验，$Z_\alpha = -1.645$，由决策准则可知，$Z = -0.177$，落入非拒绝域，故无法推翻原假设，检验结果支持研究报告的结论。

### 7.3.3 两个总体方差比的假设检验

如果要检验两个总体方差是否相等，可以通过两个方差之比是否等于 1 来进行。实际中会遇到关注两个总体方差是否相等时问题，如比较两个生产过程的稳定性，比较两种投资方案的风险等。前面讨论两个总体均值之差的检验时，假定两个总体方差相等或不相等。事实上，在许多情况下总体方差是否相等事先往往并不知道，因此在进行两个总体均值之差的检验之前，也可以先进行两个总体方差是否相等的检验，由此获得所需要的信息。

为了比较两个未知时总体方差 $\sigma_1^2$ 和 $\sigma_2^2$，用两个样本方差的比来判断，如果 $S_1^2/S_2^2$ 接近于 1，说明两个总体方差 $\sigma_1^2$ 和 $\sigma_2^2$ 很接近，如果比值结果远离 1，说明 $\sigma_1^2$ 与 $\sigma_2^2$ 之间有较大差异。在两个正态总体条件下，两个方差之比服从 $F$ 分布，即：

$$F = \frac{S_1^2/\sigma_1^2}{S_2^2/\sigma_2^2} \sim F(n_1-1, n_2-1) \tag{7.13}$$

在原假设成立的情况下，检验统计量变为：

$$F = \frac{S_1^2}{S_2^2} \text{ 或 } F = \frac{S_2^2}{S_1^2} \tag{7.14}$$

两个总体方差比的双侧检验是用较大的样本方差除以较小的样本方差，这样做是为了保证拒绝域总发生在抽样分布的右侧，只需要检验统计量的值与右侧的 $\frac{\alpha}{2}$ 分位数进行比较即可。对于单侧检验也是如此，如果检验 $\sigma_1^2$ 大于 $\sigma_2^2$，备择假设则设为 $H_1: \frac{\sigma_1^2}{\sigma_2^2} > 1$；如果检验 $\sigma_2^2$ 大于 $\sigma_1^2$，备择假设则设为 $H_1: \frac{\sigma_2^2}{\sigma_1^2} > 1$；

【例 7.16】 有人说在大学中，男生的学习成绩比女生的学习成绩好。现从一所大学中随机抽取 25 名男生和 16 名女生，对他们进行了同样题目的测试。测试结果表明，男生的平均成绩为 82 分，方差为 56，女生的平均成绩为 78 分，方差为 49。假设显著性水平 $\alpha = 0.02$，从上述数据中能得到什么结论？

**解**：$H_0: \sigma_1^2 = \sigma_2^2, H_1: \sigma_1^2 \neq \sigma_2^2$

$$F = \frac{S_1^2}{S_2^2} = \frac{56}{49} = 1.143, F_{0.01}(24,15) = 3.29,$$

$$F_{0.99}(24,15) = \frac{1}{F_{0.01}(15,24)} = \frac{1}{2.89} = 0.346$$

$$F_{0.99}(24,15) < F < F_{0.01}(24,15)$$

不能拒绝原假设，说明两个总体方差无明显差异，即男生的学习成绩比女生的学习成绩无明显差异。

## 7.4 Excel 在假设检验中运用示例

### 7.4.1 对总体均值的假设检验（n≥30）

【例 7.17】 某公司生产一种产品的单位成本为 1.35 元。现公司引进一种新的生产技术以期降低单位产品成本。为检验新技术生产的单位产品成本与过去相比是否有显著降低，该公司抽取 50 天采用新技术生产的单位产品成本进行检验，数据见表 7-4。利用这些样本数据，检验新技术生产的产品单位成本与原有技术相比是否有显著降低？（$\alpha = 0.01$）

在 Excel 中，将 50 个样本数据资料输入 A1：A50 单元格内。

表 7-4　某公司 50 天采用新技术生产的单位产品成本数据

| 1.98 | 1.97 | 0.91 | 1.22 | 1.06 | 1.11 | 1.54 | 1.08 | 1.10 | 1.64 |
| --- | --- | --- | --- | --- | --- | --- | --- | --- | --- |
| 1.70 | 2.37 | 1.38 | 1.60 | 1.26 | 1.17 | 1.12 | 1.23 | 0.82 | 0.86 |
| 1.23 | 0.74 | 1.50 | 0.50 | 0.59 | 0.99 | 1.45 | 1.24 | 1.01 | 2.03 |
| 1.26 | 1.19 | 1.31 | 0.97 | 1.81 | 1.13 | 0.96 | 1.06 | 1.00 | 0.94 |
| 0.98 | 1.10 | 1.12 | 1.03 | 1.16 | 1.12 | 1.12 | 0.95 | 1.02 | 1.13 |

1. $Z$ 检验

（1）在单元格 A51 中输入公式 "=AVERAGE(A1：A50)"，按 Enter 键，得到样本均值：1.2152。

（2）在单元格 A52 中输入公式 "=STDEV(A1：A50)"，按 Enter 键，得到样本标准差：0.365749。

（3）在单元格 A53 中输入公式 "=COUNT(A1：A50)"，按 Enter 键，得到样本容量：50。

（4）在单元格 A54 中输入公式 "=(1.2152−1.35)/(0.365749/SQRT(50))"，按 Enter 键，得到 $Z$ 值：−2.6061(1.35 为假设值)。

（5）在单元格 A55 中键入公式 "=NORMSINV(0.01)"，按 Enter 键，得到单侧检验 $\alpha=0.01$ 的临界值：−2.33。

由于 $Z=-2.6061 < Z_{0.01}=-2.33$，因此，拒绝 $H_0$。

检验结果表明：在显著水平为 1% 的条件下，新技术生产的产品单位成本与原有技术相比有显著降低。

2. $P$ 值检验

Excel 计算 P 值操作步骤如下。

第一步：进入 Excel 表格界面，直接单击 "$f_x$" 按钮。

第二步：在函数分类中单击 "统计" 选项，在 "选择函数" 中选择 "Z.TEST"，然后单击 "确定" 按钮。

第三步：在出现的对话框的 "Array" 中输入原始数据区域 "A1：A50"；在 "X" 后输入参数的假设值(1.35)；在 "Sigma" 后输入已知的样本标准差(本例为 0.365 749)。得到分布右侧面积 0.995 421，用 1−0.995 421，得到 P 值 0.004 579

由于 P 值=0.004 579 < $\alpha=0.01$，所以拒绝 $H_0$。结论同上。

## 7.4.2　对正态总体均值的假设检验（n<30、总体方差未知）

1. $t$ 检验

【例 7.18】　某汽车配件公司认为自己生产的汽车变速器质量非常可靠，为提高市场竞争力，打算把保修千米数提高到 25 000 千米。公司认为把保修千米数提高到 25 000 千米并不会对公司增加费用，因为汽车变速器在这段期间内是很少需要维修服务的。为了验证自己的判断，该汽车制造公司从自己众多的用户中，随机抽查了 16 个用户，统计了这些用户自购车之日直到维修变速器的汽车行驶的千米数，数据如下。汽车行驶的千米数服从正态分布。

| | | | | | | | |
|---|---|---|---|---|---|---|---|
|31 816|27 869|23 295|31 350|25 895|21 102|26 949|35 482|
|14 605|29 645|21 517|24 694|23 499|30 289|25 181|32 040|

要求：取显著性水平 α＝0.025，检验该汽车制造公司生产的变速器是否可以行使 25 000 千米以上。

操作步骤：在 Excel 中，将 16 个样本数据资料输入 A1：A16 单元格内。

(1) 在单元格 A17 中输入公式"＝AVERAGE(A1：A16)"，按 Enter 键，得到样本均值：26 576.75。

(2) 在单元格 A18 中输入公式"＝STDEV(A1：A16)"，按 Enter 键，得到样本标准差：5 224.84。

(3) 在单元格 A19 中输入公式"＝COUNT(A1：A16)"，按 Enter 键，得到样本容量：16。

(4) 在单元格 A20 中输入公式"＝(A17－25000)/(A18/SQRT(A19))"，按 Enter 键，得到 $t$ 值：1.21。(25000 为假设值)。

(5) 在单元格 A20 中键入公式"＝TINV(0.05，15)"，按 Enter 键，得到单侧检验 α＝0.025，自由度为 15 的临界值：2.131 45。

由于 $t=1.21 < t_{0.025}(15)=2.131\ 45$，因此，不拒绝 $H_0$。

检验结果表明：在显著性水平为 2.5% 的条件下，样本提供的证据不能说明该汽车制造公司生产的变速器可以行使 25 000 千米以上。

2. P 值检验

Excel 计算 P 值操作步骤如下。

第一步：进入 Excel 表格界面，直接单击"$f_x$"按钮。

第二步：在函数分类中单击"统计"选项，在"选项函数"中选择"TDIST"，然后单击"确定"按钮。

第三步：在出现的对话框的"X"设置中输入计算出的 $t$ 值的绝对值 1.21；在"Deg_freedom"(自由度)设置框中，输入自由度 15；在"Tail"设置框中输入 1(单侧检验)。单击"确定"按钮，即可得到 P 值为 0.122501395(如图 7－5 所示)。

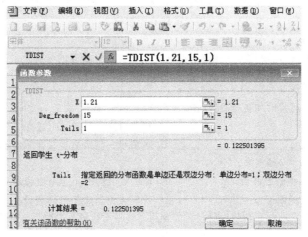

图 7－5　Excel 计算 P 值图

由于 $P$ 值 $=0.1225>\alpha=0.025$，所以不拒绝 $H_0$。

## 本 章 小 结

1. 假设检验的基本思想是：先提出一个假设；在假定假设成立的条件下，根据抽样调查得到样本有关资料；然后计算检验统计量；再根据确定的小概率查表得到判断的标准值；最后将检验统计量与标准值进行比较，判断是否发生了小概率事件，运用反证法思想作出是否拒绝所作的假设的判断。

2. 假设检验的基本概念有：小概率原理、原假设与备择假设、单侧检验与双侧检验、弃真错误与取伪错误、检验功效、P 值检验等。

3. 假设检验的步骤如下：根据研究问题的性质，陈述原假设和备择假设；确定一个适当的检验统计量及其抽样分布，并利用样本数据算出检验统计量的具体数值；确定一个适当的显著性水平，查表找出其临界值，明确拒绝域；将统计量的值与临界值进行比较，做出决策；统计量的值落在拒绝域，拒绝 $H_0$，否则不拒绝 $H_0$。

4. 假设检验的两类错误。第Ⅰ类错误又称弃真错误，是原假设为真时拒绝原假设所犯的错误；第Ⅱ类错误又称取伪错误，是原假设为假时未拒绝原假设所犯的错误。

5. P 值是在原假设为真的条件下，样本统计量以其观察值为端点的某极端区域内取值的概率，也称为观察到的显著性水平。对于事先确定的显著性水平 $\alpha$，不论单侧检验或双侧检验，若 P 值小于 $\alpha$ 就拒绝 $H_0$，若 P 值大于 $\alpha$，就不拒绝 $H_0$。

## 习　题

### 一、简答题

1. 说明假设检验的基本思想。
2. 解释原假设和备择假设的含义，说明建立原假设和备择假设的要求。
3. 假设检验中第Ⅰ类错误和第Ⅱ类错误各指的是什么？两类错误之间的关系？
4. 什么是显著性水平？显著性大小对拒绝区域有何影响。
5. 简述假设检验的基本步骤。
6. 什么是 P 值？P 值检验的决策规则？P 值检验与传统统计检验的区别？

### 二、单项选择题

1. 在假设检验中，原假设和备择假设（　　）。
   A. 都有可能成立　　　　　　　　　　B. 相互对立，只有一个成立
   C. 都有可能不成立　　　　　　　　　D. 原假设一定成立，备择假设不一定成立

2. 显著性水平是（　　）的概率。
   A. 原假设为真时不拒绝原假设　　　　B. 原假设为假时不拒绝原假设
   C. 原假设为真时拒绝原假设　　　　　D. 原假设为假时拒绝原假设

3. 为检验某种型号自动食品包装机所包装的食品每袋平均重量是否应为 250 克。应该采用（　　）。
   A. 左侧检验　　　　　　　　　　　　B. 右侧检验

C. 双侧检验  D. 左侧检验或右侧检验

4. 对正态总体 $\mu$ 进行假设检验,如果在显著性水平 0.01 下拒绝原假设 $H:\mu=\mu_0$,那么将显著性水平变为 0.05 时,结论是(   )。
   A. 必不拒绝 $H:\mu=\mu_0$  B. 可能拒绝,也可能不拒绝 $H:\mu=\mu_0$
   C. 必定拒绝 $H:\mu=\mu_0$  D. 无法判断

5. 若一项假设形式为 $H_0:\mu=\mu_0$,$H_1:\mu\neq\mu_0$,当随机抽取一个样本时,其均值 $\bar{x}=\mu_0$,则(   )。
   A. 肯定接受原假设  B. 有 $1-\alpha$ 的可能接受原假设
   C. 有可能接受原假设  D. 有可能拒绝原假设

6. 当样本检验统计量的观察值未落入原假设的拒绝域时,表示(   )。
   A. 可以放心地接受原假设  B. 没有充足的理由否定原假设
   C. 没有充足的理由否定备择假设  D. 备择假设是错误的

7. 下列场合中,(   )适合用 $t$ 检验统计量。
   A. 样本为小样本,且总体方差已知  B. 样本为大样本,且总体方差已知
   C. 样本为小样本,且总体方差未知  D. 样本为大样本,且总体方差已知

8. 进行假设检验时,在其它条件不变的情况下,增加样本量,检验结论犯两类错误的概率会(   )。
   A. 都减少  B. 都增大
   C. 都不变  D. 一个增大一个减小

9. $\alpha$ 和 $\beta$ 分别表示假设检验时两种错误类型,假设检验时比较好的情况是(   )。
   A. $\alpha$ 与 $\beta$ 都大  B. $\alpha$ 与 $\beta$ 都小
   C. $\alpha$ 小,$\beta$ 大  D. $\alpha$ 大,$\beta$ 小

10. $\alpha$ 和 $\beta$ 分别表示假设检验时两种错误类型,反映假设检验功效的指标是(   )。
    A. $\alpha$  B. $1-\alpha$  C. $\beta$  D. $1-\beta$

### 三、多项选择题

1. 关于原假设的建立,下列叙述中正确的有(   )。
   A. 若不希望否定某一命题,就将此命题作为原假设
   B. 尽量使后果严重的错误成为第Ⅱ类错误
   C. 质量检验中若对产品质量一直很放心,原假设为"产品合格(达标)"
   D. 若想利用样本作为对某一命题强有力的支持,应将此命题的对立命题作为原假设
   E. 可以随时根据检验结果改换原假设,以期达到决策者希望的结论

2. 假设检验中,第Ⅰ类错误为 $\alpha$,第Ⅱ类错误为 $\beta$,$\alpha$ 与 $\beta$ 这两类错误的关系是(   )。
   A. 前者可大于后者,前者也可小于后者
   B. 只能控制 $\alpha$,不能控制 $\beta$
   C. 在其他条件不变的情况下,增大 $\alpha$,必然会减少 $\beta$
   D. 在其他条件不变的情况下,增大 $\alpha$,必然会增大 $\beta$
   E. 增大样本容量可以同时减少 $\alpha$ 和 $\beta$

3. 显著性水平与检验拒绝域的关系是(   )。
   A. 显著性水平提高,意味着检验拒绝域扩大
   B. 显著性水平提高,意味着检验拒绝域缩小
   C. 显著性水平降低,意味着检验拒绝域缩小
   D. 显著性水平降低,意味着检验拒绝域扩大
   E. 显著性水平提高或降低,不影响拒绝域的变化

4. 假设检验中的 $\beta$ 错误(   )。

A. 是在原假设真实的条件下发生的
B. 是在原假设不真实的条件下发生的
C. 取决于原假设与实际值之间的差距
D. 原假设与实际值之间的差距越大,犯错误的可能性越小
E. 原假设与实际值之间的差距越大,犯错误的可能性越大

四、计算题

1. 一种罐装饮料采用自动生产线生产,每罐的标准重量是 500 克,根据以往经验,标准差是 5 克。为检验每罐重量是否符合要求,质检人员在某天生产的饮料中随机抽取了 100 罐进行检验,测得平均重量是 502 克。在显著性水平为 0.05 时,检验该天生产的饮料重量是否符合标准要求。

2. 电视机显像管批量生产的质量标准是平均使用寿命为 1 200 小时,标准差为 300 小时。某电视机厂宣称其生产的显像管大大超过规定的标准。该厂质检部门为了进行验证,随机抽取了 100 件为样本,测得平均使用寿命为 1245 小时。问按显著性水平 $\alpha=0.05$ 计算,能否根据调查结果说该厂的显像管质量显著地高于规定的标准?

3. 某厂生产的钢丝的强度服从正态分布,这种钢丝的标准强度为 1 900 千克. 某购买厂家为检验该厂生产的钢丝强度是否达到标准,现随机抽取了 20 根,测得其强度的平均值为 1800 千克,标准差为 120 千克。问:按显著性水平 $\alpha=0.05$ 计算,根据调查结果能否说该厂生产的钢丝的强度达到了标准?

4. 某一小麦品种的平均每亩产量为 5 200 千克。一家研究机构对小麦品种进行了改良以期提高产量。为检验改良后的新品种产量是否有显著提高,随机抽取了 36 亩地块进行试种,得到的样本平均亩产量为 5 275 千克,标准差为 120 千克。在 $\alpha=0.05$ 时,试检验改良后的新品种产量是否有显著提高?

5. 有两种方法可用于制造某种以抗拉强度为重要特征的产品,经验表明,用这两种方法生产出来的产品的抗拉强度都近似服从正态分布,其标准差分别为 6 千克和 8 千克。现从用这两种方法生产出来的产品中分别随机抽取 12 件和 16 件检验;其样本均值分别为 40 千克和 34 千克。试问这两种方法生产的产品的平均抗拉强度是否不同?($\alpha=0.05$)

6. 对两个大型企业青年工人参加技术培训的情况进行调查,调查结果如下:从甲厂调查 60 人,18 人参加技术培训。乙厂调查 40 人,14 人参加技术培训。能否根据以上调查结果认为乙厂工人参加技术培训的人数比率高于甲厂?($\alpha=0.05$)

【实际操作训练】

根据教材"7.4 运用 Excel 进行假设检验示例"内容,在计算机上完成操作。

# 第 8 章 方差分析

**本章教学要点**

| 知 识 要 点 | 掌握程度 | 相 关 知 识 |
|---|---|---|
| 方差分析的基本问题 | 熟悉 | 方差分析的含义、基本概念、基本方法 |
| 单因素方差分析 | 掌握 | 应用条件、基本步骤、方差分析的多重比较 |
| 双因素方差分析 | 掌握 | 无交互作用、有交互作用的双因素方差分析 |

**本章技能要点**

| 技 能 要 点 | 掌握程度 | 应 用 方 向 |
|---|---|---|
| 单因素方差分析 | 掌握 | 单因素方差分析应用条件、基本步骤 |
| 双因素方差分析 | 掌握 | 无交互作用、有交互作用的双因素方差分析 |

 导入案例

### 哪种培训方式效果最好？

**【例 8.1】** 一家产品制造公司比较 $A_1$、$A_2$、$A_3$ 3 种不同培训方式对产品组装的时间的多少是否有显著影响,将 26 名新员工随机分配给每种培训方式。在培训结束后,对他们组装一件产品所花的时间进行测试。测试结果见表 8-1 所示。

表 8-1 三种不同培训方式的培训效果(产品组装时间:分钟)

| 观测值(j) | | 1 | 2 | 3 | 4 | 5 | 6 | 7 | 8 | 9 |
|---|---|---|---|---|---|---|---|---|---|---|
| 培训方式(i) | $A_1$ | 8.6 | 9.2 | 9.5 | 8.8 | 9.4 | 8.7 | 9.0 | 9.3 | 8.3 |
| | $A_2$ | 8.0 | 7.8 | 7.9 | 6.7 | 8.8 | 8.2 | 8.4 | 7.4 | 8.2 |
| | $A_3$ | 8.3 | 9.4 | 8.5 | 7.9 | 9.1 | 8.6 | 8.2 | 9.9 | |

公司人事部门要分析 3 种培训方式的效果有无显著性,要得到以下结论。
(1) 培训方式的培训效果是否有显著影响,即 3 种培训方式下的平均组装时间是否存在差异?
(2) 各种具体培训方式的组装时间是否存在差异?
要回答这些问题,就要对该公司销售数据进行分析,最合适的方法是方差分析。

假设检验讨论了两个总体均值是否相等的问题,在统计分析与决策中,往往遇到两个以上总体均值是否相等的检验与判断问题,这就需要通过方差分析来解决。方差分析(Analysis of Variance, ANOVA),是 20 世纪 20 年代由英国统计学家费雪(R. Fisher)首先提出的,最初主要应用于生物和农业田间试验,以后推广到各个领域应用。它是直接对多个总体的均值是否相等进行检验,这样不但可以减少工作量,而且可以增加检验的稳定性。

## 8.1 方差分析的基本问题

### 8.1.1 方差分析的含义

检验多个总体均值是否相等的统计方法称为方差分析。采用的方法是通过检验各总体均值是否相等来判断分类型自变量对数值型因变量是否有显著影响,包括它们之间有没有关系、关系强度如何等。

与假设检验相比,方差分析不仅可以提高检验的效率,而且是它将所有的样本结合在一起,增加了分析的可靠性。例如,有 5 个总体的均值分别为 $\mu_1$、$\mu_2$、$\mu_3$、$\mu_4$、$\mu_5$,如果用一般的假设检验方法,一次只能检验两个样本,要检验 5 个总体是否相等,需要作 $C_5^2 = 10$ 次检验,这样两两比较会十分繁琐。如果 $\alpha = 0.05$,每次检验犯第 Ⅰ 类错误的概率都是 0.05,连续作 10 次检验,犯错误的概率为 $1 - (1-\alpha)^{10} = 0.4$,而置信水平则会降低到 0.6。方差分析法同时考虑所有的样本,因此排除了错误积累的概率,从而避免拒绝真实的原假设。

### 8.1.2 方差分析中的常用术语

1. 因素或因子

在方差分析中,所要检验的对象称为因素或因子。在表 8-1 中,要分析培训方式对组装时间是否有影响,这里的"培训方式"就是所要检验的对象,称为"因素"或"因子"。

2. 水平或处理

因素的不同表现称为水平或处理。例如,在上面的例子中,$A_1$、$A_2$、$A_3$ 就是培训方式这一因素的具体表现,称之为"水平"或"处理"。

3. 观测值

每个因素不同水平下得到的样本观察数据称为观测值。例如,在表 8-1 中,在每个培训方式下的组装时间样本数据称为观测值。

4. 系统误差和随机误差

在任何一项试验中,试验结果常受一些环境因素或条件因素的影响,这就是说,如果试验的环境或条件改变,各次试验的结果就表现出一定的差异,例如上述 $A_1$、$A_2$、$A_3$ 3 种不同的培训方式带来的对产品组装时间的差异,这种差异称为"系统误差"或"条件误差"。在实际的试验活动中,虽然尽量把试验条件与环境固定不变,但各次试验表现出一定程度的差异,如表 8-1 在相同的培训方式下也会产生对产品组装时间的差异,由于样本是随机抽取的,因此样本数据之间的差异可以看成是由随机因素的影响造成的,称之为"随机误差"或"偶然误差"。

5. 组内误差和组间误差

衡量因素同一水平(同一总体)下样本数据的误差称之为组内误差。如表 8-1 培训方式 $A_2$ 中,所抽取的 9 名新员工组装一件产品的时间之间的误差。

衡量因素不同水平(不同总体)下各样本之间的误差称之为组间误差。如上述 3 种培训方式下新员工组装一件产品的时间之间的误差。

## 8.1.3 方差分析的基本思想

系统误差是系统的、有规律可循的,试验误差是随机的、偶然的。为了要确定一项试验结果中有没有系统误差存在,换言之,就是要确定一项试验中有没有系统性因素在起作用。如有的话,又是哪些因素在起主要作用。方差分析与通常的统计推断一样,主要任务也是要寻求适当的统计量,对参数作假设检验。实际上是参数假设检验的一种推广及应用,所用检验方法是 $F$ 检验。数理统计已经证明,组间方差与组内方差之比是一个统计量。这个统计量服从 $F$ 分布。

$$F = \frac{组间方差}{组内方差} \tag{8.1}$$

在假设条件成立时,$F$ 统计量服从第一自由度 $df_1$ 为 $r-1$、第二自由度 $df_2$ 为 $n-r$ 的 $F$ 分布。将统计量 $F$ 与给定的显著性水平 $\alpha$ 的临界值 $F_\alpha(r-1, n-r)$ 比较,可以作出拒绝或不能拒绝原假设 $H_0$ 的决策,如图 8-1。

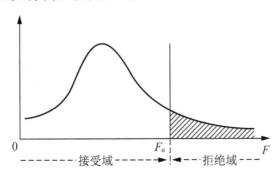

**图 8.1　$F$ 检验示意图**

若 $F \geqslant F_\alpha$,则拒绝原假设 $H_0$,表明均值之间的差异显著,因素 A 对观察值有显著影响;

若 $F < F_\alpha$,则不能拒绝原假设 $H_0$,表明均值之间的差异不显著,因素 A 对观察值没有显著影响。

这里主要介绍单因素方差分析和双因素方差分析两类情况。

## 8.2 单因素方差分析

在一项试验中，如果只考虑一个因素的效应，而让其余因素保持不变，则称为单因素试验。如果方差分析只针对一个因素进行，称为单因素方差分析。

### 8.2.1 单因素方差分析的应用条件

统计分析方法很多，但是没有一种方法是适合任何情况的，方差分析也不例外。一般而言，方差分析与$t$检验的条件基本相同，数据应满足以下3个条件。
(1) 独立性：观测对象是来自于研究因素的各个水平之下的独立随机抽样。
(2) 正态性：每个水平下的因变量应当服从正态分布。
(3) 方差齐性：各水平下的总体具有相同的方差。

### 8.2.2 单因素方差分析的基本步骤

以例8.1资料来说明单因素方差分析步骤。

1. 提出假设

对于例8.1，由于只涉及"培训方式"一个因素，因此它属于单因素方差分析。自变量为培训方式，因变量为组装时间，设每个总体水平的均值分别用$\mu_1$、$\mu_2$、$\mu_3$表示。要检验上述3个总体水平的均值是否相等，需要提出如下假设：

$H_0$：$\mu_1 = \mu_2 = \mu_3$，$H_1$：$\mu_1$、$\mu_2$、$\mu_3$不全相等

原假设说明培训方式对组装时间没有显著影响，即自变量对因变量没有显著影响；备择假设说明培训方式对组装时间有显著影响，即自变量对因变量有显著影响。

如果原假设成立，则说明自变量与因变量之间没有关系；如果原假设不成立，则自变量对因变量有显著影响，也就是说自变量与因变量之间有关系。此时注意：在拒绝原假设时，只表明至少有两个总体的均值不相等，并不意味所有总体的均值都不相等。

2. 构造检验统计量

1) 计算各样本的均值

假定从第$i$个总体中抽取一个容量为$n_i$的简单随机样本，令$\overline{x_i}$为第$i$个总体的样本均值，则有：

$$\overline{x_i} = \sum_{j=1}^{n_i} x_{ij}/n_i$$

式中，$i=1,2,\cdots,k$；$n_i$为第$i$个总体的样本量；$x_{ij}$为第$i$个总体的第$j$个观测值。计算结果见表8-2。

2) 计算全部观测值的总均值

$$\overline{x} = \frac{\sum_{i=1}^{k}\sum_{j=1}^{n_i} x_{ij}}{n} = \frac{\sum_{i=1}^{k} n_i \overline{x_i}}{n} \tag{8.2}$$

式中，$n = n_1 + n_2 + \cdots + n_k$。计算结果见表8-2。

3) 计算各误差平方和

方差分析中，误差平方和有 3 种，分别是总平方和 $SST$(Sum of Squares for Total)、组间平方或因素平方和 $SSA$(Sum of Squares for factor A)、组内平方和或误差平方和 $SSE$ (Sum of Squares for Error)。

(1) 总平方和是全部观测值 $x_{ij}$ 与总平均值 $\bar{\bar{x}}$ 的误差平方和，反映全部观测值的离散状况。其计算公式为：

$$SST = \sum_{i=1}^{k} \sum_{j=1}^{n_i} (x_{ij} - \bar{\bar{x}})^2 \tag{8.3}$$

在表 8-2 中：
$SST = (8.6 - 8.54)^2 + (9.2 - 8.54)^2 + \cdots + (8.2 - 9.54)^2 + (9.9 - 8.54)^2 = 12.783$

(2) 组间平方和是各组平均值 $\bar{x}_i$ 与总平均值 $\bar{\bar{x}}$ 的误差平方和，反映各样本均值之间的离散状况。其计算公式为：

$$SSA = \sum_{i=1}^{k} \sum_{j=1}^{n_i} (\bar{x}_i - \bar{\bar{x}})^2 = \sum_{i=1}^{k} n_i (\bar{x}_i - \bar{\bar{x}})^2 \tag{8.4}$$

在表 8-2 中：
$SSA = (8.98 - 8.54)^2 + (7.93 - 8.54)^2 + (8.74 - 9.54)^2 = 5.349$

(3) 组内平方和是每个水平或组的各样本数据与其组平均值误差的平方和，反映每个样本内部各观测值的离散状况。其计算公式为：

$$SSE = \sum_{i=1}^{k} \sum_{j=1}^{n_i} (x_{ij} - \bar{x}_i)^2$$

在表 8-2 中，各组组内平方和分别为：

$A_1 : \sum_{j=1}^{9}(x_{1j} - \bar{x}_1) = (8.6 - 8.98)^2 + (9.2 - 8.98)^2 + \cdots + (8.3 - 8.98)^2 = 1.315$

$A_2 : \sum_{j=1}^{9}(x_{2j} - \bar{x}_2) = (8.0 - 7.93)^2 + (7.8 - 7.93)^2 + \cdots + (8.2 - 7.93)^2 = 2.94$

$A_3 : \sum_{j=1}^{8}(x_{3j} - \bar{x}_3) = (8.3 - 8.74)^2 + (9.4 - 8.74)^2 + \cdots + (9.9 - 8.74)^2 = 3.179$

$$SSE = 1.315 + 2.94 + 3.179 = 7.434$$

上述 3 个误差平方和 $SST$、$SSA$、$SSE$ 之间的关系为：

$$\sum_{i=1}^{k} \sum_{j=1}^{n_i} (x_{ij} - \bar{\bar{x}})^2 = \sum_{i=1}^{k} \sum_{j=1}^{n_i} (\bar{x}_i - \bar{\bar{x}})^2 + \sum_{i=1}^{k} \sum_{j=1}^{n_i} (x_{ij} - \bar{x}_i)^2 \tag{8.5}$$

验证：$12.78 = 5.35 + 7.43$

(4) 计算统计量，由于各误差平方和的大小与观测值的多少有关，为了消除观测值多少对误差平方和大小的影响，需要将其平均，也就是用各平方和除以它们所对应的自由度，这一结果称为均方(Mean Square)或方差。3 个平方和所对应的自由度如下。

$SST$ 的自由度为 $n-1$，其中 $n$ 为全部观测值的个数。

$SSA$ 的自由度为 $k-1$，其中 $k$ 为因素水平的个数。

$SSE$ 的自由度为 $n-k$。

所以组间方差 MSA 和组内方差 MSE 分别为：

表 8-2 不同培训方式的员工组装产品时间　　　　　　单位：分钟

| 观测值(j) | 培训方式A(i) | | | |
|---|---|---|---|---|
| | $A_1$ | $A_2$ | $A_3$ | |
| 1 | 8.6 | 8.0 | 8.3 | |
| 2 | 9.2 | 7.8 | 9.4 | |
| 3 | 9.5 | 7.9 | 8.5 | |
| 4 | 8.8 | 6.7 | 7.9 | |
| 5 | 9.4 | 8.8 | 9.1 | |
| 6 | 8.7 | 8.2 | 8.6 | |
| 7 | 9.0 | 8.4 | 8.2 | |
| 8 | 9.3 | 7.4 | 9.9 | |
| 9 | 8.3 | 8.2 | | |
| 合计 | 80.8 | 71.4 | 69.9 | |
| 观测值个数 | $n_1=9$ | $n_2=9$ | $n_3=8$ | |
| 样本均值 | $\overline{x_1}=8.98$ | $\overline{x_2}=7.93$ | $\overline{x_3}=8.74$ | |
| 总均值 | $\overline{x}=\dfrac{8.6+9.2+\cdots+8.2+9.9}{26}=8.54$ | | | |

$$\text{MSA}=\frac{SSA}{k-1}; \quad \text{MSE}=\frac{SSE}{n-k}$$

所以构造的检验统计量就是：

$$F=\frac{MSA}{MSE}\sim F(k-1,n-k)$$

由表 8—2 计算：

$$\text{MSA}=\frac{SSA}{k-1}=\frac{5.349}{3-1}=2.6745$$

$$\text{MSE}=\frac{SSE}{n-k}=\frac{7.434}{26-3}=0.3232$$

$$F=\frac{MSA}{MSE}=8.275$$

3. 统计决策

如果 $F>F_\alpha$，则拒绝原假设 $H_0$，即认为假设 $\mu_1=\mu_2=\mu_3$ 不成立，表明类型自变量对因变量有显著影响；如果 $F<F_\alpha$，则不能拒绝原假设 $H_0$，不能认为类型自变量对因变量有显著影响。上例计算出 $F=8.275$。假定取显著性水平 $\alpha=0.05$，查表得 $F_{0.05}(2,23)=3.42$。由于 $F>F_{0.05}(2,23)$，所以拒绝原假设，可以认为培训方式对组装时间有显著影响。

【用 Excel 进行单因素方差分析】

用上面介绍的这几个步骤都可以使用 Excel 进行计算，具体步骤如下。

第 1 步：选择 "工具" → "数据分析" 选项。

第 2 步：在分析工具中选择 "方差分析：单因素方差分析"，单击 "确定" 按钮。

第 3 步：当对话框出现时，在 "输入区域" 设置框内输入数据单元格区域（只输入观测值）；在 α 设置框中输入 0.05（也可根据需要输入其他的显著性水平值），如图 8-2 所示。

第 4 步：单击 "确定" 按钮后，得到的输出结果见表 8-3。

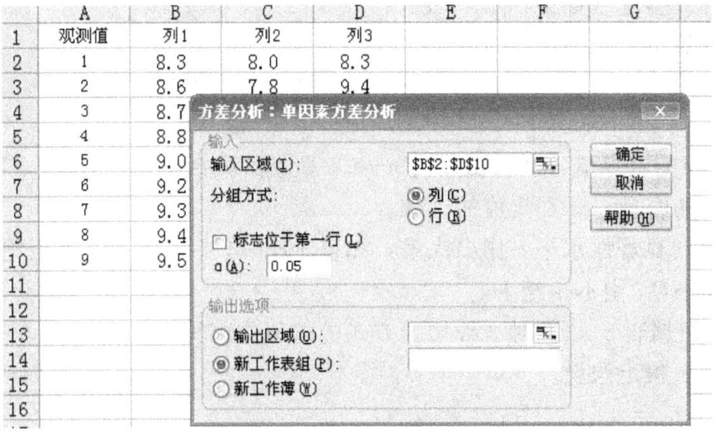

图 8-2 单因素方差分析

表 8-3 单因素方差分析结果

| | A | B | C | D | E | F | G |
|---|---|---|---|---|---|---|---|
| 1 | 方差分析:单因素方差分析 | | | | | | |
| 2 | | | | | | | |
| 3 | SUMMARY | | | | | | |
| 4 | 组 | 观测数 | 求和 | 平均 | 方差 | | |
| 5 | 列1 | 9 | 80.8 | 8.977778 | 0.164444 | | |
| 6 | 列2 | 9 | 71.4 | 7.933333 | 0.3675 | | |
| 7 | 列3 | 8 | 69.9 | 8.7375 | 0.454107 | | |
| 8 | | | | | | | |
| 9 | | | | | | | |
| 10 | 方差分析 | | | | | | |
| 11 | 差异源 | SS | df | MS | F | P-value | F crit |
| 12 | 组间 | 5.349156 | 2 | 2.674578 | 8.274518 | 0.001962 | 3.422132 |
| 13 | 组内 | 7.434306 | 23 | 0.323231 | | | |
| 14 | | | | | | | |
| 15 | 总计 | 12.78346 | 25 | | | | |

表中的方差分析部分就是方差分析表:"SS"表示平方和;"$df$"表示自由度;"MS"表示方差;"F"为检验统计量;"P-value"为用于检验的 P 值;F crit 为给定的 $\alpha$ 水平下的临界值。从方差分析表中可以看到,由于 $F > F_{0.05}(2,23)$,所以拒绝原假设;P-value=0.00196<$\alpha$=0.05,结论也是拒绝原假设,即认为 $\mu_1 = \mu_2 = \mu_3$ 不成立,可以认为培训方式对组装时间有显著影响。

### 8.2.3 方差分析的多重比较

通过上面检验能够判断出 3 种培训方式总体均值是不完全相同的,但并不是说 3 种培训方式两两完全不同,那么,究竟哪几种培训方式相同,哪些不同呢?这就要用到方差分析中的多重比较了。多重比较就是对总体的均值进行两两比较,考察哪些总体均值之间存在差异。多重比较有多种方法,这里介绍由 Fisher 提出的最小显著差异方法 LSD(Least Significant Difference)。步骤如下。

第 1 步:提出假设:$H_0: \mu_i = \mu_j$; $H_1: \mu_i \neq \mu_j (i \neq j)$。

第2步：计算检验统计量：$|\bar{x}_i - \bar{x}_j|$。

第3步：计算LSD，计算公式为：

$$\text{LSD} = t_{\frac{\alpha}{2}}(n-k)\sqrt{MSE\left(\frac{1}{n_i}+\frac{1}{n_j}\right)} \tag{8.6}$$

式中，$t_{\frac{\alpha}{2}}$ 为 $t$ 分布的临界值，其自由度为 $n-k$，$k$ 为因素中水平的个数；$n_i$ 和 $n_j$ 是第 $i$ 个样本和第 $j$ 个样本的容量，即观测值的个数。

第4步：根据显著性水平 $\alpha$ 作出决策：如果 $|\bar{x}_i - \bar{x}_j| > LSD$，则拒绝原假设 $H_0$；如果 $|\bar{x}_i - \bar{x}_j| < LSD$，则不拒绝 $H_0$。

【例8.2】 根据表8-1，对3种培训方式的均值作多重比较（$\alpha=0.05$）。

**解**：第1步：提出假设。

检验1：$H_0: \mu_1 = \mu_2$；   $H_1: \mu_1 \neq \mu_2$；
检验2：$H_0: \mu_1 = \mu_3$；   $H_1: \mu_1 \neq \mu_3$；
检验3：$H_0: \mu_2 = \mu_3$；   $H_1: \mu_2 \neq \mu_3$。

第2步：计算检验统计量。

$|\overline{x_1} - \overline{x_2}| = |8.98 - 7.93| = 1.05$；
$|\overline{x_1} - \overline{x_3}| = |8.98 - 8.74| = 0.24$；
$|\overline{x_2} - \overline{x_3}| = |7.93 - 8.74| = 0.81$。

第三步：计算 $LSD$，根据表8-2的计算结果，$MSE=0.323\,231$。由于3种培训方式样本容量不完全相同，需要分别计算 $LSD$。根据自由度：$n-k=26-3=23$，查 $t$ 分布表得 $t_{\frac{\alpha}{2}}(23) = t_{0.025}(23) = 2.068\,7$。对应于各检验的LSD如下：

假设1：$LSD_1 = 2.068\,7 \times \sqrt{0.323\,231 \times \left(\frac{1}{9}+\frac{1}{9}\right)} = 2.068\,7 \times 0.268 = 0.55$

假设2：$LSD_2 = 2.068\,7 \times \sqrt{0.323\,231 \times \left(\frac{1}{9}+\frac{1}{8}\right)} = 2.068\,7 \times 0.276 = 0.57$

假设3：$LSD_3 = 2.068\,7 \times \sqrt{0.323\,231 \times \left(\frac{1}{9}+\frac{1}{8}\right)} = 0.57$

第四步：作出决策。

$|\overline{x_1} - \overline{x_2}| = |8.98 - 7.93| = 1.05 > 0.55$，拒绝 $H_0$，可以认为培训方式1与培训方式2之间有显著差异。

$|\overline{x_1} - \overline{x_3}| = |8.98 - 8.74| = 0.24 < 0.57$，不拒绝 $H_0$，可以认为培训方式1与培训方式3之间没有显著差异。

$|\overline{x_2} - \overline{x_3}| = |7.93 - 8.74| = 0.81 > 0.57$，拒绝 $H_0$，可以认为培训方式2与培训方式3之间有显著差异。

## 8.3 双因素方差分析

在实际问题的研究中，影响因素可能不止一个，有时需要考虑两个因素对实验结果的影响。双因素方差分析的内容，是对影响因素进行检验，究竟是一个因素在起作用，还是两个因素都起作用，或是两个因素的影响都不显著。

双因素方差分析有两种类型：一个是无交互作用的双因素方差分析或无重复因素分析，它假定因素 A 和因素 B 的效应之间是相互独立的，不存在相互关系；另一个是有交互作用的双因素方差分析或可重复双因素分析，它假定因素 A 和因素 B 的结合会产生出一种新的效应。

## 8.3.1 无交互作用的双因素方差分析

**1. 数据结构**

无交互作用的双因素方差分析的数据结构见表 8-4。

表 8-4 双因素方差分析的数据结构

| | | 因素 A | | | | $\bar{x}_{i*}$ |
|---|---|---|---|---|---|---|
| | | $A_1$ | $A_2$ | ⋯ | $A_r$ | |
| 因素 B | $B_1$ | $x_{11}$ | $x_{12}$ | ⋯ | $x_{1r}$ | $\bar{x}_{1*}$ |
| | $B_2$ | $x_{21}$ | $x_{22}$ | ⋯ | $x_{2r}$ | $\bar{x}_{2*}$ |
| | ⋯ | | | | | |
| | $B_k$ | $x_{k1}$ | $x_{k2}$ | ⋯ | $x_{kr}$ | $\bar{x}_{k*}$ |
| $\bar{x}_{*j}$ | | $\bar{x}_{*1}$ | $\bar{x}_{*2}$ | ⋯ | $\bar{x}_{*r}$ | $\bar{\bar{x}}$ |

表 8-4 中，因素 A 位于列的位置，共有 r 个水平，$\bar{x}_{*j}$ 代表第 j 种水平的样本平均数；因素 B 位于行的位置，共有 k 个水平，$\bar{x}_{i*}$ 代表第 i 种水平的样本平均数。$\bar{\bar{x}}$ 为样本总平均数，样本容量 n=rk。其计算公式分别为：

$$\bar{x}_{i*} = \frac{\sum_{j=1}^{r} x_{ij}}{r} \quad (i=1,2,\cdots,k)$$

$$\bar{x}_{*j} = \frac{\sum_{i=1}^{k} x_{ij}}{k} \quad (j=1,2,\cdots,r)$$

$$\bar{\bar{x}} = \frac{\sum_{i=1}^{k}\sum_{j=1}^{r} x_{ij}}{kr}$$

每一个观察值 $x_{ij}$ 看作由因素 A 的 r 个水平和因素 B 的 k 个水平所组合成的 rk 个总体中抽取样本容量为 1 的独立随机样本。这 rk 个总体的每一个总体均服从正态分布，且有相同的方差。这是进行双因素方差分析的假定条件。

**2. 分析步骤**

与单因素方差分析类似，双因素方差分析也包括提出假设、构造检验的统计量、统计决策等步骤。

1) 提出假设

由于有两个影响因素，且两者之间无交互作用，所以要提出两个假设。

对行因素提出假设：

$H_0: \mu_1 = \mu_2 = \cdots = \mu_i = \cdots = \mu_k$，行因素（自变量）对因变量没有显著影响；

$H_1: \mu_i (i=1, 2, \cdots, k)$不完全相等，行因素（自变量）对因变量有显著影响。

式中，$\mu_i$ 为行因素的第 i 个水平的均值。

对列因素提出假设：

$H_0: \mu_1 = \mu_2 = \cdots = \mu_j = \cdots = \mu_k$，列因素（自变量）对因变量没有显著影响；

$H_1: \mu_j (j=1, 2, \cdots, k)$不完全相等，列因素（自变量）对因变量有显著影响。

式中，$\mu_j$ 为列因素的第 j 个水平的均值。

2) 构造检验的统计量

为检验原假设 $H_0$ 是否成立，需要分别检验行因素和列因素的统计量，构造方法和单因素方差分析一样。进行双因素方差分析，需要将总离差平方和 $SST$ 进行分解为 3 个组成部分，即 $SSR$、$SSC$ 和 $SSE$，分别反映因素 A 的组间差异、因素 B 的组间差异和随机误差的离散状况。

它们的计算公式分别为：

$$SST = \sum_{i=1}^{k} \sum_{j=1}^{r} (x_{ij} - \bar{\bar{x}})^2 \tag{8.7}$$

$$= \sum_{i=1}^{k} \sum_{j=1}^{r} (\bar{x}_{i*} - \bar{\bar{x}})^2 + \sum_{i=1}^{k} \sum_{j=1}^{r} (\bar{x}_{*j} - \bar{\bar{x}})^2 + \sum_{i=1}^{k} \sum_{j=1}^{r} (x_{ij} - \bar{x}_{i*} - \bar{x}_{*j} - \bar{\bar{x}})^2$$

式中，分解后的等式右边的第一项是行因素所产生的误差平方和，记为 SSR，即

$$SSR = \sum_{i=1}^{k} \sum_{j=1}^{r} (\bar{x}_{i*} - \bar{\bar{x}})^2 \tag{8.8}$$

第二项是列因素产生的误差平方和，记为 SSC，即

$$SSC = \sum_{i=1}^{k} \sum_{j=1}^{r} (\bar{x}_{*j} - \bar{\bar{x}})^2 \tag{8.9}$$

第三项是除行因素和列因素之外的剩余因素影响产生的误差平方和，称为随机误差平方和，记为 SSE，即

$$SSE = \sum_{i=1}^{k} \sum_{j=1}^{r} (x_{ij} - \bar{x}_{i*} - \bar{x}_{*j} - \bar{\bar{x}})^2 \tag{8.10}$$

上述各平方和的关系为：

$$SST = SSR + SSC + SSE \tag{8.11}$$

在上述误差平方和的基础上计算均方。也就是将各平方和除以相应的自由度，即为均方。与各误差平方和相对应的自由度如下。

总平方和 $SST$ 的自由度为 $kr-1$。

行因素误差平方和 $SSR$ 的自由度为 $k-1$。

列因素误差平方和 $SSC$ 的自由度为 $r-1$。

随机误差平方和 $SSE$ 的自由度为 $(k-1) \times (r-1)$。

为构造检验统计量，需要计算下列各均方。

行因素的均方，记为 $MSR$，即

$$MSR = \frac{SSR}{k-1} \tag{8.12}$$

列因素的均方，记为 MSC，即

$$MSC = \frac{SSC}{r-1} \tag{8.13}$$

随机误差项的均方，记为 MSE，即

$$MSE = \frac{SSE}{(k-1)(r-1)} \tag{8.14}$$

为检验行因素对因变量的影响是否显著，采用下面的统计量：

$$F_R = \frac{MSR}{MSE} \sim F(k-1,(k-1)(r-1)) \tag{8.15}$$

为检验列因素对因变量的影响是否显著，采用下面的统计量：

$$F_C = \frac{MSC}{MSE} \sim F(r-1,(k-1)(r-1)) \tag{8.16}$$

3）统计决策

计算出检验统计量后，根据给定的显著性水平 $\alpha$ 和两个自由度，查 $F$ 分布表得到相应的临界值 $F_\alpha$，然后将 $F_R$ 和 $F_C$ 与 $F_\alpha$ 进行比较。

若 $F_R > F_\alpha$，则拒绝原假设 $\mu_1 = \mu_2 = \cdots = \mu_i = \cdots = \mu_k$，表明 $\mu_i$（$i=1, 2, \cdots, k$）之间的差异是显著的。

若 $F_C > F_\alpha$，则拒绝原假设 $\mu_1 = \mu_2 = \cdots = \mu_j = \cdots = \mu_r$，表明 $\mu_j$（$j=1, 2, \cdots, r$）之间的差异是显著的。

为使计算过程更加清晰，通常将上述过程列成方差分析表，见表 8-5。

表 8-5 无交互作用的双因素方差分析表

| 误差来源 | 误差平方和 SS | 自由度 df | 均方 MS | F 值 | P 值 | F 临界值 |
|---|---|---|---|---|---|---|
| 行因素 | SSR | $k-1$ | MSR | $F_R$ | | |
| 列因素 | SSC | $r-1$ | MSC | $F_C$ | | |
| 误差 | SSE | $(k-1)(r-1)$ | MSE | | | |
| 总平方和 | SST | $kr-1$ | | | | |

【例 8.3】 某研究所进行农作物试验，在 5 块相同面积的土壤上采用不同肥料种植 4 种不同品种的小麦，对应的产量见表 8-6。

表 8-6 不同品种和不同施肥量对应的产量

| | | 品种因素 | | | | |
|---|---|---|---|---|---|---|
| | | 品种 1 | 品种 2 | 品种 3 | 品种 4 | 品种 5 |
| 肥料因素 | 肥料 A | 290 | 282 | 300 | 265 | 296 |
| | 肥料 B | 360 | 325 | 351 | 346 | 310 |
| | 肥料 C | 368 | 351 | 346 | 342 | 332 |
| | 肥料 D | 346 | 366 | 360 | 328 | 336 |

假定不同肥料和小麦品种之间对产量没有交叉影响，试在 0.05 的显著水平下运用无重复双因素方差分析。

（1）产量是否由于肥料不同而存在差异。

（2）产量是否由于小麦品种不同而存在差异。

**解**：由于双因素方差分析计算复杂，可直接运用 Excel 进行计算，其操作步骤如下。

【Excel 无交互作用的双因素方差分析】

第 1 步：选择"工具"→"数据分析"选项。

第 2 步：在分析工具中选择"方差分析：无重复双因素方差分析"，单击"确定"按钮。

第 3 步：出现对话框，在"输入区域"设置框内输入数据单元格区域（只输入观测值）；在 α 设置框中输入 0.05（也可根据需要输入其他的显著性水平值），见表 8-7。

表 8-7 Excel 输出的无交互作用的双因素方差分析结果

| | A | B | C | D | E | F | G |
|---|---|---|---|---|---|---|---|
| 1 | 方差分析：无重复双因素分析 | | | | | | |
| 2 | | | | | | | |
| 3 | SUMMARY | 观测数 | 求和 | 平均 | 方差 | | |
| 4 | 行 1 | 5 | 1433 | 286.6 | 191.8 | | |
| 5 | 行 2 | 5 | 1692 | 338.4 | 417.3 | | |
| 6 | 行 3 | 5 | 1739 | 347.8 | 176.2 | | |
| 7 | 行 4 | 5 | 1736 | 347.2 | 253.2 | | |
| 8 | | | | | | | |
| 9 | 列 1 | 4 | 1364 | 341 | 1238.667 | | |
| 10 | 列 2 | 4 | 1324 | 331 | 1354 | | |
| 11 | 列 3 | 4 | 1357 | 339.25 | 718.25 | | |
| 12 | 列 4 | 4 | 1281 | 320.25 | 1416.25 | | |
| 13 | 列 5 | 4 | 1274 | 318.5 | 355.6667 | | |
| 14 | | | | | | | |
| 15 | 方差分析 | | | | | | |
| 16 | 差异源 | SS | df | MS | F | P-value | F crit |
| 17 | 行 | 12834 | 3 | 4278 | 21.26154 | 4.3E-05 | 3.490295 |
| 18 | 列 | 1739.5 | 4 | 434.88 | 2.161317 | 0.135451 | 3.259167 |
| 19 | 误差 | 2414.5 | 12 | 201.21 | | | |
| 20 | 总计 | 16988 | 19 | | | | |

根据表 8-7 计算结果，得到如下结论。

由于 $F_R=21.26154 > F_\alpha=3.490\,295$，所以拒绝原假设 $H_0$，表明 $\mu_1$、$\mu_2$、$\mu_3$、$\mu_4$ 之间差异是显著的，这说明肥料对产量有显著影响。

由于 $F_C=2.161\,317 < F_\alpha=3.259\,167$ 所以不拒绝原假设 $H_0$，表明 $\mu_1$、$\mu_2$、$\mu_3$、$\mu_4$ 之间差异不显著，不能认为品种对产量有显著影响。

方法二：

直接用 P-value 进行分析，结论也是一样的。用于检验行因素的 P-value=4.3E−05 < $\alpha=0.05$，所以拒绝原假设 $H_0$；用于检验列因素的 P-value=0.135\,451 > $\alpha=0.05$，所以不拒绝原假设 $H_0$。

## 8.3.2 有交互作用的双因素方差分析

在上面的分析中,假定两个因素对因变量的影响是独立的,但是如果两个因素搭配在一起会对因变量产生一种新的效应,就需考虑交互作用对因变量的影响,这就是有交互作用的双因素方差分析。

**【例 8.4】** 为检验广告方案和广告媒体对产品销售量的影响,一家公司做了一项试验,考查 3 种广告方案和 2 种广告媒体,获得的销售数量数据见表 8-8。

表 8-8 销售数量数据表

| 广告方案 | 广告媒体 | |
|---|---|---|
| | 报纸 | 电视 |
| A | 8 | 12 |
| | 12 | 8 |
| B | 14 | 26 |
| | 22 | 30 |
| C | 10 | 18 |
| | 18 | 14 |

要求:检验广告方案、广告媒体以及广告方案和广告媒体的交互作用对销售量的影响是否显著($\alpha=0.05$)?

**解**:在本例中,行变量(广告方案)有 $k=3$ 个水平($A$、$B$、$C$);列变量(广告媒体)有 $r=2$ 个水平(报纸和电视)。行变量中每一个水平的行数为 $m=2$;观测值的总个数为 $n=12$。

与无交互作用的方差分析方法类似,有交互作用的方差分析表的数据结构见表 8-9。

表 8-9 有交互作用的双因素方差分析表

| 误差来源 | 平方和 SS | 自由度 df | 均方 MS | F 值 | P 值 | F 临界值 |
|---|---|---|---|---|---|---|
| 行因素 | SSR | $k-1$ | MSR | $F_R=\dfrac{MSR}{MSE}$ | | |
| 列因素 | | $r-1$ | MSC | $F_C=\dfrac{MSC}{MSE}$ | | |
| 交互作用 | SSRC | $(k-1)(r-1)$ | MSRC | $F_{RC}=\dfrac{SMRC}{MSE}$ | | |
| 误差 | SSE | $kr(m-1)$ | MSE | | | |
| 总平方和 | SST | $kr-1$ | | | | |

设:$x_{ijl}$ 为对应于行因素的第 $i$ 个水平和列因素的第 $j$ 个水平的第 $l$ 行的观测值;
$\bar{x}_{i*}$ 为行因素的第 $i$ 个水平的样本均值;$\bar{x}_{*j}$ 为列因素的第 $j$ 个水平的样本均值;

$\bar{x}_{ij}$ 为对应于行因素的第 $i$ 个水平和列因素的第 $j$ 个水平组合的样本均值；

$\bar{\bar{x}}$ 为全部 $n$ 个观测值的总均值

各平方和的计算公式如下：

$$SST = \sum_{i=1}^{k}\sum_{j=1}^{r}\sum_{l=1}^{m}(\bar{x}_{ijl} - \bar{\bar{x}})^2$$

$$SSR = rm\sum_{i=1}^{k}(\bar{x}_{i*} - \bar{\bar{x}})^2$$

$$SSC = km\sum_{j=1}^{r}(\bar{x}_{*j} - \bar{\bar{x}})^2$$

$$SSRC = m\sum_{i=1}^{k}\sum_{j=1}^{r}(\bar{x}_{ij} - \bar{x}_{i*} - \bar{x}_{*j} - \bar{\bar{x}})^2$$

$$SSE = SST - SSR - SSC - SSRC$$

对于上例提出的问题，运用 Excel 进行计算，其操作步骤如下。

【Excel 有交互作用的双因素方差分析】

第 1 步：选择"工具"→"数据分析"选项。

第 2 步：在分析工具中选择"方差分析：可重复双因素方差分析"，单击"确定"按钮。

第 3 步：当对话框出现时，在"输入区域"设置框内输入数据单元格区域（只输入观测值）；在 α 设置框中输入 0.05（也可根据需要输入其他的显著性水平值）；在"每一样本的行数"方框内输入 2；在"输出选项"中选择输出区域（这里选择"新工作表组"）单选按钮。单击"确定"，如图 8-3 所示。

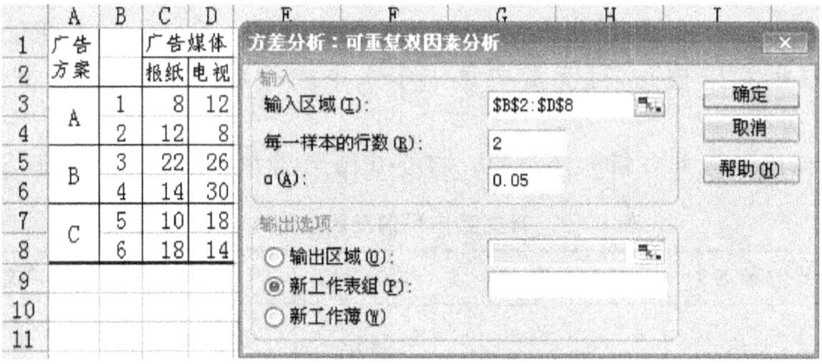

图 8-3　可重复双因素分析对话框

由表 8-10 输出的结果可知，用于检验"广告方案"（行因素，输出表中为"样本"）的 P-value＝0.010 386 2＜α＝0.05，所以拒绝原假设 $H_0$，表明不同广告方案对销售量有显著影响；用于检验列因素的 P-value＝0.133 974 6＞α＝0.05，所以不拒绝原假设 $H_0$，不能认为不同广告媒体对销售量有显著影响；交互作用反应的是广告方案和广告媒体联合产生的对销售量的附加效应，用于检验的 P-value＝0.251 931 8＞α＝0.05，所以不拒绝原假设 $H_0$，没有证据表明广告方案和广告媒体的交互作用对销售量有显著影响。

| | A | B | C | D | E | F | G |
|---|---|---|---|---|---|---|---|
| 1 | 可重复双因素分析 | | | | | | |
| 2 | | | | | | | |
| 3 | SUMMARY | 报纸 | 电视 | 总计 | | | |
| 4 | 1 | | | | | | |
| 5 | 观测数 | 2 | 2 | 4 | | | |
| 6 | 求和 | 20 | 20 | 40 | | | |
| 7 | 平均 | 10 | 10 | 10 | | | |
| 8 | 方差 | 8 | 8 | 5.3333333 | | | |
| 9 | | | | | | | |
| 10 | 3 | | | | | | |
| 11 | 观测数 | 2 | 2 | 4 | | | |
| 12 | 求和 | 36 | 56 | 92 | | | |
| 13 | 平均 | 18 | 28 | 23 | | | |
| 14 | 方差 | 32 | 8 | 46.666667 | | | |
| 15 | | | | | | | |
| 16 | 5 | | | | | | |
| 17 | 观测数 | 2 | 2 | 4 | | | |
| 18 | 求和 | 28 | 32 | 60 | | | |
| 19 | 平均 | 14 | 16 | 15 | | | |
| 20 | 方差 | 32 | 8 | 14.666667 | | | |
| 21 | | | | | | | |
| 22 | 总计 | | | | | | |
| 23 | 观测数 | 6 | 6 | | | | |
| 24 | 求和 | 84 | 108 | | | | |
| 25 | 平均 | 14 | 18 | | | | |
| 26 | 方差 | 27.2 | 72 | | | | |
| 27 | | | | | | | |
| 28 | 方差分析 | | | | | | |
| 29 | 差异源 | SS | df | MS | F | P-value | F crit |
| 30 | 样本 | 344 | 2 | 172 | 10.75 | 0.0103862 | 5.1432528 |
| 31 | 列 | 48 | 1 | 48 | 3 | 0.1339746 | 5.9873776 |
| 32 | 交互 | 56 | 2 | 28 | 1.75 | 0.2519318 | 5.1432528 |
| 33 | 内部 | 96 | 6 | 16 | | | |
| 34 | | | | | | | |
| 35 | 总计 | 544 | 11 | | | | |

表 8-10 Excel 输出的有交互作用的双因素方差分析结果

# 本 章 小 结

1. 方差分析是检验多个总体均值是否相等的统计方法。采用的方法是通过检验各总体均值是否相等来判断分类型自变量对数值型因变量是否有显著影响。它是基于对观察数据的方差分解构造的一种线性因素分析模型。无论是实验数据还是调查数据，都可以采用方差分析法进行研究。方差分析的原理也被应用于回归分析、试验设计等统计分支领域。

2. 单因素方差分析是把总变差平方和分解成为组间变差平方和与剩余变差平方和两部分。组间变差平方和反映了因素变化对观察指标的影响，其值越大，表示因素不同水平之下的观察结果差异越大，剩余变差平方和则反映了随机因素影响。因此，组间变差平方和与剩余变差平方和之间的比值大小是衡量研究因素各水平对观察指标影响程度大小的重要统计量。但必须注意的是，此时是假设各总体服从于具有相同的方差正态分布。如果总体方差齐性的假设不成立，则需要另外构造统计量。

3. 双因素（因素 A 与因素 B）方差分析根据是否考虑交互作用划分为两种情况。如果不考虑交互作用，则总偏差平方和可分解为因素 A 的偏差平方和、因素 B 的偏差平方和及随机误差平方和。在正态性、等方差性、独立性等条件之下，可通过两个 $F$ 统计量，分别检验 A 因素、B 因素各水平对观察指标的影响。如果考虑交互作用，则总偏差平方和可分解为因素 A 的偏差平方和、因素 B 的偏差平方和、交互因素的偏差平方和及随机误差平方和。这时可通过三个 $F$ 统计量作假设检验，分别检验 A 因素、B 因素、AB 交互因素对观察指标的影响。

# 习　题

## 一、简答题

1. 什么是方差分析？方差分析的基本方法是什么？
2. 什么是单因素方差分析？分析数据要满足哪些基本条件？
3. 简述单因素方差分析的基本步骤。
4. 如何进行多因素方差分析？

## 二、单项选择题

1. 在方差分析中，(　　)反映的是样本数据与其组平均值的差异。
   A. 总离差　　　　B. 组间误差　　　　C. 抽样误差　　　　D. 组内误差
2. 在方差分析中，检验统计量 $F$ 是(　　)。
   A. 组间平方和除以组内平方和　　　　B. 组间均方除以组内均方
   C. 组间平方除以总平方和　　　　　　D. 组间均方除以总均方
3. 在方差分析中，某一水平下样本数据之间的误差称为(　　)。
   A. 随机误差　　B. 非随机误差　　C. 系统误差　　D. 非系统误差
4. 单因素方差分析中，计算 $F$ 统计量，其分子与分母的自由度各为(　　)。
   A. $r, n$　　　　B. $r-n, n-r$　　　　C. $r-1, n-r$　　　　D. $n-r, r-1$
5. 在方差分析中，用于检验的统计量是(　　)。
   A. 组间平方和＋组内平方和　　　　B. 组间平方和＋总平方和
   C. 组间方差＋组内方差　　　　　　D. 组间方差＋总方差
6. 在方差分析中，进行多重比较的前提是(　　)。
   A. 拒绝原假设　　　　　　　　　　B. 不拒绝原假设
   C. 可以拒绝原假设也可以不拒绝原假设　　D. 各样本均值相等
7. 在方差分析中，多重比较的目的是通过配对比较来进一步检验(　　)。
   A. 哪两个总体均值之间有差异　　　B. 哪两个总体方差之间有差异
   C. 哪两个样本均值之间有差异　　　D. 哪两个样本方差之间有差异
8. 在方差分析中，进行多重比较的前提是(　　)。
   A. 拒绝原假设　　　　　　　　　　B. 不拒绝原假设
   C. 可以拒绝原假设也可以不拒绝原假设　　D. 各样本均值相等
9. 有交互作用的双因素方差分析是指用于检验的两个因素(　　)。
   A. 对因变量的影响是独立的
   B. 对因变量的影响是有交互作用的
   C. 对自变量的影响是独立的
   D. 对自变量的影响是有交互作用的
10. 从 3 个总体中抽取了 4 个观察值，得到组间平方和 SSA＝536，组内平方和 SSE＝828，则组间均方与组内均方分别为(　　)
    A. 268；92　　　B. 134；103.5　　　C. 179；92　　　D. 238；92

## 三、多项选择题

1. 应用方差分析的前提条件是(　　)

A. 各个总体服从正态分布   B. 各个总体均值相等
C. 各个总体具有相同的方差   D. 各个总体均值不等
E. 各个总体相互独立

2. 若检验统计量 $F$ 近似等于 1，说明（　　）

A. 组间方差中不包含系统因素的影响   B. 组内方差中不包含系统因素的影响
C. 组间方差中包含系统因素的影响   D. 方差分析中应拒绝原假设
E. 方差分析中应接受原假设

3. 对于单因素方差分析的组内误差，下面哪种说法是对的？（　　）

A. 其自由度为 $r-1$   B. 反映的是随机因素的影响
C. 反映的是随机因素和系统因素的影响   D. 组内误差一定小于组间误差
E. 其自由度为 $n-r$

4. 为研究溶液温度对液体植物的影响，将水温控制在三个水平上，则称这种方差分析是（　　）

A. 单因素方差分析   B. 双因素方差分析
C. 三因素方差分析   D. 单因素三水平方差分析
E. 双因素三水平方差分析

## 四、计算分析题

1. 有 3 台机器生产规格相同的铝合金薄板，为检验 3 台机器生产薄板的厚度是否相同，随机从每台机器生产的薄板中各抽取了 5 个样品，测得结果如下：

机器 1：0.236，0.238，0.248，0.245，0.243
机器 2：0.257，0.253，0.255，0.254，0.261
机器 3：0.258，0.264，0.259，0.267，0.262

问：3 台机器生产薄板的厚度是否有显著差异？

2. 某家电制造公司准备购进一批 5♯ 电池，现有 A、B、C 3 家电池生产企业愿意供货，为比较他们生产的电池质量，从每个企业各随机抽取 5 只电池，经试验得到寿命（小时）如下表所示。

| 试验号 | 电池生产企业 | | |
| --- | --- | --- | --- |
| | A | B | C |
| 1 | 50 | 32 | 45 |
| 2 | 50 | 28 | 42 |
| 3 | 43 | 30 | 38 |
| 4 | 40 | 34 | 48 |
| 5 | 39 | 26 | 40 |

试分析 3 个企业生产的电池的平均寿命之间有无显著差异？如果有差异，用 LSD 方法检验哪些企业之间有差异？（$\alpha = 0.05$）

3. 某企业准备用 3 种方法组装一种新产品，为确定哪种方法每小时生产的产品数量最多，随机抽取了 30 名工人，并指定每个人使用其中的一种方法。通过对每个人生产的产品数量进行方差分析得到如下表结果。

| 差异源 | SS | df | MS | F | P-Value | Fcrit |
|---|---|---|---|---|---|---|
| 组间 | | | 210 | | 0.245 946 | 3.354 131 |
| 组内 | 3 836 | | | — | — | — |
| 总计 | | 29 | — | — | — | — |

要求：(1)完成方差分析表。

(2)试在显著性水平 $\alpha = 0.05$ 下检验 3 种方法组装的产品数量之间有无显著的差异。

4. 一个专业分 3 个小班，他们进行了一次统计学考试。现从各个班级随机抽取了一些学生，记录其成绩如下：

1 班：73，89，82，43，80，73，66，60，45，93，36，77

2 班：88，78，48，91，51，85，74，56，77，31，78，62，76，96，80

3 班：68，79，56，91，71，71，87，41，59，68，53，79，15

若各班学生成绩服从正态分布，且方差相等，试在显著性水平 $\alpha = 0.05$ 下检验各班级的平均分数有无显著差异？

5. 某商品以不同的包装在 5 个地区销售。销售量数据如下表所示。

| 销售地区 | 包装方式 | | | |
|---|---|---|---|---|
| | $A_1$ | $A_2$ | $A_3$ | $A_4$ |
| $B_1$ | 125 | 133 | 145 | 137 |
| $B_2$ | 139 | 147 | 139 | 136 |
| $B_3$ | 134 | 142 | 138 | 148 |

要求：在显著性水平 $\alpha = 0.05$ 下检验该商品不同包装和不同地区销售数量之间有无显著差异。

【实际操作训练】

根据教材中的相关资料，在计算机上完成操作。

# 第9章 相关与回归分析

**本章教学要点**

| 知 识 要 点 | 掌握程度 | 相 关 知 识 |
|---|---|---|
| 相关分析 | 掌握 | 相关关系概念、种类、简单线性相关关系的测定 |
| 一元线性回归分析 | 重点掌握 | 一元线性回归模型、参数估计、回归模型的检验、估计与预测 |
| 多元线性回归模型 | 熟悉 | 多元线性回归模型构建、统计检验、模型的运用 |

**本章技能要点**

| 技 能 要 点 | 掌握程度 | 应 用 方 向 |
|---|---|---|
| 相关分析方法 | 掌握 | 分析实际问题 |
| 一元线性回归模型应用 | 重点掌握 | 在经济管理中的应用 |
| 多元线性回归模型应用 | 熟悉 | 在经济管理中的应用 |
| 运用Excel进行相关与回归分析 | 掌握 | 求回归模型参数、模型检验 |

 导入案例

**教堂数与监狱服刑人数同步增长吗？**

在20世纪中期，美国印第安纳州的地区教会想要筹款兴建新教堂，提出教堂能洁净人们的心灵，减少犯罪，降低监狱服刑人数的口号。为了增进民众参与的热诚和信心，教会的神父收集了近15年的教堂数与在监狱服刑的人数进行统计分析。结果却令教会人士大吃一惊。最近15年教堂数与监狱服刑人数呈显著的正相关。那么是否可以由此得出，教堂建得越多，就可能带来更多的犯罪呢？经过统计学家和教会神父深入讨论，并进一步收集近15年的当地人口变动资料和犯罪率等资料作进一步分析，发现监狱服刑人数的增加和教堂数的增加都与人口的增加有关。结论：教堂数的增加并非监狱服刑人数增加的原因。至此，教会人士总算松了一口气。

（资料来源：《现代统计学及其应用》，吴柏林、曹立人著，浙江教育出版社2007年版）

在现实世界中，各种现象之间相互联系、相互制约、相互依存，某些现象发生变化时，另一现象也随之发生变化。如商品价格的变化会刺激或抑制商品销售量的变化；劳动力素质的高低会影响企业的效益；直接材料、直接人工的价格变化对产品销售成本有直接的影响，居民收入的高低会影响对该企业产品的需求量；等等。研究这些现象之间的依存关系，找出它们之间的变化规律，确立一个回归方程式，即经验公式，并对所建立的回归方程式的有效性进行分析、判断，以便进一步进行估计和预测。现在，相关与回归分析已经广泛应用到企业管理、商业决策、金融分析以及自然科学和社会科学等许多研究领域。

## 9.1 相 关 分 析

### 9.1.1 相关关系的概念和种类

**1. 相关关系和函数关系**

许多现象与现象之间存在着联系，大致可以归为两种类型；一类是函数关系；另一类是相关关系。

1）函数关系

函数关系是指现象之间是一种严格的确定性的依存关系。表现为某一现象数量发生变化另一现象数量也随之发生变化，而且有确定的值与之相对应。例如，某种商品的销售收入 Y 与该商品的销售量 X 以及该商品价格 P 之间的关系可用 Y＝PX 表示，当价格一定时，这里的 Y 与 X 之间的关系就是函数关系。

2）相关关系

相关关系是指客观现象之间确实存在的，但数量上不是严格对应的依存关系。在这种关系中，对于某一现象的每一数值，可以有另一现象的若干数值与之相对应。例如，一定时期内企业销售额与广告费用之间的关系。一般来说，企业销售额随着广告费用的增加而增加，但企业在不同时期尽管广告费用相同，但销售额是不一样的。这是因为，决定企业销售额除了广告费用外，还受到其他因素的影响，如销售价格、消费者个人偏好的变化、消费者收入水平等。

具有相关关系的某些现象可表现为因果关系，某一或若干现象的变化是引起另一现象变化的原因，将其称为自变量，它是可以控制、给定的值；另一个现象的变化是自变量变化的结果，将其称为因变量，它是不确定的值。如资金投入与产值之间，前者为自变量，后者为因变量。相关关系比因果关系包括的范围更广泛，具有相关关系的现象并不都表现为因果关系，如生产费用和生产量、商品的供求与价格等。还有一些变量之间是互为因果关系。如职工工资增长和价格上涨的关系则是互为因果关系；工资增长引起成本推动价格上涨，工资增长是原因，价格上涨是结果；价格上涨后，为弥补实际工资下降而提高职工工资，价格上涨是原因，提高工资是结果。还有一些变量之间为共变关系。如在经济稳定发展时期，居民储蓄额增长，同时社会商品零售额也上升。这两个变量都是居民收入提高这一原因同时带来的两种结果，也就是两个变量同时受第三个变量影响而发生的。

相关关系和函数关系两者既有区别，又有联系，并在一定的条件下可以互相转化。相关关系是相关分析的研究对象,而函数关系是相关分析的工具。有些函数关系往往因为有观察或测量误差以及各种随机因素的干扰等原因,在实际中常常通过相关关系表现出来,而当对现象之间的内在联系和规律性有更深刻的认识之后,原先呈现出相关关系的现象之间就可能用函数关系表达出来;而在研究相关关系时,其数量间的规律性了解得越深刻的时候,则相关关系越有可能转化为函数关系或借助函数关系来表现。

2. 相关关系的种类

变量之间的相关关系从不同的角度看,可以有不同的分类,一般有以下几种。

(1) 按涉及变量的多少,分为单相关、复相关和偏相关。单相关(一元相关)是指两个变量之间的相互关系,如广告费支出与产品销售量之间的相关关系。复相关(多元相关)是指3个及3个以上变量之间的相互关系,如商品销售额与居民收入、商品价格之间的相关关系。偏相关是指在一个变量与两个或两个以上的变量相关的条件下,假定其他变量不变,只研究其中两个变量之间的相关关系。例如,在假定人们的收入水平、偏好等不变的条件下,某种商品的需求量与其价格水平的关系就是一种偏相关。

(2) 按相关形式不同,可分为线性相关和非线性相关。线性相关,又称直线相关,是指当一个变量变动时,另一变量随之发生大致均等的变动,从图形上看,其观察点的分布近似地表现为一条直线。例如,人均消费水平与人均收入水平通常呈线性关系。非线性相关是指一个变量变动时,另一变量也随之发生变动,但这种变动不是均等的,从图形上看,其观察点的分布近似地表现为一条曲线,如抛物线、指数曲线等,因此也称曲线相关。例如,粮食产量与施肥量之间,当施肥量在一定数量界限内,粮食产量增加,但施肥量一旦超过一定限度,粮食产量反而可能下降,这就是一种非线性关系。

(3) 按相关变化的方向不同,分为正相关和负相关。正相关是指两个变量之间的数量变化呈现同方向变动,即当一个变量的值增加(减少),另一个变量的值也随之增加(减少)。如工人劳动生产率随技术水平的提高而提高;居民的消费水平随个人可支配收入的增加而增加。负相关是指两个变量之间的数量变化呈现反方向变动,即当一变量的值增加(减少)时,另一变量的值反而减少(增加)。例如,在一定范围内,商品流转的规模愈大,流通费用水平则愈低;利润随单位成本的降低而增加。

(4) 按相关程度不同,可分为完全相关、不完全相关和不相关。完全相关是指一个变量的变化是由其他变量的数量变化唯一确定,此时变量间的关系称为完全相关。即因变量 y 的数值完全随自变量 x 的变动而变动,它在相关图上表现为所有的观察点都落在同一条线上,这种情况下,相关关系实际上是函数关系。所以,函数关系是相关关系的一种特殊情况。例如,在价格不变的条件下,销售额与销售量之间的正比例函数关系就是完全相关。不相关,又称零相关,是指变量之间彼此互不影响,其数量变化各自独立。例如,股票价格的涨跌与某地气温的变动是不相关的。不完全相关是指变量间的关系介于完全相关和不相关之间,称为不完全相关。由于完全相关和不相关的数量关系是确定的或相互独立的,因此大量客观现象之间的相关关系都属于不完全相关,不完全相关是相关分析的基本内容,完全相关和不相关可视为相关关系中的特例。

## 9.1.2 简单线性相关关系的测定

简单线性相关也称为一元线性相关,它测定是两个变量之间的线性关系。测定方法主要有两类：一是定性分析；二是定量分析。

1. 定性分析

定性分析是依据研究者的理论知识、专业知识和实践经验，对客观现象之间是否存在相关关系，以及有何种相关关系做出判断。在此基础上，通过编制相关表、绘制相关图，进一步直观地判断现象之间相关的方向、形态及大致的密切程度。

1）相关表

相关表是研究变量之间依存关系的一种统计表。首先要搜集变量之间对应关系的数据作为相关分析的基础资料；然后将其中的某一变量按其数值的大小顺序排列，再将与其相关的另一变量的值对应平行排列，即可得到简单的相关表。

【例9.1】 某研究机构为了研究居民家庭可支配收入与消费支出之间的关系，调查了10个家庭得到了月平均家庭可支配收入与消费支出的原始数据，见表9-1。

表9-1 10个家庭月平均可支配收入与消费支出的数据资料　　单位：百元

| 家庭编号 | 1 | 2 | 3 | 4 | 5 | 6 | 7 | 8 | 9 | 10 |
|---|---|---|---|---|---|---|---|---|---|---|
| 平均可支配收入 | 25 | 18 | 60 | 45 | 62 | 88 | 92 | 99 | 75 | 98 |
| 消费支出 | 20 | 15 | 40 | 30 | 42 | 60 | 65 | 70 | 53 | 78 |

将表9-1中按平均可支配收入数值从小到大整理排列，消费支出对应排列，得到表9-2平均可支配收入与消费支出的相关表。

表9-2 平均可支配收入与消费支出的相关表　　单位：百元

| 平均可支配收入 | 18 | 25 | 45 | 60 | 62 | 75 | 88 | 92 | 98 | 99 |
|---|---|---|---|---|---|---|---|---|---|---|
| 消费支出 | 15 | 20 | 30 | 40 | 42 | 53 | 60 | 65 | 78 | 70 |

根据表9-2所列资料可以发现：随着家庭可支配收入增加，消费支出呈上升趋势，两者呈现正相关关系。

2）相关图

相关图又称散点图（Scatter Diagram），它是以直角坐标系的横轴代表变量 $x$，纵轴代表变量 $y$，将两个变量相对应的成对数据用坐标点的形式描绘出来，用于反映两个变量之间相关关系的图形。常见的相关图表现为以下几种形式，如图9-1所示：

如图9-1所示，(a)和(b)图中所有的对应点都在一条直线上，显示变量 $X$ 和变量 $Y$ 为一元线性函数关系，(a)图中 $Y$ 与 $X$ 成正比例关系，(b)图中 $Y$ 与 $X$ 成反比例关系。(c)和(d)图中并不是所有的对应点都在一条直线上，但又呈现出一种明确的线性趋势，其中(c)图中变量 $X$ 和 $Y$ 是较显著的线性正相关关系，(d)图中变量 $X$ 和 $Y$ 是较显著的线性负相关关系。(e)图中所有对应点的分布杂乱无章，表明变量 $X$ 和 $Y$ 之间无相关关系。(f)图中变量 $X$ 和 $Y$ 间呈现出密切的非线性相关关系。本书将重点讨论简单线性相关关系，如(c)和(d)图所示。

【例9.2】 某家电企业为了研究产品的广告投入与销售收入之间的关系，搜集了近10年广告费投入和年销售收入数据编制成相关表，见表9-3。

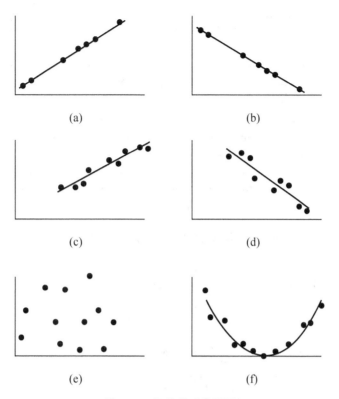

图 9-1 相关关系类型图

表 9-3 广告费投入与年销售收入相关表

| 年广告费投入(百万) | 10.3 | 12.2 | 19.8 | 24.5 | 31.4 | 32.3 | 379 | 44.2 | 53.4 | 60.9 |
|---|---|---|---|---|---|---|---|---|---|---|
| 年销售额(千万) | 19.1 | 20.7 | 28.8 | 32.2 | 40.4 | 41.3 | 47 | 51.8 | 59.4 | 63.5 |

一般是坐标系中绘制图形，用横轴表示自变量，纵轴表示因变量。现在大多数是通过计算机统计软件画出，也可以手工绘制图形。

根据表 9-3 的数据资料可以绘制相关图如图 9-2 所示。

从图 9-2 可以看出，年广告费投入与年销售额之间相关密切，且呈现线性正相关关系。

2. 定量分析

根据定性分析及相关表和相关图可反映两个变量之间的相互关系及其相关方向，但无法确切地表明两个变量之间相关的程度。著名统计学家卡尔·皮尔逊设计了统计指标相关系数，人们称之为 Pearson 相关系数。相关系数是用以反映变量之间相关关系密切程度的统计指标。直线相关系数的设计思想及计算如下。

如图 9-3 所示，设研究总体有 $N$ 对 $(X_i, Y_i)$，可以计算出对应的均值 $\mu_X$ 和 $\mu_Y$，通过点 $(\mu_X, \mu_Y)$ 画两条平行于 $X$ 轴和 $Y$ 轴的直线，将散点图分成 4 个部分。

当 $X$ 和 $Y$ 是正相关时，观测点大多数散布在 Ⅰ、Ⅲ 部分，$\sum_{i=1}^{N}(X_i - \mu_{\bar{X}})(Y_i - \mu_{\bar{Y}})$ 较大

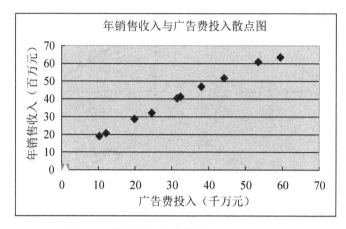

图 9-2 年销售额与广告费投入关系散点图

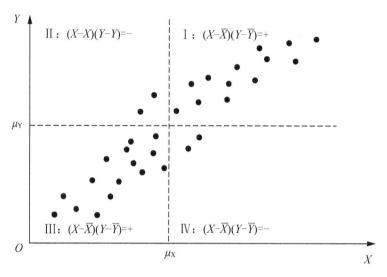

图 9-3 $(\mu_X, \mu_Y)$ 分割散点图

且为正值。当 $X$ 与 $Y$ 呈负相关时，观测点大多数散布在 II、IV 部分，$\sum_{i=1}^{N}(X_i-\mu_{\bar{X}})(Y_i-\mu_{\bar{Y}})$ 值较大但为负值。当 $X$ 与 $Y$ 不相关或低度相关时，各观测点不规则地散布在 4 个部分，$\sum_{i=1}^{N}(X_i-\mu_{\bar{X}})(Y_i-\mu_{\bar{Y}})$ 在各象限的值正负互相抵消，最终的值会很小或趋于零。因此 $\sum_{i=1}^{N}(X_i-\mu_{\bar{X}})(Y_i-\mu_{\bar{Y}})$ 可用来衡量 $X$ 与 $Y$ 的相关方向与程度，值大表示变量间关系密切，值小表示变量间关系不密切。但 $\sum_{i=1}^{N}(X_i-\mu_{\bar{X}})(Y_i-\mu_{\bar{Y}})$ 的值与总体的项数 $N$、$X$ 与 $Y$ 的计量单位及 $X$ 和 $Y$ 自身的变异程度都有关，为了使不同总体的相关系数可以互相对比，将 $\sum_{i=1}^{N}(X_i-\mu_{\bar{X}})(Y_i-\mu_{\bar{Y}})$ 除以 $N$，可以消除项数不等的影响，再除以 $X$ 与 $Y$ 的标准差 $\sigma_X$、$\sigma_Y$ 以消除变量值大小和离差值大小不等的影响，这样得到一个抽象系数 $\rho$，称为总体直线

相关系数，即：

$$\rho = \frac{\sum_{i=1}^{N}(X_i - \mu_X)(Y_i - \mu_Y)/N}{\sigma_X \cdot \sigma_Y} \tag{9.1}$$

式中：$\sum_{i=1}^{N}(X_i - \mu_{\bar{X}})(Y_i - \mu_{\bar{Y}})/N$ 在统计学上称为 $X$ 和 $Y$ 的协方差(Covariance)，记为 COV($X$，$Y$)。因此式(9.1)的形式可为：

$$\rho = \frac{\text{COV}(X,Y)}{\sigma_X \cdot \sigma_Y} \tag{9.2}$$

这就是总体直线相关系数的定义公式，由于 COV($X$，$Y$)的主导地位，又因为其形式是两个差值的乘积之和，故把这个公式又称为"积差公式"。总体相关系数是一个常数，如果需要对它进行估计，则要计算样本的直线相关系数。

如果一个样本有 $n$ 对观察值 $(x_i, y_i)$，数理统计可以证明：$\sum_{i=1}^{n}(x_i - \bar{x})(y_i - \bar{y})/(n-1)$ 是总体协方差 COV($X$，$Y$)的无偏估计量，记为 cov($x$，$y$)；同时样本标准差 $S_x$ 和 $S_y$ 是总体标准差的 $\sigma_X$、$\sigma_Y$ 无偏估计量，因此样本的直线相关系数，用 $r$ 表示，公式如下：

$$r = \frac{\text{COV}(x,y)}{S_x \cdot S_y} \tag{9.3}$$

将协方差公式及标准差公式代入到式(9.3)，得式(9.4)和式(9.5)两个常用的公式：

$$r = \frac{\Sigma(x-\bar{x})(y-\bar{y})}{\sqrt{\Sigma(x-\bar{x})^2}\sqrt{\Sigma(y-\bar{y})^2}} \tag{9.4}$$

$$r = \frac{n\Sigma xy - \Sigma x \Sigma y}{\sqrt{n\Sigma x^2 - (\Sigma x)^2}\sqrt{n\Sigma y^2 - (\Sigma y)^2}} \tag{9.5}$$

直线相关系数的性质有：①当 $r>0$ 时，表示两变量线性正相关，$r<0$ 时，两变量为线性负相关；②当 $|r|=1$ 时，表示两变量为完全线性相关，即为函数关系；③当 $r=0$ 时，表示两变量间无线性相关关系；④当 $0<|r|<1$ 时，表示两变量存在一定程度的线性相关。且 $|r|$ 越接近 1，两变量间线性关系越密切；$|r|$ 越接近于 0，表示两变量的线性相关关系越弱；⑤一般可按四级划分两变量间的线性相关程度：$|r|<0.3$ 为微弱线性相关；$0.3 \leqslant |r|<0.5$ 为低度相关；$0.5 \leqslant |r|<0.8$ 为显著性相关；$0.8 \leqslant |r|<1$ 为高度线性相关。

式(9.4)是两个变量未分组资料计算相关系数的公式。如果是单变量分组资料，则相关系数的公式为：

$$r = \frac{\bar{z}(x-\bar{x})(y-\bar{y})t}{\sqrt{\bar{z}(x-\bar{x})^2 t}\sqrt{\bar{z}(y-\bar{y})^2 t}} \tag{9.6}$$

【例 9.3】 某企业发现广告投入与销售额具有线性相关性，为了测算两者的相关程度，该企业收集了 10 年数据资料见表 9-4 的第 1~3 列。根据这些数据资料计算相关系数。

$$r = \frac{n\Sigma xy - \Sigma x \Sigma y}{\sqrt{n\Sigma x^2 - (\Sigma x)^2}\sqrt{n\Sigma y^2 - (\Sigma y)^2}}$$

$$= \frac{10 \times 16\,679.09 - 346.2 \times 422.5}{\sqrt{10 \times 14\,304.52 - 346.2^2}\sqrt{10 \times 19\,687.81 - 422.5^2}} = 0.9942$$

表 9-4 相关系数计算表

| 年份序号 | 年广告投入<br>(百万元)x | 年销售额<br>(千万元)y | $x^2$ | $y^2$ | xy |
|---|---|---|---|---|---|
| 1 | 12.5 | 21.2 | 156.25 | 449.44 | 265.00 |
| 2 | 15.3 | 23.9 | 234.09 | 571.21 | 365.67 |
| 3 | 23.2 | 32.9 | 538.24 | 1 082.41 | 763.28 |
| 4 | 26.4 | 34.1 | 696.96 | 1 162.81 | 900.24 |
| 5 | 33.5 | 42.5 | 1 122.25 | 1 806.25 | 1 423.75 |
| 6 | 34.4 | 43.2 | 1 183.36 | 1 866.24 | 1 486.08 |
| 7 | 39.4 | 49.0 | 1 552.36 | 2 401.00 | 1 930.60 |
| 8 | 45.2 | 52.8 | 2 043.04 | 2 787.84 | 2 386.56 |
| 9 | 55.4 | 59.4 | 3 069.16 | 3 528.36 | 3 290.76 |
| 10 | 60.9 | 63.5 | 3 708.81 | 4 032.25 | 3 867.15 |
| 合计 | 346.2 | 422.5 | 14 304.52 | 19 687.81 | 16 679.09 |

相关系数为 0.9942，说明广告投入费用与月平均销售额之间有高度正线性相关关系。

3. 相关系数 r 的显著性检验

相关系数 r 是根据样本数据计算得到的，它是一个随机变量。因此，用样本相关系数推断总体相关系数时，就要对相关系数的统计显著性进行检验，判断总体变量间是否存在线性相关性。对相关系数 r 检验，一般采用 R.A.Fisher 提出的 t 检验。可用于大样本，也可用于小样本。其步骤如下。

第一步，提出假设。$H_0:\rho=0$；$H_1:\rho\neq 0$

第二步，计算检验的统计量。$t=\dfrac{r\sqrt{n-2}}{\sqrt{1-r^2}}\sim t_{\frac{\alpha}{2}}(n-2)$

第三步，确定显著性水平 α，并做出决策。若 $|t|>t_{\frac{\alpha}{2}}$，拒绝 $H_0$，表明相关系数 r 在统计上显著；若 $|t|<t_{\frac{\alpha}{2}}$，不能拒绝 $H_0$，表明相关系数 r 在统计上不显著。

【例 9.4】某研究机构发现企业工业总产值与能源消耗量具有线性相关性，为了测算两者的相关程度，该机构收集了 16 家企业工业总产值与能源消耗量数据资料（见表 9-5 中左边 3 栏资料），根据这些数据资料计算相关系数并进行检验。

表 9-5 企业工业总产值与能源消耗量数据

| 序号 | 能源消耗量(x)(百万吨) | 工业总产值(y)(亿元) | $x^2$ | $y^2$ | xy |
|---|---|---|---|---|---|
| 1 | 35 | 24 | 1 225 | 576 | 840 |
| 2 | 38 | 25 | 1 444 | 625 | 950 |
| 3 | 40 | 24 | 1 600 | 576 | 960 |
| 4 | 42 | 28 | 1 764 | 784 | 1 176 |

续表

| 序号 | 能源消耗量($x$)(百万吨) | 工业总产值($y$)(亿元) | $x^2$ | $y^2$ | $xy$ |
|---|---|---|---|---|---|
| 5 | 49 | 32 | 2 401 | 1 024 | 1 568 |
| 6 | 52 | 31 | 2 704 | 961 | 1 612 |
| 7 | 54 | 37 | 2 916 | 1 369 | 1 998 |
| 8 | 59 | 40 | 3 481 | 1 600 | 2 360 |
| 9 | 62 | 41 | 3 844 | 1 681 | 2 542 |
| 10 | 64 | 40 | 4 096 | 1 600 | 2 560 |
| 11 | 65 | 47 | 4 225 | 2 209 | 3 055 |
| 12 | 68 | 50 | 4 624 | 2 500 | 3 400 |
| 13 | 69 | 49 | 4 761 | 2 401 | 3 381 |
| 14 | 71 | 51 | 5 041 | 2 601 | 3 621 |
| 15 | 72 | 48 | 5 184 | 2 304 | 3 456 |
| 16 | 76 | 58 | 5 776 | 3 364 | 4 408 |
| 合计 | 916 | 625 | 55 086 | 26 175 | 37 887 |

**解**：(1) 计算相关系数。有关计算数据见表 9-5 中合计行。

将表 9-5 计算结果代入式(9.5)，得到：

$$r = \frac{n\Sigma xy - \Sigma x \Sigma y}{\sqrt{n\Sigma x^2 - (\Sigma x)^2}\sqrt{n\Sigma y^2 - (\Sigma y)^2}}$$

$$= \frac{16 \times 37\,887 - 916 \times 625}{\sqrt{16 \times 55\,086 - 916^2}\sqrt{16 \times 26\,175 - 625^2}} = 0.975\,7$$

计算结果表明，工业总产值与能源消耗量之间存在高度的正相关关系。

(2) 对相关系数进行检验。

第一步，提出假设。$H_0: \rho = 0$；$H_1: \rho \neq 0$

第二步，计算检验的统计量：

$$t = \frac{r\sqrt{n-2}}{\sqrt{1-r^2}} = \frac{0.975\,7 \times \sqrt{16-2}}{\sqrt{1-0.975\,7^2}} = 16.691\,8$$

第三步，确定显著性水平 $\alpha$，假设 $\alpha = 0.05$ 并作出决策。

$\alpha = 0.05, n = 16$，查表 $t_{0.025}(16-2) = 2.144\,8$

因为 $t = 16.691\,8 > t_{0.025}(14) = 2.144\,8$

所以，拒绝 $H_0$，说明两个变量之间线性关系显著。

简单线性相关系数 $r$ 是测定两个变量之间线性相关程度的最常用指标，在使用 $r$ 测定两个变量之间相关程度时，除了要求两个变量必须是线性相关外，它还要求两个随机变量是数值型的，并且两个随机变量的联合分布服从或近似服从二维正态分布。在实际运用中，简单线性相关系数 $r$ 的这些条件是很难满足的，即使两个变量是线性相关的，但并不一定满足正态分布的要求，或者变量不一定是数值型的，这时可以用 Spearman 等级相关系数进行相关分析。

4. Spearman 等级相关系数（$r_d$）

Spearman 等级相关，也用于直线相关分析，基本原理是以两变量间的序数等级差来反映两个观察序列的一致性程度，故又称为顺位相关或秩相关。Spearman 等级相关系数在计算时不是使用原始数据（$x_i, y_i$），而是利用数据的等级差（$a_i, b_i$）。Spearman 等级相关系数的公式为：

$$r_d = 1 - \frac{6\sum d_i^2}{n(n^2-1)} \tag{9.7}$$

式中，$d_i$ 表示样本单位属于 $x$ 等级与 $y$ 等级的级差，即 $d_i = a_i - b_i$。

样本等级相关系数的取值范围是（-1，1）。$r_d = 1$ 时，说明样本等级完全正相关；当 $r_d = -1$ 时，样本等级完全负相关；当 $r_d = 0$ 时，说明样本等级不相关；当 $0 < r_d < 1$ 时，越接近1，正相关越高；当 $-1 < r_d < 0$ 时，越接近 -1，负相关越高。

【例9.5】 某调研机构为了了解银行顾客满意度与营业额之间是否相关，它随机选择 8 家银行服务网点作了调查，数据资料如下表（见表 9-6）。用 Spearman 等级相关系数判断银行顾客满意度与日营业额之间是否相关。

表 9-6　8家银行顾客满意度与营业额数据

| 银行 | 1 | 2 | 3 | 4 | 5 | 6 | 7 | 8 |
|---|---|---|---|---|---|---|---|---|
| 顾客满意度（%） | 90 | 93 | 89 | 79 | 82 | 82 | 69 | 59 |
| 日营业额（万元） | 91 | 85 | 90 | 84 | 78 | 85 | 78 | 58 |

解：根据表 9-6 计算等级相关系数计算表有关数据，见表 9-7。

表 9-7　Spearman 等级相关系数计算表

| 银行编号 | 顾客满意度 $x$（%） | 日营业额 $y$（万元） | $x$ 等级 | $y$ 等级 | $d$ | $d^2$ |
|---|---|---|---|---|---|---|
| 1 | 90 | 91 | 7 | 8 | -1 | 1 |
| 2 | 93 | 85 | 8 | 5.5 | 2.5 | 6.25 |
| 3 | 89 | 90 | 6 | 7 | -1 | 1 |
| 4 | 79 | 84 | 3 | 4 | -1 | 1 |
| 5 | 82 | 78 | 4.5 | 2.5 | 2 | 4 |
| 6 | 82 | 85 | 4.5 | 5.5 | -1 | 1 |
| 7 | 69 | 78 | 2 | 2.5 | -0.5 | 0.25 |
| 8 | 59 | 58 | 1 | 1 | 0 | 0 |
| Σ | — | — | — | — | — | 14.5 |

将上表有关数值代入式（9.7），得到：

$$r_d = 1 - \frac{6\sum d_i^2}{n(n^2-1)}$$

$$= 1 - \frac{6 \times 14.5}{8 \times (8^2 - 1)} = 0.827$$

计算结果说明：8家银行顾客满意度与营业额是高度相关的。

相关系数反映相关现象之间的特征不同，其名称也有所不同。如将反映两变量间线性相关关系的指标称为相关系数；将反映两变量间曲线相关关系的指标称为非线性相关系数、非线性判定系数；将反映多元线性相关关系的指标称为复相关系数、复判定系数等。

### 9.1.3 相关分析注意的问题

相关分析是研究一个变量与另一个变量或另一组变量之间相关密切程度和相关方向的一种统计分析方法。相关分析是回归分析的基础，只有经过相关分析表明变量间具有较高的相关关系进行回归分析才有意义。在相关分析时要注意以下几个问题。

（1）明确简单相关系数的基本作用。计算相关系数时，要求两个变量之间是相互对称的随机变量，简单相关系数能表明两个存在线性关系变量间的相关程度和方向。在运用相关系数时要明确：第一，相关系数等于0时，只能表明两个变量之间不存在直线相关关系，但不能保证变量之间没有其他类型相关关系；第二，不能根据相关系数确定两变量是否存在因果关系，即使是相关系数非常大时，也并不意味着两变量间具有显著的因果关系。例如，人们发现股民情绪和股票价格存在显著的正相关，相关系数即使很高，也不能说明是由于股民投资情绪的高低导致股价的涨跌，还是由于股价的涨跌影响了股民购买股票的热情。

（2）警惕虚假相关导致错误结论。在相关分析过程中，一定要始终注意把定性分析和定量分析结合起来，在准确的定性分析的基础上展开定量分析，而不能直接根据相关系数分析得出结论。例如，有人统计过小学生的识字数量与他们穿鞋子的尺码呈高度正相关。如果以此结论指导实践，为提高小学生的识字水平，就让他们穿较大尺码的鞋，这显然是不对的，两者是虚假相关。而事实是小学生的识字数量与其上学的年份有关，读书时间越长，识字数量越多。同时，在这期间学生也是身体长高的时期，自然他们所穿的鞋子尺码也随之增大。

（3）注意变量之间相关关系成立的数据范围。许多现象或变量之间相关的关系仅在一定数据范围内成立的，超过一定范围，原先的相关关系的形式就可能不再成立，相关的形式也会发生变化。例如，粮食平均亩产量与平均每亩施肥量之间存在着相关关系。开始时随着每亩施肥量的增加，亩产量也随之增加，这是正相关；但当每亩施肥量达到一定量时，亩产量就不在增加了，如果这时再增加施肥量，亩产量就可能会降低，这时每亩施肥量亩产量之间就变成负相关形式了。再如，在一定范围内，随着广告投入的增多，企业销售额增长，利润增加，但盲目加大广告投入，却未必使销售额再增长，甚至利润还可能会减少。

## 9.2 一元线性回归分析

相关分析与回归分析是研究变量间相关关系的两种方法，相关分析是回归分析的基础。如果已知两个变量存在着显著的或高度的相关关系，这时就可以进一步明确两个变量间的数量规律性,用一定的数学模型表达出来,也就是要进行回归分析。

### 9.2.1 回归分析概述

回归概念是由生物统计学家高尔顿(F. Galton)在研究遗传规律时首先提出的。1875年,高尔顿利用豌豆实验来确定尺寸的遗传规律。结果发现并非每一个子代(新长的豌豆种子)都与父代(原始的豌豆种子)一样,尺寸小的豌豆会得到更大的子代,而尺寸大的豌豆却得到较小的子代。高尔顿在研究人类身高的遗传时也发现人类身高向其祖先平均身高回归的倾向。高尔顿把这一现象叫做"返祖"(趋向于祖先的某种平均类型),后来又称之为"向平均回归"。1887年,他第一次将"回复"(Reversion)作为统计概念使用,后改为"回归"(Regression)一词。1888年他又引入"相关"(Correlation)的概念。现代回归分析虽然沿用了"回归"一词,但内容已有很大变化,它在经济理论研究和实证研究等许多领域有着广泛的应用。

**1. 回归分析的含义及分类**

回归分析就是对所研究的两个变量或者多个变量之间的相互关系,可以根据所拥有的信息(数据)来建立一定的模型(Model)把这种关系描述出来,以此模型来近似地表示变量间数量平均变化关系。在回归分析中,为了研究具有相关关系的变量值之间一般的数量变动关系,即自变量发生变化时,因变量平均会发生多大的变化,这就需要建立回归方程。回归方程除可用于研究相关变量之间的一般数量变动关系外,还常用于进行预测,即根据一个或几个变量的取值来预测或控制另一个相关变量的取值,并给出这种预测或控制的精确程度。

回归分析的内容主要包括:首先根据相关理论和对问题的理解、分析和判断,将变量分为自变量和因变量;其次,根据变量间关系的性质构建一个合适的数学模型(回归方程式)描述变量间的关系;回归模型建立后,由于涉及到的变量具有不确定性,因此需要对其进行统计检验;统计检验通过后,就可利用回归模型,根据自变量去估计、预测因变量。

回归分析按照分类的标志不同,可划分为多种类型。按照自变量的多少分类,可以分为一元回归和多元回归,只有一个自变量的叫一元回归,有两个或两个以上自变量的叫多元回归;按照因变量和自变量之间相关形式分类,可以分为线性(直线)回归和非线性(曲线)回归。把以上两种分类标志结合起来就有以下 4 种组合:一元线性回归和一元非线性回归,多元线性回归和多元非线性回归。其中,一元线性回归是指两个相关变量之间的关系可以用数学中的线性组合来描述,又称为简单线性回归。本节仅讨论一元线性回归。

**2. 相关分析与回归分析的关系**

相关分析和回归分析方法既有联系,又有区别,主要表现在以下方面。

(1) 它们的联系:一是它们具有共同的研究对象,都是对变量间相关关系的分析;二是相关分析是回归分析的基础和前提,只有通过相关分析明确了变量间存在相关关系时,用回归分析去寻求相关的具体数学形式才有实际意义;三是相关分析只表明变量间相关关系的性质和程度,要确定变量间相关的具体数量规律性依赖于回归分析。

(2) 它们的区别:第一,在研究目的和方法上不同。相关分析研究变量之间相关的方向和程度，但它不能指出变量间相互关系的具体形式，也无法从一个变量的变化来推测另一个变量的变化情况；回归分析则是研究变量之间相互关系的具体形式，它对具有相关关系的变量之间的数量联系进行测定，确定一个相关的回归模型，根据这个回归模型可以从已知变量来推测未知变量，从而为估算和预测提供了一个重要的方法。第二，对变量的要求不同。相关分析时，要求分析的变量都为随机变量，而回归分析时要将变量区分为自变量和因变量。其中因变量一般作为随机变量，自变量作为非随机变量，是可以确定的量。

### 9.2.2 一元线性回归模型

一元线性回归模型也称简单线性回归模型，它是只有一个因变量和一个自变量的最基本的回归模型。

**1. 构建一元线性回归模型的步骤**

首先，对两个变量进行定性分析，确定自变量和因变量；其次，绘制散点图，根据散点图判断两个变量是否为线性相关关系；第三，如果两个变量存在线性关系，就可以建立一元线性回归模型；第四，对回归模型进行统计检验；第五，统计检验通过后，就可以利用回归模型，根据自变量去估计、预测因变量。

一元线性回归模型可分为总体一元线性回归模型和样本一元线性回归模型。

**2. 总体一元线性回归模型**

假设所研究的经济现象总体中因变量 $Y$ 主要受自变量 $X$ 的影响，它们之间存在着近似的线性函数关系，因此有：

$$Y_i = \alpha + \beta X_i + \mu_i \tag{9.8}$$

式(9.8)被称为总体一元线性回归模型，也称总体一元线性回归函数，简称总体回归方程。式中的 $\alpha$ 和 $\beta$ 是未知的参数，$\beta$ 又称为回归系数。$Y_i$ 是自变量取 $X_i$ 时因变量 $Y$ 的观测值。$\mu_i$ 是随机误差项，又称随机干扰项，它是一个特殊的随机变量，反映未列入方程式的其他各种因素对因变量 $Y$ 的影响。式(9.8)实际上是表示自变量取值 $X_i$ 时，因变量 $Y$ 的具体观测值。

随机误差项 $\mu_i$ 是无法直接观测的。为了进行回归分析，通常需要对其概率分布提出一些假定，这些假定如下。

假定1：误差项的期望值为0，$E(u_i) = 0$。

假定2：误差项的方差为常数，$\mathrm{Var}(u_i) = \sigma^2$。

假定3：误差项之间不存在序列相关关系，其协方差为零，$\mathrm{Cov}(u_i, u_j) = 0 \ (i \neq j)$。

假定4：自变量是给定的变量，与随机误差项线性无关。$\mathrm{Cov}(u_i, x_i) = 0$。

假定5：随机误差项服从正态分布，$u_i \sim N(0, \sigma^2)$。

满足以上标准假定的一元线性回归模型，称为标准的一元线性回归模型。由于在标准的总体一元线性回归模型中，$E(u_i) = 0$。这样式(9.8)可表示为：

$$Y_i = E(Y_i) = \alpha + \beta X_i \tag{9.9}$$

式(9.9)就是标准的总体一元线性回归模型，也称标准的总体一元线性回归方程(函数)，简称总体一元线性回归方程，或者总体回归线。式中，$\alpha$ 是回归直线在 $y$ 轴上的截距，是当 $x=0$ 时 $Y$ 的期望值。$\beta$ 是回归直线的斜率，称为回归系数，表示当自变量 $x$ 每变动一个单位时,因变量 $Y$ 的平均变动值。

式(9.8)和式(9.9)虽然都是总体一元线性回归模型,但两者意义不同。前者表示自变量取值 $X_i$ 时,因变量 $Y$ 的具体观测值;后者表示因变量 $Y$ 的取值是自变量 $X$ 取某一固定值时的期望值或均值,也是自变量取 $X_i$ 时因变量 $Y_i$ 的回归值(如图 9-4 所示)。

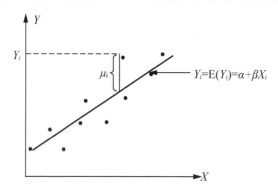

图 9-4　总体一元线性回归函数与随机误差项

由图 9-4 可以看出,自变量取某一固定值 $X_i$ 时,因变量 $Y$ 可能有若干取值。$X_i$ 对应回归线上的点,实际上是 $Y$ 若干取值的期望值或均值。实际的 $Y$ 与回归线上点 $Y_i$ 之差称为随机误差项 $\mu_i$。

3. 样本一元线性回归模型

实际上总体回归函数是未知的,通常需要从总体中抽取样本,根据样本各观察点获得的信息对总体回归函数进行估计。样本一元线性回归模型可表示为:

$$\hat{y}_i = \hat{\alpha} + \hat{\beta} x_i + \varepsilon_i \tag{9.10}$$

公式(9.10)就是样本一元线性回归模型,也称样本一元线性回归函数(方程)。式中的 $\hat{\alpha}$ 和 $\hat{\beta}$ 是样本回归函数的参数,是总体回归参数 $\alpha$ 和 $\beta$ 的估计值。$y_i$ 是自变量取 $x_i$ 时因变量 $Y$ 的观测值。显然,样本回归函数的形式与总体回归函数的形式是一致的。$\varepsilon_i$ 称为残差,其涵义类似于总体回归函数随机误差项。

类似于标准的总体一元线性回归模型,样本一元线性回归模型可表示为:

$$\hat{y}_i = E(y_i) = \hat{\alpha} + \hat{\beta} x_i \tag{9.11}$$

公式(9.11)也称标准的样本一元线性回归方程(函数),或者样本回归直线。因变量 $\hat{y}_i$ 是样本自变量 $x$ 取某一固定值时因变量的期望值或均值,也是样本回归方程中自变量取 $x_i$ 时因变量 $y$ 的回归值。$\hat{\beta}$ 是样本回归直线的斜率,又称为样本回归系数,表示当自变量 $x_i$ 每变动一个单位时,因变量 $y$ 的平均变动值。当样本自变量取某一固定值 $x_i$ 时,因变量 $y$ 可能有若干取值。$x_i$ 对应的回归线上点 $\hat{y}_i$ 实际上是这些值的期望值或均值。观察值 $y_i$ 与回归线上点 $\hat{y}_i$ 之差就是残差 $\varepsilon_i$,对样本观察点 $(x_i, y_i)$ 来说,$y_i - \hat{y}_i = y_i - \hat{\alpha} - \hat{\beta} x_i = \varepsilon_i$。

4. 样本回归函数与总体回归函数的关系

建立样本回归模型的目的是估计总体回归模型,因此,两者之间的联系和区别如下。

(1) 两者的联系:一是两者函数形式一致;二是样本回归函数中的参数 $\hat{\alpha}$ 和 $\hat{\beta}$ 分别是总体回归函数中参数 $\alpha$ 和 $\beta$ 的估计值;三是样本回归直线 $\hat{y}_i$ 是总体回归直线 $Y_i$ 的近似表

现;四是样本回归函数中的残差 $\varepsilon_i$ 概念类似总体回归函数中的随机误差 $u_i$。

(2) 两者的区别:第一,总体回归线是未知的,并且只有一条;而样本回归线则是根据样本数据拟合的,每抽取一个样本,便可以拟合一条回归线,理论上来说从总体中可以抽取多少个样本就可以建立多少条样本回归线。第二,总体回归函数中的参数是未知的,但它是确定的;而样本回归函数中的参数是随机变量,随样本的不同而不同。第三,总体回归模型中的 $u_i$ 是因变量实际观测值 $Y_i$ 与总体回归线之间的纵向距离,它是不可直接观测的;而样本回归模型中残差 $\varepsilon_i$ 是样本观察点 $(x_i, y_i)$ 中, $y_i$ 与样本回归线之间的纵向距离,当根据样本数据拟合出样本回归线之后,可以计算出 $\varepsilon_i$ 的具体数值。

### 9.2.3 一元线性回归模型参数的估计

回归分析的目的是用样本回归模型去估计总体回归模型。但是,由于抽样的随机性,根据样本所构建的回归模型与总体回归模型总是存在误差,它是无法避免的。关键是如何使样本回归模型的参数 $\hat{\alpha}$ 和 $\hat{\beta}$ 与总体回归模型中参数 $\alpha$ 和 $\beta$ 尽可能接近,从而使样本回归函数对总体回归函数的估计误差尽可能小。

对回归模型参数估计的方法有很多,对于满足误差项基本假定的标准一元线性回归模型参数的估计,最常用的方法是最小二乘法(简称 OLS)。

**1. 回归参数的最小二乘估计**

假设从总体中随机抽取一个样本,有 $n$ 项自变量和因变量对应数据资料:$(x_1, y_1)$,$(x_2, y_2)$,…,$(x_i, y_i)$,…,$(x_n, y_n)$。如果经分析判定两个变量呈线性相关关系,就可以假设根据样本数据资料拟合的样本线性回归模型为:$\hat{y}_i = \hat{\alpha} + \hat{\beta} x_i$。由图 9-5 可以看出,对任意样本观察点 $(x_i, y_i)$,$y_i - \hat{y}_i = y_i - \hat{\alpha} - \hat{\beta} x_i = \varepsilon_i$。显然,残差 $\varepsilon_i$ 越小,样本真实值 $y_i$ 与回归线上 $x_i$ 对应的估计值 $\hat{y}_i$ 越接近,说明拟合效果越好。由于残差 $\varepsilon_i$ 可能是正值,也可能是负值,如果直接计算代数和会相互抵消,结果等于 0,而不能反映出模型的拟合效果,因此,要取残差 $\varepsilon_i$ 平方和作为衡量回归线与各个观察点拟合程度的标准。因此,最小二乘法实际上就是通过使残差平方和为最小,来估计回归参数的一种方法,如图 9-5 所示。

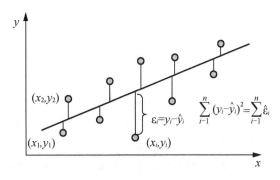

图 9-5 最小二乘法估计回归参数示意图

根据 $\sum\limits_{i=1}^{n} \varepsilon_i^2 = $ 最小值,令 $Q(\hat{\alpha}, \hat{\beta}) = \sum\limits_{i=1}^{n} (y_i - \hat{y}_i)^2 = \sum\limits_{i=1}^{n} (y_i - \hat{\alpha} - \hat{\beta} x_i)^2$

显然，所要解决的问题就是回归参数 $\hat{\alpha}, \hat{\beta}$ 取何值时，Q 为最小值。

为此，将 Q 分别对 $\hat{\alpha}, \hat{\beta}$ 求偏导数，并令其等于零，可得：

$$\begin{cases} \dfrac{\partial Q}{\partial \hat{\alpha}} = 2\sum_{i=1}^{n}(y_i - \alpha - \beta x_i) = 0 \\ \dfrac{\partial Q}{\partial \hat{\beta}} = 2\sum_{i=1}^{n}x_i(y_i - \alpha - \beta x_i) = 0 \end{cases} \quad (9.12)$$

加以整理后有：

$$\begin{cases} n\hat{\alpha} + \hat{\beta}\sum x_i = \sum y_i \\ \hat{\alpha}\sum x_i + \hat{\beta}\sum x_i^2 = \sum x_i y_i \end{cases} \quad (9.13)$$

解得：

$$\begin{cases} \hat{\beta} = \dfrac{n\sum x_i y_i - \sum x_i \sum y_i}{n\sum x_i^2 - (\sum x_i)^2} \\ \hat{\alpha} = \bar{y} - \hat{\beta}\bar{x} \end{cases} \quad (9.14)$$

【例 9.6】 根据例 9.4 中表 9-5 企业工业总产值与能源消耗量相关数据，建立工业总产值 $y$ 对能源消耗量 $x$ 的线性回归方程。

**解：** 已知工业总产值与能源消耗量之间存在高度正相关关系（例 9.4 已计算出 $r = 0.9757$），

设线性回归方程为 $\hat{y}_i = \hat{\alpha} + \hat{\beta}x_i$，由表 9-6 已知：

$n = 16, \sum_{i=1}^{n} x_i = 916, \quad \sum_{i=1}^{n} y_i = 625, \quad \sum_{i=1}^{n} x_i y_i = 37887, \quad \sum_{i=1}^{n} x_i^2 = 55086$

代入公式(9.14)，得：

$$\hat{\beta} = \frac{n\sum x_i y_i - \sum x_i \sum y_i}{n\sum x_i^2 - (\sum x_i)^2} = \frac{16 \times 37887 - 916 \times 625}{16 \times 55086 - 916^2} = 0.7961$$

$$\hat{\alpha} = \bar{y} - \hat{\beta}\bar{x} = \frac{625}{16} - 0.7961 \times \frac{916}{16} = -6.5142$$

线性回归方程为：$\hat{y} = -6.5142 + 0.7961x$

计算结果表明：在其他条件不变时，企业能源消耗量每增加一个单位（百万吨），工业总产值将平均增加 0.7961 个单位（亿元）。

**2. 一元回归方程拟合优度检验**

拟合优度检验就是检验样本观测值聚集在样本回归线附近的紧密程度。由图 9-5 可以看到，样本回归线 $\hat{y}_i = \hat{\alpha} + \hat{\beta}x_i$ 是对样本观察值的一种拟合，样本观察值分布在样本回归线的附近，如果各观测值数据的散点都聚集回归直线的附近，那么这条直线对数据拟合效果就好，否则，拟合效果就差。回归方程的一个重要作用在于根据自变量的已知值估计因变量的理论值（估计值）。而理论值 $\hat{y}_i$ 与实际值 $y_i$ 存在着差距，这就产生了推算结果的准确性问题。如果差距小，说明推算结果的准确性高；反之，则低。为此，分析理论值与实际值的差距很有意义。

为了度量 $y$ 的实际水平和估计值离差的一般水平，常用估计标准误差和判定系数两个指标。

1）估计标准误差

估计标准误差是衡量回归直线代表性大小的统计分析指标，它是一个绝对数，说明观察值围绕着回归直线的变化程度或分散程度。

通常用 $S_e$ 或 $\hat{\sigma}$ 代表回归估计标准误差，其计算公式为：

$$\hat{\sigma} = S_e = \sqrt{\frac{\sum_{i=1}^{n}(y_i - \hat{y}_i)^2}{n-2}} = \sqrt{\frac{\sum_{i=1}^{n}\varepsilon_i^2}{n-2}} \tag{9.15}$$

式（9.15）中，$\sum_{i=1}^{n}\varepsilon_i^2$ 是残差平方和；$n-2$ 是自由度，其中 $n$ 是样本观测值的个数，2 是一元线性回归方程中回归参数的个数。根据式（9.15）计算，需要逐一计算出残差平方的数值。也可按下列式（9.16）先计算残差平方和，再代入式（9.15）计算。

$$\sum_{i=1}^{n}\varepsilon_i^2 = \sum_{i=1}^{n}y_i^2 - \hat{\alpha}\sum_{i=1}^{n}y_i - \hat{\beta}\sum_{i=1}^{n}x_iy_i \tag{9.16}$$

【例 9.7】 根据例 9.4 中给出的有关数据和例 9.6 中已得到的回归系数估计值，计算工业总产值 $y$ 对能源消耗量 $x$ 的线性回归方程的回归估计标准差 $S_e$。

**解**：已知：$\sum_{i=1}^{n}y_i = 625$，$\sum_{i=1}^{n}x_iy_i = 37\,887$，$\sum y_i^2 = 26\,175$，$\hat{\beta} = 0.796\,1$，$\hat{\alpha} = -6.514\,2$

将有关数据代入式（9.16），得：

$$\sum_{i=1}^{n}\varepsilon_i^2 = \sum_{i=1}^{n}y_i^2 - \hat{\alpha}\sum_{i=1}^{n}y_i - \hat{\beta}\sum_{i=1}^{n}x_iy_i$$
$$= 26\,175 - (-6.514\,2) \times 625 - 0.796\,1 \times 37\,887 = 83.41$$

将以上结果代入式（9.15），可得：

$$S_e^2 = \frac{\sum_{i=1}^{n}\varepsilon_i^2}{n-2} = \frac{83.41}{16-2} = 5.96$$

回归估计标准误差为：$\hat{\sigma} = S_e = \sqrt{5.96} = 2.44$

要注意的是，总体方差 $\sigma^2$ 是总体随机误差项 $\mu_i$ 的方差，它可以反映总体回归模型误差的大小，是检验回归模型时必不可少的一个重要参数。由于 $\mu_i$ 本身是不能直接观测的，因此，需要用最小二乘残差代替随机误差项来估计总体 $\sigma^2$。数学上可以证明，$\sigma^2$ 的无偏估计为样本的 $\hat{\sigma}^2$ 或 $S_e^2$。

回归估计标准差与第 4 章介绍的标准差的计算原理是一致的，两者都是反映平均差异程度和表明代表性的指标。一般标准差反映的是各变量值与其平均数的平均差异程度，表明其平均数对各变量值的代表性强弱；回归标准误差反映的是因变量各实际值与其估计值之间的平均差异程度，表明其估计值对各实际值的代表性强弱，其值越小，估计值 $\hat{y}_i$（或回归方程）的代表性越强，用回归方程估计或预测的结果越准确。上述的计算结果 2.44 亿元表明各个实际产值与相应的估计产值之间平均相差 2.44 亿元。

2）判定系数

判定系数又称可决系数，是判断样本回归模型拟合程度优劣最常用的相对指标。它是建立在对总离差平方和进行分解的基础之上的。由于因变量 $y$ 与自变量 $x$ 是不确定性的相关关系，不仅对不同的自变量 $x$ 因变量 $y$ 取值不同，而且对相同的自变量 $x$ 因变量 $y$ 取值也不同，$y$ 取值的这种波动称为离差（变差）。离差的产生来自于两个方面：一是由于自变量 $x$ 的取值不同造成的；二是除 $x$ 以外的其他因素的影响。

假设 $x$ 和 $y$ 两个变量呈线性相关关系，$(x_1,y_1),(x_2,y_2),\cdots,(x_i,y_i),\cdots,(x_n,y_n)$ 是从总体中随机抽取一个样本数据资料，则样本线性回归模型为：

$$\hat{y}_i = \hat{\alpha} + \hat{\beta}x_i + \varepsilon_i = \hat{y} + \varepsilon_i$$

如果 $\bar{y}$ 为样本因变量的均值，对任意样本观察点 $(x_i,y_i)$，离差的大小可以用实际观测值 $y_i$ 与均值 $\bar{y}$ 之差 $(y_i - \bar{y_i})$ 来表示，如图 9-6 所示。

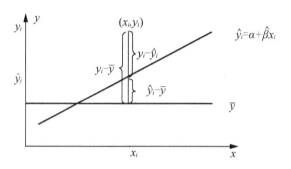

图 9-6　离差分解图

由图 9-6 可以看出，每个观察点的离差可以分解为：

$$y_i - \bar{y} = (y_i - \bar{y}) + (y_i - \hat{y}_i) \tag{9.17}$$

对上式两边平方，并对所有样本观察值加总，得：

$$\sum (y_i - \bar{y})^2 = \sum (\hat{y}_i - \bar{y})^2 + 2\sum (y_i - \hat{y}_i)(\hat{y}_i - \bar{y}) + \sum (y_i - \hat{y}_i)^2$$

可以证明：$\sum (y_i - \hat{y}_i)(\hat{y}_i - \bar{y}) = 0$，因此有：

$$\sum (y_i - \bar{y})^2 = \sum (\hat{y}_i - \bar{y})^2 + \sum (y_i - \hat{y}_i)^2 \tag{9.18}$$

即：

$$\text{总离差平方和}(SST) = \text{回归平方和}(SSR) + \text{残差平方和}(SSE) \tag{9.19}$$

式中，$\sum (y_i - \bar{y})^2$ 称为总离差平方和（$SST$），反映因变量的各个观察值 $y_i$ 与其均值 $\bar{y}$ 的总离差；$\sum (\hat{y}_i - \bar{y})^2$ 是回归值与均值的离差平方和（$SSR$），反映自变量 $x$ 的变化对因变量 $y$ 取值变化的影响，或者说是由于 $x$ 与 $y$ 之间的线性关系引起的 $y$ 的取值变化，也称为可解释的平方和；$\sum (y_i - \hat{y}_i)^2$ 称为残差平方和（$SSE$），是除了 $x$ 对 $y$ 的线性影响之外的其他因素对 $y$ 变差的作用，是回归直线无法解释的离差平方和。

上式的两边同除以 $SST$，得：

$$1 = \frac{SSR}{SST} + \frac{SSE}{SST} \tag{9.20}$$

回归平方和与总离差平方和的比例称为判定系数（可决系数），记为 $R^2$。计算公式为：

$$R^2 = \frac{SSR}{SST} = \frac{\sum (\hat{y}_i - \bar{y})^2}{\sum (y_i - \bar{y})^2} = 1 - \frac{\sum (y_i - \hat{y}_i)^2}{\sum (y_i - \bar{y})^2} \tag{9.21}$$

上式表明：判定系数反映了在因变量取值的离差中，有多少可以由因变量与自变量之间的线性关系来解释，或者说在因变量取值的变动中，有多少是由自变量所决定的，所以也将其称为可决系数。可决系数越大，回归平方和占总离差平方和的比例就越大，模型拟合程度越高，各个样本观测点与样本回归直线靠的越紧密；反之，可决系数越小，则模型对样本的拟合程度越差。判定系数 $R^2$ 具有以下特征。

(1) 判定系数 $R^2$ 取值范围为 $0 \leqslant R^2 \leqslant 1$，判定系数 $R^2$ 具有非负性。

(2) 判定系数 $R^2$ 的值越接近于1，回归平方和在总离差平方和中所占的比重就越大，样本回归方程对因变量观测值的拟合就越好；判定系数 $R^2$ 的值越接近于0，回归平方和在总的平方和中所占的比重就越小，样本回归方程对因变量观测值的拟合就越差。

(3) 判定系数 $R^2$ 是样本观测值的函数，它也是一个统计量。

(4) 判定系数等于样本相关系数的平方，即 $R^2 = r^2$。

但判定系数与样本相关系数之间也存在一定的区别，见表9－8。

表9－9 判定系数与样本相关系数的区别

| | 判定系数 $R^2$ | 样本相关系数 $r^2$ |
|---|---|---|
| 评价对象不同 | 是针对回归模型，评价回归模型对样本观察值的拟合程度 | 是针对两个变量，说明两个变量的线性依存程度 |
| 自变量关系不同 | 评价的自变量与因变量地位不同，存在因果关系 | 评价的自变量与因变量地位相同，不考虑是否存在因果关系 |
| 取值范围不同 | $0 \leqslant R^2 \leqslant 1$，具有非负性 | $-1 \leqslant r \leqslant 1$，可正可负 |

【例9.8】 根据例9.6计算的企业工业总产值与能源消耗量的一元线性回归方程，计算判定系数，说明回归方程对资料的的拟合程度。

**解**：根据表9－5资料计算因变量 $y$ 的平均数：$\bar{y} = \dfrac{\sum\limits_{i=1}^{n} y_i}{n} = \dfrac{625}{16} = 39.0625$，再按判定系数公式计算有关资料，具体见表9－9。

表9－9 判定系数计算表

| 序号 | $x_i$ | $y_i$ | $\hat{y}_i$ | $(\hat{y}_i - \bar{y})^2$ | $(y_i - \bar{y})^2$ |
|---|---|---|---|---|---|
| 1 | 35 | 24 | 21.3493 | 313.7575 | 226.8789 |
| 2 | 38 | 25 | 23.7376 | 234.8526 | 197.7539 |
| 3 | 40 | 24 | 25.3298 | 188.5870 | 226.8789 |
| 4 | 42 | 28 | 26.9220 | 147.3917 | 122.3789 |
| 5 | 49 | 32 | 32.4947 | 43.1360 | 49.8789 |
| 6 | 52 | 31 | 34.8830 | 17.46822 | 65.0039 |
| 7 | 54 | 37 | 36.4752 | 6.694121 | 4.2539 |
| 8 | 59 | 40 | 40.4557 | 1.941006 | 0.8789 |
| 9 | 62 | 41 | 42.8440 | 14.29974 | 3.7539 |

续表

| 序号 | $x_i$ | $y_i$ | $\hat{y}_i$ | $(\hat{y}_i-\bar{y})^2$ | $(y_i-\bar{y})^2$ |
|---|---|---|---|---|---|
| 10 | 64 | 40 | 44.436 2 | 28.876 65 | 0.878 9 |
| 11 | 65 | 47 | 45.232 3 | 38.066 43 | 63.003 9 |
| 12 | 68 | 50 | 47.620 6 | 73.241 08 | 119.628 9 |
| 13 | 69 | 49 | 48.416 7 | 87.501 06 | 98.753 9 |
| 14 | 71 | 51 | 50.008 9 | 119.823 7 | 142.503 9 |
| 15 | 72 | 48 | 50.805 0 | 137.886 3 | 79.878 9 |
| 16 | 76 | 58 | 53.989 4 | 222.812 3 | 358.628 9 |
| 合计 | 916 | 625 | 625.000 4 | 1 676.335 0 | 1 760.937 5 |

$$SST = \sum_{i=1}^{n}(y_i-\bar{y})^2 = 1\ 676.335$$

$$SSR = \sum_{i=1}^{n}(y_i-\bar{y})^2 = 1\ 760.937\ 5$$

$$R^2 = \frac{SSR}{SST} = \frac{1\ 676.335}{1\ 760.937\ 5} = 0.951\ 9$$

判定系数 $R^2$ 为 0.951 9，说明所观测到的企业工业总产值与其均值的偏差的平方和中有 95.19% 可以通过能源消耗量来解释，也就是说回归方程对资料的拟合程度好。

**注意**：不能理解为有 95.19% 的样本观测点落在了样本回归线上。

### 9.2.4 一元线性回归模型的检验

在根据样本资料得到了回归方程 $\hat{y}_i = E(y_i) = \hat{\alpha} + \hat{\beta}x_i$ 后，还不能用它去进行经济分析和预测，因为回归方程中的参数是根据样本观察值计算的，由于抽样的随机性，它是随机变量，它是否真正描述了变量 $y$ 与 $x$ 之间的统计规律性，还需运用统计方法对回归方程进行检验。对回归模型的显著性检验，包括对各个回归参数的显著性检验和对整个回归方程的显著性检验。对于回归参数的显著性检验通常采用 t 检验，而对整个回归方程的显著性检验，则是在方差分析的基础上，一般采用 F 检验。在一元线性回归模型中，由于只有一个解释变量 $X$，对 $\beta$ 的 $t$ 检验与对整个方程的 $F$ 检验是等价的，但在多元回归模型中，这两种检验的意义是不同的。

这里介绍两种主要的检验方法。

**1. 回归参数的显著性检验**

所谓回归参数的显著性检验就是根据样本估计的结果对总体回归参数的有关假设进行检验。在一元线性回归模型中，对总体参数 $\alpha$ 和 $\beta$ 的检验方法虽然相同，但由于回归系数 $\beta$ 反映了自变量对因变量线性影响程度，因此对它的检验更为重要。

对一元线性回归系数 $\beta$ 检验的目的是检验 $X$ 与 $Y$ 之间是否具有线性关系，或者说检验自变量 $X$ 对因变量 $Y$ 的影响是否显著。因此，可建立 $H_0：\beta=0$。若拒绝 $H_0$，表明自变量 $X$ 对因变量 $Y$ 有显著的线性影响；若不拒绝 $H_0$，则表明自变量 $X$ 对因变量 $Y$ 没有显著的线性影响。对回归系数 $\beta$ 检验是建立在其抽样分布基础上的。回归系数 $\beta$ 是根据最小二乘法求出的样本统计量，是一个随机变量，其分布服从正态分布。

数学期望：$E(\hat{\beta}) = \beta$，$\hat{\beta}$ 的方差为：$Var(\hat{\beta}) = \dfrac{\sigma^2}{\sum\limits_{i=1}^{n}(x_i - \bar{x})^2}$

所以：$\hat{\beta} \sim N\left(\beta, \dfrac{\sigma^2}{\sum\limits_{i=1}^{n}(x_i - \bar{x})^2}\right)$

对回归系数 $\beta$ 进行显著性 $t$ 检验法的基本步骤如下。

(1) 提出假设：$H_0: \beta = 0$，$H_1: \beta \neq 0$。

(2) 计算检验统计量，由于样本量较小，$\sigma^2$ 未知，用 $\sigma^2$ 无偏估计 $\hat{\sigma}^2$ 代替，

$\hat{\sigma}^2 = S^2 = \dfrac{\sum\limits_{i=1}^{n}\varepsilon_i^2}{n-2}$，$\hat{\beta}$ 的标准差：$S_{\hat{\beta}} = \dfrac{\hat{\sigma}}{\sqrt{\sum\limits_{i=1}^{n}(x_i-\bar{x})^2}} = \dfrac{\hat{\sigma}}{\sqrt{\sum x_i^2 - \dfrac{(\sum\limits_{i=1}^{n}x_i)^2}{n}}}$

在 $H_0: \beta = 0$ 成立的基础上，检验统计量采用服从 $t$ 分布的 $t$ 检验统计量，记为 $t^*$：

$$t^* = \dfrac{\hat{\beta} - \beta}{s_{\hat{\beta}}} = \dfrac{\hat{\beta}}{s_{\hat{\beta}}} \sim t(n-2) \tag{9.22}$$

(3) 确定显著性水平 $\alpha$ 和临界值。显著性水平的大小根据检验问题的性质确定，一般情况下取 $\alpha = 0.05$，然后查自由度为 $n-2$ 的 $t$ 分布表确定临界值。这时，双侧检验的临界值为 $\pm t_{\frac{\alpha}{2}}(n-2)$，如果左侧检验，则临界值为 $-t_\alpha(n-2)$，如果右侧检验，则临界值为 $t_\alpha(n-2)$。回归系数 $\beta$ 双侧 $t$ 检验拒绝域与临界值如图 9-7 所示。

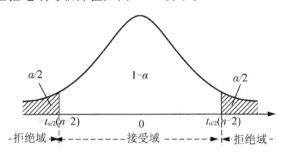

图 9-7　回归系数 $\beta$ 双侧 $t$ 检验拒绝域与临界值

(4) 做出判断。对于双侧检验，如果 $|t^*| > t_{\frac{\alpha}{2}}(n-2)$，就拒绝原假设 $H_0$；反之，不拒绝原假设 $H_0$。对于单侧检验，如果 $|t^*| > t_\alpha(n-2)$，就拒绝原假设 $H_0$；反之，不拒绝原假设 $H_0$。

【例 9.9】　根据例 9.6、例 9.7 有关资料和结果，对例 9.6 中建立的回归模型中回归系数的显著性进行检验。($\alpha = 0.05$)

解：已知：$\hat{\beta} = 0.7961$　$\hat{\sigma} = S_e = \sqrt{5.96} = 2.44$

$$S_{\hat{\beta}} = \frac{\hat{\sigma}}{\sqrt{\sum_{i=1}^{n}(x_i - \bar{x})^2}} = \frac{\hat{\sigma}}{\sqrt{\sum x_i^2 - \frac{(\sum_{i=1}^{n} x_i)^2}{n}}} = \frac{2.44}{\sqrt{55\,086 - \frac{916^2}{16}}} = 0.047$$

提出假设：$H_0 : \beta = 0$ $H_1 : \beta \neq 0$。
计算检验统计量 $t^*$

$$t^* = \frac{\hat{\beta} - \beta}{S_{\hat{\beta}}} = \frac{S_{\hat{\beta}}}{S_{\hat{\beta}}} = \frac{0.796\,1}{0.047} = 16.94$$

查 $t$ 分布表可知：$\alpha = 0.05$，自由度为 14，$t_{0.025}(14) = 2.144\,8$。
因为检验统计量 $t^* = 16.94 > t_{0.025}(14) = 2.144\,8$，故拒绝原假设，所以认为企业能源消耗量对工业总产值有显著影响。

**2. 回归方程的显著性检验——$F$ 检验**

根据式 (9.18)：$\sum (y_i - \bar{y})^2 = \sum (\hat{y}_i - \bar{y})^2 + \sum (y_i - \hat{y}_i)^2$ 或式 (9.19)：总离差平方和 ($SST$) = 回归平方和 ($SSR$) + 残差平方和 ($SSE$) 可知：在总离差平方和 ($SST$) 中，$SSE$ 大就意味着 $SSR$ 小，$SSR$ 越小表示变量间线性相关性越低，当且仅当 $\hat{\beta} = 0$ 时，$SSR$ 是最小的。可见要检验总体两变量间是否真正线性相关，可以检验总体的回归系数 $\beta$ 是否等于零。

提出假设：$H_0 : \beta = 0$，$H_1 : \beta \neq 0$
计算检验统计量：

$$F = \frac{SSR/1}{SSE/(n-2)} \sim F(1, n-2) \tag{9.23}$$

式中，$F(1, n-2)$ 表示第一自由度为 1、第二自由度为 $n-2$ 的 $F$ 分布。

若给定显著性水平 $\alpha$，计算 $F$ 值与查分布表得到的 $F$ 值比较。如果 $F \leqslant F_\alpha(1, n-2)$ 则称变量 $x$ 与 $y$ 没有明显的线性关系，接受 $H_0$，说明回归方程不显著；如果 $F > F_\alpha(1, n-2)$，则拒绝 $H_0$。说明 $x$ 与 $y$ 有显著的线性关系。

### 9.2.5 一元线性回归模型的估计与预测

回归分析的重要内容之一就是根据建立的回归模型进行预测。如果根据观察值所拟合的样本回归方程经过检验，被认为具有经济意义，具有较高的拟合程度和回归参数具有显著性，就可以利用其来进行预测。

一元线性回归预测的基本公式如下：

$$\hat{y}_t = \hat{\alpha} + \hat{\beta} x_t \tag{9.24}$$

式中，$x_t$ 是给定的自变量 $x$ 的具体数值；$\hat{y}_t$ 是自变量 $x$ 给定 $x_t$ 时，因变量 $y$ 的预测值；$\hat{\alpha}$ 和 $\hat{\beta}$ 是已估计出的样本回归参数。式 (9.24) 中 $\hat{y}_t$ 表示在给定自变量 $x_t$ 时，因变量 $y$ 的平均点估计值。回归预测是一种有条件的预测，在进行回归预测时，必须先给出 $x_t$ 的具体数值。当给出的 $x_t$ 属于样本内的数值时，利用式 (9.24) 去计算 $\hat{y}_t$ 称为内插检验或事后预测。而当给出的 $x_t$ 在样本之外时，利用式 (9.24) 去计算 $\hat{y}_t$ 称为外推预测或事前预测，通常所说的预测是指事前预测。利用回归模型进行预测可分为点估计和区间估计。

1. 点估计

所谓点估计就是给定一个自变量 $x_t$ 值,根据一元线性回归模型估计因变量 $y$ 的估计值 $\hat{y}_t$。例如,在例 9.6 中,根据资料建立的工业总产值对能源消耗量的线性回归方程为:$\hat{y} = -6.5142 + 0.7961x$,如果在其他条件不变时,企业能源消耗量为 50 百万吨,即 $x = 50$,则 $\hat{y} = 33.29$,表明企业总产值将达到 33.29 亿元。

2. 区间估计

对一元线性回归预测的基本公式 $\hat{y}_t = \hat{\alpha} + \hat{\beta} x_t$,对于一个自变量 $x$ 的一个特定值 $x_t$,求出因变量 $y$ 的一个估计值的区间就是区间估计。区间估计也有两种类型:一是置信区间估计,它是对 $x$ 的一个给定值 $x_t$,求出 $y$ 的平均值的估计区间,这一区间称为置信区间;二是预测区间估计,它是对 $x$ 的一个给定值 $x_t$,求出 $y$ 的一个个别值的估计区间,这一区间称为预测区间。

1) 因变量 $y$ 的平均值的置信区间估计

由于自变量 $x$ 和因变量 $y$ 是相关关系,对于给定的 $x_t$,因变量 $y$ 的估计值可能有若干取值,如 $\hat{y}_1, \hat{y}_2, \hat{y}_3, \cdots, \hat{y}_n$,其平均值或期望值为 $E(y_t)$。对于给定的自变量 $x_t$,统计学家给出了估计值的标准差 $S_{\hat{y}_t}$ 的公式:

$$S_{\hat{y}_t} = \hat{\sigma} \sqrt{\frac{1}{n} + \frac{(x_t - \bar{x})^2}{\sum_{i=1}^{n}(x_i - \bar{x})^2}} \tag{9.25}$$

此时,对于给定的 $x_t$,期望值 $E(y_t)$ 在 $1-\alpha$ 的置信水平下的置信区间可表示为:

$$\hat{y}_t \pm t_{\frac{\alpha}{2}(n-2)} \hat{\sigma} \sqrt{\frac{1}{n} + \frac{(x_t - \bar{x})^2}{\sum_{i=1}^{n}(x_i - \bar{x})^2}} \tag{9.26}$$

式中,$\hat{\sigma}$ 为估计标准误差,又称回归标准误差,反映总体回归模型误差的大小。

$$\hat{\sigma} = \sqrt{\frac{\sum_{i=1}^{n}(y_i - \hat{y}_i)^2}{n-2}} = \sqrt{\frac{\sum_{i=1}^{n} \varepsilon_i^2}{n-2}}$$

2) 因变量 $y$ 的个别值的预测区间估计

前边已介绍,在满足标准假定条件下,残差 $\varepsilon_t$ 服从于正态分布,即:

$$\varepsilon_t \sim N(0, Var(\varepsilon_t))$$

由于 $Var(\varepsilon_t) = \sigma^2 \left[ 1 + \frac{1}{n} + \frac{(x_t - \bar{x})^2}{\sum_{i=1}^{n}(x_i - \bar{x})^2} \right]$,其中 $\sigma^2$ 是未知的,通常用其无偏估计 $\hat{\sigma}^2$ 来代替。若用 $S_{\varepsilon t}$ 来表示预测标准误差的估计值,则:

$$s_{\varepsilon t} = \hat{\sigma} \sqrt{1 + \frac{1}{n} + \frac{(x_t - \bar{x})^2}{\sum_{i=1}^{n}(x_i - \bar{x})^2}} \tag{9.27}$$

数学上已经证明:

$\dfrac{y_t - \hat{y}_t}{S_{\varepsilon t}}$ 服从于自由度为 $(n-2)$ 的 $t$ 分布,即:

$$t = \frac{y_t - \hat{y}_t}{S_{\varepsilon}} \sim t(n-2) \tag{9.28}$$

按照确定置信区间的方法，可以得出 $y_t$ 的 $(1-\alpha)$ 的预测区间为：

$$\hat{y}_t \pm t_{\frac{\alpha}{2}(n-2)} \hat{\sigma} \sqrt{1 + \frac{1}{n} + \frac{(x_t - \bar{x})^2}{\sum_{i=1}^{n}(x_i - \bar{x})^2}} \tag{9.29}$$

置信区间、预测区间、回归方程示意图如图9-8所示。

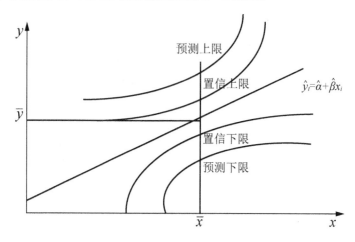

图9-8 置信区间、预测区间、回归方程示意图

从置信区间、预测区间的计算公式以及图9-10，可以得到以下结论。

第一，置信区间、预测区间的上下限对称地落在样本回归直线两边，呈中间小两头大的喇叭型。当 $x_t = \bar{x}$ 时，$\sum(x_t - \bar{x})^2 = 0$，置信区间和预测区间最窄，而当 $x_t$ 越远离 $\bar{x}$ 时，$\sum(x_t - \bar{x})^2$ 越大，其置信区间和预测区间越宽。因此，在用回归模型进行预测时，$x_t$ 的取值不宜离开 $\bar{x}$ 过远，否则预测精度将会降低，甚至有可能使预测失效。

第二，置信区间、预测区间与样本容量有关。样本容量 $n$ 越大，$\sum(x_i - \bar{x})^2$ 越大，预测的方差越小，置信区间、预测区间也越窄，预测精度越好。

【例9.10】 根据例9.6、例9.7有关资料和结果，假设企业能源消耗量为50百万吨，计算置信度为95%的企业总产值的预测区间和置信区间。

**解**：将有关数据代入拟合的样本回归方程，可得到：

$$\hat{y} = -6.5142 + 0.7961x = -6.5142 + 0.7961 \times 50 = 33.29 (亿元)$$

$$\hat{\sigma} = s = \sqrt{5.96} = 2.44$$

$$\sum_{i=1}^{n}(x_i - \bar{x})^2 = \sum_{i=1}^{n} x_i^2 - \frac{\left(\sum_{i=1}^{n} x_i\right)^2}{n} = 55086 - \frac{(916)^2}{16} = 2645$$

$$\sum_{i=1}^{n} x_i = 916 \qquad \bar{x} = 57.25$$

$$(x_t - \bar{x})^2 = (50 - 57.25)^2 = 52.56$$

$$s_{\hat{y}_t} = \hat{\sigma}\sqrt{\frac{1}{n} + \frac{(x_t - \bar{x})^2}{\sum_{i=1}^{n}(x_i - \bar{x})^2}} = 2.44 \times \sqrt{\frac{1}{16} + \frac{52.65}{2645}} = 0.287$$

$$s_{et} = \hat{\sigma}\sqrt{1 + \frac{1}{n} + \frac{(x_t - \bar{x})^2}{\sum_{i=1}^{n}(x_i - \bar{x})^2}} = 2.44 \times \sqrt{1 + \frac{1}{16} + \frac{52.65}{2645}} = 1.04$$

查 $t$ 分布表可知：显著水平为 5%，自由度为 14 的双侧 $t$ 检验的临界值是 2.144 8。因此，当企业能源消耗量为 500 万吨时，置信度为 95% 的企业总产值的预测区间和置信区间如下。

置信区间为：

$$\hat{y}_t \pm t_{\frac{\alpha}{2}(n-2)}\hat{\sigma}\sqrt{\frac{1}{n} + \frac{(x_t - \bar{x})^2}{\sum_{i=1}^{n}(x_i - \bar{x})^2}} = 33.29 \pm 2.144\,8 \times 0.287 = 33.29 \pm 0.615\,6$$

即：32.67～33.91(亿元)

预测区间为：

$$\hat{y}_t \pm t_{\frac{\alpha}{2}(n-2)}\hat{\sigma}\sqrt{1 + \frac{1}{n} + \frac{(x_t - \bar{x})^2}{\sum_{i=1}^{n}(x_i - \bar{x})^2}} = 33.26 \pm 2.144\,8 \times 1.04 = 33.29 \pm 2.23$$

即：31.06～35.52(亿元)

上述一元线性回归分析过程也可运用 Excel 来实现，具体见例 9.12。

## 9.3 多元线性回归分析

现实生活中，一种现象的变动结果往往是受多种因素影响的，也就是因变量往往同时受到多个自变量的共同影响。如企业销售额不仅受到广告费用投入多少的影响，还受到销售价格、消费者个人偏好的变化、消费者收入水平等因素的影响，等等。因此，为了对客观现象进行全面客观的认识，仅仅考虑一个自变量对因变量的影响是不够的，还必须对因变量与多个自变量之间的相关关系进行考察分析，这就需要进行多元相关和回归分析。本节着重介绍多元线性回归分析的基本内容。

### 9.3.1 多元线性回归模型的构建

多元线性相关分析是研究两个及两个以上变量间的线性相关关系，而多元线性回归分析则是研究因变量与两个及两个以上自变量的线性相关关系。如果一个因变量与两个及两个以上自变量存在线性相关关系，就可以用一个数学模型把这种关系表达出来，该模型就称为多元线性回归模型。多元线性回归模型是一元线性回归模型的扩展，其构建基本原理与一元线性回归模型类似。

1. 多元线性回归模型

假设因变量 $Y$ 与 $k$ 个自变量 $x_1, x_2, \cdots, x_i, \cdots, x_k$ 存在线性相关关系，多元总体线性回归函数的一般形式为：
$$Y = \beta_0 + \beta_1 x_1 + \beta_2 x_2 + \cdots + \beta_k x_k + u_i \quad (9.30)$$
式中，$\beta_j$ 为回归模型参数；$u_i$ 为随机误差。

多元线性回归分析的标准假定除了包括上一节中已经提出的关于随机误差项的假定外，还要追加一条假定。这就是回归模型所包含的自变量之间不能具有较强的线性关系，同时样本容量必须大于所要估计的回归系数的个数即 $n > k$。这条假定为标准假定 6。

如果多元总体线性回归函数的一般形式满足标准假设条件，有：
$$\hat{Y} = \beta_0 + \beta_1 x_1 + \beta_2 x_2 + \cdots + \beta_k x_k \quad (9.31)$$

该式称为多元总体线性回归方程，其中，$\hat{Y}$ 是自变量取值 $x_1, x_2, \cdots, x_i, \cdots, x_k$ 时因变量 $Y$ 的平均值；$\beta_j (j=1,2,\cdots,k)$ 又称回归系数，表示当控制其他自变量不变的条件下，第 $j$ 个自变量的单位变动对因变量产生的平均影响，因而又称为偏回归系数；该式中，总体回归参数是未知的，必须利用有关的样本观测值来进行估计。

令 $\hat{\beta}_0, \hat{\beta}_1, \hat{\beta}_2, \cdots, \hat{\beta}_k$ 分别为回归参数 $\beta_0, \beta_1, \beta_2, \cdots, \beta_k$ 的估计值，则

多元样本线性回归函数的一般模型为
$$y = \hat{\beta}_0 + \hat{\beta}_1 x_1 + \hat{\beta}_2 x_2 + \cdots + \hat{\beta}_k x_k + \varepsilon \quad (9.32)$$

多元样本线性回归方程为：
$$\hat{y} = \hat{\beta}_0 + \hat{\beta}_1 x_1 + \hat{\beta}_2 x_2 + \cdots + \hat{\beta}_k x_k \quad (9.33)$$

$\varepsilon$ 为残差，$\varepsilon = y - \hat{y}$。

如果有 $n$ 组样本观测数据 $(y_i, x_{i1}, x_{i2}, \cdots, x_{ik})$，$i = 1, 2, \cdots, n$，分别代入式(9.32)和式(9.30)，则多元样本线性回归函数的一般模型为：
$$y_i = \hat{\beta}_0 + \hat{\beta}_1 x_{i1} + \hat{\beta}_2 x_{i2} + \cdots + \hat{\beta}_k x_{ik} + \varepsilon_i \quad (9.34)$$

多元样本线性回归方程为：
$$\hat{y}_i = \hat{\beta}_0 + \hat{\beta}_1 x_{i1} + \hat{\beta}_2 x_{i2} + \cdots + \hat{\beta} x_{ik} \quad (9.35)$$

**2. 回归参数的最小二乘估计**

多元样本线性回归模型中的参数 $\hat{\beta}_0, \hat{\beta}_1, \hat{\beta}_2, \cdots, \hat{\beta}_k$ 的估计同样用最小二乘法。

首先令：$Q = \sum (\varepsilon_i)^2 = \sum (y_i - \hat{y}_i)^2 = \sum (y_i - \hat{\beta}_0 - \hat{\beta}_1 x_{i1} - \hat{\beta}_2 x_{i2} - \cdots - \hat{\beta}_k x_{ik})^2$

根据微积分中求极小值的原理，可知残差平方和 $Q$ 存在极小值。为使 $Q$ 达到最小，$Q$ 对 $\hat{\beta}_0, \hat{\beta}_1, \hat{\beta}_2, \cdots, \hat{\beta}_k$ 的偏导数必须等于零。将 $Q$ 分别对 $\hat{\beta}_0, \hat{\beta}_1, \hat{\beta}_2, \cdots, \hat{\beta}_k$ 求偏导数，并令其等于零，加以整理后可得到以下 $k+1$ 个方程式：

$$\begin{cases} \sum y_i = \sum (\hat{\beta}_0 + \hat{\beta}_1 x_{i1} + \cdots + \hat{\beta}_k x_{ik}) \\ \sum y_i x_{i1} = \sum (\hat{\beta}_0 + \hat{\beta}_1 x_{i1} + \cdots + \hat{\beta}_k x_{ik}) x_{i1} \\ \sum y_i x_{i2} = \sum (\hat{\beta}_0 + \hat{\beta}_1 x_{i1} + \cdots + \hat{\beta}_k x_{ik}) x_{i2} \\ \vdots \\ \sum y_i x_{ik} = \sum (\hat{\beta}_0 + \hat{\beta}_1 x_{i1} + \cdots + \hat{\beta}_k x_{ik}) x_{ik} \end{cases} \quad (9.36)$$

以上 k 元一次方程组称为正规方程组或标准方程组，通过求解这一方程组便可以得到多元线性回归参数的估计值 $\hat{\beta}_0, \hat{\beta}_1, \hat{\beta}_2, \cdots, \hat{\beta}_k$。对上述方程组可应用矩阵求解，但如果借助于计算机，利用现成的软件包如 Excel、SPSS 等，只要将有关数据输入电子计算机，并

指定因变量和相应的自变量,立刻就能得到计算结果。

**3. 最小二乘估计量的性质**

与一元线性回归模型类似,多元线性回归模型中回归参数的最小二乘估计量也是样本观察值的函数,是随样本不同而变化的随机变量。数学上可以证明,回归参数的最小二乘估计量是最优线性无偏估计量和一致估计量。

**4. 总体方差的估计**

多元线性回归分析中,除了回归参数以外,还经常要用到随机误差项 $u_i$ 的方差 $\sigma^2$。随机误差项 $u_i$ 的方差 $\sigma^2$ 是未知的,与一元回归分析相类似,多元线性回归模型中的方差 $\sigma^2$ 也是利用残差平方和除以其自由度来估计的,即:

$$\hat{\sigma}^2 = \frac{\sum_{i=1}^{n} \varepsilon_i^2}{n-k-1} \tag{9.37}$$

式中,$\hat{\sigma}^2$ 是 $\sigma^2$ 的无偏估计;$n$ 是样本观测值的个数;$(n-k-1)$ 为自由度。

因为在 $k$ 元回归模型中,有 $k+1$ 个参数,标准方程组有 $k+1$ 个方程式,残差必须满足 $k+1$ 个约束条件。数学上可以证明,$\hat{\sigma}^2$ 的正平方根 $\hat{\sigma}$ 又叫做回归估计的标准误差。$\hat{\sigma}$ 越小表明样本回归方程的代表性越强。

### 9.3.2 多元线性回归模型的统计检验

多元线性回归模型与一元线性回归模型一样,在得到参数的最小二乘估计值后,对模型是否满足基本假设条件也需要进行检验。主要进行理论意义检验、统计检验(拟和优度检验、回归系数检验、回归方程检验)、D.W 检验。这里主要介绍多元线性回归模型的统计检验

**1. 拟合优度检验**

在一元线性回归分析中,用判定系数 $R^2$ 评价回归模型对样本观察值的拟合程度。在多元线性回归分析中,总离差平方和的分解公式依然成立。多元线性回归模型离差平方和可分解为:

变差:$\sum (y_i - \bar{y})^2 = \sum (\hat{y}_i - \bar{y})^2 + \sum (y_i - \hat{y}_i)^2$

$$SST = SSR + SSE$$

上式的自由度分别为:$(n-1)$ $(k)$ $(n-k-1)$

因此,也可以用回归平方和在总平方和中所占的比重来衡量回归模型对样本观察值的拟合程度,这一比值称为多重判定系数,用 $R^2$ 表示。多重判定系数 $R^2$ 的定义式:

$$R^2 = \frac{SSR}{SST} = \frac{\sum (\hat{y}_i - \bar{y})^2}{\sum (y_i - \bar{y})^2} = 1 - \frac{\sum (y_i - \hat{y}_i)^2}{\sum (y_i - \bar{y})^2} \tag{9.38}$$

多重判定系数 $R^2$ 的涵义是反映了在因变量的总变动中,可由回归关系解释的变动所占的比重。虽然多重判定系数 $R^2$ 可用来评价多元线性回归方程的拟合程度,但它受回归方程中引进自变量个数的影响,与因变量有关的因素引进越多,残差平方和则会随着模型中自变量个数的增加不断减少,多重判定系数 $R^2$ 越接近 1。引进自变量个数的影响越多,

不仅增加计算工作量，还会引起自变量间的共线性。为消除自变量数目对 $R^2$ 的影响，常用的评价指标是修正自由度的多重判定系数 $R_a^2$。该指标的定义如下：

$$R_a^2 = 1 - \frac{\sum (y_i - \hat{y}_i)^2 / n - k - 1}{\sum (y_i - \bar{y})^2 / n - 1} \tag{9.39}$$

式中，$n$ 是样本容量；$k$ 是模型中回归系数的个数。$(n-1)$ 和 $(n-k-1)$ 分别是总离差平方和与残差平方和的自由度。

$R_a^2$ 与 $R^2$ 有如下关系：

$$R_a^2 = 1 - (1 - R^2) \frac{n-1}{n-k-1} \tag{9.40}$$

从上式可以看出，当 $k \geq 1$，$R_a^2 \leq R^2$。对于给定的 $R^2$ 值和 $n$ 值，$k$ 值越大 $R_a^2$ 越小。在进行回归分析时，一般总是希望以尽可能少的自变量去达到尽可能高的拟合程度。$R_a^2$ 作为综合评价的一项指标显然比 $R^2$ 更为合适。

【例9.11】 假设有7年的年度统计资料，现利用其对同一因变量拟合了两个样本回归方程。方程一中：$k=5$，$R^2=0.88$；方程二中：$K=3$，$R^2=0.80$。试对这两个回归方程的拟合程度做出评价。

**解**：如果仅从 $R^2$ 考察，方程一的拟合程度更好些。但是，由于两个方程选用的自变量个数不同，这一结论是不正确的。将上列数据代入式(9.40)，可得：

方程一的 $R_a^2 = 1 - ((7-1)/(7-5-1))(1-0.88) = -0.28$
方程二的 $R_a^2 = 1 - ((7-1)/(7-3-1))(1-0.80) = 0.6$

由此可见，方程二的实际拟合程度优于方程一。

2. 显著性检验

$R_a^2$ 与 $R^2$ 只说明列入模型中的自变量对因变量的联合影响程度，并不能反映模型中各个自变量对因变量的影响程度。在回归分析中，不仅要求模型的拟合程度高，而且还要求总体回归系数要具有可靠性。因此，要对估计的回归系数和回归方程的显著性进行检验。

1) 回归系数的显著性检验($t$ 检验)

在多元线性回归分析中，需要对每个回归系数的显著性都要进行检验，目的是为了检验与各回归系数相应的自变量对因变量的影响是否显著，以便对自变量的取舍做出正确的判断。一般来说，当发现某个自变量的影响不显著时，应将其从模型中删除，以便以尽可能少的自变量达到尽可能高的拟合优度。采用 $t$ 检验对多元回归系数进行检验，其原理和基本步骤与一元回归模型中的 $t$ 检验基本相同，但在查 $t$ 分布表时自由度为 $(n-k-1)$。

由于多元回归系数的估计量 $\hat{\beta}_j$ 也是根据最小二乘法求出的样本统计量，可以证明，其分布服从正态分布：

$$\hat{\beta}_j \sim N(\beta_j, D(\hat{\beta}_j)) \tag{9.41}$$

数学期望：$E(\hat{\beta}_j) = \beta_j$

方差：$D(\hat{\beta}_j) = \dfrac{\sigma^2}{\sum\limits_{i=1}^{n}(x_i - \bar{x})^2}$

$\sigma^2$ 未知，用 $\sigma^2$ 无偏估计 $\hat{\sigma}^2$ 代替，$\hat{\sigma}^2 = \dfrac{\sum\limits_{i=1}^{n}\varepsilon_i^2}{n-2}$。

$\hat{\beta}$ 的标准差:

$$S_{\hat{\beta}_j} = \frac{\hat{\sigma}}{\sqrt{\sum_{i=1}^{n}(x_i - \bar{x})^2}} = \frac{\hat{\sigma}}{\sqrt{\sum x_i^2 - \frac{(\sum_{i=1}^{n} x_i)^2}{n}}}$$

对回归系数 $\beta_j$ 进行显著性 $t$ 检验法的基本步骤如下。

(1) 提出假设,假设的一般形式是:$H_0: \beta_j = 0$, $H_1: \beta_j \neq 0$ $j = 1, 2, \cdots, k$。

(2) 计算检验统计量。在 $H_0: \beta = 0$ 成立的基础上,检验统计量采用 $t$ 检验统计量,记为 $t^*$:

$$t^* = \frac{\hat{\beta} - \beta}{s_{\hat{\beta}}} = \frac{s_{\hat{\beta}}}{s_{\hat{\beta}}} \sim t(n - k - 1) \tag{9.42}$$

(3) 确定显著性水平 $\alpha$ 和临界值。

根据给定显著性水平 $\alpha$ 的大小,查自由度为 $n-k-1$ 的 $t$ 分布表,确定临界值 $\pm t_{\frac{\alpha}{2}}(n-k-1)$。

(4) 做出判断,如果 $|t^*| > t_{\frac{\alpha}{2}}(n-k-1)$,就拒绝原假设 $H_0$,说明在其他自变量不变的情况下,自变量 $x_j$ 对因变量的影响是显著的;如果 $|t^*| < t_{\frac{\alpha}{2}}(n-k-1)$,不拒绝原假设 $H_0$,说明在其他自变量不变的情况下,自变量 $x_j$ 对因变量的影响不显著。

2) 回归方程的显著性检验

一元线性回归中,回归系数的显著性检验($t$ 检验)与回归方程的显著性检验($F$ 检验)是等价的,但在多元线性回归中,回归模型包含了多个回归系数,因此对于多元回归模型,除了要对单个回归系数进行显著性检验外,还要对整个回归模型进行显著性检验。由离差平方和的分解公式可知,回归模型的总离差平方和等于回归平方和与残差平方和的和。回归模型总体函数的线性关系是否显著,其实质就是判断回归平方和与残差平方和之比值的大小问题。由于回归平方和与残差平方和的数值会随观测值的样本容量和自变量个数的不同而变化,因此不宜直接比较,而必须在方差分析的基础上利用 $F$ 检验进行。其具体的方法步骤可归纳如下。

(1) 设立假设

原假设 $H_0: \beta_1 = \beta_2 = \cdots = \beta_k = 0$ (总体回归方程不显著);

备择假设 $H_1: \beta_i$ 不同时为 0 (总体回归方程显著)。

(2) 进行方差分析,列出回归方差分析表(见表 9-10)。

表 9-10 回归模型方差分析表

| 离差名称 | 平方和 | 自由度 | 方差 |
|---|---|---|---|
| 回归平方和 | $SSR = \sum (\hat{y}_i - \bar{y})^2$ | $k$ | $\dfrac{SSR}{k}$ |
| 残差平方和 | $SSE = \sum (y_i - \hat{y}_i)^2$ | $n-k-1$ | $\dfrac{SSE}{(n-k-1)}$ |
| 总离差平方和 | $SST = \sum (y_i - \bar{y})^2$ | $n-1$ | $\dfrac{SST}{(n-1)}$ |

表中，回归平方和的取值受 $k+1$ 个回归参数估计值的影响，同时又要服从 $\overline{y_i} = \dfrac{\sum y_i}{n}$ 的约束条件，因此其自由度是 $k$。残差平方和取决于 $n$ 个因变量的观测值，同时又要服从 $k+1$ 个正规方程式的约束，因此其自由度是 $(n-k-1)$。

（3）构造统计量，数学上可以证明，在随机误差项服从正态分布，同时 $H_0$ 原假设成立的条件下，回归平方和与残差平方和各除以自身的自由度比值 $F$ 服从于自由度为 $(k)$ 和 $(n-k-1)$ 的 $F$ 分布，即：

$$F = \dfrac{SSR/k}{SSE/(n-k-1)} \tag{9.43}$$

（4）根据自由度和给定的显著性水平 $\alpha$，查 $F$ 分布表中的理论临界值 $F_\alpha$。

若 $F > F_\alpha$ 时，拒绝原假设，即认为总体回归函数中各自变量与因变量的线性回归关系显著，回归方程有显著意义。

若 $F < F_\alpha$ 时，不能拒绝原假设，即认为总体回归函数中，自变量与因变量的线性关系不显著，因而所建立的回归模型没有意义。

### 9.3.3 多元线性回归方程的运用

在通过各种检验的基础上，多元线性回归模型可以用于经济预测。多元线性回归预测与一元线性回归预测的原理是一致的，其基本公式如下：

$$\hat{y} = \hat{\beta}_0 + \hat{\beta}_1 x_1 + \hat{\beta}_2 x_2 + \cdots + \hat{\beta}_k x_k \tag{9.44}$$

模型各系数已估计并通过检验后，将各自变量在预测期的具体数值代入上式可计算出因变量的预测值。

上述多元线性回归分析过程也可运用 Excel 来实现，具体见例 9.13。

## 9.4　Excel 在相关与回归分析中运用示例

### 9.4.1　Excel 在一元线性回归分析中的运用

【例 9.12】 某手机制造商准备在某地区推出一款新型智能手机，为此，该厂商需要了解这一地区手机市场的需求状况。该手机制造商根据以往经验，认为影响手机需求量的最主要的因素是居民人均收入，为此，该厂商收集了近 12 年该地区手机需求量和居民人均收入数据，见表 9-11。根据表 9-11 数据，试用 Excel 绘制该地区居民对手机需求量与居民收入的散点图，建立回归方程并进行检验。若第 13 年该地区居民人均收入 $x = 3.0$ 万元，试对第 13 年该地区居民对手机的需求量做出预测。（$\alpha = 5\%$）

1. 相关分析

绘制散点图，以观察某地区居民对手机的需求量和居民收入之间的关系形态。

用 Excel 软件制作散点图的步骤：①先在 Excel 工作表将表 9-11 数据输入；②选择"插入"→"图表"命令；③选择"图表类型"；④选择"XY 散点图"，单击"下一步"按钮；⑤输入数据区域（B2：C13），单击"下一步"按钮；⑥输入图表标题"某地区居民对

表 9-11  某地区最近 12 年居民对手机的需求量和居民人均收入数据

| 年份序号 | 需求量(千部) | 居民人均收入(万元) | 年份序号 | 需求量(千部) | 居民人均收入(万元) |
|---|---|---|---|---|---|
| 1 | 1.11 | 10.1 | 7 | 2.28 | 18.7 |
| 2 | 1.25 | 11.8 | 8 | 2.35 | 19.6 |
| 3 | 1.45 | 12.3 | 9 | 2.46 | 20.1 |
| 4 | 1.68 | 14.5 | 10 | 2.66 | 21.7 |
| 5 | 1.89 | 16.2 | 11 | 2.75 | 21.8 |
| 6 | 2.05 | 17.8 | 12 | 2.9 | 23.8 |

手机需求量和居民收入散点图"、数值 X 轴"居民收入"、数值 Y 轴"手机需求量(千部)",单击"下一步"按钮;⑦选择"新工作表插入"或"选择作为其中的对象插入:,单击"完成"按钮。(见图 9-9 所示)

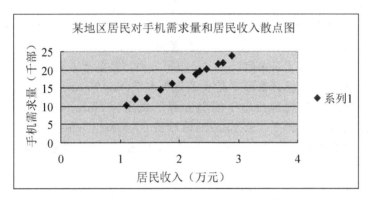

图 9-9  某地区居民对手机的需求量和居民收入散点图

2. 回归分析

用 Excel 软件进行回归分析的步骤:①选择"工具"→"数据分析"命令;②选择"回归"选项,单击"确定"按钮;③"Y 值区域"输入(C2:C13);"X 值区域"输入(B2:B13);"置信度"定为 95%;"输出区域"选 D2 单元格;单击"确定"按钮,得到表 9-12 所示结果。

表 9-12  某地区 12 年居民对手机的需求量和居民人均收入回归输出结果

SUMMARY OUTPUT

| 回归统计 | |
|---|---|
| Multiple R | 0.99671657 |
| R Square | 0.99344392 |
| Adjusted R Square | 0.99278831 |
| 标准误差 | 0.37394190 |
| 观测值 | 12 |

方差分析

|  | $df$ | SS | MS | F | Significance F |
|---|---|---|---|---|---|
| 回归分析 | 1 | 211.888341 | 211.888341 | 1515.300606 | 0.000000000003 |
| 残差 | 10 | 1.398325 | 0.139833 |  |  |
| 总计 | 11 | 213.286667 |  |  |  |

|  | Coefficients | 标准误差 | t Stat | P-value | Lower 95% | Upper 95% |
|---|---|---|---|---|---|---|
| Intercept | 2.187420 | 0.404608 | 5.406264 | 0.000299 | 1.285896 | 3.088944 |
| X Variable | 7.335923 | 0.188454 | 38.926862 | 0.000000 | 6.916021 | 7.755824 |

注：结果表中的小数点位数已缩减。

表 9-12 中的 SUMMARY OUTPUT 包括 3 个部分内容。

(1)"回归统计"给出了相关系数 $r$(Multiple R)、可决系数 $R^2$(R Square)、修正的可决系数 $R_a^2$(Adjusted R Square)、标准误差和观测值的个数。

(2)"方差分析"给出了自由度(df)、回归平方和与残差平方和(SS)、回归平方和与残差平方和的均方(MS)、F 统计量和 F 检验的显著水平(Significance F)。

(3) 参数估计的有关内容给出了回归方程的截距 $\alpha$(Intercept)的估计值 $\hat{\alpha}$(Coefficients)、回归系数(斜率)$\beta$(X Variable)的估计值 $\hat{\beta}$(Coefficients)、截距和回归系数(斜率)标准误差、t 检验中的 t 统计量(t Stat)、P 值(P value)以及截距 $\hat{\alpha}$ 和斜率 $\hat{\beta}$ 的置信区间(Lower 95%, Upper 95%)。

下面根据表 9-12 中回归输出结果进行回归分析。

第一步，建立回归方程。

$$\hat{\alpha} = 2.18742; \hat{\beta} = 7.335923$$

回归方程：$\hat{y} = 2.18742 + 7.335923x$

第二步，回归方程统计检验。

1) 拟合优度检验

由于 $r = 0.99671657; R^2 = 0.99344392; R_a^2 = 0.99278831; \hat{\sigma} = 0.37394190$，说明回归直线对样本数据的拟合程度很高，拟合优度检验通过。

2) 显著性检验

(1) 回归参数 t 检验：查 t 分布表可知，$\alpha = 0.05$，自由度为 $n-2 = 10$，$t_{0.025}(10) = 2.2281$。

参数 $\hat{\alpha}$ 的检验统计量 $t^* = 5.406264 > t_{0.025}(10) = 2.2281$。

回归系数 $\hat{\beta}$ 检验统计量 $t^* = 38.926862 > t_{0.025}(10) = 2.2281$。

故拒绝原假设，回归参数通过 t 检验。

另外，根据 P 值，P-value = 2.98891E−12 < 5%，也说明回归系数是显著的。

(2) F 检验：$\alpha = 0.05$，自由度为 10，查表 $F_{0.05}(1,10) = 4.96$。

$F = 1515.300606 > F_{0.05}(1,10) = 4.96$。

另外，Significance F = 2.98891E−12 < 5%

表明回归方程的 $F$ 检验通过,回归方程的回归效果显著。

$\hat{\beta}$ 的置信区间为 $(6.916\,020\,87,7.755\,824\,192)$。于是可以认为某地区居民对手机的需求量 $y$ 与居民人均收入 $x$ 之间的线性关关系显著,统计显著性检验通过。

第三步,预测。

1) 点预测

若居民人均收入 $x=3.0$ 万元,代入该地区手机需求量回归方程,得:

$\hat{y}=2.187\,420\,287+7.335\,922\,536\times3.0=24.2$(万部)

2) 区间预测

若居民收入 $x=3.0$ 万元,该地区手机需求量的区间预测($\alpha=5\%$)为:

(1) 个别值的预测区间:从表 9-12 得到,$\hat{y}=24.2$,$t_{0.025}(10)=2.228\,1$,$\hat{\sigma}=0.373\,941\,901$,$\bar{x}=2.069\,167$。用 Excel 可计算:

$$\sum_{i=1}^{n}x_i^2=55.314\,7,\quad \sum_{i=1}^{n}x_i=24.83,\quad (x_t-\bar{x})^2=(3-2.069\,167)^2=0.866\,450\,073\,9$$

$$\sum_{i=1}^{n}(x_i-\bar{x})^2=\sum_{i=1}^{n}x_i^2-\frac{(\sum_{i=1}^{n}x_i)^2}{n}=55.314\,7-\frac{(24.83)^2}{12}=3.97$$

代入个别值的预测区间公式得到:

$$\hat{y}_t\pm t_{\frac{\alpha}{2}(n-2)}\hat{\sigma}\sqrt{1+\frac{1}{n}+\frac{(x_t-\bar{x})^2}{\sum(x_i-\bar{x})^2}}$$

$$=24.2\pm 2.228\,1\times 0.373\,941\,901\sqrt{1+\frac{1}{12}+\frac{0.866\,450\,073\,9}{3.97}}$$

$$=(23.25\sim 25.15)$$

(2) 均值的置信区间:

$$\hat{y}_t\pm t_{\frac{\alpha}{2}(n-2)}\hat{\sigma}\sqrt{\frac{1}{n}+\frac{(x_t-\bar{x})^2}{\sum(x_i-\bar{x})^2}}$$

$$=24.2\pm 2.228\,1\times 0.373\,941\,901\sqrt{\frac{1}{12}+\frac{0.866\,450\,073\,9}{3.97}}$$

$$=(23.74\sim 24.66)$$

### 9.4.2 Excel 在多元线性回归分析中的运用

【例 9.13】 一家房地产评估公司想对某城市的房地产销售价格与地产的评估价值、房产的评估价值和使用面积建立一个模型,以便对销售价格作出合理预测。为此,收集了 20 栋住宅的房地产评估数据(见表 9-13)。根据表 9-13 数据,试建立评价房地产销售价格与地产的评估价值、房产的评估价值和使用面积之间回归关系的模型,并进行相关检验($\alpha=5\%$)。若地产估价 900 万,房产估价 6 000 万,使用面积 16 000 $m^2$,预测房地产销售价格。

表 9-13　20栋住宅房地产销售价格与相关影响因素数据

| 房地产编号 | 销售价格 y(元/m²) | 地产估价(万元) | 房产估价(万元) | 使用面积(m²) |
| --- | --- | --- | --- | --- |
| 1 | 4 900 | 880 | 2 888 | 9 300 |
| 2 | 5 400 | 1 000 | 3 118 | 11 300 |
| 3 | 6 800 | 1 400 | 4 518 | 12 700 |
| 4 | 8 000 | 1 600 | 5 668 | 15 000 |
| 5 | 4 000 | 810 | 2 808 | 8 700 |
| 6 | 4 460 | 840 | 3 140 | 9 000 |
| 7 | 8 180 | 1 850 | 5 600 | 16 000 |
| 8 | 3 810 | 810 | 2 718 | 8 600 |
| 9 | 5 890 | 1 100 | 3 200 | 12 080 |
| 10 | 5 590 | 1 050 | 3 118 | 11 500 |
| 11 | 2 230 | 640 | 1 588 | 7 580 |
| 12 | 3 680 | 710 | 2 178 | 8 800 |
| 13 | 4 990 | 890 | 3 600 | 9 800 |
| 14 | 4 820 | 790 | 3 248 | 9 360 |
| 15 | 4 120 | 840 | 3 028 | 8 910 |
| 16 | 3 980 | 820 | 2 978 | 8 660 |
| 17 | 9 820 | 1 900 | 5 818 | 17 820 |
| 18 | 4 600 | 810 | 2 818 | 8 936 |
| 19 | 6 300 | 1 200 | 3 968 | 12 188 |
| 20 | 11 700 | 2 020 | 7 888 | 19 226 |

**解**：分别以 $y$ 代表房地产销售价格、$x_1$ 代表地产估价、$x_2$ 代表房产估价和 $x_3$ 代表使用面积，建立回归模型如下：

$$\hat{y} = \hat{\beta}_0 + \hat{\beta}_1 x_1 + \hat{\beta}_2 x_2 + \hat{\beta}_3 x_3$$

用 Excel 软件进行多元回归分析的步骤如下。

1. 输入数据

在 Excel 工作表中选定区域(本例为 B2∶B21)输入因变量"房地产销售价格 $y$"的数据；在选定区域(C2∶C21)输入第一个自变量"地产估价（$x_1$）"的数据；在选定区域(D2∶D21)输入第二个自变量"房产估价（$x_2$）"的数据；在选定区域(E2∶E21)输入第三个

自变量"使用面积($x_3$)"的数据。

2. 估计参数

(1) 选择"工具"→"数据分析"选项。

(2) 选择"回归"选项,单击"确定"按钮。

(3) 在"Y值输入区域"输入(B2:B21);在"X值输入区域"输入(C2:E21);"置信度"定为95%;"输出区域"选F2单元格;单击"确定"按钮,得到回归估计结果见表9-14所示。

表9-14 多元回归结果 SUMMARY OUTPUT

| 回归统计 | |
| --- | --- |
| Multiple R | 0.99350633 |
| R Square | 0.987054827 |
| Adjusted R Square | 0.984627607 |
| 标准误差 | 282.7312737 |
| 观测值 | 20 |

方差分析

| | $df$ | SS | MS | F | Significance F |
| --- | --- | --- | --- | --- | --- |
| 回归分析 | 3 | 97521663.43 | 32507221.14 | 406.6606463 | 2.61756E−15 |
| 残差 | 16 | 1278991.57 | 79936.9731 | | |
| 总计 | 19 | 98800655 | | | |

| | Coefficients | 标准误差 | $t$ Stat | P-value | Lower 95% | Upper 95% |
| --- | --- | --- | --- | --- | --- | --- |
| Intercept | −1800.883198 | 372.5659324 | −4.833730199 | 0.000183291 | −2590.687514 | −1011.078882 |
| X Variable 1 | −2.219658065 | 0.986950684 | −2.249006055 | 0.038949076 | −4.311899578 | −0.127416551 |
| X Variable 2 | 0.726571421 | 0.146657881 | 4.954192824 | 0.000143551 | 0.415670672 | 1.03747217 |
| X Variable 3 | 0.640230843 | 0.118549685 | 5.400527564 | 5.89001E−05 | 0.388916794 | 0.891544893 |

3. 回归分析

(1) 建立回归方程:根据表9-14,有:

$$\hat{y} = -1800.88 - 2.21966x_1 + 0.726571x_2 + 0.640231x_3$$

(2) 拟合优度检验:由于 $r = 0.993506$;$R^2 = 0.987055$;$R_a^2 = 0.984628$;$\hat{\sigma} = 282.7313$,说明模型拟合度很好,拟合程度检验通过。

(3) 显著性检验:①回归参数 $t$ 检验,查 $t$ 分布表可知:$\alpha = 0.05$,$t_{\frac{\alpha}{2}}(n-k-1) = t_{0.025}(17) = 2.1098$。

参数 $\hat{\beta}_0$ 的检验统计量 $|t^*| = 4.83373 > t_{0.025}(17) = 2.1098$

回归系数 $\hat{\beta}_1$ 检验统计量 $|t^*| = 2.24901 > t_{0.025}(17) = 2.1098$ 但 $P = 0.038949 > 0.05$

故回归系数 $\hat{\beta}$ 并不显著，另外其值为负，不符合经济意义，故从回归模型删除。

回归系数 $\hat{\beta}_2$ 检验统计量 $t^* = 4.954193 > t_{0.025}(17) = 2.1098$

回归系数 $\hat{\beta}_3$ 检验统计量 $t^* = 5.400528 > t_{0.025}(17) = 2.1098$

回归参数 $\hat{\beta}_0$、$\hat{\beta}_2$ 和 $\hat{\beta}_3$ 通过 t 检验，$\hat{\beta}_1$ 未通过检验。

② $F = 406.6606 > F_{0.05}(3,16) = 19.45$，表明模型线性关系显著成立，回归方程显著性检验通过。

通过检验后回归方程为：$\hat{y} = -1800.88 + 0.726571 x_2 + 0.640231 x_3$

(4) 将 $x_3 = 16000$ 和 $x_2 = 6000$ 代入模型：

$\hat{y} = -1800.88 + 0.726571 \times 6000 + 0.640231 \times 16000 = 12802.242$

# 本 章 小 结

1. 客观现象变量之间的联系存在着两种不同的类型：一种是确定型的函数关系；另一种是非确定型的相关关系。

2. 相关关系的分类：按相关的程度可分为完全相关、不完全相关和不相关；按相关的形式可分为线性相关和非线性相关；按所研究的变量多少可分为单相关、复相关和偏相关。

3. 简单线性相关关系的测定方法有定性分析和定量分析。这里分析主要包括编制相关表、绘制相关图和计算相关系数 3 种形式。对总体相关系数检验的方法通常为 t 检验。

4. 回归分析是指对具有相关关系的变量，依据其相关关系的性质，选择一个合适的数学模型（回归方程），以此模型来近似地表示变量间数量平均变化关系的一种统计方法。

5. 回归分析的种类按不同的标志分为多种，按自变量的多少，可分为一元回归和多元回归；按回归的形式分为线性回归和非线性回归。

6. 根据样本资料计算方程中回归参数的方法是最小平方法。

7. 根据样本资料确定的回归方程需要经过统计检验后，才能进行估计和预测。一元线性回归模型的拟合优度测定指标是最常用的估计标准误差和判定系数。回归参数的显著性检验可用 t 检验。回归方程的显著性检验是 F 检验。

8. 因变量 $y$ 的区间估计包括：平均值的置信区间估计、因变量 $y$ 个别值预测区间估计。

# 习 题

一、简答题

1. 什么是相关关系？如何进行分类？

2. 总体相关系数和样本相关系数 $r$ 区别？样本相关系数 $r$ 性质？使用时有哪些注意事项？为什么要对样本相关系数 $r$ 进行检验，如何检验？

3. 简单线性相关系数 $r$ 与 Spearman 等级相关系数 $r_d$ 的区别是什么？

4. 相关分析和回归分析的联系和区别是什么？
5. 什么是样本回归函数与总体回归函数，它们之间的关系如何？
6. 什么是随机误差项和残差，它们之间的区别是什么？
7. 以一元线形回归模型为例，说明最小二乘法的基本思想。
8. 以一元线性回归模型为例，说明判定系数的意义，判定系数与样本相关系数的区别有哪些？

## 二、单项选择题

1. 相关关系是指变量间的（　　）。
   A. 严格的函数关系　　　　　　　　B. 简单关系和复杂关系
   C. 严格的依存关系　　　　　　　　D. 不严格的依存关系
2. 下列相关系数取值错误的是（　　）。
   A. $-0.86$　　　B. $0.78$　　　C. $1.25$　　　D. $0$
3. 两个变量的相关系数为 0 时，正确的结论是（　　）。
   A. 两个变量没有相关关系只有函数关系
   B. 两个变量还可能有线性关系
   C. 两个变量没有线性相关关系但可能有非线性关系
   D. 两个变量没有任何关系
4. 相关系数的值越接近 $-1$，表明两个变量间（　　）。
   A. 正线性相关关系越弱　　　　　　B. 负线性相关关系越强
   C. 线性相关关系越弱　　　　　　　D. 线性相关关系越强
5. 进行简单线性回归分析时，条件是（　　）。
   A. 自变量是非随机变量、因变量是随机变量
   B. 两变量都是随机变量
   C. 自变量是随机变量、因变量是确定性变量
   D. 两变量都不是随机变量
6. 每吨铸铁成本（元）$y$ 与废品率（%）$x$ 的回归方程为：$\hat{y}=56+8x$，这意味着（　　）。
   A. 废品率每增加 1%，每吨铸铁成本平均增加 64 元
   B. 废品率每增加 1%，每吨铸铁成本平均增加 8%
   C. 废品率每增加 1%，每吨铸铁成本平均增加 8 元
   D. 废品率每增加 1%，每吨铸铁成本为 56 元
7. 说明回归方程拟合优度的统计量是（　　）。
   A. 相关系数　　B. 回归系数　　C. 判定系数　　D. 估计标准误差
8. 已知回归平方和 SSR=4854，残差平方和 SSE=146，则判定系数为（　　）。
   A. 97.08%　　　B. 2.92%　　　C. 3.01%　　　D. 33.25%
9. 若变量 x 与 y 之间的相关系数 $r=0.8$，则回归方程的判定系数为（　　）。
   A. 0.8　　　　B. 0.89　　　　C. 0.64　　　　D. 0.40
10. 下列关于样本一元回归模型，表述不正确的是（　　）。
    A. 样本回归函数是随机变量
    B. 样本回归函数的函数形式与总体回归函数的函数形式一致
    C. 残差 $\varepsilon_i$ 在概念上类似总体回归函数中的随机误差 $\mu_i$ 是不可知的
    D. 总体回归函数中参数 $\alpha$ 和 $\beta$ 分别是样本回归函数中的参数 $\hat{\alpha}$ 和 $\hat{\beta}$ 的估计值

## 三、多项选择题

1. 相关分析是（　　）。

A. 研究两个变量之间是否存在着相关关系
B. 测定相关关系的密切程度
C. 判断相关关系的形式
D. 拟合相关关系的方程式
E. 进行统计预测或推断

2. 判断现象之间有无相关关系的方法有（    ）。
A. 编制相关表                    B. 绘制相关图
C. 计算估计标准误差              D. 对客观现象作定性分析
E. 计算相关系数

3. 一个由 500 人组成的成人样本资料，表明其收入水平与受教育程度之间的相关系数 $r$ 为 0.631 4，这说明（    ）。
A. 二者之间具有显著的正线性相关关系
B. 二者之间只有 63.14％的正线性相关关系
C. 63.14％的高收入者具有较高的受教育程度
D. 63.14％的较高受教育程度者有较高的收入
E. 通常来说受教育程度较高者有较高的收入

4. 下列表述正确的有（    ）。
A. 具有明显因果关系的两变量一定不是相关关系
B. 只要相关系数较大，两变量就一定存在密切关系
C. 相关关系的符号可以说明两变量相互关系的方向
D. 样本相关系数和总体相关系数之间存在抽样误差
E. 在一定的施肥量范围内，施肥量增加，农作物收获量也增加

5. 判定系数 $R^2$ 的特征有（    ）。
A. 判定系数 $R^2$ 具有非负性
B. 判定系数 $R^2$ 取值范围为 $0 \leqslant R^2 \leqslant 1$
C. 判定系数 $R^2$ 的值越接近于 1，样本回归方程对因变量观测值的拟合就越好
D. 判定系数 $R^2$ 是样本观测值的函数，它也是一个统计量
E. 判定系数等于样本相关系数的平方，即 $R^2 = r^2$

6. 关于一元样本回归模型，下列描述正确的是（    ）。
A. 样本回归线随样本不同而不同，可以有多条
B. 样本回归函数中的参数是随机变量
C. 样本回归模型中残差 $\varepsilon_i$ 和总体回归模型中的 $\mu_i$ 一样是无法直接计算
D. 样本回归模型中残差 $\varepsilon_i$ 可以计算出具体数值
E. 样本回归函数的函数形式与总体回归函数的函数形式一致

四、计算题

1. 为探讨某产品的耗电量 x（单位：度）与日产量 y（单位：件）的相关关系，随机抽选了 10 个企业，经计算得到：

$$\sum x = 17\ 070, \sum y = 1\ 717, \sum xy = 2\ 931\ 810, \sum x^2 = 29\ 149\ 500, \sum y^2 = 294\ 899$$

要求：(1) 计算相关系数。
(2) 建立直线回归方程，解释回归系数的经济意义。

2. 研究结果表明受教育时间与个人的薪金之间呈正相关关系。研究人员搜集了不同行业在职人员的有关受教育年数和年薪的数据如下：

| 受教育年数 x | 年薪(万元) y | 受教育年数 x | 年薪(万元) y |
|---|---|---|---|
| 8 | 3.00 | 7 | 3.12 |
| 6 | 2.00 | 10 | 6.40 |
| 3 | 0.34 | 13 | 8.54 |
| 5 | 1.64 | 4 | 1.21 |
| 9 | 4.30 | 4 | 0.94 |
| 3 | 0.51 | 11 | 4.64 |

要求：
(1) 作散点图，并说明变量之间的关系。
(2) 根据资料求出一元线性回归方程。
(3) 当受教育年数为 15 年时，试对其年薪进行置信区间和预测区间估计。($\alpha=0.05$)

3. 超日公司 2012 年下半年某产品单位成本与产量资料如下。

超日公司 2012 年下半年某产品单位成本与产量数据表

| 月份 | 产量（千件） x | 单位成本（元/件） y |
|---|---|---|
| 7 | 3 | 83 |
| 8 | 4 | 82 |
| 9 | 5 | 81 |
| 10 | 4 | 83 |
| 11 | 5 | 79 |
| 12 | 6 | 78 |
| 合计 | 27 | 486 |

根据给定的数据资料，要求：
(1) 绘制散点图。
(2) 计算相关系数。
(3) 拟合产品单位成本与产量的回归方程；当产量为 6 千件时，估计其单位成本，解释回归系数的含义。
(4) 若 $SST=22$，$SSR=18.181818$，计算样本回归方程的可决系数，并解释其意义。
(5) 计算产量回归估计的标准误差，并解释其意义。
(6) 检验产量与单位成本之间线性关系的显著性（$\alpha=0.05$）。
(7) 检验回归系数的显著性（$\alpha=0.05$）。

4. 从 $n=20$ 的样本中得到的有关回归结果是：$SSR=70$，$SSE=30$。要检验 $x$ 与 $y$ 之间的线性关系是否显著，即检验假设：$H_0: \beta_1=0$。试回答：
(1) 线性关系检验的统计量 $F$ 值是多少？
(2) 给定显著性水平 $\alpha=0.05$，$F_\alpha$ 是多少？

(3) 是拒绝原假设还是不拒绝原假设？
(4) 假定 $x$ 与 $y$ 之间是负相关，计算相关系数 $r$。
(5) 检验 $x$ 与 $y$ 之间的线性关系是否显著。

5. 某省对本地区农村购买力的影响因素进行分析，发现农业总产值的变化对其作用较大，现将该省内调查的 9 个地区资料列出。

| 地区编号 | 农业总产值(万元) | 农村购买力(万元) |
|---|---|---|
| 1 | 65 | 40 |
| 2 | 74 | 45 |
| 3 | 43 | 25 |
| 4 | 38 | 24 |
| 5 | 40 | 23 |
| 6 | 49 | 30 |
| 7 | 55 | 32 |
| 8 | 33 | 21 |
| 9 | 59 | 36 |

要求：
(1) 用农业总产值作自变量，农村购买力作因变量计算相关系数并说明相关程度。
(2) 利用最小二乘法求出估计的回归方程，并解释回归系数的实际意义。
(3) 计算可决系数，并解释其意义。
(4) 检验回归方程线性关系的显著性（$\alpha = 0.05$）。
(5) 如果总产值为 70 万元，预测农村购买力。
(6) 计算总产值为 70 万元时，农村购买力 95% 的置信区间和预测区间。

6. 某公司近 16 年的销售利润、产品价格和广告费用(单位：百万元)的统计数据如下表。

| 年份 | 销售利润 | 产品价格 | 广告费用 | 年份 | 销售利润 | 产品价格 | 广告费用 |
|---|---|---|---|---|---|---|---|
| 1 | 11.2 | 2.5 | 0.7 | 9 | 26.7 | 4.4 | 4.5 |
| 2 | 11.8 | 2.4 | 0.6 | 10 | 31.4 | 4.9 | 4.8 |
| 3 | 13.1 | 2.8 | 1.2 | 11 | 35.5 | 5.9 | 5.8 |
| 4 | 14 | 2.6 | 1.4 | 12 | 39.9 | 6.2 | 6.2 |
| 5 | 18.5 | 3.2 | 2.2 | 13 | 56.2 | 7.5 | 8.8 |
| 6 | 19.2 | 3.5 | 2.2 | 14 | 71.4 | 7.2 | 10.2 |
| 7 | 21.3 | 3.9 | 3.4 | 15 | 88.6 | 7.6 | 11 |
| 8 | 22.9 | 4.5 | 3.1 | 16 | 97.3 | 7.8 | 12.3 |

要求：在 $\alpha = 0.05$ 条件下，回答下列问题。
(1) 该公司销售利润与产品价格和广告费用是否存在线性关系？
(2) 该公司销售利润与产品价格和广告费用线性回归效果是否显著？

(3) 检验回归系数的显著性。

(4) 如果公司第 17 年价格定为 8 百万元,广告费为 13 百万元,预测第 17 年的利润额。

【实际操作训练】

根据教材"9.4 Excel 在相关与回归分析中运用示例"中的资料,在计算机上完成操作。

# 第10章 时间序列分析

## 本章教学要点

| 知识要点 | 掌握程度 | 相关知识 |
| --- | --- | --- |
| 时间序列概述 | 熟悉 | 时间序列的概念和种类 |
| 水平与速度分析指标 | 掌握 | 时间序列水平分析指标、速度分析指标计算 |
| 长期趋势的测定 | 重点掌握 | 时间序列影响因素及组合模型、最小平方法 |
| 季节变动循环变动测定 | 掌握 | 季节变动、循环变动的测定 |

## 本章技能要点

| 技能要点 | 掌握程度 | 应用方向 |
| --- | --- | --- |
| 编制时间序列 | 熟悉 | 搜集资料,编制时间序列 |
| 计算水平和速度指标 | 掌握 | 运用相关指标分析现象发展变化情况 |
| 测定长期趋势 | 重点掌握 | 建立长期趋势的基本模型 |
| 运用 Excel 分析时间序列 | 掌握 | 运用 Excel 进行数据处理 |

导入案例

**美国内华达职业健康诊所火灾保险理赔数额确定**

美国内华达职业健康诊所(Nevada Occupational Health Clinic)是一家私人医疗诊所,它位于内华达州的 Sparks 市。这个诊所专攻工业医疗,并且在该地区经营已经超过 15 年。1991 年初,该诊所进入了增长的阶段。在其后的 26 个月里,该诊所每个月的账单收入从 57 000 美元增长到超过 300 000 美元。在 1993 年 4 月 6 日,诊所的主建筑物被一场大火烧毁。诊所的保险单包括实物财产和设备,也包括出于正常商业经营的中断而引起的收入损失。确定实物财产和设备在火灾中的损失额,受理财产的保险索赔要求相对简单。但是在确定进行重建诊所的 7 个月中,收入的损失额的确认却很复杂,对如果没有发生火灾,诊所的账单收入"将会有什么变化"的计算,没有预先制定的规则。未来不确定的损失,造成业主和保险公司之间讨价还价。为了估计失去的收入,诊所采用一种预测方法,来测算在 7 个月的停业期间将要实现的营业增长。在火灾前的账单收入的实际历史资料,为拥有线性趋势和季节成分的预测模型提供了基础资料。这个预测模型使诊所得到损失收入的一个精确的估计值,这个估计值最终被保险公司

# 第10章 时间序列分析

这是一个在保险业务中运用时间序列分析方法的成功案例,利用时间序列建立计量模型,能反映客观事物的发展变化,能揭示客观事物随时间演变的趋势和规律。

客观事物永远处于不断发展变化之中,应用统计方法来研究客观现象数量发展变化过程,揭示发展变化规律并预见它的发展趋势,这就是动态分析。动态分析的数据基础是时间序列。因此,时间序列既是统计资料整理的一种形式,又是统计分析的一种方法。

## 10.1 时间序列概述

### 10.1.1 时间序列的概念

时间序列就是把反映客观现象总体的某一统计指标在不同时间上的数值按时间先后顺序排列起来所形成的数列,又称为时间数列、动态数列。时间序列由两个构成要素组成:一是指标所属的时间,二是指标数值。

【例10.1】 某地区工业企业2006年～2012年有关指标资料,见表10-1。

表10-1 某地区工业企业2006年～2012年有关指标资料

| 年份 | 2006 | 2007 | 2008 | 2009 | 2010 | 2011 | 2012 |
| --- | --- | --- | --- | --- | --- | --- | --- |
| 产值(亿元) | 2 076 | 2 568 | 2 997 | 3 338 | 3 876 | 4 085 | 4 451 |
| 年末职工人数(万人) | 214 | 226 | 222 | 232 | 246 | 251 | 260 |
| 全员劳动生产率(万元/人) | 9.7 | 11.7 | 13.4 | 14.7 | 16.2 | 16.4 | 17.4 |
| 人均工资(元/人) | 1 223 | 1 456 | 1 702 | 1 908 | 2 113 | 2 556 | 2 798 |

表10-1中有4个时间序列,由年份分别和产值、年末职工人数、全员劳动生产率、人均工资所构成。

时间序列的作用主要表现在:第一,时间序列能反映某种现象在一定时间发展变化过程;第二,根据时间序列资料,计算一系列的动态分析指标,可以考察客观现象数量发展的一般水平、增减变动情况以及发展的方向、速度等;第三,根据时间序列资料,拟合适当的数学模型进行模拟分析,分析客观现象发展变化的趋势和规律;第四,编制时间序列并进行适当的分析处理,对事物未来数量变化进行统计预测。

### 10.1.2 时间序列的种类

时间序列从构成指标种类看,可分为总量指标时间序列、相对指标时间序列和平均指标时间序列3种。其中:总量指标时间序列为基本序列,相对指标时间序列和平均指标时间序列是总量指标时间序列的派生序列。

1. 总量指标时间序列

把某一总量指标在不同时间上的数值按时间先后顺序排列起来,就形成了总量指标时间序列。它反映了某一指标在不同时间内达到的绝对水平及其发展变化的情况。表10-1

所列的"某地区工业企业2006年～2012年产值指标、年末职工人数"序列，属于总量指标时间序列。根据总量指标时间序列所反映的时间状况不同，又可进一步分为时期数列和时点数列两种。

1) 时期数列

如果时间序列中的总量指标反映的是现象在一段时间内发展变化的总量，就是时期数列。例如，表10-1所列的年份与产值指标构成的数列就是时期数列。

时期数列的特点主要有以下几个方面。

(1) 时期数列中的每个指标数值，通常是通过连续不断的登记而取得的。

(2) 时期数列中各个指标数值具有可加性，即数值相加的结果有实际意义。相加后的数值表示现象在更长时间内的发展总量。

(3) 时期数列中每一个指标数值的大小与时期的长短有直接联系。一般来讲，时期愈长，指标数值就愈大；反之，就愈小。

2) 时点数列

时间序列中指标数值反映的是现象在某一时点(或瞬间)上所达到的总量，就是时点数列。例如，表10-1所列的年份与年末职工人数构成的数列，就是时点数列。

时点数列也有3个特点。

(1) 时点数列中每个指标数值通常是通过一次性调查或登记取得的。

(2) 时点数列中各个指标数值不具有可加性，即数列中各个时点的指标数值相加所得到的数值通常没有实际的经济意义。

(3) 时点数列中每个指标数值的大小与时间间隔长短没有直接联系。在时点数列中，两个相邻的指标数值在时间上的距离叫"间隔"。时点数列中每个指标的数值只表明现象在某一瞬间上达到的水平或状态，它的大小与时间间隔长短一般没有直接关系。

2. 相对指标时间序列

把某一相对指标在不同时间上的数值按时间先后顺序排列起来，就形成了相对指标时间序列。它反映了某种现象之间相互联系的变化过程。例如，表10-1中的年份与全员劳动生产率构成的数列，就是相对指标时间序列。相对指标时间序列中各个时间上的指标数值相加后无意义。

3. 平均指标时间序列

把某一平均指标在不同时间上的数值按时间先后顺序排列起来，就形成了平均指标时间序列。它反映了现象平均水平的发展变化趋势。例如，表10-1中的年份与人均工资构成的数列，就是平均指标时间序列。平均指标时间序列中各个时间上的指标数值相加后无意义。

另外，时间序列按数值具体变化情况不同，可分为平稳时间序列和非平稳时间序列。平稳时间序列中的各个数据值基本上在某个固定的水平上波动，其波动可以看成是随机的。非平稳时间序列包含趋势性、季节性或周期性的序列，它可能含其中的一种成份的影响，也可能是几种成份影响的组合。

### 10.1.3 编制时间序列的原则

编制时间序列的主要目的是观察研究客观现象的发展变化过程及其规律性。因此，保证时间序列中各个指标数值之间的可比性是编制时间序列时遵守的基本原则。具体原则有以下几个方面。

**1. 时间上应保持一致**

对于时期数列，一般要求数列中各指标对应的时期长度应该相等。对于时点数列，由于数列中各指标数值只说明现象在某一时点上的状态。因此，要求数值的时间间隔长短应尽可能一致，以便更准确地反映现象发展变化的趋势和规律。

**2. 总体范围应保持一致**

这是对现象所属的空间范围而言的。如某一地区的行政区划发生了变化，则前后两个时期某一指标数值就不能直接进行对比分析，若要进行对比分析，就必须将资料进行调整，使前后两个时期的总体范围保持一致。调整的办法是以最新的区划范围来调整历史资料。

**3. 指标的经济内容应保持一致**

由于时间序列往往涉及现象在较长时期的信息，因此，有时指标的名称相同，但它的计算口径、经济内容等方面可能会发生制度上的改变。编制时间序列时，就要注意该指标的含义有无变化。解决此类问题的方法是，以最新的统计口径对历史资料进行调整。

**4. 在计算方法、计算价格和计量单位上应保持一致**

有些指标有多种计算方法和计算价格，各种方法计算结果有时会有一定的差别。例如，研究工业企业劳动生产率，产量可以用实物量计算，也可以用价值量计算；人数可以是全部职工数，也可以是生产工人数。如果按实物指标计算，就应采取统一的计量单位，否则就违背了指标值可比性的原则；如果按价值量计算，就涉及到以现行价格或不变价格进行计算的问题，在同一时间序列中，各指标的计算价格应该保持一致。如在表 10-1 中，各年份的产值要按不变价格计算，才具有可比性。

值得注意的是，对时间序列可比性的理解不能绝对化。有时由于资料来源不同，只要大体可比即可。

## 10.1.4 时间序列分析的内容

时间序列分析的基本内容有两个方面：一是时间序列的水平与速度分析；二是时间序列的影响因素分析。

**1. 时间序列的水平与速度分析**

所谓时间序列的水平与速度分析，是指通过计算一系列时间序列分析指标，包括发展水平、平均发展水平、增长水平、平均增长水平、发展速度、平均发展速度、增长速度、平均增长速度等来分析和揭示现象的发展状况和发展变化程度。

**2. 时间序列的影响因素分析**

所谓时间序列的影响因素分析是将时间序列看成是由长期趋势、季节变动、循环变动和不规则变动几种因素构成的，通过对这些因素的分解分析，揭示现象随时间变化而演变的规律，并在揭示这些规律的基础上，根据惯性原理，对事物的未来发展趋势作出预测。

时间序列的这两方面分析内容各有不同的特点和作用,揭示不同的问题和状况,分析问题时应视研究的目的和任务选择使用。

## 10.2 时间序列分析指标

时间序列分析指标可分为两大类:一类是水平分析指标;另一类是速度分析指标。

### 10.2.1 时间序列水平分析指标

1. 发展水平

发展水平就是时间序列中的每个指标数值,见表 10-2。

表 10-2 时间序列形式

| 时间序号 | $t_1$ | $t_2$ | $t_3$ | $t_4$ | $t_5$ | ... | $t_n$ |
|---|---|---|---|---|---|---|---|
| 指标名称 | $a_0$ | $a_1$ | $a_2$ | $a_3$ | $a_4$ | ... | $a_n$ |

表中,用 $t_i(i=1,\cdots,n)$ 表示现象所属的时间,$a_i$ 表示现象在不同时间上的发展水平。$a_i(i=1,\cdots,n)$ 也称为现象在时间 $t_i$ 上的观察值,它表示现象在某一时间上所达到的一种数量状态。发展水平有时也可用字母 $y_i(i=1,\cdots,n)$ 表示。发展水平反映了某一客观现象在具体时间条件下所达到的规模和水平。

根据发展水平在时间序列中的位置,可将其分为最初水平、中间水平和最末水平。最初水平是时间序列中第一个位置上的发展水平,用 $a_0$ 表示(有时用 $a_1$ 表示),最末水平是处在时间序列中最末位置上的发展水平,用 $a_n$ 表示,介于最初水平和最末水平之间的各个发展水平,称为中间水平,用 $a_1,a_2,\cdots,a_{n-1}$ 表示。

根据发展水平动态对比分析时的作用,可将其分为报告期水平和基期水平。报告期水平是指在分析时着重要说明的时间上的发展水平,也称为计算期水平,基期水平是指在分析时作为对比基准时间上的发展水平。

在分析说明时,要注意发展水平的文字表述的准确性。习惯上常用"增加到"或"增加为"、"降低到"或"降低为"来表示。例如,某省生产总值 2011 年为 7000 亿元,2012 年增加到 8500 亿元,或者表述为 2012 年比 2011 年增加了 1500 亿元。要注意"增加到"和"增加了"的区别。

2. 平均发展水平

平均发展水平是时间序列中各个时间上发展水平的平均数,又称为序时平均数或动态平均数。为了和前面所讨论的平均指标区别开来,习惯上将第 4 章中介绍的算术平均数称为静态平均数或一般平均数。这两类平均数的共同之处在于它们的作用相同,都是将各个个别数值差异抽象化后,反映出数值的一般水平。它们的区别之处在于,序时平均数所平均的是现象在不同时间上的数量表现,从动态上说明现象在某一时期内发展的一般水平,它依据时间序列的资料计算的;而一般平均数则是将总体各单位的某一数量差异抽象化,从静态上反映总体在具体条件下的一般水平,它通常是依据变量数列计算的。

序时平均数的作用主要有：第一，它可以反映某总体现象在一段时间内所达到的一般水平；第二，它可以消除现象在短期内波动的影响，便于在各段时间之间进行比较，观察现象发展的基本趋势；第三，它可以解决时间序列中某些不可比的问题，通过平均水平就能够进行比较；第四，它还可以对不同单位、不同地区、不同部门以至不同国家在某一段时间内，某一事物发展达到的一般水平进行比较。

序时平均数可以依据总量指标时间序列计算，也可以依据相对指标时间序列或平均指标时间序列计算。下面介绍序时平均数的计算方法。

1) 根据总量指标时间序列资料计算序时平均数

由于总量指标时间序列分时期数列和时点数列两类，它们各有其特点和性质，因此，在计算序时平均数时，方法上也有区别。

（1）由时期数列计算序时平均数。

由时期数列计算序时平均数采用简单算术平均法。假定用 $\bar{a}$ 代表序时平均数，$a_i(i=1,\cdots,n)$ 代表各时期发展水平，$n$ 代表时期项数，则时期数列的序时平均数计算可用式(10.1)表示为：

$$\bar{a} = \frac{a_1 + a_2 + \cdots + a_n}{n} = \frac{\sum_{i=1}^{n} a_i}{n} \tag{10.1}$$

【例 10.2】 根据表 10-1 某地区工业企业 2006 年～2012 年产值资料，计算该地区 7 年的平均每年产值。将数值代入式(10.1)，得到平均每年产值为：

$$\bar{a} = \frac{a_1 + a_2 + \cdots + a_n}{n}$$
$$= \frac{2\,076 + 2\,568 + 2\,997 + 3\,338 + 3\,876 + 4\,085 + 4\,451}{7} = 3\,341.57\,(\text{亿元})$$

（2）由时点数列计算序时平均数。

由于时点数列反映的是现象在某一时刻上的水平，两点之间都有一定的间隔，因此，时点数列从理论上讲都是不连续数列。但在实际统计工作中，如果时点数列的资料是逐日记录，而又逐日排列的，即以日为时间间隔，习惯上把它看作是连续的时点数列。如果不是每日资料都有的数列，就称为是间断的时点数列。具体分为 4 种情况计算。

第一，由时间间隔相等的连续时点数列（数据逐日连续排列）计算。采用简单算术平均法计算序时平均数，所用公式为式(10.2)：

$$\bar{a} = \frac{a_1 + a_2 + \cdots + a_n}{n} = \frac{\sum_{i=1}^{n} a_i}{n} \tag{10.2}$$

它与式(10.1)形式相同，但字母含义不同，其中的 $a_i(i=1,\cdots,n)$ 代表各时点的发展水平，$n$ 代表时点项数。

【例 10.3】 已知某企业某月上旬每天的出勤人数数据，见表 10-3，计算该月上旬平均每天出勤人数。

**解**：将每天的出勤人数相加，除以上旬天数就得到上旬平均每天的出勤人数。

表 10-3  某企业上旬每天出勤人数资料

| 日期 | 出勤人数(人) | 日期 | 出勤人数(人) |
| --- | --- | --- | --- |
| 1 | 250 | 6 | 258 |
| 2 | 250 | 7 | 258 |
| 3 | 250 | 8 | 266 |
| 4 | 262 | 9 | 272 |
| 5 | 262 | 10 | 272 |

$$\bar{a} = \frac{\sum_{i=1}^{n} a_i}{n} = \frac{250+250+250+262+262+258+258+266+272+272}{10} = 260(人)$$

即该企业上旬出勤人数的一般水平为260人。

第二，由时间间隔不等的连续时点数列（数据按有变动才记录排列）计算。若被研究的现象不是逐日变动的，则可根据整个研究时期内每次变动的资料，以每次变动持续的间隔长度（即间隔日数）为权数，采用加权算术平均法计算序时平均数，计算公式为式(10.3)：

$$\bar{a} = \frac{a_1 f_1 + a_2 f_2 + \cdots + a_n f_n}{f_1 + f_2 + \cdots + f_n} = \frac{\sum_{i=1}^{n} a_i f_i}{\sum_{i=1}^{n} f_i} \tag{10.3}$$

【例 10.4】 将例 10.3 资料按出勤人数有变化才记录，并按时间顺序加以排列，见表 10-4。要求计算该月上旬平均每天出勤人数。

表 10-4  某企业上旬每天出勤人数变动情况

| 日期 | 出勤人数(人) $a$ | 人数没有变化天数 $f$ |
| --- | --- | --- |
| 1~3 | 250 | 3 |
| 4~5 | 262 | 2 |
| 6~7 | 258 | 2 |
| 8 | 266 | 1 |
| 9~10 | 272 | 2 |

**解**：用 $f$ 表示没有变化的天数，相应的时点数值为 $a$，代入式(10.3)，计算上旬平均每天出勤人数为：

$$\bar{a} = \frac{\sum_{i=1}^{n} a_i f_i}{\sum_{i=1}^{n} f_i} = \frac{250 \times 3 + 262 \times 2 + 258 \times 2 + 266 \times 1 + 277 \times 2}{10} = 260(人)$$

第三，由间隔相等的间断时点数列计算。由间断时点数列求序时平均数是有一定的假定条件的，那就是，假定所研究的现象在两个时点之间的变动是均匀的。据此，可将相邻两个时点上的指标数值相加后除以2，作为这两个时点之间的序时平均数，再根据这些平均数求出整个数列的序时平均数。

【例 10.5】 某企业第二季度职工人数的资料见表 10-5。

表 10-5 某企业第二季度的职工人数资料

| 时间 | 3月31日 | 4月30日 | 5月31日 | 6月30日 |
|---|---|---|---|---|
| 月末职工人数（人） | 140 | 150 | 146 | 142 |

试根据以上资料计算该企业各月和第二季度的平均职工人数。

**解**：在计算平均人数时，要将3月末人数看作是4月初的人数。各月职工人数和第二季度职工人数的计算过程为：

$$4月份平均职工人数 = \frac{140+150}{2} = 145（人）$$

$$5月份平均职工人数 = \frac{150+146}{2} = 148（人）$$

$$6月份平均职工人数 = \frac{146+142}{2} = 144（人）$$

$$第二季度平均职工人数 = \frac{145+148+144}{3} = 146（人）$$

上述计算第二季度平均职工人数的方法和步骤可合并为：

$$第二季度平均职工人数 = \frac{\frac{140+150}{2}+\frac{150+146}{2}+\frac{146+142}{2}}{3}$$

$$= \frac{\frac{140}{2}+150+146+\frac{142}{2}}{4-1} = 146（人）$$

由上述计算过程可以看出，根据间隔相等的间断时点数列求序时平均数，可先求各个时间间隔内的平均数，再对这些平均数进行简单算术平均，这种求序时平均数的方法称为"两次简单平均法"。其计算步骤可简化为：将数列首项数值的一半加上中间各项数值，再加上末项数值的一半，然后被项数减1去除即得，这种简化的方法被称为"首尾折半平均法"。用公式表示如下：

$$\bar{a} = \frac{\frac{a_1}{2}+a_2+\cdots+a_{n-1}+\frac{a_n}{2}}{n-1} \tag{10.4}$$

第四，由间隔不等的间断时点数列计算。对于间隔不等的间断时点数列，计算序时平均数的方法是，以各相邻时点的间隔长度（$f$）为权数，对各相邻时点指标数值的序时平均数进行加权算术平均。可用公式表示为：

$$\bar{a} = \frac{\frac{a_1+a_2}{2}\times f_1+\frac{a_2+a_3}{2}\times f_2+\cdots+\frac{a_{n-1}+a_n}{2}\times f_{n-1}}{f_1+f_2+\cdots+f_{n-1}} \tag{10.5}$$

【例 10.6】 表 10-6 资料为某年某农场生猪存栏情况数据，计算该农场该年生猪平均存栏数。

表 10-6 某农场某年生猪存栏头数

| 日期 | 1月1日 | 3月1日 | 7月1日 | 10月1日 | 12月31日 |
| --- | --- | --- | --- | --- | --- |
| 生猪存栏头数(头) | 1 000 | 600 | 800 | 1 200 | 1 000 |

**解**：该资料属于间隔不等的间断的时点数列资料。该农场生猪年平均存栏头数为：

$$\bar{a} = \frac{\frac{1\,000+600}{2}\times 2 + \frac{600+800}{2}\times 4 + \frac{800+1\,200}{2}\times 3 + \frac{1\,200+1\,000}{2}\times 3}{2+4+3+3} = 892\,(头)$$

2) 根据相对指标时间序列资料计算序时平均数

相对指标时间序列中的发展水平是由两个总量指标时间序列的对应项进行对比而得到的一系列数值。由相对指标时间序列计算序时平均数，不能对序列中的相对指标数值直接求平均数，只能采用以下步骤计算。

首先，把相对指标时间序列还原为两个总量指标时间序列：分子序列和分母序列。

其次，分别计算出分子序列和分母序列的序时平均数。

最后，将分子序列和分母序列的序时平均数进行对比，就得到以相对指标时间序列资料计算的序时平均数。用公式表示这一计算过程为：

$$\bar{c} = \frac{\bar{a}}{\bar{b}} \tag{10.6}$$

式中：$\bar{c}$表示相对指标时间序列的序时平均数；$\bar{a}$表示分子数列的序时平均数；$\bar{b}$表示分母序列的序时平均数。其中，分子或分母数列序时平均数的计算公式是从总量指标时间序列计算序时平均数公式中选择的。

根据分子和分母数列种类的不同，分为 3 种类型：一是分子与分母序列都是时期数列；二是分子与分母序列都是时点数列；三是分子与分母序列是不同类型的序列。

【**例 10.7**】 假设某企业某年一至三月份的产品产量计划完成情况资料见表 10-7，要求计算该企业第一季度产量平均计划完成程度。

表 10-7 某企业某年一至三月份产量计划完成情况

|  | 一月份 | 二月份 | 三月份 |
| --- | --- | --- | --- |
| 实际产量 $a$(件) | 5 100 | 6 180 | 8 640 |
| 计划产量 $b$(件) | 5 000 | 6 000 | 8 000 |
| 计划完成 $c$(%) | 102 | 103 | 108 |

**解**：本题中，计划完成程度＝实际产量/计划产量，分子数列与分母数列都是时期数列，用 $a$ 表示实际产量发展水平，用 $b$ 表示计划产量发展水平，因而可直接采用简单算术平均法计算 $\bar{a}$ 和 $\bar{b}$。计算过程如下：

$$\bar{c} = \frac{\bar{a}}{\bar{b}} = \frac{\frac{\sum_{i=1}^{n} a_i}{n}}{\frac{\sum_{i=1}^{n} b_i}{n}} = \frac{\sum_{i=1}^{n} a_i}{\sum_{i=1}^{n} b_i} = \frac{\frac{5\,100+6\,180+8\,640}{3}}{\frac{5\,000+6\,000+8\,000}{3}} = \frac{6\,640}{6\,333.3} = 104.84\%$$

从计算过程看出,并不是直接由相对数时间序列计算的。另外,在本例中,第一季度计划完成程度与第一季度月平均计划完成程度结果是相同的。

【例 10.8】 某企业某年第四季度职工人数资料如表 10-8,计算第四季度各月工人占职工人数的平均比重。

表 10-8 某企业某年四季度职工人数资料

| 时间 | 9月末 | 10月末 | 11月末 | 12月末 |
|---|---|---|---|---|
| 工人人数 $a$(人) | 342 | 355 | 358 | 364 |
| 职工总人数 $b$(人) | 448 | 456 | 469 | 474 |
| 工人数占职工总数比重 $c$(%) | 76.34 | 77.85 | 76.33 | 76.79 |

解:本题中,工人数占职工总数比重属于结构相对数,分子数列与分母数列都是时点数列,用 $c$ 表示工人数占职工总数比重,用 $a$ 表示工人人数发展水平,用 $b$ 表示职工总人数发展水平,这两个数列都属于间隔相等的间断的时点数列资料,分别采用首末折半法计算分子和分母数列的序时平均数。工人数占职工总数月平均比重计算过程如下:

$$\bar{c} = \frac{\bar{a}}{\bar{b}} = \frac{(a_1/2 + a_2 + a_3 + \cdots + a_n/2)/(n-1)}{(b_1/2 + b_2 + b_3 + \cdots + b_n/2)/(n-1)}$$

$$= \frac{342/2 + 355 + 358 + 364/2}{448/2 + 456 + 469 + 474/2} = 76.91\%$$

3) 根据平均指标时间序列资料计算序时平均数

平均指标时间序列根据平均指标的类型不同,分为静态平均数时间序列和动态平均数时间序列两种形式。对由静态平均数组成的平均指标时间序列计算序时平均数时,方法与由相对指标时间序列计算序时平均数相同,即先分别计算分子数列和分母数列的序时平均数,然后将这两个序时平均数进行对比。

第一,由静态平均数时间序列计算序时平均数。

【例 10.9】 某企业下半年劳动生产率资料见表 10-9,计算该企业下半年月平均劳动生产率和下半年平均劳动生产率。

表 10-9 某企业下半年劳动生产率资料

| 时间 | 6月 | 7月 | 8月 | 9月 | 10月 | 11月 | 12月 |
|---|---|---|---|---|---|---|---|
| 总产值(万元) | 87 | 91 | 94 | 96 | 102 | 98 | 91 |
| 月末职工人数(人) | 460 | 470 | 480 | 480 | 490 | 480 | 450 |
| 劳动生产率(元/人) | 1 948 | 1 957 | 1 979 | 2 000 | 2 103 | 2 021 | 1 957 |

解:本例中,劳动生产率等于总产值除以平均人数。劳动生产率时间序列属于平均指标时间序列,总产值时间序列属于时期数列,月末职工人数数列属于间隔相等的间断的时点数列。用 $a$ 表示总产值,用 $b$ 表示月末职工人数,$c$ 表示劳动生产率。

下半年各月职工平均劳动生产率计算过程如下:

$$\bar{c} = \frac{\bar{a}}{\bar{b}} = \frac{(\sum_{i=1}^{n} a_i)/n}{(b_1/2 + b_2 + b_3 + \cdots b_n/2)/(n-1)}$$

$$\bar{c} = \frac{(91+94+96+102+98+91)/6}{(460/2+470+480+480+490+480+450/2)/(7-1)} = 2\ 003.5(元/人)$$

注意分子与分母中 $n$ 所代表的时间是不等的,分子上的 $n$ 表示的时期为下半年的 6 个时期,分母上的 $n$ 表示 7 个时点。

若计算下半年平均职工劳动生产率,则有两种计算形式:一种是用下半年平均月劳动生产率乘月份个数 $n$ 即 $n\bar{c}=2\ 003.5\times 6=12\ 021$ 元/人;另一种是用下半年的总产值除以下半年的平均人数求出。计算过程如下:

$$\bar{c} = \frac{\bar{a}}{\bar{b}} = \frac{\sum_{i=1}^{n} a_i}{(b_1/2+b_2+b_3+\cdots b_n/2)/(n-1)}$$

$$\bar{c} = \frac{91+94+96+102+98+91}{(460/2+470+480+480+490+480+450/2)/(7-1)} = 12\ 021(元/人)$$

第二,由动态平均数时间序列计算序时平均数。

由序时平均数组成的时间序列也称为动态平均数时间序列。在计算时,如果各时期相等时可直接采用简单算术平均法计算;如果各个时期不相等,则以时期长短作为权数,采用加权算术平均法来计算。如例 10.10 属于各个时期相等的情况。

【例 10.10】 已知某企业各季平均职工人数资料见表 10-10,求该企业全年平均职工人数。

表 10-10 某企业各季平均职工人数资料

| 季度 | 一季度 | 二季度 | 三季度 | 四季度 |
|---|---|---|---|---|
| 平均人数(人) | 351 | 353 | 352 | 356 |

**解:** 本例资料中的各期数值属于序时平均数,因此,这个时间序列属于序时平均数时间序列。由于时间间隔相等,用简单算术平均法计算全部数据的序时平均数。年平均职工人数公式和计算过程如下:

$$\bar{a} = \frac{\sum_{i=1}^{n} \bar{a}_i}{n} = \frac{351+353+352+356}{4} = 353(人)$$

**3. 增长量**

增长量是报告期水平与基期水平之差,用以说明现象在一定时期内增长的绝对数量,也称为增长水平。由于所选择基期的不同,增长量可分为逐期增长量和累积增长量。

逐期增长量是报告期水平与其前一期水平之差,说明本期较上期增长的绝对数量,用公式表示为:

$$a_i - a_{i-1}(i=1,2,\cdots,n) \tag{10.7}$$

累积增长量是报告期水平与某一固定基期水平之差,说明报告期与某一固定时期相比增长的绝对数量,用公式表示为:

$$a_i - a_0(i=1,2,\cdots,n) \tag{10.8}$$

逐期增长量与累积增长量之间存在一定的关系。

第一,各逐期增长量的和等于相应时期的累积增长量,如式(10.9)所示:

$$\sum_{i=1}^{n}(a_i-a_{i-1})=a_n-a_0 \tag{10.9}$$

第二，两相邻时期累积增长量之差等于相应时期的逐期增长量，如式(10.10)所示：

$$a_i-a_0-(a_{i-1}-a_0)=a_i-a_{i-1}(i=1,2,\cdots n) \tag{10.10}$$

【例 10.11】 某地区工业企业 2006 年～2012 年产值资料见表 10-11。试计算各年的逐期增长量和累积增长量。

表 10-11　某地区工业企业 2006 年～2012 年产值资料

| 年份 | 2006 | 2007 | 2008 | 2009 | 2010 | 2011 | 2012 |
|---|---|---|---|---|---|---|---|
| 产值（亿元） | 2 076 | 2 568 | 2 997 | 3 338 | 3 876 | 4 085 | 4 451 |

解：计算结果如表 10-12 所示。

表 10-12　某地区工业企业 2006 年～2012 年产值增长量计算表

| 年份 | 2006 | 2007 | 2008 | 2009 | 2010 | 2011 | 2012 |
|---|---|---|---|---|---|---|---|
| 产值（亿元） | 2 076 | 2 568 | 2 997 | 3 338 | 3 876 | 4 085 | 4 451 |
| 逐期增长量（亿元） | —— | 492 | 429 | 341 | 538 | 209 | 366 |
| 累积增长量（亿元） | — | 492 | 921 | 1 262 | 1 800 | 2 009 | 2 375 |

根据上述两类增长量的关系，可以得到其中部分等量关系式，如：

$$492+429+341+538+209+366=2\ 375$$
$$2\ 375-2\ 009=366$$

一般用"增加了"或"减少了"表述增长量。实际应用中有时为了消除季节变动的影响，常计算年距增长量或同比增长量指标。

年距增长量＝本年某期发展水平－上年同期发展水平

4. 平均增长量

平均增长量是各个时期逐期增长量的序时平均数，用于描述现象在一定时期内平均每期比上期增长的数量。它可以根据逐期增长量求得，也可以根据累积增长量求得，计算公式为：

$$平均增长量=\frac{\sum_{i=1}^{n}(a_i-a_{i-1})}{n} \text{ 或 } \frac{累计增长量}{时间序列项数-1} \tag{10.11}$$

式中：$n$ 为逐期增长量个数。

根据例 10.11 中表 10-12 资料，代入式(10.11)，计算得到平均每年产值增长量：

$$平均增长量=\frac{\sum_{i=1}^{n}(a_i-a_{i-1})}{n}$$
$$=\frac{492+429+341+538+209+366}{6}=\frac{2375}{6}=395.83(亿元)$$

## 10.2.2 时间序列速度分析指标

**1. 发展速度**

发展速度是表明某种现象发展变化程度的动态相对指标,它是由两个不同时期的发展水平对比的结果,说明报告期水平已发展到(或增加到)基期水平的若干倍(或百分之几)。其计算公式为:

$$发展速度 = \frac{报告期水平}{基期水平} \tag{10.12}$$

发展速度根据采用的基期不同,可分为环比发展速度和定基发展速度两种。所谓环比发展速度就是时间序列中报告期水平同前一期水平之比,说明报告期水平相对于前一期水平来说,已发展到(或增加到)若干倍(或百分之几),表明现象逐期发展变化的程度。

$$\frac{a_1}{a_0}, \frac{a_2}{a_1}, \cdots, \frac{a_n}{a_{n-1}} \tag{10.13}$$

所谓定基发展速度就是时间序列中报告期水平与某一固定时期水平(一般为最初水平)之比,说明现象报告期水平相对于某一固定时期水平已发展到(或增加到)若干倍(或百分之几),也表明现象在一定时期内总的发展速度,即总速度。

$$\frac{a_1}{a_0}, \frac{a_2}{a_0}, \cdots, \frac{a_n}{a_0} \tag{10.14}$$

可以看出,同一时间序列两种速度指标之间虽有区别,但也存在着数量上的换算关系。这种关系,表现在以下两个方面。

第一,同一时间序列中,各个环比发展速度的连乘积等于相应时期的定基发展速度。即:

$$\frac{a_1}{a_0} \times \frac{a_2}{a_1} \times \frac{a_3}{a_2} \times \cdots \times \frac{a_n}{a_{n-1}} = \frac{a_n}{a_0} \tag{10.15}$$

第二,同一时间序列中,相邻两个时期的定基发展速度之商等于相应时期的环比发展速度,即:

$$\frac{a_n}{a_0} \div \frac{a_{n-1}}{a_0} = \frac{a_n}{a_{n-1}} \tag{10.16}$$

利用上述关系,可以根据一种发展速度去推算另一种发展速度。

另外,在统计分析中,为了消除季节变动的影响,经常计算年距发展速度指标,用来说明本期发展水平与去年同期发展水平相比较而达到的相对发展程度。年距发展速度又称为同比发展速度,其计算公式为:

$$年距发展速度 = \frac{本年某期发展水平}{上年同期发展水平} \tag{10.17}$$

**2. 增长速度**

所谓增长速度,就是增长量与基期水平对比求出的动态相对数,它反映报告期水平比基期水平增长了若干倍(或百分之几),借以说明客观现象增长的快慢程度。计算公式为:

$$增长速度 = \frac{增长量}{基期水平} \tag{10.18}$$

应注意的是:发展速度指标表现为正值,而增长速度则有正负之分。当发展速度大于

1时,增长速度为正值,表明现象的增长程度;当发展速度小于1时,增长速度为负值,表明现象的降低程度。

由于采用的基期不同,增长速度也可分为定基增长速度和环比增长速度两种。定基增长速度说明现象在一个较长的时间内总的增长程度;环比增长速度则说明现象逐期的增长程度。由式(10.18)得出:

$$环比增长速度 = \frac{逐期增长量}{前一期水平} = 环比发展速度 - 1 \tag{10.19}$$

$$定基增长速度 = \frac{累计增长量}{固定基期水平} = 定基发展速度 - 1 \tag{10.20}$$

应注意的是:定基增长速度与环比增长速度两者之间并不存在直接数量换算关系。若要进行定基增长速度和环比增长速度之间的数量换算,其方法是:首先把增长速度加上1或100%变成发展速度,然后用发展速度之间的关系先进行换算,最后再用所求的发展速度减1或100%转换成增长速度。

在实际工作中,为了消除季节变动的影响,经常计算年距增长速度(或同比增长速度)指标,其计算公式为:

$$同比增长速度 = \frac{同比增长量}{上年同期水平} = 同比发展速度 - 1 \tag{10.21}$$

【例 10.12】 现仍以表 10-11 某地区工业企业 2006 年~2012 年产值资料,计算各年的发展速度与增长速度。

**解:** 具体计算如表 10-13 所示。

表 10-13 某地区工业企业 2006 年~2012 年产值速度计算表

| 年份 | | 2006 | 2007 | 2008 | 2009 | 2010 | 2011 | 2012 |
|---|---|---|---|---|---|---|---|---|
| 产值(亿元) | | 2 076 | 2 568 | 2 997 | 3 338 | 3 876 | 4 085 | 4 451 |
| 发展速度(%) | 环比 | — | 123.7 | 116.7 | 111.4 | 116.1 | 105.4 | 109.0 |
| | 定基 | 100.0 | 123.7 | 144.4 | 160.8 | 186.7 | 196.8 | 214.4 |
| 增长速度(%) | 环比 | — | 23.7 | 16.7 | 11.4 | 16.1 | 5.4 | 9.0 |
| | 定基 | — | 23.7 | 44.4 | 60.8 | 86.7 | 96.8 | 114.4 |

结合例中数据,根据上述两种发展速度的关系,可以得到其中部分的数量推算关系,如:

$$123.7\% \times 116.7\% \times 111.4\% \times 116.1\% \times 105.4\% \times 109.0\% = 214.4\%$$
$$214.4\% \div 196.8\% = 109.0\%$$

3. 平均发展速度与平均增长速度

平均速度指标包括平均发展速度和平均增长速度两种形式。平均发展速度是时间序列中各时期环比发展速度的序时平均数,表明现象在一个较长时期内平均发展变化的程度。计算平均发展速度采用几何平均法和方程式法两种方法。

1) 计算平均发展速度的几何平均法(或水平法)

由于时间序列中各期环比发展速度的连乘积等于总速度(定基发展速度),因此,可采用几何平均法计算平均发展速度。计算公式为：

$$\bar{x} = \sqrt[n]{x_1 \cdot x_2 \cdot x_3 \cdots x_n} = \sqrt[n]{\prod x} \quad (10.22)$$

式中：$\bar{x}$ 表示平均发展速度；$x_i$ 代表各期环比发展速度；$\prod$ 是连乘积符号。

因为 $x_i = \dfrac{a_i}{a_{i-1}}$（$i=1,2,\cdots,n$），所以，式(10.22)又可表示为：

$$\bar{x} = \sqrt[n]{\dfrac{a_1}{a_0} \times \dfrac{a_2}{a_1} \times \cdots \times \dfrac{a_n}{a_{n-1}}} = \sqrt[n]{\dfrac{a_n}{a_0}} = \sqrt[n]{R} \quad (10.23)$$

式中：$a_0$ 为最初水平；$a_n$ 为最末水平；$R$ 为定基发展速度或总速度。

将式(10.23)变化为：$a_0 \times (\bar{x}^n) = a_n$。

其经济含义是：某现象从最初水平 $a_0$ 出发，若每期均按平均发展速度 $\bar{x}$ 发展，$n$ 期后的发展水平正好等于时间序列末期的实际发展水平 $a_n$。因此，几何法求平均发展速度的实质是水平法，它只与数列中最初水平、最末水平以及间隔期长短有关，而与数列的各中间水平无关。

式(10.23)中的总速度 $R$，习惯上往往以"翻番"来表达。"翻一番"就是总速度 $R=2$，即 $R=2^1$；"翻两番"就是总速度 $R=4$，即 $R=2^2$；以此类推，"翻 $x$ 番"就可表示成 $2^x$。

**【例 10.13】** 某种现象的指标数值计划在 5 年内翻两番，问每年的平均发展速度是多少？若假定该现象的指标数值计划在 20 年内翻两番，每年的平均发展速度又是多少？

**解：** 用式(10.23)计算如下：

5 年内翻两番的年平均发展速度是：$\bar{x} = \sqrt[5]{4} = 131.95\%$

20 年内翻两番的年平均发展速度是：$\bar{x} = \sqrt[20]{4} = 107.8\%$

2）计算平均发展速度的方程式法（或累计法）

方程式法的思路是：时间序列中全期的总水平等于各期发展水平之和，而各期发展水平又是基期水平与相应各期环比发展速度的连乘积，$x_i$ 表示某一期的环比发展速度，则总水平可以表示为：

$$\sum_{i=1}^{n} a_i = a_0 x_1 + a_0 x_1 x_2 + \cdots + a_0 x_1 x_2 \cdots x_1$$

然后，用平均发展速度 $\bar{x}$ 取代各期环比发展速度 $x_i$，将各期环比发展速度平均化，得：

$$\sum_{i=1}^{n} a_i = a_0 \bar{x} + a_0 \bar{x} \bar{x} + \cdots + a_0 \bar{x} \bar{x} \cdots \bar{x}$$

$$\sum_{i=1}^{n} a_i = a_0 \bar{x} + a_0 (\bar{x})^2 + \cdots + a_0 (\bar{x})^n$$

$$\bar{x} + (\bar{x})^2 + (\bar{x})^3 + \cdots + (\bar{x})^n = \dfrac{\sum_{i=1}^{n} a_i}{a_0} \quad (10.24)$$

最后，求解方程式(10.24)，其正根就是平均发展速度。因为此方法主要是通过对各发展水平进行累计求和所得，所以其实质是累计法。

这个方程用手工求解比较复杂，在实际工作中，可以根据运用秩代法原理编制计算机程序求出。也可以根据事先编好的《平均增长速度查对表》，查得所需的平均增长速度，然后加上100%得到平均发展速度。

3) 平均增长速度的计算

平均增长速度是时间序列中各期环比增长速度的序时平均数,说明现象平均逐期增长程度。平均增长速度指标是由平均发展速度指标求出,即:

$$\text{平均增长速度} = \text{平均发展速度} - 100\% \tag{10.25}$$

平均增长速度为正值,表明现象在某段时期内逐期平均递增的程度,也称为平均递增率;若为负值,表明现象在某段时间内逐期平均递减的程度,也称为平均递减率。

### 10.2.3 运用分析指标应注意的问题

(1) 当时间序列中数值出现0或负数时,不宜计算速度指标。当时间序列中的观察值出现0或负数时,适宜直接用绝对数进行分析。如,某企业连续5年的利润额分别为5万元、2万元、0万元、-3万元、2万元,对这一序列计算速度,要么不符合数学公理,要么无法解释其实际意义。

(2) 有时要将速度指标和水平指标结合起来分析。在有些情况下,不能单纯就速度论速度,要注意速度与基期绝对水平的结合分析。有时两个绝对水平较小的数值相比,得到很大的相对数数值,两个绝对水平较大的数值相比,得到很小的相对数数值。为了反映客观实际情况,需要将速度与绝对水平结合起来进行分析,通常要计算每增长1%的绝对值指标,来弥补速度分析指标的局限性。

增长1%绝对值表示速度每增长1%而增加的绝对数量,其计算公式为:

$$\text{增长1\%绝对值} = \frac{\text{逐期增长量}}{\text{环比增长速度} \times 100} = \frac{\text{前期水平}}{100} \tag{10.26}$$

**【例10.14】** 假定有两个生产条件基本相同的企业,利润额及相关速度见表10-14。

表10-14 甲、乙两个企业基期和报告期的有关利润资料

| 年份 | 甲企业 | | 乙企业 | |
| --- | --- | --- | --- | --- |
| | 利润额(万元) | 增长速度(%) | 利润额(万元) | 增长速度(%) |
| 基期 | 500 | —60 | — | |
| 报告期 | 600 | 20 | 84 | 40 |

从利润额增长率看,甲企业利润增长速度为20%,乙企业利润增长速度为40%,因此可以得出乙企业的业绩比甲企业要好。但这个结论不完全正确,因为增长速度是一个相对值,它与对比的基期数值的大小有很大关系。还要结合绝对数进行分析,这时就要计算这两个企业利润每增长1%所增加包含的绝对值,来弥补单纯速度分析指标的局限性。

根据资料结合公式计算得到:甲企业利润每增长1%包含的绝对值为5万元,而乙企业利润每增长1%包含的绝对值为0.6万元,甲企业远高于乙企业。这说明甲企业的生产经营业绩不是比乙企业差,而是更好。

(3) 要根据研究目的和时间序列的特点选择平均速度的计算方法。若研究目的是分析客观现象最末一年所达到的水平,应采用几何平均法计算平均速度。若目的是分析研究客观现象在长时间内各期达到的总量,应采用方程式法计算其平均速度。另外,当客观现象在一段时期内数值波动比较大时,用累计法计算平均发展速度,比用水平法计算平均发展

速度更符合实际情况,因其考虑了中间水平波动的影响。

(4) 各种速度指标要结合运用。用平均速度指标分析研究问题时,还应和时间序列中的其他分析指标,如发展水平、增长量、环比速度、定基速度等,结合起来运用,这样才能够对被研究的客观现象的发展作出比较准确和比较完整的判断和说明。

## 10.3 长期趋势的测定

### 10.3.1 时间序列构成因素及组合模型

客观现象是不断发展变化的,反映在时间序列中,就是各期的发展水平各不相同。引起客观现象变化和波动的因素是多方面的,影响的原因也是错综复杂的,概括起来讲,这些因素引起的波动在理论上分别被称为长期趋势变动($T$)、季节变动($S$)、循环变动($C$)和不规则变动($I$)。

所谓长期趋势是指客观现象由于受某种基本因素的影响,在一段较长的时间内表现出持续向上或持续向下发展变化的趋势,或保持某一水平而没有明显增减变化的水平趋势。例如,随着科学技术的发展,农作物品种不断得到改良,在播种面积一定的情况下,其收获量不断增长;又如,随着人们生活水平不断提高,医疗条件的不断改善,人口死亡率呈持续下降趋势等。

所谓季节变动是指客观现象由于受到自然界的季节更替或社会政治经济因素的影响,在一年(或更短的时间)内,表现出有规律性的周期波动。例如,以年度为周期,毛线和羽绒服的销售量总是冬季大而夏季小;而啤酒和冷饮的销售量则是夏季多而冬季少。以月、周、日为周期的季节变动也不乏其例。民间的风俗习惯也能形成季节性波动,如一年一度的春运高峰就是一个典型例子。

所谓循环变动是指周期为一年以上的更长时间的现象的发展变化,它通常为规律性的从高到低,再从低到高的往返变动。例如,一个国家经济发展也呈周期性变化,就是比较典型的循环变动,它的每一周期总是经历着"衰退、萧条、复苏、高涨"的变化过程。循环波动的周期比季节变动的周期长得多,且波动的规律性比季节变动更隐蔽,不做长期观察分析就不易被认识。

所谓不规则变动是指客观现象由于受到某种不可预测的偶然性因素的影响,在一个较短的时间内表现出无任何规律性的波动,一般来说它是事先无法预知和测度的。

为了研究问题的需要,人们常常假定,时间序列的发展水平($Y$)和上述 4 种影响因素之间有以下两种组合模型(即因素影响模型)。

第一种组合模型为乘法模型。该模型假定时间序列的发展水平是上述各影响因素乘积的结果,即 $Y=T \times S \times C \times I$。实际中,人们常采用乘法模型来对时间序列进行分析。

第二种组合模型为加法模型。该模型假定时间序列的发展水平是各因素影响结果的总和,即 $Y=T+S+C+I$。

长期趋势测定有以下几方面的作用:首先,长期趋势代表着客观现象的发展变化方向和变化规律,测定长期趋势将有利于对客观现象的未来发展方向作出正确的判断和决策;

其次,利用长期趋势,还可以对客观现象在未来的发展结果作出预测;最后,测定长期趋势有利于人们把长期趋势从时间序列中分离出来,更好地研究和分析季节变动和循环变动等因素的影响。

本节主要介绍长期趋势测定与预测的方法。

### 10.3.2 时距扩大法

时距扩大法是原来时间序列中较小时距单位的若干个数据加以合并,得出较大时距单位的数据。扩大了时距单位的数据可以使较小时距单位数据所受到的偶然因素的影响相互抵消,而显示出现象变动的长期趋势。

【例 10.15】 某城市最近 3 年旅游人数资料见表 10-15。试测定该市旅游人数的长期趋势。

表 10-15  某旅游城市旅游人数季度资料  单位:万人

| 年份 | 第一季 | 第二季 | 第三季 | 第四季 |
|---|---|---|---|---|
| 第 1 年 | 32 | 40 | 61 | 28 |
| 第 2 年 | 41 | 51 | 74 | 36 |
| 第 3 年 | 57 | 65 | 93 | 57 |

从表 10-15 中的 3 年 12 个季度资料来看,该城市旅游人数有升有降,既有明显的季节变动,也有着逐年增长的趋势。为了显示长期趋势,必须将其他因素剔除。

**解**:本例的变动周期为 4 季,把以季为单位的数据合并为以年为单位的数据,见表 10-16。这时旅游人数随季节有升有降的周期变化就不显见了,而显示出来的是长期增长的趋势。

表 10-16  某旅游城市旅游人数资料  单位:万人

| 年份 | 旅游人数 | 季平均旅游人数 |
|---|---|---|
| 第 1 年 | 161 | 40 |
| 第 2 年 | 202 | 51 |
| 第 3 年 | 272 | 68 |

时距扩大法的优点是简便直观。但它的缺点也很突出,表现在时距扩大之后,所形成的新数列包含的数据减少,信息量减少,不便于做进一步的分析。

### 10.3.3 移动平均法

移动平均法有多种形式,主要有简单移动平均法和加权移动平均法。

**1. 简单移动平均法**

简单移动平均法是依次计算若干项时间序列数据的移动平均数,并将其作为原数列移动项数的中间一项的趋势测定值,所以这种方法也称为中心化移动平均法。在移动平均时,可以选择连续 3 项或 5 项的奇数项进行平均,结果直接作为中间一项的趋势测定值。

也可以选择 2 项或 4 项等偶数项进行平均,结果是作为最中间一段的趋势测定值,等各项移动平均值计算后,还要对其再次移动平均,以达到作为某一期水平的趋势测定值。

【例 10.16】 根据表 10-15 数据,运用移动平均法,计算移动平均数列,反映数据长期趋势。

**解:** 因为旅游人数变动通常以一年为周期,用移动平均法消除偶然性因素的影响,在掌握季节资料时,一个变动周期就为 4 个季度,即就要选择 4 项进行移动平均。计算过程和结果见表 10-17。第一步,将进行 4 项移动平均。如第 1 年的 4 个季度平均数为:(32+40+61+28)/4=40.25,用它表示第 2 季度与第 3 季度中间 3 个月的趋势测定值。再接着计算下一个连续 4 项的平均数:(40+61+28+41)/4=42.5,作为第 1 年中第 3 季度和第 4 季度中间 3 个月的趋势测定值。这样依次计算出数列的其他时期的趋势测定值,具体见表中"四季移动平均"栏。第二步,进行移正平均。将四季移动平均栏中数值连续 2 项进行平均,将趋势值移正。如第 1 项和第 2 项数值平均数为:(40.25+42.5)/2=41.375,表示第 1 年第 3 季度的趋势值,这样依次将数列各项趋势值移正,即可代表某一时期的趋势值,具体见表中"移正平均(T)"栏。它反映了原数列的长期趋势,可以看出,该城市旅游人数的变动趋势呈稳步逐年上升态势。

表 10-17 某旅游城市旅游人数资料(移动平均计算表)

| 年份 | 季度 | 季度序号 | 实际人数 $y_i$ | 四季移动平均 | 移正平均($T$) |
|---|---|---|---|---|---|
| 第 1 年 | 1 | 1 | 32 | | |
| | 2 | 2 | 40 | | — |
| | | | | 40.25 | |
| | 3 | 3 | 61 | | 41.375 |
| | | | | 42.50 | |
| | 4 | 4 | 28 | | 43.875 |
| | | | | 45.25 | |
| 第 2 年 | 1 | 5 | 41 | | 46.875 |
| | | | | 48.50 | |
| | 2 | 6 | 51 | | 49.500 |
| | | | | 50.50 | |
| | 3 | 7 | 74 | | 52.500 |
| | | | | 54.50 | |
| | 4 | 8 | 36 | | 55.250 |
| | | | | 56.00 | |
| 第 3 年 | 1 | 9 | 57 | | 59.375 |
| | | | | 62.75 | |
| | 2 | 10 | 65 | | 65.375 |
| | | | | 68.00 | |
| | 3 | 11 | 93 | | — |
| | 4 | 12 | 57 | | — |

应用简单移动平均法分析长期趋势时,还要注意下面两个方面。

第一,在逐项移动平均时,取多少项进行平均要根据数列的特点来确定。一般选择奇数项进行平均,平均的结果直接作为中间一项的趋势值。如果选择偶数项移动平均,要注意还要进行移正平均,这样才能使趋势值正好代表某一期的趋势值。如果现象变动有周期性,就应以周期长度为移动平均的项数。如例 10.16 中,以一年四个季度为一周期,就应取四项移动平均。因为只有这样,才能消除周期变动,准确反映长期趋势。

第二,移动平均的项数不宜过大。移动平均后所得的修匀数列,比原数列的项数少。

选择平均的项数越多,最终得到的趋势值数列的项数就越少,失去的信息也越多。

**2. 加权移动平均法**

简单移动平均法适用于线性趋势的测定,如果客观现象发展是非线性的,就要考虑用加权移动平均法。所谓加权移动平均法就是对各期指标值进行加权后再进行移动平均。这是在简单移动平均法的基础上给近期数据以较大的权数,给远期的数据以较小的权数,计算加权移动平均数作为第 $k$ 期或作为第 $k+1$ 期的趋势预测值的一种方法。公式为:

$$\overline{Y_i} = \frac{Y_i f_i + Y_{i+1} f_{i+1} + \cdots + Y_{i+k-1} f_{i+k-1}}{f_i + f_{i+1} + \cdots + f_{i+k-1}} \tag{10.27}$$

如根据表 10-17 数据,计算第 1 年第 3 季度($k=3$)的趋势值,或作为第 4 期的预测值。

$$\overline{y_3} = \frac{32 \times 1 + 40 \times 2 + 61 \times 3}{1+2+3} = 49.2$$

依此方法,求出各期的趋势值,然后观察分析其长期趋势。

### 10.3.4 指数平滑法

指数平滑法是加权移动平均法的一种特殊情形,它是用以往的时间序列水平的加权平均数作为趋势值。指数平滑法是利用时间序列的长期趋势进行预测的一种方法,也称指数修匀预测法,按修匀次数的多少有一次指数平滑、二次指数平滑、三次乃至多次指数平滑。这里主要介绍一次指数平滑法。

指数平滑法的基本形式是根据第 $t$ 期的实际值 $Y_t$ 和第 $t-1$ 期的平滑值 $S_{t-1}^{(1)}$,分别给以不同权数 $\alpha$ 和 $1-\alpha$,计算加权平均数作为下期的趋势值 $\hat{Y}_{t+1}$。

指数平滑法的基本模型如下:

$$S_t^{(1)} = \alpha Y_t + (1-\alpha) S_{t-1}^{(1)} \quad (t=1,2,\cdots n) \tag{10.28}$$

式中:$S_t^{(1)}$ 表示第 $t$ 期的平滑值,上标(1)表示一次指数平滑;$S_{t-1}^{(1)}$ 表示第 $t-1$ 期的平滑值;$\alpha$ 为平滑系数,取值范围为 $0<\alpha<1$。

注意:第 $t-1$ 期的平滑值 $S_{t-1}^{(1)}$ 就作为第 $t$ 期的趋势值或预测值,第 $t$ 期的平滑值 $S_t^{(1)}$,就作为第 $t+1$ 期的趋势值或预测值,类推也成立。

若利用指数平滑法模型进行预测,从基本模型中可以看出,只需某一期(第 $t$ 期)的实际值 $Y_t$,和该期(第 $t$ 期)的趋势值或预测值 $S_{t-1}^{(1)}$(即 $t-1$ 期的平滑值)及 $\alpha$ 值,就可以进行计算。

在指数平滑时,需要确定两个问题。

第一,初始值的确定。如果资料总项数 $N$ 大于 50,则经过长期平滑链的推算,初始值的影响变得很小,为了简便起见,可用第一期水平作为初始值。但是如果 $N$ 小到 15 或 20,则初始值的影响较大,可以选用最初几期的平均数作为初始值。

第二,$\alpha$ 值的确定。选择 $\alpha$,一个总的原则是使预测值与实际观察值之间的误差最小。从理论上讲,$\alpha$ 取 $0\sim1$ 之间的任意数据均可以。具体如何选择,要视时间序列的变化趋势来定。

(1) 当时间序列呈较稳定的水平趋势时,应取小一些,如 $0.1\sim0.3$,以长小修正幅度,同时各期观察值的权数差别不大,预测模型能包含更长时间序列的信息。

(2) 当时间序列波动较大时,宜选择居中的 α 值,如 0.3~0.5。

(3) 当时间序列波动很大,呈现明显且迅速的上升或下降趋势时,α 应取大些,如 0.6~0.8,以使预测模型灵敏度高些,能迅速跟上数据的变化。

(4) 在实际预测中,可取几个 α 值进行试算,比较预测误差,选择误差小的那个 α 值。如表 10-16 中,分别用 α=0.2 和 α=0.8 计算出两组平滑值,哪一组数据与实际数据之间差异比较小,这需要分别计算平均差,然后进行比较。选择平均差较小的平滑系数作为依据,对未来趋势值进行预测。

【例 10.17】 某公司某年前 8 个月销售额资料见表 10-18,用指数平滑法对销售额的变动进行长期趋势分析。

表 10-18  某公司某年 1~8 月销售额预测表    单位:万元

| 月份 | 实际销售额 | 一次指数平滑值 | |
|---|---|---|---|
| | | α=0.2 | 1−α=0.8 |
| 1 | 150.80 | 150.80(初始值) | 150.80 |
| 2 | 154 | 151.44 | 153.36 |
| 3 | 148 | 150.75 | 149.07 |
| 4 | 142 | 149.00 | 143.41 |
| 5 | 151 | 149.40 | 149.48 |
| 6 | 145 | 148.52 | 145.90 |
| 7 | 154 | 149.62 | 152.38 |
| 8 | 157 | 151.10 | 156.08 |
| 9 | 151 | 151.08 | 152.02 |

**解:** 由于资料的项数较少,一般初始值可用前几项的平均数。为简便起见,这里假设以 1 月份的实际值 150.8 万元,作为指数平滑的初始值,α 取 0.2,则 1−α=0.8。代入式 (10.28),得:

$$2 月份的平滑值 = α × 2 月份的实际值 + (1−α) × 1 月份的初始值$$
$$= 0.2 × 154 + (1−0.2) × 150.8 = 151.44$$
$$3 月份的平滑值 = α × 3 月份的实际值 + (1−α) × 2 月份的平滑值$$
$$= 0.2 × 148 + (1−0.2) × 151.44 = 150.75$$

依此类推,可以求出 α=0.2 各月的平滑值,再用同样的方法求出 α=0.8 的各月份平滑值,依据平滑值来观察数据变动的趋势。

指数平滑法考虑了观察期所有观察值对预测值的影响,这种影响按时间近及远逐渐减小,按指数递减规律进行加权平均,它的预测效果比移动平均法要好,应用面也广。

### 10.3.5 最小平方法

最小平方法又叫最小二乘法,是测定长期趋势最常用的方法。其基本思想是通过建立数学模型,拟合出一条趋势直线或曲线,使原数列各项数值与相应趋势值的离差平方和为

最小,用公式表示如下:

$$\sum_{i=1}^{n}(y-y_t)^2 = 最小值$$

式中:$y$ 表示时间序列各期实际值;$y_t$ 表示通过趋势模型求出的趋势值。

最小平方法可以用于拟合直线趋势,也可以用于拟合曲线趋势。

在实际工作中,判断时间序列呈何种趋势类型的方法是绘制散点图,通过观察各个散点的形状确定资料的趋势类型。另一种方法是根据时间序列求动态分析指标来判断,若时间序列中的各个逐期增长量大体相等,基本趋势是直线型的,可配合趋势直线;若时间序列中的二级增长量(即原始时间序列的逐期增长量的逐期增长量,又叫二次差)大体相等,其基本趋势属抛物线型,可配合抛物线趋势;若时间序列中的各环比发展速度(或环比增长速度)数值大体相等,其基本趋势属指数曲线形态,则可配合指数曲线趋势。

1. 直线趋势的拟合

根据线性函数的特性:

$$\Delta Y_t = Y_{t+1} - Y_t = a + b(t+1) - a - bt = b$$

如果一个多年的数据序列,其相邻两年数据的一阶差近似为一常数,就可以配合一条直线趋势方程:$y_t = a + bt$,然后,用最小平方法来求解参数 $a$、$b$。

由于所求的趋势线 $y_t = a + bt$,可求得:

$$\sum_{i=1}^{n}(y-y_t)^2 = \sum(y-a-bt) = 最小值$$

式中:$t$ 代表时间;$a$ 代表直线趋势方程的起点值;$b$ 代表直线趋势方程的斜率,即 $t$ 每变动一个单位时,长期趋势值增加(或减少)的数值。

令 $Q = \sum(y-a-bt)^2$,为使其最小,则对 $a$ 和 $b$ 的偏导数应等于 0,因此,可得到如下方程组:

$$\begin{cases} \sum y = na + b\sum t \\ \sum ty = a\sum t + b\sum t^2 \end{cases} \quad (10.29)$$

解之,得:

$$b = \frac{n\sum ty - \sum t\sum y}{n\sum t^2 - (\sum t)^2}, \quad a = \bar{y} - b\bar{t} \quad (10.30)$$

式中,$n$ 代表时间的项数。

【例 10.18】 某旅游景点历年观光游客人数资料见表 10-19,用最小平方法拟合适当的趋势方程,并预测第 8 年的游客人数。

表 10-19 某游览点历年观光游客人数　　　　　　　　　　单位:百人

| 年份 | 游客人数 | 年份 | 游客人数 |
| --- | --- | --- | --- |
| 第 1 年 | 100 | 第 5 年 | 155 |
| 第 2 年 | 112 | 第 6 年 | 168 |
| 第 3 年 | 125 | 第 7 年 | 180 |
| 第 4 年 | 140 | | |

**解：** 首先要确定游客人数资料的长期趋势属于何种类型。通过计算，由表 10-20 得，各个逐期增长量大体相等，因此，历年游客人数资料属于直线趋势类型。还可以建立坐标系作散点图。以横轴作为时间，纵轴作为人数，找出各个散点，然后观察各散点的形状，确定趋势类型。

表 10-20　某游览点历年观光游客人数最小二乘法计算表

| 年份 | 游客人数（百人）y | 逐期增长量 | 时间序号 t | $t^2$ | ty | $y_t$ |
|---|---|---|---|---|---|---|
| 第 1 年 | 100 | — | 1 | 1 | 100 | 99.08 |
| 第 2 年 | 112 | 12 | 2 | 4 | 224 | 112.72 |
| 第 3 年 | 125 | 13 | 3 | 9 | 375 | 126.36 |
| 第 4 年 | 140 | 15 | 4 | 16 | 560 | 140.00 |
| 第 5 年 | 155 | 15 | 5 | 25 | 775 | 153.64 |
| 第 6 年 | 168 | 13 | 6 | 36 | 1 008 | 167.28 |
| 第 7 年 | 180 | 12 | 7 | 49 | 1 260 | 180.92 |
| 合　计 | 980 |  | 28 | 140 | 4 302 | 980.00 |

设直线趋势方程为：$y_t = a + bt$

将表 10-20 中合计行的数值，代入式(10.30)得：

$$b = \frac{7 \times 4302 - 28 \times 980}{7 \times 140 - 28 \times 28} = \frac{2674}{196} = 13.64$$

$$a = 980/7 - 13.64 \times 4 = 85.44$$

从而求得直线趋势方程：$y_t = 85.44 + 13.64t$

把各 $t$ 值代入上式，便求得相对应的趋势值 $y_t$，见表 10-20 的右栏。

预测第 8 年游客人数的趋势值，则将 $t=8$ 代入趋势方程，得：

$$y_8 = 85.44 + 13.64 \times 8 = 194.56（百人）$$

在对时间序列按最小二乘法进行趋势配合的运算时，为使计算更简便些，将各年份（或其他时间单位）简记为 1、2、3、4、……，并用坐标移位方法将原点 0 移到时间序列的中间项，使 $\sum t = 0$。当项数 $n$ 为奇数时，中间项时间序号为 0，当为偶数时，中间两项时间序号分别设 -1，1 这样时间间隔便为 2，各项依次设成：… -5，-3，-1；1，3，5，…。这样求解公式便可简化为：

$$\begin{cases} \sum y = na \\ \sum ty = b \sum t^2 \end{cases} \quad (10.31)$$

由此，得到：

$$a = \frac{\sum y}{n} = \bar{y} \qquad b = \frac{\sum ty}{\sum t^2} \quad (10.32)$$

如果将表中的时间序号重新设计，使 $\sum t = 0$，有关计算见表 10-21。

表 10-21　某游览点历年观光游客人数最小二乘法计算表

| 年份 | 游客人数（百人）y | 逐期增长量 | 时间序号 t | $t^2$ | ty | $y_t$ |
|---|---|---|---|---|---|---|
| 第 1 年 | 100 | — | −3 | 9 | −300 | 99.08 |
| 第 2 年 | 112 | 12 | −2 | 4 | −224 | 112.72 |
| 第 3 年 | 125 | 13 | −1 | 1 | −125 | 126.36 |
| 第 4 年 | 140 | 15 | 0 | 0 | 0 | 140.00 |
| 第 5 年 | 155 | 15 | 1 | 1 | 155 | 153.64 |
| 第 6 年 | 168 | 13 | 2 | 4 | 336 | 167.28 |
| 第 7 年 | 180 | 12 | 3 | 9 | 540 | 180.92 |
| 合计 | 980 | — | 0 | 28 | 382 | 980.00 |

由式(10.32)简捷公式，得：

$$a = \frac{\sum y}{n} = \frac{980}{7} = 140 \qquad b = \frac{\sum ty}{\sum t^2} = \frac{382}{28} = 13.64$$

即 $y_t = 140 + 13.64t$

将各 t 值代入上式，便求得各年的趋势值 $y_t$，见表 10-21 最右一栏。

代入 t=4，预测第 8 年的游客人数，即：$y_t = 140 + 13.64 \times 4 = 194.56$（百人）

预测结果与前面相同。用最小二乘法在对原数列作长期趋势的测定时，通过趋势值 $y_t$ 来修匀原数列，得到比较接近原值的趋势值。

2. 二次曲线趋势的拟合

如前所述，当时间序列中的二级增长量大致相同时，就可拟合二次曲线方程。二次曲线方程的一般形式为：

$$y_t = a + bt + ct^2 \tag{10.33}$$

方程中有 a、b、c 3 个待定参数，按最小平方法的思想，可得出下列方程组：

$$\begin{cases} \sum y = na + b\sum t + c\sum t^2 \\ \sum ty = a\sum t + b\sum t^2 + c\sum t^3 \\ \sum t^2 y = a\sum t^2 + b\sum t^3 + c\sum t^4 \end{cases} \tag{10.34}$$

如用简捷法，则得到由三个方程组成的方程组：

$$\begin{cases} \sum y = na + c\sum t^2 \\ \sum ty = a\sum t + b\sum t^2 \\ \sum t^2 y = a\sum t^2 + c\sum t^4 \end{cases} \tag{10.35}$$

将上述 3 个方程联列，得到三元一次方程组，根据资料求出 a、b、c 3 个参数。

【例 10.19】 设某啤酒厂近 7 年销售量资料见表 10-22 第 1、2 列，试用最小二乘法配合适当的趋势方程。

**解**：首先要分析资料趋势类型，可作散点图或计算二级增长量确定，资料属于抛物线趋势(具体过程略)。设此资料趋势类型为二次曲线方程形式，

$$y_t = a + bt + ct^2$$

根据求参数方程组的公式要求，计算有关数据见表 10-22 中的各栏数值。

表 10-22 某啤酒厂近几年啤酒销售量及计算表

| 年份 | 啤酒销量 y(吨) | t | ty | $t^2$ | $t^2 y$ | $t^4$ | $y_t$ |
|---|---|---|---|---|---|---|---|
| 第1年 | 52 | −3 | −156 | 9 | 468 | 81 | 57.21 |
| 第2年 | 69 | −2 | −138 | 4 | 276 | 16 | 64.00 |
| 第3年 | 91 | −1 | −91 | 1 | 91 | 1 | 48.59 |
| 第4年 | 117 | 0 | 0 | 0 | 0 | 0 | 118.98 |
| 第5年 | 163 | 1 | 163 | 1 | 163 | 1 | 167.17 |
| 第6年 | 224 | 2 | 448 | 4 | 896 | 16 | 229.16 |
| 第7年 | 310 | 3 | 930 | 9 | 2 790 | 81 | 304.95 |
| 合计 | 1 026 | 0 | 1 156 | 28 | 4 684 | 196 | 1026.1 |

将上述计算表中的数值代入求参数的方程组 10.35，可得：

$$\begin{cases} 1026 = 7a + 28c \\ 1156 = 28b \\ 4684 = 28a + 196c \end{cases}$$

求解上述方程组得：$a=118.98$，$b=41.29$，$c=6.9$

故二次曲线趋势方程为：

$$y_t = 118.98 + 41.29t + 6.9t^2$$

将各年年份序号代入趋势方程，可求得各年的趋势值，见表 10-22 最右一栏数据。

利用二次曲线趋势方程，可以进行预测。如要预测第 8 年的销售量，将第 8 年的年份序号 $t=4$ 代入趋势方程，结果如下：

$$y_8 = 118.98 + 41.29 \times 4 + 6.9 \times 4^2 = 394.54 （吨）$$

3. 指数趋势线的拟合

若时间序列的各期环比发展速度(或环比增长速度)大致相同时，可拟合指数曲线趋势方程。

指数曲线的标准方程式为：

$$y_t = ab^t \tag{10.36}$$

式中：$a$ 表示 $t=0$ 时的趋势值；$b$ 表示现象的平均发展速度。

进行指数曲线拟合时，应先将指数曲线转化为直线形式。对上式两边取常用对数得：

$$\lg y_t = \lg a + t \cdot \lg b$$

转化为直线形式为：$Y = A + Bt$

这样，可按直线拟合的方法确定所需要的指数曲线。用最小平方法先求出 $A$ 和 $B$，再查反对数表，得到 $a$ 和 $b$。

【例 10.20】 假设某市近 5 年年底人口数资料见表 10-23 的第 1、2 列。试用最小二乘法拟合指数曲线趋势方程。

解：先要分析资料所属类型，通过分析判断资料为指数曲线趋势。（过程略）

设指数曲线的标准方程式为：$y_t = ab^t$

计算求参数资料的过程见表 10-23。

表 10-23　指数曲线趋势拟合计算表　　　　单位：万人

| 年份 | 年末人数 Y | $t$ | $t^2$ | lg Y | t lg Y | $y_t$ |
|---|---|---|---|---|---|---|
| 第 1 年 | 100 | -2 | 4 | 2 | -4 | 99.5 |
| 第 2 年 | 120 | -1 | 1 | 2.079 2 | -2.079 2 | 119.9 |
| 第 3 年 | 143 | 0 | 0 | 2.155 3 | 0 | 144.3 |
| 第 4 年 | 173 | 1 | 1 | 2.238 | 2.238 | 173.7 |
| 第 5 年 | 211 | 2 | 4 | 2.324 3 | 4.648 6 | 209.2 |
| 合计 | 7476 | 0 | 10 | 10.796 8 | 0.807 4 | 746.6 |

由于 $\sum t = 0$，所以：

$$B = \frac{\sum t \cdot \lg y}{\sum t^2} = \frac{0.807\ 4}{10} = 0.080\ 74$$

$$A = \frac{\sum \lg y}{n} = \frac{10.796\ 8}{5} = 2.159\ 36$$

查反对数表得：a=144.3，b=1.204

将其代入指数曲线方程，得：

$$y_t = 144.3 \times 1.204^t$$

把各年份的 $t$ 值代入上式，即得各年的趋势值，见表 10-23 最右一栏。

利用指数曲线趋势方程也可进行预测，只要预测期的序号代入趋势方程，即可得到预测数值。

## 10.4　季节变动与循环变动的测定

### 10.4.1　季节变动的测定

季节变动广泛地存在于许多客观现象中，比如，农业生产活动中的投入（用工量）和产出（粮食、蔬菜、奶、蛋、禽等）都因四季的更替而有农闲和农忙、淡季和旺季之分。又如，交通运输行业和旅游部门，也受自然条件和社会生活习惯的影响，而明显地表现为季节性变动。季节变动具有两个明显的特征：第一，季节变动是一种有规律的变动，在每一周期中变化大体相同；第二，季节变动主要按年为周期重复进行。

测定季节变动的作用主要有：第一，季节变动一旦测定出来，就可以研究现象在一个周期内各个时间上的变化规律，便于制定可行的计划，进行合理的调度，更好地组织生产、流通、运输，安排好人们的经济生活；第二，根据测定出来的季节指数，可以进行经济预测；第三，在进行统计分析时，利用季节指数，还可以用来消除季节变动对时间序列造成的影响，得到不含季节变动因素的数据，以便于进一步地测定现象的循环变动等。

季节变动是计算季节指数测定的，一般情况下要求数据愈多愈好，一般至少需 3 年或以上分季（或分月）的资料。较常用的有同期平均法和趋势剔除法。

1. 同期平均法

同期平均法是测定季节变动最简便的方法。它是以若干年资料数据求出同月（季）的平均水平与全年总月（季）水平，二者对比得出各月（季）的季节指数来表明季节变动的程度。按月平均法可以分为直接按月（季）平均法和比率按月平均法两种。

1）直接按季（月）平均法

直接按季（月）平均法将整个时间序列的趋势值视为常数。计算步骤如下。

第一，计算各年同季（月）的平均数 $\overline{y_i}$（$i=1, 2, \cdots$）。

第二，计算各年所有季度（月）的总平均数 $\overline{y}$。

第三，计算季节指数 $S_i$，公式为：

$$S_i = \frac{\overline{y_i}}{\overline{y}} \times 100\% \tag{10.37}$$

【例 10.21】 以表 10-15 某旅游城市旅游人数季度资料为例，计算得到表 10-24，用直接按同期平均法分析季节变动。

表 10-24 直接同期（季）平均法季节指数计算表

| 年份 | 旅游人数（万人） | | | | |
|---|---|---|---|---|---|
| | 第一季 | 第二季 | 第三季 | 第四季 | 合计 |
| 第 1 年 | 32 | 40 | 61 | 28 | 161 |
| 第 2 年 | 41 | 51 | 74 | 36 | 202 |
| 第 3 年 | 57 | 65 | 93 | 57 | 272 |
| 合计 | 130 | 156 | 228 | 121 | 635 |
| 同季平均 | 43.33 | 52 | 76 | 40.33 | 52.915 |
| 季节指数 $S_i$（%） | 81.88 | 98.27 | 143.63 | 76.22 | 400 |

**解**：计算步骤如下。

第一，计算同季平均数。如 3 年第一季度平均数为：(32+41+57)/3=43.33，按照类似方法，计算出 3 年的第二、三、四季度的同季平均数分别为 52、76、40.33。如果是月份资料，则计算的是同月平均数。

第二，计算三年总季度平均数。635/12=52.915

第三，计算各季度的季节指数。如第一季度的季节指数为：

$$S_1 = \frac{\overline{y_1}}{\overline{y}} = \frac{43.33}{52.915} = 81.88\%$$

按照类似方法，分别计算出第二、三、四季度的季节指数。如果是月份资料，则是各月份的季节指数。

季节指数表明各季（月）水平比全期总的季（月）水平高或低的程度，如果各季（月）季节指数都比较接近于1,则表明季节变动很小;如果各季(月)季节指数差距很大,则表明季节变动较强。习惯上,常常把季节指数大于1的季节称为旺季,而把季节指数小于1的季节称为淡季。如表10-22中,第三季度的季节指数为143.63%,而其他季度的季节指数都达不到100%,说明第三季度是该城市的旅游旺季。

应注意的是:各季(或月)季节指数之和应正好等于400%(或1200%),但实际中由于受其他因素的影响,各季(月)季节指数之和有时会不等于400%(或1200%),这时就需要对季节指数加以调整,把差数分摊到各季(或月)中去。调整的方法是先计算调整系数,其计算公式为:调整系数=400%(或1200%)/实际季节比率之和。然后用调整系数去乘原季节指数就得出了调整后的季节指数。

各季度的季节指数也可用曲线图画出,这样能更直观地反映季节变化。如图10-1。

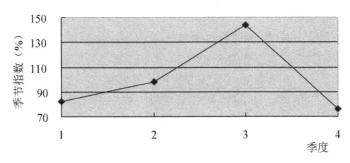

**图 10-1 某风景旅游城市旅游人数季节变动**

利用季节指数,可以对下一年各季度的旅游人数进行预测。假设该城市未来的第4年旅游人数将比第3年增长10%,达到272×1.1=299.2万人。则第4年各季度旅游人数预测值为:

第一季度预测值=299.2÷4×81.88%=61.25(万人)
第二季度预测值=299.2÷4×98.27%=73.5(万人)
第三季度预测值=299.2÷4×143.63%=107.44(万人)
第四季度预测值=299.2÷4×76.22%=57(万人)

2) 比率按季(月)平均法

比率按季(月)平均法是在按季(月)平均之前,先将历年各季(月)的数据同其本年的季(月)平均数相比,得出说明该年度的季节比率;然后再将各年度同期(月或季)的比率进行平均,求出季节指数。

【例 10.22】仍以表10-15某旅游城市旅游人数季度资料为例计算,用比率按月平均法计算历年各季的季节比率和季节指数。

**解**:第一步:根据表10-15资料,计算各年季平均数,见表10-25(单位:万人)。

表 10-25 计算各年季平均数

| 年份 | 第一季 | 第二季 | 第三季 | 第四季 | 季平均数 |
|---|---|---|---|---|---|
| 第1年 | 32 | 40 | 61 | 28 | 40.25 |
| 第2年 | 41 | 51 | 74 | 36 | 50.5 |
| 第3年 | 57 | 65 | 93 | 57 | 68 |

第二步：分别用各季度实际数值除以各年季平均数，得到季节比率，见表10-26。如用第1年第一季度旅游人数32万除以第1年季平均旅游人数40.25万得到0.795。

表10-26 比率按季(月)平均法季节指数计算表

| 年份 | 第一季 | 第二季 | 第三季 | 第四季 | 合计 |
| --- | --- | --- | --- | --- | --- |
| 第1年 | 0.795 0 | 0.993 8 | 1.515 5 | 0.695 7 | 4 |
| 第2年 | 0.811 8 | 1.009 9 | 1.465 3 | 0.713 0 | 4 |
| 第3年 | 0.838 2 | 0.955 9 | 1.367 6 | 0.838 3 | 4 |
| 合计 | 2.445 | 2.959 6 | 4.348 4 | 2.247 0 | 12 |
| 季节指数(％) | 81.50 | 98.65 | 144.95 | 74.90 | 400 |

第三步，将表10-26中各年同季的季节比率相加，再除以年份数就得到各季度的季节指数。如，第1季度的季节指数为2.445/3=0.815 即为81.50％，用同样方法求出其他3个季度的季节指数，结果见表10-26中最末一行数值。

上表的计算结果与例10-22的计算结果类似，表中第三季度的季节指数最高，达到144.95％，表明第三季度是旅游旺季，旅游人数超过各季平均水平44.95％。

2. 移动平均趋势剔除法

在具有明显的长期趋势变动的数列中，为了测定季节变动，必须先将趋势变动因素加以剔除。假定趋势变动、季节变动、循环变动和不规则变动对时间序列影响可以用乘法模型反映，用移动平均趋势剔除法测定季节变动的步骤如下。

第一，对原时间序列求移动平均数，作为相应时期的趋势值$T$。

第二，剔除原数列中的趋势变动$T$，即将原数列各项除以移动平均数的对应时间数据，运用如下公式计算：

$$\frac{Y}{T} = \frac{T \cdot S \cdot C \cdot I}{T} = S \cdot C \cdot I \tag{10.38}$$

第三，以消除趋势变动后的数列计算季节指数，测定季节变动。

【例10.23】 利用表10-17的数据，用移动平均趋势剔除法分析季节变动。

解：第一步：剔除长期趋势。

根据表10-17数据中的移正平均结果，得到表10-27中的最右边一栏($Y/T$)就是剔除长期趋势后的序列。

表10-27 季节指数计算表(一)剔除长期趋势

| 年份 | 季度 | 顺序 | $Y$ | $T$ | $Y/T$ |
| --- | --- | --- | --- | --- | --- |
| 第1年 | 1 | 1 | 32 | — | — |
| | 2 | 2 | 40 | — | — |
| | 3 | 3 | 61 | 41.375 | 1.474 3 |
| | 4 | 4 | 28 | 43.875 | 0.638 2 |

续表

| 年份 | 季度 | 顺序 | Y | T | Y/T |
|---|---|---|---|---|---|
| 第2年 | 1 | 5 | 41 | 46.875 | 0.8747 |
| | 2 | 6 | 51 | 49.500 | 1.0303 |
| | 3 | 7 | 74 | 52.500 | 1.4095 |
| | 4 | 8 | 36 | 55.250 | 0.6516 |
| 第3年 | 1 | 9 | 57 | 59.375 | 0.9600 |
| | 2 | 10 | 65 | 65.375 | 0.9943 |
| | 3 | 11 | 93 | — | — |
| | 4 | 12 | 57 | — | — |

第二步，计算各季度的季节指数。将表 10-27 中剔除长期趋势后的数值，按季度排列在表 10-28 中，对各年同季度的数值进行简单平均，就得到各季度的季节指数。

表 10-28　计算季节指数表（二）

| 年份 | 第一季度 | 第二季度 | 第三季度 | 第四季度 | 合计 |
|---|---|---|---|---|---|
| 第1年 | — | — | 1.4743 | 0.6382 | |
| 第2年 | 0.8747 | 1.0303 | 1.4095 | 0.6516 | — |
| 第3年 | 0.9600 | 0.9943 | — | — | — |
| 实际季节指数 | 0.91735 | 1.0123 | 1.4419 | 0.6449 | 4.01645 |
| 调整后季节指数（%） | 91.36 | 100.82 | 143.60 | 64.22 | 400 |

如第一季度的同季平均：$(0.8747+0.9600)/2=0.9090$，即为实际的季节指数，它们相加后不等于 4 或 400%，所以要进行调整。其方法为：

调整系数：$4.01645/4=1.0041$

第一季度调整后季节指数：$0.91735/1.0041=91.36\%$，其余各季度计算类推。

## 10.4.2　循环变动的测定

**1. 测定循环变动的意义**

测定循环变动的意义是：第一，将循环变动从时间序列中分离出来，更好地研究现象周期性上升或下降的表现形式、特点、周期长度以及各阶段的特征等；第二，通过对时间序列循环变动的测定和研究，有助于认识和掌握现象循环变动的规律，为制定政策、安排经济活动以及有效消除循环变动的不良影响提供科学依据；第三，通过对客观现象循环变动的认识，有助于进行经济预警分析，预测下一个经济循环周期发生的时间，提前做好有关准备工作，事先采取措施减少不利因素影响或阻止其发生。

按照周期的长短，循环变动有 3 种类型，即长周期、中周期和短周期。所谓长周期，又称长波循环或康德拉耶夫（Kondratieff）周期，每个循环的周期长度平均为 50～60 年。

所谓中周期,又称大循环或朱格拉(Juglar)周期,每个循环的周期长度平均为 8 年左右。所谓短周期,又称小循环或基钦(Kitchen)周期,它的平均长度约为 3~5 年。在现实生活中,对经济运行影响较大,并且表现明显的循环变动的周期是中周期,人们关心的也是中周期,国内外经济文献中所提到的经济循环周期或商业循环,也大都是指中周期。另外,按照经济活动的绝对水平是否下降,循环周期又分为古典型周期和增长型周期。所谓古典型周期,是指经济活动的绝对水平先下降后上升,在绝对水平上表现出涨落(或峰谷)相间或扩张与紧缩相交替的波动。所谓增长型周期,是指经济活动的绝对水平不一定下降,但在增长率上有明显的涨落(或峰谷)相间或扩张与紧缩相交替的波动。

一般情况下,一个完整的经济循环周期包含 4 个阶段,即复苏、繁荣、衰退和萧条。

2. 循环变动的测定方法

在对时间序列各个影响因素的测定中,循环变动的测定是最困难的,因为一个时间序列所包括的各个循环周期在时间的长短、波动的大小以及具体表现形态上都不尽相同,而且循环变动又往往和不规则变动混杂在一起,不易区分并且比较隐蔽。在实际工作中,测定循环变动的方法主要是分解法和增长率法。

1) 分解法

分解法又称剩余法,是测定古典型经济周期较为有效的方法。其具体过程是:首先,从时间序列中计算出长期趋势和季节变动;其次,用原数列的实际水平除以该数列的长期趋势值和季节比率数值,从而消除时间序列中长期趋势变动和季节变动的影响,求得只受循环变动和不规则变动影响的时间序列资料;最后,再对所求出的资料进行移动平均,从而消除不规则变动对时间序列的影响,这时就分离出了循环变动,并用各期的循环变动系数表示。

另外,对于以年为时间单位的时间序列,由于时间序列本身就不存在季节变动的影响,所以在用原数列的资料剔除长期趋势值后,只需对剩余资料进行移动平均就可大致消除不规则波动的影响,从而分离出循环变动来。分解法的步骤可更具体表述如下。

(1) 对于 $Y = T \times S \times C \times I$ 数列:

第一步,计算数列的长期趋势值 $T$ 和季节比率 $S$。

第二步,计算循环变动和不规则变动 $C \times I$:$C \times I = Y/(T \times S)$。

第三步,对 $C \times I$ 数列的数值采用移动平均方法消除不规则变动 $I$ 的影响后,就分离出循环变动因素 $C$。

(2) 对于 $Y = T \times C \times I$ 数列:

第一步,计算数列 $Y$ 的长期趋势值 $T$。

第二步,计算循环变动和不规则变动 $C \times I$:$C \times I = Y/T$。

第三步,对数列中的 $C \times I$ 数值,采用移动平均的方法消除不规则变动 $I$ 的影响后,就分离出循环变动因素 $C$。

【例 10.24】 某省连续 12 年原煤产量资料见表 10 - 29,试测定原煤产量循环变动情况。

表中,趋势值 $T$ 和循环变动 $C$ 均是采用三期移动平均得到的。由计算结果可以比较清晰地看出,该省原煤产量在 12 年间,存在着从低到高,再从高到低的循环变动周期。

表 10-29  某省原煤产量的循环变动计算表

| 年份序号 | 原煤产量 Y(万吨) | 趋势值 T(万吨) | 循环变动和不规则变动 $Y/T = C \times I$(%) | 循环变动 C(%) |
|---|---|---|---|---|
| 1 | 9 027 | — | — | — |
| 2 | 9 279 | 9 308 | 99.69 | — |
| 3 | 9 618 | 9 744 | 98.71 | 99.76 |
| 4 | 10 334 | 10 244 | 100.88 | 100.61 |
| 5 | 10 781 | 10 545 | 102.24 | 101.96 |
| 6 | 10 520 | 10 236 | 102.77 | 102.00 |
| 7 | 9 406 | 9 313 | 101.00 | 99.98 |
| 8 | 8 012 | 8 332 | 96.16 | 97.24 |
| 9 | 7 578 | 8 013 | 94.57 | 96.14 |
| 10 | 8 448 | 8 649 | 97.68 | 96.89 |
| 11 | 9 921 | 10 080 | 98.42 | — |
| 12 | 11 871 | — | — | — |

2) 增长率法

增长率法也称为直接法直接将时间序列中不同时期水平加以对比,得到发展速度或增长速度(增长率),分为两类情况。

一是对于季度和月度时间序列,如果研究时间序列的目的只在于测定数列的循环波动特征,可直接将每年各季或各月的数值与上年同期进行对比,即求出年距发展速度。它可以大致消除趋势变动 $T$ 和季节变动 $S$ 的影响。它的主要局限性是在消除时间序列长期趋势的同时,相对放大了年度发展水平的影响,当某一期发展水平偏低或偏高时,必然会影响 $C \cdot I$ 的数值,使之偏高或偏低,导致循环变动的振幅被拉大。

另一是对于年度数据资料,主要适合于增长型循环周期。该周期的特征是经济活动的增长率表现出周期波动的特点,而经济绝对量不一定下降。该法简便易行,结合图形分析,就更加直观,能比较清晰地反映某一现象增长率的波动特点。

## 10.5  Excel 在时间序列分析中运用示例

### 10.5.1  长期趋势的测定

**1. 移动平均法**

【例 10.25】 某公司 20××年前各月的销售额资料见表 10-30,试用移动平均法测定长期趋势。

表 10-30  某公司 20××年各月销售额

| 月份 | 实际销售额(万元) | 月份 | 实际销售额(万元) | 月份 | 实际销售额(万元) |
|---|---|---|---|---|---|
| 1 | 28 | 5 | 42 | 9 | 50 |
| 2 | 30 | 6 | 44 | 10 | 52 |
| 3 | 35 | 7 | 79 | 11 | 63 |
| 4 | 37 | 8 | 48 | 12 | 77 |

Excel 操作过程如下。

以表中的数据为例，相关移动平均法"数据分析"计算过程如下。

第一步：在 Excel 工作表中 B2：B13 区域中输入"某公司 20××年各月销售额"资料。

第二步：在 Excel 的"工具"栏中选择"数据分析"命令，并单击"移动平均"选项。

第三步：在"移动平均"对话框的"输入区域"文本框中输入"B2：B13"，在"间隔"文本框中输入"3"表示进行 3 项移动平均，选择"输出区域"，并选择"图表输出"和"标准误差"复选框，单击"确定"按钮，移动平均法的计算结果如图 10-2 所示。

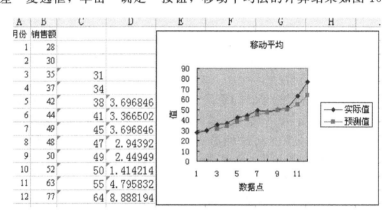

图 10-2  利用移动平均"数据分析"计算的结果

在图中，分别产生了 3 项移动平均的估计值 C3：C13 和估计的标准差 D5：D12。正如图中 C4 单元格的表达式所示，C4 中的表达式"＝AVERAGE(B2：B4)"是对 B2：B4 单元计算算术平均数，而 D6 单元格中的表达式"＝SQRT(SUMXMY2(B4：B6，C4：C6)/3)"相当于标准差公式。

关于 Excel 中的"移动平均"的计算，需要说明两点：一是图中图列说明中的"趋势值"，即移动平均值，由于移动平均法是以移动平均值作为趋势估计值，所以也将其称为"趋势值"；二是移动平均值的位置不是在被平均的 N 项数值的中间位置，而是直接排放在这 N 个时期的最后一期，这一点与通常意义上移动平均值应排放在 N 时期的中间时期有所不同。

图中还绘制出了实际观察值与 3 项移动平均估计值之间的拟合曲线，可以看出，移动平均值削弱了上下波动，如果这种波动不是季节波动而是不规则变动的话，显然，移动平均可以削弱不规则变动。对于该例进行 4 项移动平均的结果与 3 项移动平均的结果明显不同。也就是说,当序列有季节周期时,只要移动平均的项数和季节波动的周期长度一致,则移动平均值可以消除季节周期,并在一定程度上消除不规则变动,从而揭示出序列的长期趋势。

2. 指数平滑法

【例 10.26】 资料见表 10-30,试用指数平滑法分析销售额变动趋势。

指数平滑法"数据分析"计算过程如下。

第一步:在 Excel "工具"栏中选择"数据分析",并点击"指数平滑"过程。

第二步:在"指数平滑"对话框的"输入区域"文本框中输入"B2:B13",在"阻尼(平滑)系数"文本框输入 0.35。选择"输出区域",并选择"图表输出"和"标准误差"复选框,单击"确定",指数平滑法的计算结果如图 10-3 所示。

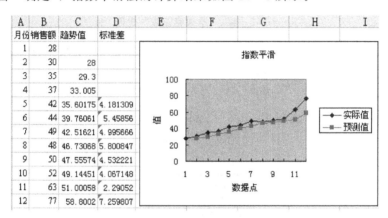

图 10-3 指数平滑宏输出结果

3. 拟合直线趋势

【例 10.27】 某游览点最近连续 7 年观光游客资料见表 10-31。

表 10-31 某游览点最近连续 7 年观光游客资料

| 年份 | 时间 $t$ | 游客(百人)$y$ |
| --- | --- | --- |
| 1 | 1 | 100 |
| 2 | 2 | 112 |
| 3 | 3 | 125 |
| 4 | 4 | 140 |
| 5 | 5 | 155 |
| 6 | 6 | 168 |
| 7 | 7 | 180 |
| 合计 | 28 | 980 |

在 Excel 中虽没有提供数学曲线拟合法的直接计算工具,但是通过配合使用某些宏与

函数可以完成直线或曲线趋势的数学拟合。

第一步：利用图形向导生成折线图或利用移动平均宏生成折线图。

第二步：在对生成的草图进行必要的修饰后，得到时序图。单击鼠标左键选择折线，然后右击，选择"添加趋势线"选项，操作如图10-4所示。

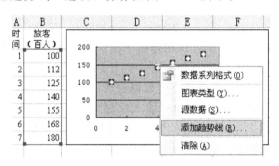

图10-4 "添加趋势线"操作

第三步：在"添加趋势线"操作中，选择"线性"趋势线，然后单击"选项"命令，在"选项"菜单选择输出"显式公式"和"显示$R$平方值"两项。最后单击"确定"按钮，得到如图10-5所示趋势线和直线趋势方程及$R$平方值。

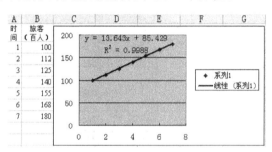

图10-5 直线趋势方程及拟合度

### 10.5.2 季节变动、长期趋势与循环变动的测定

循环变动的测定需要在测定出季节变动和长期趋势的基础上进行，因此，用一个测定循环变动的实例说明。

【例10.28】 根据我国某一段时间内连续6年各季度的年货物周转量数据资料，见表10-32，用剩余法测定其季节变动和循环变动。

表10-32 连续6年货物周转量季度数据实际值（单位：亿吨千米）

| 时间 | | 实际值 $y_i$ | 时间 | | 实际值 $y_i$ |
| --- | --- | --- | --- | --- | --- |
| 第1年 | 1 | 6 924 | 第4年 | 1 | 9 131 |
| | 2 | 7 254 | | 2 | 10 063 |
| | 3 | 7 045 | | 3 | 9 946 |
| | 4 | 7 415 | | 4 | 10 020 |

续表

| 时间 | | 实际值 $y_i$ | 时间 | | 实际值 $y_i$ |
|---|---|---|---|---|---|
| 第2年 | 1 | 7 346 | 第5年 | 1 | 8 533 |
| | 2 | 7 714 | | 2 | 10 063 |
| | 3 | 7 615 | | 3 | 9 946 |
| | 4 | 7 707 | | 4 | 10 020 |
| 第3年 | 1 | 7 066 | 第6年 | 1 | 10 673 |
| | 2 | 7 732 | | 2 | 11 237 |
| | 3 | 9 032 | | 3 | 11 561 |
| | 4 | 9 597 | | 4 | 11 734 |

步骤如下。

(1) 输入数据，如下图所示。A2：A25存放时间，B2：B25存放实际值Y，A1与B1分别存放两列数据的标志"时间"和"Y"。C1～G1分别存放计算过程中各列数据的标志，分别为"S"、"T*C*I"、"T"、"C*I"和"C"，见表10-33。

表10-33 剩余法测定季节变动和循环变动操作结果

| 时间 | Y | S | T*C*I | T | C*I | C |
|---|---|---|---|---|---|---|
| 第1年.1 | 6924 | 92.25440397 | 75.05332756 | | | |
| 2 | 7254 | 100.4076629 | 72.24548194 | | | |
| 3 | 7045 | 102.4171906 | 68.78728035 | | | |
| 4 | 7415 | 104.9207425 | 70.67239348 | | | |
| 第2年.1 | 7346 | 92.25440397 | 79.62763493 | 71.68962083 | 111.0727522 | |
| 2 | 7714 | 100.4076629 | 76.82680558 | 72.83319768 | 105.4832247 | 105.6872772 |
| 3 | 7615 | 102.4171906 | 74.35275229 | 73.97852859 | 100.5058545 | 101.1496689 |
| 4 | 7707 | 104.9207425 | 73.4554466 | 75.36989657 | 97.45992757 | 99.55281981 |
| 第3年.1 | 7066 | 92.25440397 | 76.59254947 | 76.06565985 | 100.6926774 | 100.136318 |
| 2 | 7732 | 100.4076629 | 77.00607476 | 75.30688849 | 102.2563491 | 106.6615418 |
| 3 | 9032 | 102.4171906 | 88.18832025 | 75.35170578 | 117.035599 | 111.7846019 |
| 4 | 9597 | 104.9207425 | 91.46904386 | 78.81059777 | 116.0618577 | 117.2988627 |
| 第4年.1 | 9131 | 92.25440397 | 98.97630473 | 83.31399709 | 118.7991312 | 115.8611374 |
| 2 | 10063 | 100.4076629 | 100.2214343 | 88.9099359 | 112.7224233 | 111.3514223 |
| 3 | 9946 | 102.4171906 | 97.11260332 | 94.7137758 | 102.5327124 | 104.5884783 |
| 4 | 10020 | 104.9207425 | 95.50065849 | 96.94484657 | 98.51029928 | 98.49013521 |
| 第5年.1 | 8533 | 92.25440397 | 92.49422936 | 97.95275022 | 94.42739397 | 98.99165812 |

续表

| 时间 | | Y | S | T·C·I | T | C·I | C |
|---|---|---|---|---|---|---|---|
| | 2 | 10063 | 100.4076629 | 100.2214343 | 96.33223138 | 104.0372811 | 99.75825301 |
| | 3 | 9946 | 102.4171906 | 97.11260332 | 96.33223138 | 100.8100839 | 101.3280436 |
| | 4 | 10020 | 104.9207425 | 95.50065849 | 96.33223138 | 99.13676567 | 106.6808797 |
| 第6年 | 1 | 10673 | 92.25440397 | 115.6909539 | 96.33223138 | 120.0957896 | 109.6035869 |
| | 2 | 11237 | 100.4076629 | 111.913769 | 102.1314125 | 109.5782054 | 112.374787 |
| | 3 | 11561 | 102.4171906 | 112.8814405 | 105.0544962 | 107.4503658 | 106.5447468 |
| | 4 | 11734 | 104.9207425 | 111.8367991 | 108.9967055 | 102.6056692 | |

（2）用直接平均法计算季节指数。在 C2 中输入如下公式：

＝AVERAGE(B2，B6，B10，B14，B18，B22)/AVERAGE(B$2：B$25)×100

公式中乘以 100，是因为季节指数的单位是"％"。然后用"填充"命令或填充柄将公式复制到 C3：C5 单元格，此时已经计算出季节指数。再用"复制"、"选择性粘贴"命令将季节指数的值复制到其他年份的各季度中（注意从 C6 开始的季节指数计算不能按 C5 拖动）。

（3）剔除季节变动，用公式 $T·C·I=Y/S$。在 D2 单元格中输入公式"＝B2/C2"，然后将公式复制到 D3：D25 单元格。

（4）用 4 项移动平均求出长期趋势值 $T$。在 E6 单元格输入公式"＝AVERAGE(D2：D5)"，再将公式复制到 E7：E25 单元格。

计算移动平均也可用"移动平均"分析工具。此分析工具及其公式可以基于特定的过去某段时期中变量的均值，对未来值进行预测。移动平均值提供了由所有历史数据的简单的平均值所代表的趋势信息。

调出"移动平均"对话框后，其主要选项含义如下。

输入区域：在此输入待分析数据区域的单元格引用。该区域必须由包含 4 个以上数据单元格的单列组成。本例为"$D$1：$D$25"

标志位于第一行：如果输入区域的第一行中包含标志项，请选中此复选框；如果输入区域没有标志项，请取消选中此复选框，Excel 将在输出表中生成适宜的数据标志。本例要选中该复选框。

间隔：在此输入用来进行移动平均计算的间隔数。默认间隔为 3。本例为"四项移动平均"，所以间隔为"4"。

输出区域：在此输入对输出表左上角单元格的引用。此分析工具的输出区域必须与输入区域在同一工作表中。因此，"新工作表组"和"新工作簿"选项均不可使用。

图表输出：选择此复选框可以在输出表中生成一个嵌入直方图。

标准误差：如果要在输出表的一列中包含标准误差值，请选中此复选框；如果只需要没有标准误差值的单列输出表，取消选中此复选框。

本例，"移动平均"对话框的填写如图 10-5 所示。

在此要注意输出区域的填写，因为用该分析工具计算的移动平均值直接排放在 $N$ 个时期的最后一期，而根据本题要求应放在 $N$ 个时期的后一期。

图 10-5　4 项移动平均操作

（5）剔除长期趋势，$C \cdot I = \dfrac{T \cdot C \cdot I}{T}$。在 F6 单元格中输入公式"＝D6/E6×100"，然后将公式复制到 F7：F25 单元格。

（6）进行移动平均（取 3 项）消除不规则变动。进行三项移动平均消除不规则变动。在 G7 中输入公式"＝AVERAGE(F6：F8)"，然后将公式复制到 G8：G24 单元格。这一步也可用"移动平均"分析工具来完成。最后结果中循环变动 C 保留两位小数。

（7）描绘循环曲线图根据以上的结果，可作出货物周转量的循环变动曲线。

步骤如下：

① 执行"插入"→"图表"命令，调出"图表向导-4 步骤之 1-图表类型"对话框。在对话框的"标准类型"选项卡的"图表类型"列表框中选择"折线图"选项，子图表类型选"数据点折线图"选项，如图 10-6 所示。单击"下一步"。

② 进入"图表向导步骤-图表数据源"对话框。在对话框中"数据区域"选项卡的"数据区域"文本框中，输入循环变动 C 所在区域的地址。可用鼠标拖动选择 C1：C25 单元格，则在"数据区域"文本框中相应显示"＝时间序列！＄G＄1：＄G＄25"（其中"时间序列"是该工作表的名称）。选中"列"单选按钮，表示系列产生在列。

单击"系列"选项，显示出"系列"单元格的内容。确定分类(X)轴标志，可单击"分类(X)轴标志"文本框，再用鼠标拖动选择 A2：A25 单元格，此时在"分类(X)轴标志"文本框中显示"＝时间序列！＄A＄2：＄A＄25"。单击"下一步"按钮。在"系列"页框中，可以修改系列。系列即是要作图的数据序列（如本题的循环变动 C）。修改或删除某系列前，要先在"系列"列表框中选中该系列。

③ 进入到"图表向导步骤-图表选项"对话框。在该对话框中，可设置图表的标题、坐标轴的标题、网格线和图例等。一般不作修改，单击"下一步"按钮。

④ 进入到"图表向导步骤-图表位置"对话框。可在该对话框中设置图表存放的位置。一般不作修改，单击"完成"即可。若在向导的第 3 和第 4 步中均不作修改，则可在填写完图表向导第 2 步中的对话框后，直接单击"完成"按钮。

生成的图表区格式，还可以用"图表"工具栏进行修改。本例将"分类轴"的"分类轴该度线之间的分类数"设为 4，也即分类轴只显示时间列各年第一季度（如第 1 年.1、第 2 年.1）。图表区如图 10-7 所示。

货运量循环曲线图如图 10-8 所示。

分析：从图 10-8 循环曲线图可以看出，货运量从第 3 年第四季度的低谷到第 4 年第四季度的高峰，再到第 5 年第四季度的低谷，历经两年，形成一个完整的循环过程。从第 5 年第四季度开始，进入下一个循环，其高峰会在第 6 年第二季度出现。

图 10-6 图表向导操作

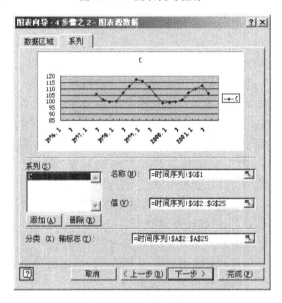

图 10-7 图表工具栏

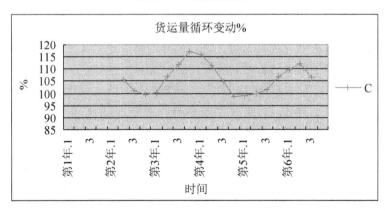

图 10-8 货运量循环曲线图

## 本章小结

1. 时间序列就是把反映现象总体的某一统计指标在不同时间上的数值按时间先后顺序排列起来所形成的数列。它由两个构成要素组成：一是指标所属时间；二是指标数值。

2. 时间序列可分为总量指标时间序列、相对指标时间序列和平均指标时间序列3种。其中总量指标时间序列为基本序列，又分为时期数列和时点数列，相对指标时间序列和平均指标时间序列是总量指标时间序列的派生序列。

3. 时间序列分析指标可分为两大类：一类是水平分析指标，包括发展水平、平均发展水平、增长量和平均增长量；另一类是速度分析指标，包括发展速度、平均发展速度、增长速度和平均增长速度。

4. 由相对指标或一般平均数时间序列计算序时平均数的步骤是：首先，把相对指标时间序列还原为由总量指标时间序列构成的分子数列和分母数列；其次，分别计算出分子数列和分母数列的序时平均数；最后，将分子数列和分母数列的序时平均数进行对比。

5. 平均发展速度是时间序列中各期环比发展速度的序时平均数。计算平均发展速度的几何平均法和方程式法。平均增长速度等于平均发展速度减$100\%$。

6. 时间序列水平的影响包括长期趋势变动($T$)、季节变动($S$)、循环变动($C$)和不规则变动($I$)。由此形成两种组合模型，即乘法模型和加法模型。

7. 长期趋势测定常用方法有：时距扩大法、移动平均法、指数平滑法和数学模型法。

8. 数学模型法又称为最小平方法，是测定长期趋势最常用的方法。其基本思想是，根据使原数列各项数值与趋势值的离差平方和为最小的要求，拟合出一条合适的趋势方程。判断时间序列是何种趋势类型的方法，一是绘制散点图，观察资料的趋势类型。另一是根据动态指标判断，若时间序列各逐期增长量大体相等，趋势为直线型；若二级增长量大体相等，趋势为抛物线型；若时间序列各环比发展速度大体相等，趋势为指数曲线型。

10. 测定季节变动的方法有两类，即同期平均法和趋势剔除法。测定循环变动的方法主要是分解法和增长率法。

## 习 题

### 一、简答题

1. 什么是时间序列？其构成要素是什么？
2. 时间序列是如何分类的？
3. 时期数列和时点数列有何不同特点？
4. 编制时间序列应遵守的基本原则是什么？具体包括哪些方面？
5. 序时平均数与静态平均数有何相同点和不同点？
6. 如何根据相对指标或平均指标时间序列计算序时平均数？
7. 定基发展速度和环比发展速度有何联系？
8. 运用水平与速度分析指标注意的问题有哪些？
9. 如何用最小平方法测定资料的长期趋势？

10. 测定资料长期趋势、季节变动、循环变动的方法分别有哪些?

## 二、单项选择题

1. 时间序列中,各项指标数值可以相加的是( )。
   A. 绝对数时间序列        B. 时期数列
   C. 时点数列              D. 相对数或平均数时间序列

2. 序时平均数中的"首尾折半法"适用于计算( )。
   A. 时期序列的资料
   B. 间隔相等的间断时点序列的资料
   C. 间隔不等的间断时点序列的资料
   D. 由两个时期序列构成的相对数时间序列资料

3. 同比发展速度能够( )。
   A. 资料易于取得          B. 消除季节因素的影响
   C. 消除长期趋势的影响    D. 方便计算

4. 下列动态序列分析指标中,不取负值的是( )。
   A. 增长量                B. 发展速度
   C. 增长速度              D. 平均增长速度

5. 某地国内生产总值 2013 年比 2010 年增长 53.5%,2012 年比 2010 年增长 40.2%,则 2013 年比 2012 年增长( )。
   A. 9.5%        B. 13.3%        C. 33.08%        D. 无法确定

6. 用几何平均法计算平均发展速度时,其数值的大小( )。
   A. 不受最初水平和最末水平的影响
   B. 只受中间各期水平的影响
   C. 只受最初水平和最末水平的影响
   D. 既受最初水平和最末水平的影响,也受中间各期水平的影响

7. 在测定长期趋势时,移动平均法的主要作用是( )。
   A. 削弱短期的偶然因素引起的波动    B. 削弱长期的基本因素引起的波动
   C. 消除季节变动的影响              D. 预测未来

8. 若时间序列的二级增长量大体相等,宜拟合( )。
   A. 直线趋势方程          B. 曲线趋势方程
   C. 指数趋势方程          D. 二次曲线方程

9. 若时间序列的逐期增长量大体相等,宜拟合( )。
   A. 直线趋势方程          B. 曲线趋势方程
   C. 指数趋势方程          D. 二次曲线方程

10. 对某一时间序列拟合的直线趋势方程为 $y_t = a + bt$,如果该序列中没有长期趋势,则 b 的值应该( )。
    A. 接近 1        B. 小于 1        C. 接近 0        D. 小于 0

## 三、多项选择题

1. 时点数列中( )。
   A. 各个时点的指标数值连续累加有实际的经济意义
   B. 各个时点的指标数值连续累加没有实际的经济意义
   C. 各个时点的指标数值一般靠一次性的调查登记取得
   D. 各个时点的指标数值一般靠经常性的调查登记取得

E. 各个时点指标数值的大小与其对应时点的间隔长短没有直接关系

2. 若两个相邻时期的环比发展速度皆为106%，则（  ）。

A. 这两个时期的逐期增长量相等　　B. 这两个时期的定基发展速度相等

C. 这两个时期的发展水平相等　　　D. 这两个时期的环比增长速度相等

E. 这两个时期的平均发展速度为106%

3. 增长速度与发展速度的关系（  ）。

A. 两者仅相差一个基数

B. 发展速度＝增长速度＋1

C. 增长速度等于各环比增长速度的连乘积

D. 定基增长速度＝定基发展速度－1

E. 定基增长速度＝各环比发展速度的连乘积－1

4. 应用指数平滑法进行预测，其优点是（  ）。

A. 只需储存上期对本期的预测值一个数据就可以预测下一期水平

B. 给近期值比远期值较大的权数

C. 给近期值比远期值较小的权数

D. 不会产生预测滞后于实际的情况

E. 通过对平滑系数的不同设定，可有效控制预测结果的准确程度

5. 下列关于季节比率，说法正确的有（  ）。

A. 季节比率是一种绝对数　　　　　B. 季节比率是一种强度相对数

C. 季节比率大于0，小于1　　　　　D. 季度季节比率之和等于400%

E. 月度季节比率之和等于1 200%

### 四、计算分析题

1. 某公司某年1、2、3月份产量计划完成程度资料如下表。

| 月份 | 1月 | 2月 | 3月 |
| --- | --- | --- | --- |
| 计划数 | 4 000 | 6 000 | 8 000 |
| 计划完成程度(%) | 104 | 105 | 10 |

根据资料计算本公司第一季度月平均计划完成程度。

2. 某企业20××年第一季度工业总产值和各月末职工人数资料如下。

| 月份 | 上年12月 | 1月 | 2月 | 3月 |
| --- | --- | --- | --- | --- |
| 工业总产值(万元) | 500 | 540 | 520 | 630 |
| 月末职工人数(人) | 490 | 510 | 512 | 526 |

根据资料计算该企业第一季度月平均劳动生产率。

3. 某企业连续8年年工业总产值如下表。

| 年份 | 1 | 2 | 3 | 4 | 5 | 6 | 7 | 8 |
| --- | --- | --- | --- | --- | --- | --- | --- | --- |
| 工业总产值(万元) | 930 | 952 | 968 | 986 | 1 100 | 1 123 | 1 145 | 1 164 |

(1) 试计算增长量、发展速度、年平均增长速度。

(2) 试用最小平方法拟合适当的趋势方程，并预测该企业第9年工业总产值。

4. 设某地市场的啤酒销售资料如下。(单位：万瓶)

| 年份 \ 季度 | 一 | 二 | 三 | 四 |
|---|---|---|---|---|
| 2008 | 81 | 93 | 125 | 51 |
| 2009 | 85 | 89 | 132 | 49 |
| 2010 | 82 | 92 | 138 | 53 |
| 2011 | 84 | 98 | 129 | 45 |
| 2012 | 86 | 91 | 130 | 48 |
| 2013 | 91 | 99 | 131 | 50 |

采用按季平均法分析该地市场啤酒销售的季节变动情况。

5. 某地区连续12年职工平均工资指数如下表所示。

| 年份 | 平均工资指数(环比) | 年份 | 平均工资指数(环比) |
|---|---|---|---|
| 1 | 112.70% | 7 | 112.10% |
| 2 | 112.60% | 8 | 103.60% |
| 3 | 118.50% | 9 | 100.20% |
| 4 | 124.80% | 10 | 106.20% |
| 5 | 135.40% | 11 | 107.90% |
| 6 | 121.70% | 12 | 111.00% |

(1) 试绘制时间序列图，并描述其变化趋势。
(2) 采用5期移动平均法描述该时间序列的平均趋势，做趋势图并与原时间序列图比较。
(3) 采用指数平滑法，分别用平滑系数 α=0.3 和 α=0.5 预测第13年平均工资指数，并对预测误差进行分析，说明用哪一个平滑系数预测更合适。

6. 以下数据为某地区连续24年GDP的定基发展速度(以第1年GDP为基数)。

| 年份 | GDP指数 | 年份 | GDP指数 |
|---|---|---|---|
| 1 | 100.00% | 13 | 283.00% |
| 2 | 107.60% | 14 | 308.80% |
| 3 | 116.00% | 15 | 352.20% |
| 4 | 122.00% | 16 | 398.40% |
| 5 | 133.30% | 17 | 448.70% |
| 6 | 148.20% | 18 | 489.10% |
| 7 | 170.90% | 19 | 536.80% |
| 8 | 193.50% | 20 | 582.90% |
| 9 | 209.90% | 21 | 628.40% |
| 10 | 234.10% | 22 | 673.50% |
| 11 | 260.50% | 23 | 730.10% |
| 12 | 271.50% | 24 | 781.20% |

（1）根据以上数据绘制时间序列散点图，并观察其发展趋势。

（2）根据时间序列散点图的形状拟合适当的趋势方程。

【实际操作训练】

根据教材"10.5 Excel 在时间序列分析中运用示例"中的数据资料，在 Excel 中，对照步骤，完成操作。

# 附　　录

1. 标准正态分布表

$$\Phi(x) = \int_{-\infty}^{x} \frac{1}{\sqrt{2\pi}} e^{-\frac{t^2}{2}} dt = P(X \leqslant x)$$

| x | 0 | 1 | 2 | 3 | 4 | 5 | 6 | 7 | 8 | 9 |
|---|---|---|---|---|---|---|---|---|---|---|
| 0.0 | 0.5000 | 0.5040 | 0.5080 | 0.5120 | 0.5160 | 0.5199 | 0.5239 | 0.5279 | 0.5319 | 0.5359 |
| 0.1 | 0.5398 | 0.5438 | 0.5478 | 0.5517 | 0.5557 | 0.5596 | 0.5636 | 0.5675 | 0.5714 | 0.5753 |
| 0.2 | 0.5793 | 0.5832 | 0.5871 | 0.5910 | 0.5848 | 0.5987 | 0.6026 | 0.6064 | 0.6103 | 0.6141 |
| 0.3 | 0.6179 | 0.6217 | 0.6255 | 0.6293 | 0.6331 | 0.6368 | 0.6406 | 0.6443 | 0.6480 | 0.6517 |
| 0.4 | 0.6554 | 0.6591 | 0.6628 | 0.6664 | 0.6700 | 0.6736 | 0.6772 | 0.6808 | 0.6844 | 0.6879 |
| 0.5 | 0.6915 | 0.6950 | 0.6985 | 0.7019 | 0.7054 | 0.7088 | 0.7123 | 0.7157 | 0.7190 | 0.7224 |
| 0.6 | 0.7257 | 0.7219 | 0.7324 | 0.7357 | 0.7389 | 0.7422 | 0.7454 | 0.7486 | 0.7571 | 0.7549 |
| 0.7 | 0.7580 | 0.7611 | 0.7642 | 0.7673 | 0.7703 | 0.7734 | 0.7764 | 0.7794 | 0.7823 | 0.7852 |
| 0.8 | 0.7881 | 0.7910 | 0.7939 | 0.7967 | 0.7995 | 0.8023 | 0.8051 | 0.8087 | 0.8106 | 0.8133 |
| 0.9 | 0.8159 | 0.8186 | 0.8212 | 0.8283 | 0.8264 | 0.8289 | 0.8315 | 0.8340 | 0.8365 | 0.8389 |
| 1.0 | 0.8413 | 0.8438 | 0.8461 | 0.8485 | 0.8508 | 0.8531 | 0.8554 | 0.8577 | 0.8599 | 0.8621 |
| 1.1 | 0.8643 | 0.8665 | 0.8686 | 0.8708 | 0.8729 | 0.8749 | 0.8770 | 0.8790 | 0.8810 | 0.8830 |
| 1.2 | 0.8849 | 0.8869 | 0.8888 | 0.8907 | 0.8925 | 0.8944 | 0.8962 | 0.8980 | 0.8997 | 0.9015 |
| 1.3 | 0.9023 | 0.9049 | 0.9066 | 0.9082 | 0.9099 | 0.9115 | 0.9131 | 0.9147 | 0.9162 | 0.9177 |
| 1.4 | 0.9192 | 0.9207 | 0.9222 | 0.9236 | 0.9251 | 0.9265 | 0.9278 | 0.9292 | 0.9306 | 0.9319 |
| 1.5 | 0.9332 | 0.9345 | 0.9357 | 0.9370 | 0.9382 | 0.9394 | 0.9406 | 0.9418 | 0.9430 | 0.9441 |
| 1.6 | 0.9452 | 0.9463 | 0.9474 | 0.9484 | 0.9495 | 0.9505 | 0.9515 | 0.9525 | 0.9535 | 0.9545 |
| 1.7 | 0.9554 | 0.9564 | 0.9573 | 0.9582 | 0.9591 | 0.9599 | 0.9608 | 0.9616 | 0.9625 | 0.9633 |
| 1.8 | 0.9641 | 0.9648 | 0.9656 | 0.9664 | 0.9671 | 0.9678 | 0.9686 | 0.9693 | 0.9700 | 0.9706 |
| 1.9 | 0.9713 | 0.9719 | 0.9726 | 0.9732 | 0.9738 | 0.9744 | 0.9750 | 0.9756 | 0.9762 | 0.9767 |
| 2.0 | 0.9772 | 0.9778 | 0.9783 | 0.9788 | 0.9793 | 0.9798 | 0.9803 | 0.9808 | 0.9812 | 0.9817 |
| 2.1 | 0.9821 | 0.9826 | 0.9830 | 0.9834 | 0.9838 | 0.9842 | 0.9846 | 0.9850 | 0.9854 | 0.9857 |
| 2.2 | 0.9861 | 0.9864 | 0.9868 | 0.9871 | 0.9874 | 0.9878 | 0.9881 | 0.9884 | 0.9887 | 0.9890 |
| 2.3 | 0.9893 | 0.9896 | 0.9898 | 0.9901 | 0.9904 | 0.9906 | 0.9909 | 0.9911 | 0.9913 | 0.9916 |
| 2.4 | 0.9918 | 0.9920 | 0.9922 | 0.9925 | 0.9927 | 0.9929 | 0.9931 | 0.9932 | 0.9934 | 0.9936 |
| 2.5 | 0.9938 | 0.9940 | 0.9941 | 0.9943 | 0.9945 | 0.9946 | 0.9948 | 0.9949 | 0.9951 | 0.9952 |
| 2.6 | 0.9953 | 0.9955 | 0.9956 | 0.9957 | 0.9959 | 0.9960 | 0.9961 | 0.9962 | 0.9963 | 0.9964 |
| 2.7 | 0.9965 | 0.9966 | 0.9967 | 0.9968 | 0.9969 | 0.9970 | 0.9971 | 0.9972 | 0.9973 | 0.9974 |
| 2.8 | 0.9974 | 0.9975 | 0.9976 | 0.9977 | 0.9977 | 0.9978 | 0.9979 | 0.9979 | 0.9980 | 0.9981 |
| 2.9 | 0.9981 | 0.9982 | 0.9982 | 0.9983 | 0.9984 | 0.9984 | 0.9985 | 0.9985 | 0.9986 | 0.9986 |
| 3.0 | 0.9987 | 0.9990 | 0.9993 | 0.9995 | 0.9997 | 0.9998 | 0.9998 | 0.9999 | 0.9999 | 1.0000 |

## 2. t 分布表

$$P\{t(n) > t_\alpha(n)\} = \alpha$$

| n | α = 0.25 | 0.10 | 0.05 | 0.025 | 0.01 | 0.005 |
|---|---|---|---|---|---|---|
| 1 | 1.0000 | 3.0777 | 6.3138 | 12.7062 | 31.8207 | 63.6574 |
| 2 | 0.8165 | 1.8856 | 2.9200 | 4.3037 | 6.9646 | 9.9248 |
| 3 | 0.7649 | 1.6377 | 2.3534 | 3.1824 | 2.5407 | 5.8409 |
| 4 | 0.7407 | 1.5332 | 2.1318 | 2.7764 | 3.7469 | 4.6014 |
| 5 | 0.7267 | 1.4759 | 2.0150 | 2.5706 | 3.3649 | 4.0322 |
| 6 | 0.7176 | 1.4398 | 1.9432 | 2.4469 | 3.1427 | 3.7074 |
| 7 | 0.7111 | 1.4149 | 1.8946 | 2.3634 | 2.9980 | 3.4995 |
| 8 | 0.7064 | 1.3968 | 1.8595 | 2.3060 | 2.8965 | 3.3554 |
| 9 | 0.7027 | 1.3830 | 1.8331 | 2.2622 | 2.8214 | 3.2498 |
| 10 | 0.6998 | 1.3722 | 1.8125 | 2.2281 | 2.7638 | 3.1693 |
| 11 | 0.6974 | 1.3634 | 1.7959 | 2.2010 | 2.7181 | 3.1058 |
| 12 | 0.6955 | 1.3562 | 1.7823 | 2.1788 | 2.6810 | 3.0545 |
| 13 | 0.6938 | 1.3502 | 1.7709 | 2.1604 | 2.6503 | 3.0123 |
| 14 | 0.6924 | 1.3450 | 1.7613 | 2.1448 | 2.6245 | 2.9768 |
| 15 | 0.6912 | 1.3406 | 1.7531 | 2.1315 | 2.6205 | 2.9467 |
| 16 | 0.6901 | 1.3368 | 1.7459 | 2.1199 | 2..5835 | 2.9208 |
| 17 | 0.6892 | 1.3334 | 1.7396 | 2.1098 | 2.5669 | 2.8982 |
| 18 | 0.6884 | 1.3304 | 1.7341 | 2.1009 | 2.5524 | 2.8784 |
| 19 | 0.6876 | 1.3277 | 1.7291 | 2.0930 | 2.5395 | 2.8609 |
| 20 | 0.9870 | 1.3253 | 1.7247 | 2.0860 | 2.5280 | 2.8453 |
| 21 | 0.6864 | 1.3232 | 1.7207 | 2.0796 | 2.5177 | 2.8314 |
| 22 | 0.6858 | 1.3212 | 1.7171 | 2.0739 | 2.5083 | 2.8188 |
| 23 | 0.6853 | 1.3195 | 1.7139 | 2.0687 | 2.4999 | 2.8073 |
| 24 | 0.6848 | 1.3178 | 1.7109 | 2.0639 | 2.4922 | 2.7969 |
| 25 | 0.6844 | 1.3163 | 1.7108 | 2.0595 | 2.4851 | 2.7874 |
| 26 | 0.6840 | 1.3150 | 1.7056 | 2.0555 | 2.4786 | 2.7787 |
| 27 | 0.6837 | 1.3137 | 1.7033 | 2.0518 | 2.4727 | 2.7707 |
| 28 | 0.6834 | 1.3125 | 1.7011 | 2.0484 | 2.4671 | 2.7664 |
| 29 | 0.6830 | 1.3114 | 1.6991 | 2.0452 | 2.4620 | 2.7564 |
| 30 | 0.6828 | 1.304 | 1.6973 | 2.0423 | 2.4573 | 2.7500 |
| 31 | 0.6825 | 1.3095 | 1.6599 | 2.0395 | 2.4528 | 2.7440 |
| 32 | 0.6822 | 1.3086 | 1.6939 | 2.0369 | 2.4487 | 2.7385 |
| 33 | 0.6820 | 1.3077 | 1.6924 | 2.0345 | 2.4448 | 2.7333 |
| 34 | 0.6818 | 1.3070 | 1.6909 | 2.0322 | 2.4411 | 2.7384 |
| 35 | 0.6816 | 1.3062 | 1.6896 | 2.0301 | 2.4377 | 2.7238 |

续表

| n | α=0.25 | 0.10 | 0.05 | 0.025 | 0.01 | 0.005 |
|---|---|---|---|---|---|---|
| 36 | 0.6814 | 1.3055 | 1.6883 | 2.0281 | 2.4345 | 2.7195 |
| 37 | 0.6812 | 1.3049 | 1.6871 | 2.0262 | 2.4314 | 2.7154 |
| 38 | 0.6810 | 1.3042 | 1.6860 | 2.0244 | 2.4286 | 2.7116 |
| 39 | 0.6808 | 1.3036 | 1.6849 | 2.0227 | 2.4258 | 2.7079 |
| 40 | 0.6807 | 1.3031 | 1.6839 | 2.0211 | 2.4223 | 2.7045 |
| 41 | 0.6805 | 1.3025 | 1.6829 | 2.0195 | 2.4208 | 2.7012 |
| 42 | 1.6804 | 1.3020 | 1.6820 | 2.0181 | 2.4185 | 2.6981 |
| 43 | 1.6802 | 1.3016 | 1.6811 | 2.0167 | 2.4163 | 2.6951 |
| 44 | 1.6801 | 1.3011 | 1.6802 | 2.0154 | 2.4141 | 2.6923 |
| 45 | 0.6800 | 1.3006 | 1.6794 | 2.0141 | 2.4121 | 2.6896 |

## 附 录

3. F 分布表

$$P\{F(n_1, n_2) > F_\alpha(n_1, n_2)\} = \alpha$$

$\alpha = 0.10$

| $n_1$ \ $n_2$ | 1 | 2 | 3 | 4 | 5 | 6 | 7 | 8 | 9 |
|---|---|---|---|---|---|---|---|---|---|
| 1 | 39.86 | 49.50 | 53.59 | 55.33 | 57.24 | 58.20 | 58.91 | 59.44 | 59.86 |
| 2 | 8.53 | 9.00 | 9.16 | 9.24 | 6.29 | 9.33 | 9.35 | 9.37 | 9.38 |
| 3 | 5.54 | 5.46 | 5.39 | 5.34 | 5.31 | 5.28 | 5.27 | 5.25 | 5.24 |
| 4 | 4.54 | 4.32 | 4.19 | 4.11 | 4.05 | 4.01 | 3.98 | 3.95 | 3.94 |
| 5 | 4.06 | 3.78 | 3.62 | 3.52 | 3.45 | 3.40 | 3.37 | 3.34 | 3.32 |
| 6 | 3.78 | 3.46 | 3.29 | 3.18 | 3.11 | 3.05 | 3.01 | 2.98 | 2.96 |
| 7 | 3.59 | 3.26 | 3.07 | 2.96 | 2.88 | 2.83 | 2.78 | 2.75 | 2.72 |
| 8 | 3.46 | 3.11 | 2.92 | 2.81 | 2.73 | 2.67 | 2.62 | 2.59 | 2.56 |
| 9 | 3.36 | 3.01 | 2.81 | 2.69 | 2.61 | 2.55 | 2.51 | 2.47 | 2.44 |
| 10 | 3.20 | 2.92 | 2.73 | 2.61 | 2.52 | 2.46 | 2.41 | 2.38 | 2.35 |
| 11 | 3.22 | 2.86 | 2.66 | 2.54 | 2.45 | 2.39 | 2.34 | 2.30 | 2.27 |
| 12 | 3.18 | 2.81 | 2.61 | 2.48 | 2.39 | 2.33 | 2.28 | 2.24 | 2.21 |
| 13 | 3.14 | 2.76 | 2.56 | 2.43 | 2.35 | 2.28 | 2.23 | 2.20 | 2.16 |
| 14 | 3.10 | 2.73 | 2.52 | 2.39 | 2.31 | 2.24 | 2.19 | 2.15 | 2.12 |
| 15 | 3.07 | 2.70 | 2.49 | 2.36 | 2.27 | 2.21 | 2.16 | 2.12 | 2.09 |
| 16 | 3.05 | 2.67 | 2.46 | 2.33 | 2.24 | 2.18 | 2.13 | 2.09 | 2.06 |
| 17 | 3.03 | 2.64 | 2.44 | 2.31 | 2.22 | 2.15 | 2.10 | 2.06 | 2.03 |
| 18 | 3.01 | 2.62 | 2.42 | 2.29 | 2.20 | 2.13 | 2.08 | 2.04 | 2.00 |
| 19 | 2.99 | 2.61 | 2.40 | 2.27 | 2.18 | 2.11 | 2.06 | 2.02 | 1.98 |
| 20 | 2.97 | 2.50 | 2.38 | 2.25 | 2.16 | 2.09 | 2.04 | 2.00 | 1.96 |
| 21 | 2.96 | 2.57 | 2.36 | 2.23 | 2.14 | 2.08 | 2.02 | 1.98 | 1.95 |
| 22 | 2.95 | 2.56 | 2.35 | 2.22 | 2.13 | 2.06 | 2.01 | 1.97 | 1.93 |
| 23 | 2.94 | 2.55 | 2.34 | 2.21 | 2.11 | 2.05 | 1.99 | 1.95 | 1.92 |
| 24 | 2.93 | 2.54 | 2.33 | 2.19 | 2.10 | 2.04 | 1.98 | 1.94 | 1.91 |
| 25 | 2.92 | 2.53 | 2.32 | 2.18 | 2.09 | 2.02 | 1.97 | 1.93 | 1.89 |
| 26 | 2.91 | 2.52 | 2.31 | 2.17 | 2.08 | 2.01 | 1.96 | 1.92 | 1.88 |
| 27 | 2.90 | 2.51 | 2.30 | 2.17 | 2.07 | 2.00 | 1.95 | 1.91 | 1.87 |
| 28 | 2.89 | 2.50 | 2.98 | 2.16 | 2.06 | 2.00 | 1.93 | 1.90 | 1.87 |
| 29 | 2.89 | 2.50 | 2.88 | 2.15 | 2.06 | 1.99 | 1.93 | 1.89 | 1.86 |
| 30 | 2.88 | 2.49 | 2.22 | 2.14 | 2.05 | 1.98 | 1.93 | 1.88 | 1.85 |
| 40 | 2.84 | 2.41 | 2.23 | 2.00 | 2.00 | 1.93 | 1.87 | 1.83 | 1.79 |
| 60 | 2.79 | 2.39 | 2.18 | 2.04 | 1.95 | 1.87 | 1.82 | 1.77 | 1.74 |
| 120 | 2.75 | 2.35 | 2.13 | 1.99 | 1.90 | 1.82 | 1.77 | 1.72 | 1.68 |
| ∞ | 2.71 | 2.30 | 2.08 | 1.94 | 1.85 | 1.77 | 1.72 | 1.67 | 1.63 |

续表

| $n_2$ \ $n_1$ | 10 | 12 | 15 | 20 | 24 | 30 | 40 | 60 | 120 | ∞ |
|---|---|---|---|---|---|---|---|---|---|---|
| 1 | 60.19 | 60.71 | 61.22 | 61.74 | 62.06 | 62.26 | 62.53 | 62.79 | 63.06 | 63.33 |
| 2 | 9.39 | 9.41 | 9.42 | 9.44 | 9.45 | 9.46 | 9.47 | 9.47 | 9.48 | 9.49 |
| 3 | 5.23 | 5.22 | 5.20 | 5.18 | 5.18 | 5.17 | 5.16 | 5.15 | 5.14 | 5.13 |
| 4 | 3.92 | 3.90 | 3.87 | 3.84 | 3.83 | 3.82 | 3.80 | 3.79 | 3.78 | 3.76 |
| 5 | 3.30 | 3.27 | 3.24 | 3.21 | 3.19 | 3.17 | 3.16 | 3.14 | 3.12 | 3.10 |
| 6 | 2.94 | 2.90 | 2.87 | 2.84 | 2.82 | 2.80 | 2.78 | 2.76 | 2.74 | 2.72 |
| 7 | 2.70 | 2.67 | 2.63 | 2.59 | 2.58 | 2.56 | 2.54 | 2.51 | 2.49 | 2.47 |
| 8 | 2.54 | 2.50 | 2.46 | 2.42 | 2.40 | 2.38 | 2.36 | 2.34 | 2.32 | 2.29 |
| 9 | 2.42 | 2.38 | 2.34 | 2.30 | 2.28 | 2.25 | 2.23 | 2.21 | 2.18 | 2.16 |
| 10 | 2.32 | 2.28 | 2.24 | 2.20 | 2.18 | 2.16 | 2.13 | 2.11 | 2.08 | 2.06 |
| 11 | 2.25 | 2.21 | 2.17 | 2.12 | 2.10 | 2.08 | 2.05 | 2.03 | 2.00 | 1.97 |
| 12 | 2.19 | 2.15 | 2.10 | 2.06 | 2.04 | 2.01 | 1.99 | 1.96 | 1.93 | 1.90 |
| 13 | 2.14 | 2.10 | 2.05 | 2.01 | 1.98 | 1.96 | 1.93 | 1.90 | 1.88 | 1.85 |
| 14 | 2.10 | 2.05 | 2.01 | 1.96 | 1.94 | 1.91 | 1.89 | 1.82 | 1.83 | 1.80 |
| 15 | 2.06 | 2.02 | 1.97 | 1.92 | 1.90 | 1.87 | 1.85 | 1.82 | 1.79 | 1.76 |
| 16 | 2.03 | 1.99 | 1.94 | 1.89 | 1.87 | 1.84 | 1.81 | 1.78 | 1.75 | 1.72 |
| 17 | 2.00 | 1.96 | 1.91 | 1.86 | 1.84 | 1.81 | 1.78 | 1.75 | 1.72 | 1.69 |
| 18 | 1.98 | 1.93 | 1.89 | 1.84 | 1.81 | 1.78 | 1.75 | 1.72 | 1.69 | 1.66 |
| 19 | 1.96 | 1.91 | 1.86 | 1.81 | 1.79 | 1.76 | 1.73 | 1.70 | 1.67 | 1.63 |
| 20 | 1.94 | 1.89 | 1.84 | 1.79 | 1.77 | 1.74 | 1.71 | 1.68 | 1.64 | 1.61 |
| 21 | 1.92 | 1.87 | 1.83 | 1.78 | 1.75 | 1.72 | 1.69 | 1.66 | 1.62 | 1.59 |
| 22 | 1.90 | 1.86 | 1.81 | 1.76 | 1.73 | 1.70 | 1.69 | 1.64 | 1.60 | 1.57 |
| 23 | 1.89 | 1.84 | 1.80 | 1.74 | 1.72 | 1.69 | 1.66 | 1.62 | 1.59 | 1.55 |
| 24 | 1.88 | 1.83 | 1.78 | 1.73 | 1.70 | 1.67 | 1.64 | 1.60 | 1.57 | 1.53 |
| 25 | 1.87 | 1.82 | 1.77 | 1.72 | 1.69 | 1.66 | 1.63 | 1.59 | 1.56 | 1.52 |
| 26 | 1.86 | 1.81 | 1.76 | 1.71 | 1.68 | 1.65 | 1.61 | 1.58 | 1.54 | 1.50 |
| 27 | 1.85 | 1.80 | 1.75 | 1.70 | 1.67 | 1.64 | 1.60 | 1.57 | 1.53 | 1.49 |
| 28 | 1.84 | 1.79 | 1.74 | 1.69 | 1.66 | 1.63 | 1.59 | 1.56 | 1.52 | 1.48 |
| 29 | 1.83 | 1.78 | 1.73 | 1.68 | 1.65 | 1.62 | 1.58 | 1.55 | 1.51 | 1.47 |
| 30 | 1.82 | 1.77 | 1.72 | 1.67 | 1.64 | 1.61 | 1.57 | 1.54 | 1.50 | 1.46 |
| 40 | 1.76 | 1.71 | 1.71 | 1.61 | 1.57 | 1.54 | 1.51 | 1.47 | 1.42 | 1.38 |
| 60 | 1.71 | 1.66 | 1.66 | 1.54 | 1.51 | 1.48 | 1.44 | 1.40 | 1.35 | 1.29 |
| 120 | 1.65 | 1.60 | 1.60 | 1.48 | 1.45 | 1.41 | 1.37 | 1.32 | 1.36 | 1.19 |
| ∞ | 1.60 | 1.55 | 1.55 | 1.42 | 1.38 | 1.34 | 1.30 | 1.24 | 1.17 | 1.00 |

## 附 录

$\alpha = 0.05$    续表

| $n_2$ \ $n_1$ | 1 | 2 | 3 | 4 | 5 | 6 | 7 | 8 | 9 |
|---|---|---|---|---|---|---|---|---|---|
| 1 | 161.4 | 199.5 | 215.7 | 224.6 | 230.2 | 234.0 | 236.8 | 238.9 | 240.5 |
| 2 | 18.51 | 19.00 | 19.25 | 19.25 | 19.30 | 19.33 | 19.35 | 19.37 | 19.38 |
| 3 | 10.13 | 9.55 | 9.12 | 9.12 | 9.90 | 8.94 | 8.89 | 8.85 | 8.81 |
| 4 | 7.71 | 6.94 | 6.39 | 6.39 | 6.26 | 6.16 | 6.09 | 6.04 | 6.00 |
| 5 | 6.61 | 5.79 | 5.41 | 5.19 | 5.05 | 4.95 | 4.88 | 4.82 | 4.77 |
| 6 | 5.99 | 5.14 | 4.76 | 4.53 | 4.39 | 4.28 | 4.21 | 1.15 | 4.10 |
| 7 | 5.59 | 4.74 | 4.35 | 4.12 | 3.97 | 3.87 | 3.79 | 3.73 | 3.68 |
| 8 | 5.32 | 4.46 | 4.07 | 3.84 | 3.69 | 3.58 | 3.50 | 3.44 | 3.69 |
| 9 | 5.12 | 4.26 | 3.86 | 3.63 | 3.48 | 3.37 | 3.29 | 3.23 | 3.18 |
| 10 | 4.96 | 4.10 | 3.71 | 3.48 | 3.33 | 3.22 | 3.14 | 3.07 | 3.02 |
| 11 | 4.84 | 3.98 | 3.59 | 3.36 | 3.20 | 3.09 | 3.01 | 2.95 | 2.90 |
| 12 | 4.75 | 3.89 | 3.49 | 3.26 | 3.11 | 3.00 | 2.91 | 2.85 | 2.80 |
| 13 | 4.67 | 3.81 | 3.41 | 3.18 | 3.03 | 2.92 | 2.83 | 2.77 | 2.71 |
| 14 | 4.60 | 3.74 | 3.34 | 3.11 | 2.96 | 2.85 | 2.76 | 2.70 | 2.65 |
| 15 | 4.54 | 3.68 | 3.29 | 3.06 | 2.90 | 2.79 | 2.71 | 2.64 | 2.59 |
| 16 | 4.49 | 3.63 | 3.24 | 3.01 | 2.85 | 2.74 | 2.66 | 2.59 | 2.54 |
| 17 | 4.45 | 3.59 | 3.20 | 2.96 | 2.81 | 2.70 | 2.61 | 2.55 | 2.49 |
| 18 | 4.41 | 3.55 | 3.16 | 2.93 | 2.77 | 2.66 | 2.58 | 2.51 | 2.46 |
| 19 | 4.38 | 3.52 | 3.13 | 2.90 | 2.74 | 2.63 | 2.54 | 2.48 | 2.42 |
| 20 | 4.35 | 3.49 | 3.10 | 2.87 | 2.71 | 2.60 | 2.51 | 2.45 | 2.39 |
| 21 | 4.32 | 3.47 | 3.07 | 2.84 | 2.68 | 2.57 | 2.49 | 2.42 | 2.37 |
| 22 | 4.30 | 3.44 | 3.05 | 2.82 | 2.66 | 2.55 | 2.46 | 2.40 | 2.34 |
| 23 | 4.28 | 3.42 | 3.03 | 2.80 | 2.64 | 2.53 | 2.44 | 2.37 | 2.32 |
| 24 | 4.26 | 3.40 | 3.01 | 2.78 | 2.62 | 2.51 | 2.42 | 2.36 | 2.30 |
| 25 | 4.24 | 3.39 | 2.99 | 2.76 | 2.60 | 2.49 | 2.40 | 2.34 | 2.28 |
| 26 | 4.23 | 3.37 | 2.98 | 2.74 | 2.59 | 2.47 | 2.39 | 2.32 | 2.27 |
| 27 | 4.21 | 3.35 | 2.96 | 2.73 | 2.57 | 2.46 | 2.37 | 2.31 | 2.25 |
| 28 | 4.20 | 3.34 | 2.95 | 2.71 | 2.56 | 2.45 | 2.36 | 2.29 | 2.24 |
| 29 | 4.18 | 3.33 | 2.93 | 2.70 | 2.55 | 2.43 | 2.35 | 2.28 | 2.22 |
| 30 | 4.17 | 3.32 | 2.92 | 2.69 | 2.53 | 2.42 | 2.33 | 2.27 | 2.21 |
| 40 | 4.08 | 3.23 | 2.84 | 2.61 | 2.45 | 2.34 | 2.25 | 2.18 | 2.12 |
| 60 | 4.00 | 3.15 | 2.76 | 2.53 | 2.37 | 2.25 | 2.17 | 2.10 | 2.04 |
| 120 | 3.92 | 3.07 | 2.68 | 2.45 | 2.29 | 2.17 | 2.09 | 2.02 | 2.96 |
| $\infty$ | 3.84 | 3.00 | 2.60 | 2.37 | 2.21 | 2.10 | 2.01 | 1.94 | 1.88 |

续表

| $n_1$ \ $n_2$ | 10 | 12 | 15 | 20 | 24 | 30 | 40 | 60 | 120 | ∞ |
|---|---|---|---|---|---|---|---|---|---|---|
| 1 | 241.9 | 243.9 | 245.9 | 248.0 | 249.1 | 250.1 | 251.1 | 252.2 | 253.3 | 254.3 |
| 2 | 19.40 | 19.41 | 19.43 | 19.45 | 19.45 | 19.46 | 19.47 | 19.48 | 19.49 | 19.50 |
| 3 | 8.79 | 8.74 | 8.70 | 8.66 | 8.64 | 8.62 | 8.59 | 8.57 | 8.55 | 8.53 |
| 4 | 5.96 | 5.91 | 5.86 | 5.80 | 5.77 | 5.75 | 5.72 | 5.69 | 5.66 | 5.63 |
| 5 | 4.74 | 4.68 | 4.62 | 4.56 | 4.53 | 4.50 | 4.46 | 4.43 | 4.40 | 4.36 |
| 6 | 4.06 | 4.00 | 3.94 | 3.87 | 3.84 | 3.81 | 3.77 | 3.74 | 3.70 | 3.67 |
| 7 | 3.64 | 3.57 | 3.51 | 3.44 | 3.41 | 3.38 | 3.34 | 3.30 | 3.27 | 3.23 |
| 8 | 3.35 | 3.28 | 3.22 | 3.15 | 3.12 | 3.08 | 3.04 | 3.01 | 2.97 | 2.93 |
| 9 | 3.14 | 3.07 | 3.01 | 2.94 | 2.90 | 2.86 | 2.83 | 2.79 | 2.95 | 2.71 |
| 10 | 2.98 | 2.91 | 2.85 | 2.77 | 2.74 | 2.70 | 2.66 | 2.62 | 2.58 | 2.54 |
| 11 | 2.85 | 2.79 | 2.72 | 2.65 | 2.61 | 2.57 | 2.53 | 2.49 | 2.45 | 2.40 |
| 12 | 2.75 | 2.69 | 2.62 | 2.54 | 2.51 | 2.47 | 2.43 | 2.38 | 2.34 | 2.30 |
| 13 | 2.67 | 2.60 | 2.53 | 2.46 | 2.42 | 2.38 | 2.34 | 2.30 | 2.25 | 2.21 |
| 14 | 2.60 | 2.53 | 2.46 | 2.39 | 2.35 | 2.31 | 2.27 | 2.22 | 2.18 | 2.13 |
| 15 | 2.54 | 2.48 | 2.40 | 2.33 | 2.29 | 2.25 | 2.20 | 2.16 | 2.11 | 2.07 |
| 16 | 2.49 | 2.42 | 2.35 | 2.28 | 2.24 | 2.19 | 2.15 | 2.11 | 2.06 | 2.01 |
| 17 | 2.45 | 2.38 | 2.31 | 2.23 | 2.19 | 2.15 | 2.10 | 2.06 | 2.01 | 1.96 |
| 18 | 2.41 | 2.34 | 2.27 | 2.19 | 2.15 | 2.11 | 2.06 | 2.02 | 1.97 | 1.92 |
| 19 | 2.38 | 2.31 | 2.23 | 2.16 | 2.11 | 2.07 | 2.03 | 1.98 | 1.93 | 1.88 |
| 20 | 2.35 | 2.28 | 2.20 | 2.12 | 2.08 | 2.04 | 1.99 | 1.95 | 1.90 | 1.84 |
| 21 | 2.32 | 2.25 | 2.18 | 2.10 | 2.05 | 2.01 | 1.96 | 1.92 | 1.87 | 1.81 |
| 22 | 2.30 | 2.23 | 2.15 | 2.07 | 2.03 | 1.98 | 1.94 | 1.89 | 1.84 | 1.78 |
| 23 | 2.27 | 2.20 | 2.13 | 2.05 | 2.01 | 1.96 | 1.91 | 1.86 | 1.81 | 1.76 |
| 24 | 2.25 | 2.18 | 2.11 | 2.03 | 1.98 | 1.94 | 1.89 | 1.84 | 1.79 | 1.73 |
| 25 | 2.24 | 2.16 | 2.09 | 2.01 | 1.96 | 1.92 | 1.87 | 1.82 | 1.77 | 1.71 |
| 26 | 2.22 | 2.15 | 1.07 | 1.99 | 1.95 | 1.90 | 1.85 | 1.80 | 1.75 | 1.69 |
| 27 | 2.20 | 2.13 | 1.06 | 1.97 | 1.93 | 1.88 | 1.84 | 1.79 | 1.73 | 1.67 |
| 28 | 2.19 | 2.12 | 1.04 | 1.96 | 1.91 | 1.87 | 1.82 | 1.77 | 1.71 | 1.65 |
| 29 | 2.18 | 2.10 | 1.03 | 1.94 | 1.90 | 1.85 | 1.81 | 1.75 | 1.70 | 1.64 |
| 30 | 2.16 | 2.09 | 2.01 | 1.93 | 1.89 | 1.84 | 1.79 | 1.74 | 1.68 | 1.62 |
| 40 | 2.08 | 2.00 | 1.92 | 1.84 | 1.79 | 1.74 | 1.69 | 1.64 | 1.58 | 1.51 |
| 60 | 1.99 | 1.92 | 1.84 | 1.75 | 1.70 | 1.65 | 1.59 | 1.53 | 1.47 | 1.39 |
| 120 | 1.91 | 1.83 | 1.75 | 1.66 | 1.61 | 1.55 | 1.50 | 1.43 | 1.35 | 1.25 |
| ∞ | 1.83 | 1.75 | 1.67 | 1.57 | 1.52 | 1.46 | 1.39 | 1.32 | 1.22 | 1.00 |

## 附 录

续表

$\alpha = 0.01$

| $n_2$ \ $n_1$ | 1 | 2 | 3 | 4 | 5 | 6 | 7 | 8 | 9 |
|---|---|---|---|---|---|---|---|---|---|
| 1 | 4052 | 4999.5 | 5403 | 5626 | 5764 | 5859 | 5928 | 5982 | 6062 |
| 2 | 98.50 | 99.00 | 99.17 | 99.25 | 99.30 | 99.33 | 99.36 | 99.37 | 99.39 |
| 3 | 34.12 | 30.82 | 29.46 | 28.71 | 28.24 | 27.91 | 27.67 | 27.49 | 27.35 |
| 4 | 21.20 | 18.00 | 16.69 | 15.98 | 15.52 | 15.21 | 14.98 | 14.80 | 14.66 |
| 5 | 16.26 | 13.27 | 12.06 | 11.39 | 10.97 | 10.67 | 10.46 | 10.29 | 10.16 |
| 6 | 13.75 | 10.92 | 9.78 | 9.15 | 8.75 | 8.47 | 8.46 | 8.10 | 7.98 |
| 7 | 12.25 | 9.55 | 8.45 | 7.85 | 7.46 | 7.19 | 6.99 | 6.84 | 6.72 |
| 8 | 11.26 | 8.65 | 7.59 | 7.01 | 6.63 | 6.37 | 6.18 | 6.03 | 5.91 |
| 9 | 10.56 | 8.02 | 6.99 | 6.42 | 6.06 | 5.80 | 5.61 | 5.47 | 5.35 |
| 10 | 10.04 | 7.56 | 6.55 | 5.99 | 5.64 | 5.39 | 5.20 | 5.06 | 4.94 |
| 11 | 9.65 | 7.21 | 6.22 | 5.67 | 5.32 | 5.07 | 4.49 | 4.74 | 4.63 |
| 12 | 9.33 | 6.93 | 5.95 | 5.41 | 5.06 | 4.82 | 4.64 | 4.50 | 4.39 |
| 13 | 9.07 | 6.70 | 5.74 | 5.21 | 4.86 | 4.62 | 4.44 | 4.30 | 4.19 |
| 14 | 8.86 | 6.51 | 5.56 | 5.04 | 4.69 | 4.46 | 4.28 | 4.14 | 4.03 |
| 15 | 8.68 | 6.36 | 5.42 | 4.89 | 4.56 | 4.32 | 4.14 | 4.00 | 3.89 |
| 16 | 8.53 | 6.23 | 5.29 | 4.77 | 4.44 | 4.20 | 4.03 | 3.39 | 3.78 |
| 17 | 8.40 | 6.11 | 5.18 | 4.67 | 4.34 | 4.10 | 3.93 | 3.79 | 3.68 |
| 18 | 8.29 | 6.01 | 5.09 | 4.58 | 4.25 | 4.01 | 3.84 | 3.71 | 3.60 |
| 19 | 8.18 | 5.93 | 5.01 | 4.50 | 4.17 | 3.94 | 3.77 | 3.63 | 3.52 |
| 20 | 8.10 | 5.85 | 4.94 | 4.43 | 4.10 | 3.87 | 3.70 | 3.56 | 3.46 |
| 21 | 8.02 | 5.78 | 4.87 | 4.37 | 4.04 | 3.81 | 3.64 | 3.51 | 3.40 |
| 22 | 7.95 | 5.72 | 4.82 | 4.31 | 3.99 | 3.76 | 3.59 | 3.45 | 3.35 |
| 23 | 7.88 | 5.66 | 4.76 | 4.26 | 3.94 | 3.71 | 3.54 | 3.41 | 3.30 |
| 24 | 7.82 | 5.61 | 4.72 | 4.22 | 3.90 | 3.67 | 3.50 | 3.36 | 3.26 |
| 25 | 7.77 | 5.57 | 4.68 | 4.18 | 3.85 | 3.63 | 3.46 | 3.32 | 3.22 |
| 26 | 7.72 | 5.53 | 4.64 | 4.14 | 3.82 | 3.59 | 3.42 | 3.29 | 3.18 |
| 27 | 7.68 | 5.49 | 4.60 | 4.11 | 3.78 | 3.56 | 3.39 | 3.26 | 3.15 |
| 28 | 7.64 | 5.45 | 4.57 | 4.07 | 3.75 | 3.53 | 3.36 | 3.23 | 3.12 |
| 29 | 7.60 | 5.42 | 4.54 | 4.04 | 3.73 | 3.50 | 3.33 | 3.20 | 3.09 |
| 30 | 7.56 | 5.39 | 4.51 | 4.02 | 3.70 | 3.47 | 3.31 | 3.17 | 3.07 |
| 40 | 7.31 | 5.18 | 4.31 | 3.83 | 3.51 | 3.29 | 3.12 | 2.99 | 2.89 |
| 60 | 7.08 | 4.98 | 4.13 | 3.65 | 3.34 | 3.12 | 3.95 | 2.82 | 2.72 |
| 120 | 6.85 | 4.79 | 3.95 | 3.48 | 3.17 | 2.96 | 2.79 | 2.96 | 2.56 |
| $\infty$ | 6.63 | 4.61 | 3.78 | 3.32 | 3.02 | 2.80 | 2.64 | 2.51 | 2.41 |

续表

| $n_1$ \ $n_2$ | 10 | 12 | 15 | 20 | 24 | 30 | 40 | 60 | 120 | ∞ |
|---|---|---|---|---|---|---|---|---|---|---|
| 1 | 6056 | 6106 | 6157 | 6209 | 6235 | 6261 | 6287 | 6313 | 6339 | 6366 |
| 2 | 99.40 | 99.42 | 99.43 | 99.45 | 99.46 | 99.47 | 99.47 | 99.48 | 99.49 | 99.50 |
| 3 | 27.33 | 27.05 | 26.87 | 26.69 | 26.60 | 26.50 | 26.41 | 26.32 | 26.22 | 26.13 |
| 4 | 14.55 | 14.37 | 14.20 | 14.02 | 13.93 | 13.84 | 13.75 | 13.65 | 13.56 | 13.46 |
| 5 | 10.05 | 9.29 | 9.72 | 9.55 | 9.47 | 9.38 | 9.29 | 9.20 | 9.11 | 9.02 |
| 6 | 7.87 | 7.72 | 7.56 | 7.40 | 7.31 | 7.23 | 7.14 | 7.06 | 6.97 | 6.88 |
| 7 | 6.62 | 6.47 | 6.31 | 6.16 | 6.07 | 5.99 | 5.91 | 5.82 | 5.74 | 5.65 |
| 8 | 5.81 | 5.67 | 5.52 | 5.36 | 5.28 | 5.20 | 5.12 | 5.03 | 4.95 | 4.86 |
| 9 | 5.26 | 5.11 | 4.96 | 4.81 | 4.73 | 4.65 | 4.57 | 4.48 | 4.40 | 4.31 |
| 10 | 4.85 | 4.71 | 4.56 | 4.41 | 4.33 | 4.25 | 4.17 | 4.08 | 4.00 | 3.91 |
| 11 | 4.54 | 4.40 | 4.25 | 4.10 | 4.02 | 3.95 | 3.86 | 3.78 | 3.69 | 3.60 |
| 12 | 4.30 | 4.16 | 4.01 | 3.86 | 3.78 | 3.70 | 3.62 | 3.54 | 3.45 | 3.36 |
| 13 | 4.10 | 3.96 | 3.82 | 3.66 | 3.59 | 3.51 | 3.43 | 3.34 | 3.25 | 3.17 |
| 14 | 3.94 | 3.80 | 3.66 | 3.51 | 3.43 | 3.35 | 4.27 | 3.18 | 3.09 | 3.00 |
| 15 | 3.80 | 3.67 | 3.52 | 3.37 | 3.29 | 3.21 | 3.13 | 3.05 | 2.96 | 2.87 |
| 16 | 3.69 | 3.55 | 3.41 | 3.26 | 3.18 | 3.10 | 3.02 | 2.93 | 2.84 | 2.74 |
| 17 | 3.59 | 3.46 | 3.31 | 3.16 | 308 | 3.00 | 2.92 | 2.83 | 2.75 | 2.65 |
| 18 | 3.51 | 3.37 | 3.23 | 3.08 | 3.00 | 2.92 | 2.84 | 2.75 | 2.66 | 2.57 |
| 19 | 3.34 | 3.30 | 3.15 | 3.00 | 2.92 | 2.84 | 2.76 | 2.67 | 2.58 | 2.49 |
| 20 | 3.37 | 3.23 | 3.09 | 2.94 | 2.86 | 2.78 | 2.69 | 2.61 | 2.52 | 2.42 |
| 21 | 3.31 | 3.17 | 3.03 | 2.88 | 2.80 | 2.72 | 2.64 | 2.55 | 2.46 | 2.36 |
| 22 | 3.26 | 3.12 | 2.98 | 2.83 | 2.75 | 2.67 | 2.58 | 2.50 | 2.40 | 2.31 |
| 23 | 3.21 | 3.07 | 2.93 | 2.78 | 2.70 | 2.62 | 2.54 | 2.45 | 2.35 | 2.26 |
| 24 | 3.17 | 3.03 | 2.89 | 2.74 | 2.66 | 2.58 | 2.49 | 2.40 | 2.31 | 2.21 |
| 25 | 3.13 | 2.99 | 2.85 | 2.70 | 2.62 | 2.54 | 2.45 | 2.36 | 2.27 | 2.17 |
| 26 | 3.09 | 2.96 | 2.81 | 2.66 | 2.58 | 2.50 | 2.42 | 2.33 | 2.23 | 2.13 |
| 27 | 3.06 | 2.93 | 2.78 | 2.63 | 2.55 | 2.47 | 2.38 | 2.29 | 2.20 | 2.10 |
| 28 | 3.03 | 2.90 | 2.75 | 2.60 | 2.52 | 2.44 | 2.35 | 2.26 | 2.17 | 2.06 |
| 29 | 3.00 | 2.87 | 2.73 | 2.57 | 2.49 | 2.41 | 2.33 | 2.23 | 2.14 | 2.03 |
| 30 | 2.98 | 2.84 | 2.70 | 2.55 | 2.47 | 2.39 | 2.30 | 2.21 | 2.11 | 2.01 |
| 40 | 2.80 | 2.66 | 2.52 | 2.37 | 2.29 | 2.20 | 2.11 | 2.02 | 1.92 | 1.80 |
| 60 | 2.63 | 2.50 | 2.35 | 2.20 | 2.12 | 2.03 | 1.94 | 1.84 | 1.78 | 1.60 |
| 120 | 2.47 | 2.34 | 2.19 | 2.03 | 1.95 | 1.86 | 1.76 | 1.66 | 1.53 | 1.38 |
| ∞ | 2.32 | 2.18 | 2.04 | 1.88 | 1.79 | 1.70 | 1.59 | 1.47 | 1.32 | 1.00 |

## 4. 卡方 ($\chi^2$) 分布表

| $d_f$ | $\chi^2_{0.995}$ | $\chi^2_{0.975}$ | $\chi^2_{0.95}$ | $\chi^2_{0.10}$ | $\chi^2_{0.05}$ | $\chi^2_{0.025}$ | $\chi^2_{0.01}$ | $\chi^2_{0.005}$ |
|---|---|---|---|---|---|---|---|---|
| 1 | 0.0000393 | 0.000982 | 0.00393 | 2.706 | 3.841 | 5.024 | 60635 | 7.879 |
| 2 | 0.0100 | 0.0506 | 0.103 | 4.605 | 5.991 | 7.378 | 9.210 | 10.597 |
| 3 | 0.0717 | 0.216 | 0.332 | 6.251 | 7.815 | 9.348 | 11.345 | 12.838 |
| 4 | 0.207 | 0.484 | 0.711 | 7.779 | 9.488 | 11.143 | 13.277 | 14.860 |
| 5 | 0.412 | 0.831 | 1.145 | 9.236 | 11.070 | 12.832 | 15.086 | 16.750 |
| 6 | 0.676 | 1.237 | 1.635 | 10.645 | 12.592 | 14.449 | 16.812 | 18.548 |
| 7 | 0.989 | 1.690 | 2.167 | 12.017 | 14.067 | 16.013 | 18.475 | 20.278 |
| 8 | 1.344 | 2.180 | 2.733 | 13.362 | 15.507 | 17.535 | 20.090 | 21.955 |
| 9 | 1.735 | 2.700 | 3.325 | 14.684 | 16.919 | 19.023 | 21.666 | 23.589 |
| 10 | 2.156 | 3.247 | 3.940 | 15.987 | 18.307 | 20.483 | 23.209 | 25.188 |
| 11 | 2.603 | 3.816 | 4.575 | 17.275 | 19.675 | 21.920 | 24.725 | 26.757 |
| 12 | 3.074 | 4.404 | 5.226 | 18.549 | 21.026 | 23.336 | 26.217 | 28.300 |
| 13 | 3.565 | 5.009 | 5.892 | 19.812 | 22.362 | 24.736 | 27.688 | 29.819 |
| 14 | 4.075 | 5.629 | 6.571 | 21.064 | 23.685 | 26.119 | 29.141 | 31.319 |
| 15 | 4.601 | 6.262 | 7.261 | 22.307 | 24.996 | 27.488 | 30.578 | 32.801 |
| 16 | 5.142 | 6.908 | 7.962 | 23.542 | 26.296 | 28.845 | 32.000 | 34.267 |
| 17 | 5.697 | 7.564 | 8.672 | 24.769 | 27.587 | 30.191 | 33.409 | 35.718 |
| 18 | 6.265 | 8.231 | 9.390 | 25.989 | 28.869 | 31.526 | 34.805 | 37.156 |
| 19 | 6.844 | 8.907 | 10.117 | 27.204 | 30.144 | 32.852 | 36.191 | 38.582 |
| 20 | 7.434 | 9.591 | 10.851 | 28.412 | 31.410 | 34.170 | 37.566 | 39.997 |
| 21 | 8.034 | 10.283 | 11.591 | 29.615 | 32.671 | 35.479 | 38.932 | 41.401 |
| 22 | 8.643 | 10.982 | 12.338 | 30.813 | 33.924 | 36.781 | 40.289 | 42.796 |
| 23 | 9.260 | 11.688 | 13.091 | 32.007 | 35.172 | 38.076 | 41.638 | 44.181 |
| 24 | 9.886 | 12.401 | 13.848 | 33.196 | 36.415 | 39.364 | 42.980 | 45.558 |
| 25 | 10.520 | 13.120 | 14.611 | 34.382 | 37.652 | 40.646 | 44.314 | 46.928 |
| 26 | 11.160 | 13.844 | 15.379 | 35.563 | 38.885 | 41.923 | 45.642 | 48.290 |
| 27 | 11.808 | 14.573 | 16.151 | 36.741 | 40.113 | 43.194 | 46.963 | 49.645 |
| 28 | 12.461 | 15.308 | 16.928 | 37.916 | 41.337 | 44.461 | 48.278 | 50.998 |
| 29 | 13.121 | 16.047 | 17.708 | 39.087 | 42.557 | 45.722 | 49.588 | 52.336 |
| 30 | 13.787 | 16.791 | 18.493 | 40.256 | 43.773 | 46.979 | 50.892 | 53.672 |
| 35 | 17.192 | 20.569 | 22.465 | 46.059 | 49.802 | 53.203 | 57.342 | 60.275 |
| 40 | 20.707 | 24.433 | 26.509 | 51.805 | 55.758 | 59.342 | 63.691 | 66.766 |
| 45 | 24.311 | 28.366 | 30.612 | 57.505 | 61.656 | 65.410 | 69.957 | 73.166 |
| 50 | 27.991 | 32.357 | 34.764 | 63.167 | 67.505 | 71.420 | 76.154 | 79.490 |
| 60 | 35.535 | 40.482 | 43.188 | 74.397 | 79.082 | 83.298 | 88.379 | 91.952 |
| 70 | 43.275 | 48.758 | 51.739 | 85.527 | 90.531 | 95.023 | 100.425 | 104.215 |
| 80 | 51.172 | 57.153 | 60.391 | 96.578 | 101.879 | 106.629 | 112.329 | 116.321 |
| 90 | 59.196 | 65.647 | 69.126 | 107.565 | 113.145 | 118.136 | 124.116 | 128.299 |
| 100 | 67.328 | 74.222 | 77.929 | 118.498 | 124.342 | 129.561 | 135.807 | 140.169 |

## 5. 随机数字表（部分）

| 行数 | 列数 | | | | | | | |
|---|---|---|---|---|---|---|---|---|
| | 00000 12345 | 00001 67890 | 11111 12345 | 11112 67890 | 22222 12345 | 22223 67890 | 33333 12345 | 33334 67890 |
| 01 | 66194 | 28926 | 99547 | 16625 | 45515 | 67953 | 12108 | 57846 |
| 02 | 78240 | 43195 | 24837 | 32511 | 70880 | 22070 | 52622 | 61881 |
| 03 | 00833 | 88000 | 67299 | 68215 | 11274 | 55624 | 32991 | 17436 |
| 04 | 12111 | 86683 | 61270 | 58036 | 64192 | 90611 | 15145 | 01748 |
| 05 | 47189 | 99951 | 05755 | 03834 | 43782 | 90599 | 40282 | 51417 |
| 06 | 76596 | 72489 | 62423 | 27618 | 84184 | 78922 | 73561 | 52818 |
| 07 | 46409 | 17469 | 32483 | 09083 | 76175 | 19985 | 26309 | 91536 |
| 08 | 74626 | 22111 | 87286 | 46772 | 42243 | 68046 | 44250 | 42439 |
| 09 | 34450 | 81974 | 93723 | 49023 | 58432 | 67083 | 36878 | 93391 |
| 10 | 36327 | 72135 | 33005 | 28701 | 34710 | 49359 | 50693 | 89311 |
| 11 | 74185 | 77536 | 84825 | 09934 | 99103 | 09325 | 67389 | 45869 |
| 12 | 12296 | 41623 | 62873 | 37943 | 25584 | 09609 | 63360 | 47270 |
| 13 | 90822 | 60280 | 88925 | 99610 | 42772 | 60561 | 76873 | 04117 |
| 14 | 72121 | 79152 | 96591 | 90305 | 10189 | 79778 | 68016 | 13747 |
| 15 | 95268 | 41377 | 25684 | 08151 | 61816 | 58555 | 54305 | 86189 |
| 16 | 92603 | 09091 | 75884 | 93424 | 72586 | 88903 | 30061 | 14457 |
| 17 | 18813 | 90291 | 05275 | 01223 | 79607 | 95426 | 34900 | 09778 |
| 18 | 38840 | 26903 | 28624 | 67157 | 51986 | 42865 | 14508 | 49315 |
| 19 | 05959 | 33836 | 53758 | 16562 | 41081 | 38012 | 41230 | 20528 |
| 20 | 85141 | 21155 | 99212 | 32685 | 51403 | 31926 | 69813 | 58781 |

# 参 考 文 献

[1] 贾俊平,何晓群,金勇进. 统计学[M]. 4版. 北京:中国人民大学出版社,2009.
[2] 李金昌,苏为华. 统计学[M]. 3版. 北京:机械工业出版社,2012.
[3] 余华银. 统计学[M]. 成都:西南交通大学出版社,2008.
[4] 刘辉,傅新民,邓正林,王波. 统计学[M]. 北京:中国社会科学出版社,2010.
[5] 曾五一,肖红叶. 统计学导论[M]. 北京:科学出版社,2006.
[6] 袁卫,庞皓,曾五一. 统计学[M]. 2版. 北京:高等教育出版社,2005.
[7] 徐国祥. 统计学[M]. 上海:上海人民出版社,2007.
[8] 刘定平. 统计学教程[M]. 郑州:郑州大学出版社,2007.
[9] 向蓉美,王青华. 统计学导论[M]. 2版. 成都:西南财经大学出版社,2008.
[10] 李莉,王鹏. 统计学[M]. 北京:中国电力出版社,2009.
[11] 周恒彤. 统计学[M]. 2版. 大连:东北财经大学出版社,2011.
[12] 张平. 统计学[M]. 北京:中国财政经济出版社,2005.
[13] 孙静娟,杨光辉,杜婷. 统计学[M]. 北京:清华大学出版社,2006.
[14] 陈珍珍,罗乐勤. 统计学[M]. 2版. 厦门:厦门大学出版社,2007.
[15] 张建同,孙昌言,王世进. 应用统计学[M]. 北京:清华大学出版社,2010.
[16] [美]道格斯·A. 林德,等. 商务与经济统计学[M]. 王维国,主译. 大连:东北财经大学出版社,2011.
[17] 齐治平. 概率论与数理统计[M]. 大连:东北财经大学出版社,2003.
[18] 徐建邦,冯叔民,孙玉环. 统计学[M]. 大连:东北财经大学出版社,2001.
[19] 薛薇,陈欢歌. 基于EXCEL的统计应用[M]. 北京:中国人民大学出版社,2006.
[20] 冯力. 统计学实验[M]. 2版. 大连:东北财经大学出版社,2012.
[21] 黄应绘. 统计学实验[M]. 成都:西南财经大学出版社,2007.
[22] 赵喜仓,查奇芬. 统计学[M]. 北京:北京师范大学出版社,2010.
[23] 潘求丰,郑延智. 统计学[M]. 长春:东北师范大学出版社,2010.